Heimlich / Müller / Pfeil / Einsiedler / Roland / Wittko

Inklusive Regionen

D1663112

Ulrich Heimlich
Ursula Müller
Patricia Pfeil
Marion Einsiedler
Regina Roland
Michael Wittko

Inklusive Regionen

Das Beispiel Kempten

Verlag Julius Klinkhardt
Bad Heilbrunn • 2022

Dieser Titel wurde in das Programm des Verlages mittels eines Peer-Review-Verfahrens aufgenommen.
Für weitere Informationen siehe www.klinkhardt.de.

Bibliografische Information der Deutschen Nationalbibliothek
Die Deutsche Nationalbibliothek verzeichnet diese Publikation
in der Deutschen Nationalbibliografie; detaillierte bibliografische Daten
sind im Internet abrufbar über http://dnb.d-nb.de.

Satz: Kay Fretwurst, Spreeau.
Bildnachweis Umschlagseite 1: Uschi Stadelhofer-Landgraf.

Druck und Bindung: Bookstation GmbH, Anzing.
Printed in Germany 2022.
Gedruckt auf chlorfrei gebleichtem alterungsbeständigem Papier.

ISBN 978-3-7815-5936-3 Digital

ISBN 978-3-7815-2463-7 Print

Inhalt

Ulrich Heimlich, Ursula Müller, Patricia Pfeil, Marion Einsiedler, Regina Roland und Michael Wittko

Grußwort von Thomas Kiechle, Oberbürgermeister der Stadt Kempten (Allgäu)

Innerhalb der Stadt Kempten (Allgäu) wurden bereits mit der Verabschiedung des kommunalen Aktionsplanes zur Umsetzung der UN-Behindertenkonvention wichtige Weichen für ein inklusives Gemeinwesen gestellt. Vor dem Hintergrund dieses Gartens eines inklusiven Gemeinwesens (siehe Abbildung), der zahlreiche weitere Lebensbereiche einschließt, wurde die Stadt Kempten im November 2015 durch das Bayerische Staatsministerium für Bildung und Kultus, Wissenschaft und Kunst zur Modellregion Inklusion benannt – als zu diesem Zeitpunkt einziges Modellvorhaben dieser Art in Bayern.

Von zentraler Bedeutung ist dabei die Entwicklung von inklusiven Bildungsstrukturen. In einer inklusiven Gesellschaft ist es normal, verschieden zu sein. Jeder ist willkommen. Dennoch stehen wir noch am Anfang eines längeren Weges, der nur erfolgreich sein kann, wenn viele Menschen direkt daran beteiligt sind.

Kommunaler Aktionsplan „Miteinander Inklusiv in Kempten"

Beispielhaft ist die Einrichtung einer sogenannten FLEX-Klasse, wie sie in Kempten bereits im Jahr 2007 im Rahmen des Projektes „zukunft bring's" entstanden ist. Dabei werden die Kinder und Jugendlichen individuell schulisch und sozialpädagogisch gefördert und die Eltern durch aufsuchende Sozialarbeit und Elterntraining in ihrer Erziehungskompetenz gestärkt.

Unter dem Motto „Prävention statt Reaktion" wurden in Kempten zahlreiche weitere Projekte gestartet. Bayernweit einzigartig ist dabei das Miteinander von Kommune, staatlichem Schulamt und dem sonderpädagogischen Förderzentrum, das inzwischen Teil einer regelrechten Kemptener Kommunikationskultur geworden ist. Für die bayerische Kultusstaatssekretärin Frau Anna Stolz ist Kempten „ein herausragender Botschafter für mehr Miteinander in unserem Land".

Die wissenschaftliche Begleitung der Modellregion Inklusion in Kooperation zwischen der Hochschule für angewandte Wissenschaften Kempten und der Ludwig-Maximilians-Universität München ist ein weiterer Beleg für die interdisziplinäre Zusammenarbeit in Kempten. Die hieraus gewonnenen Erkenntnisse führten auch zu einer Evaluierung der Qualität der Kooperationen. Das Konzept eines sozialraumorientierten inklusiven Bildungssystems könnte sich dabei als tragfähiges Gerüst für zukünftige Entwicklungen in ganz Bayern erweisen.

Thomas Kiechle
Oberbürgermeister der Stadt Kempten

Vorwort der Herausgeber*innen

Am 09.06.2016 hat der Kemptener Stadtrat den Kommunalen Aktionsplan zur Umsetzung der UN-Behindertenrechtskonvention (UN-BRK) mit dem Titel „Miteinander inklusiv in Kempten (MIK)" beschlossen. In dem zweijährigen Entstehungsprozess des Aktionsplans kommt bereits das breite Interesse aller Verantwortlichen besonders im Bereich der Eingliederungshilfe zum Ausdruck. Im November 2015 ist die Stadt Kempten als Modellregion Inklusion vom Bayerischen Staatsministerium für Bildung und Kultus, Wissenschaft und Kunst (StMBW) anerkannt worden. Damit werden zum einen die intensive Kooperation zwischen verschiedenen Schulformen in den vergangenen Jahren und die Entwicklung von derzeit insgesamt elf Schulen mit dem Schulprofil Inklusion anerkannt (davon zwei im Bereich der beruflichen Bildung). Zum anderen wird ebenfalls die bereits jetzt bestehende intensive Kooperation zwischen der Kommune, der Kinder- und Jugendhilfe, der Jugendarbeit sowie weiteren sozialen Diensten in Kempten besonders hervorgehoben, die Kempten als inklusive Region kennzeichnet.[1]

Die Beratungsstelle Inklusion beim Schulamt der Stadt Kempten übernimmt zusätzlich eine Netzwerkfunktion, indem sie sich als Bindeglied für die zahlreichen bestehenden Beratungssysteme versteht. Das Projekt „Modellregion Inklusion Kempten (M!K)" soll von daher Zugänge zur Inklusion in das Gemeinwesen (vgl. *Beck* 2016) aufzeigen helfen und somit zur Weiterentwicklung der inklusiven Strukturen im Sinne flächendeckender Modelle in Bayern beitragen (vgl. *Deutscher Verein für öffentliche und private Fürsorge e.V./Berufs- und Fachverband Heilpädagogik e.V.* 2015; *Hartwig & Kronenberg* 2014). Die Idee der „Modellregion Inklusion Kempten (M!K)" baut letztlich auf der Inklusionsentwicklung in Bayern in der Umsetzung der UN-BRK auf, seitdem das „Gesetz über das Bayerische Erziehungs- und Unterrichtswesen (BayEUG)" im Jahre 2011 entsprechend geändert worden ist. Seither heißt es in Art. 2, dass inklusiver Unterricht Aufgabe aller Schulen sei. In Artikel 30b werden als weitere Neuerungen das Schulprofil Inklusion und die inklusive Schulentwicklung als Aufgabe aller Schulen beschrieben. Im „Begleitforschungsprojekt inklusive Schulentwicklung (B!S)", das von 2013 bis 2016 in Kooperation der Ludwig-Maximilians-Universität München und der Julius-Maximilians-Universität Würzburg mit Unterstützung des Bayerischen Staatsministeriums für Unterricht und Kultus durchgeführt worden ist, sind schließlich die Konturen eines inklusiven Schulsystems in Richtung auf die sonderpädagogischen Förderangebote in allgemeinen Schulen, den inklusiven Unterricht, die Qualität inklusiver Schulentwicklung sowie die interne und externe Kooperation der inklusiven Schulen untersucht worden (vgl. *Heimlich* et al. 2016). Die Entwicklung einer inklusiven Modellregion stellt vor diesem Hintergrund einen weiteren Schritt in Richtung auf ein flächendeckendes System der Inklusion dar, in dem nicht mehr nur die schulische Inklusionsentwicklung von Bedeutung ist, sondern die Kinder- und Jugendhilfe und das gesamte Gemeinwesen mit in den Blick genommen werden.

Den Auftakt zum Projekt „Modellregion Inklusion Kempten (M!K)" bildete am 27.10.2016 eine Open-Space-Veranstaltung, an der ca. 130 Verantwortliche aus der Eingliederungshilfe, der Kin-

---

1 Mit der Bezeichnung „inklusive Region" werden in Bayern Regionen ausgezeichnet, die sich in besonderer Weise um inklusive Erziehung und Bildung bemühen und dabei vor allem auch die Vernetzung von schulischen mit außerschulischen Akteur*innen vorantreiben. Viele der Maßnahmen beziehen sich auf die Gestaltung und Organisation schulischen Unterrichts wie die Konzeption kooperativer Unterrichtsformen oder die Entwicklung des „Schulprofils Inklusion" an den Schulen vor Ort. Außerschulische Akteur*innen sind dabei in den Schulen unterstützend oder mit eigenen Angeboten daran beteiligt, eine regionale inklusive Erziehung- und Bildungslandschaft zu schaffen.

der- und Jugendhilfe, der Jugendarbeit und der Kommune teilnahmen. Es entstanden zahlreiche Arbeitsgruppen, die unter dem gemeinsamen Leitbild der Inklusion nunmehr die konkrete Entwicklungsarbeit im Rahmen der inklusiven Modellregion übernehmen. Der Prozess der sozialräumlichen Vernetzung von Bildungsinstitutionen wie Schulen und Kindertageseinrichtungen sowie Angeboten der Kinder- und Jugendhilfe, einschließlich der Jugendarbeit in der inklusiven Modellregion Kempten, sollte ebenfalls wissenschaftlich begleitet werden. Im Mittelpunkt stehen dabei im Sinne eines engen Inklusionsverständnisses zunächst Kinder und junge Menschen mit Behinderung (bis zum Alter von 21 Jahren), da diese Gruppe in ihren Teilhabe- und Selbstbestimmungsmöglichkeiten im Sinne des Leitbildes der Inklusion besonders gestärkt werden muss. Dazu sind insbesondere die Vernetzung und Intensivierung der Kooperation bereits vorhandener Bildungs- und Betreuungsangebote erforderlich. Durch eine Verstärkung des Miteinanders in Kempten sollen Synergieeffekte entstehen, die es ermöglichen, die Qualität der vorhandenen Angebote weiterzuentwickeln und zugleich die vorhandenen Ressourcen intelligent zu steuern.

Regelschule:
Grund-, Mittel-, weiterführende und berufliche Schulen
BayEUG

Förderschule inkl. SVE:
Geistige Entwicklung
Körperliche und motorische Entwicklung
Emotionale und soziale Entwicklung
Lernen
Sprache
Sehen
Hören

Rehabilitation/Teilhabe von Menschen mit Behinderungen:
u.a. seit 01.01.2020 auch Teilhabe an Bildung;
Individual-/Schulbegleitung
§ 112 SGB IX
SGB IX

Vorschulische Förderung:
Kindertagesstätten **BayKiBiG SGB VIII**
Frühförderung
Eingliederungshilfe **SGB XII**

Außerschulische Förderung:
Jugendarbeit, Jugendsozialarbeit & Jugend- und Eingliederungshilfe
SGB VIII
Eingliederungshilfe **SGB XII**

* Könnte noch durch Angebote aus dem SGB III (Bereich Arbeitsförderung, Berufsorientierung) und dem SGB V (Bereich Gesundheitshilfen, Kinder- und Jugendpsychiatrie, Logopädie, Ergotherapie) ergänzt werden!
Quelle: Steuergruppe der Modellregion Inklusion (2020)

Systemübergänge und Barrieren in der inklusiven Modellregion Kempten

Die Wissenschaftliche Begleitung strebt eine institutionsübergreifende Perspektive an, die es ermöglicht, die notwendigen Rahmenbedingungen für das Gelingen schulischer Inklusion in den Blick zu nehmen. Es ist einerseits grundlegend, inklusive Schulen zu fördern und die Gelingensfaktoren dafür festzuhalten. Zum anderen erfordert die Umsetzung dieser Aufgabe auch Annahme und Aktivitäten außerschulischer Akteur*innen. Eine Ausweitung der Inklusion auf weitere Dimensionen von Heterogenität und Diversität wird für die Zukunft angestrebt. Die Wissenschaftliche Begleitung erfolgt in Kooperation zwischen der Ludwig-Maximilians-Universität München (Prof. Dr. Ulrich Heimlich, Grundschullehrer Michael Wittko: Teilprojekt

A) und der Hochschule für angewandte Wissenschaften Kempten (Prof.in Dr. Patricia Pfeil, Prof.in Dr. Ursula Müller, Regina Roland, Marion Einsiedler: Teilprojekt B). Damit wird eine Verschränkung schul- und sonderpädagogischer Perspektiven auf der einen Seite mit sozialpädagogischen und sozialwissenschaftlichen Perspektiven auf der anderen Seite angestrebt. Das Konzept einer inklusiven Modellregion entsteht letztlich aus den beiden Perspektiven im Dialog mit allen Beteiligten.

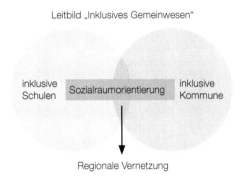

Konzept des Projektes „Modellregion Inklusion Kempten (M!K)"

Voranstellen möchten wir unser gemeinsames Grundverständnis von Inklusion und Behinderung, das dem Projekt zugrunde liegt. Der Begriff der „Inklusion" rückt seit dem Inkrafttreten der UN-BRK im Jahr 2008 verstärkt in das Bewusstsein der öffentlichen Wahrnehmung. Im Sinne der UN-BRK bezieht sich der Inklusionsbegriff auf Menschen mit Behinderungen, wobei „Behinderung" als Wechselspiel zwischen individueller Beeinträchtigung und gesellschaftlichen Barrieren beziehungsweise Umweltbedingungen gesehen wird. Nach *Hinz* (2009) meint Inklusion „die Berücksichtigung und Anerkennung der individuellen Unterschiede aller Menschen, ohne dass eine Kategorisierung und Zuordnung zu einer bestimmten Gruppe [...] stattfindet und ohne dass eine Aussonderung in besondere Institutionen erfolgt" (*Hinz* 2009, S. 172). Inklusion als gesellschaftliche Vision referiert damit auf übergreifende Werte wie soziale Teilhabe, Anerkennung und Wertschätzung der menschlichen und gesellschaftlichen Vielfalt (vgl. *Werning* 2010, S. 4) und regt den Abbau von Barrieren und Diskriminierung an (vgl. *Lütje-Klose* 2013, S. 11f.). Ein so verstandener Inklusionsbegriff fordert eine Gestaltung rechtlicher, organisationaler und institutioneller Verhältnisse, die es ermöglicht, dass Menschen mit Behinderungen in gleicher Weise am gesellschaftlichen Leben teilhaben können, wie Menschen ohne Behinderungen (vgl. *Bundesjugendkuratorium* 2012, S. 6).

Die Kultusministerkonferenz beschäftigt sich im Jahre 2011 mit der Umsetzung der UN-BRK im schulischen Bereich. In ihrem Beschluss vom 20.10.2011 wird aufbauend auf den Empfehlungen zur sonderpädagogischen Förderung von 1994 der Bildungsaspekt für Schüler*innen mit sonderpädagogischem Förderbedarf (SPF) in den Vordergrund gestellt (vgl. *Kultusministerkonferenz* 2011). Die Empfehlungen zielen auf einen Perspektivenwechsel zum inklusiven Unterricht und die Verwirklichung der vollen und selbstbestimmten Teilhabe von Kindern und Jugendlichen mit SPF im schulischen Bereich ab. Dabei wird der sonderpädagogischen Förderung und der sonderpädagogischen Fachkompetenz in inklusiven Schulen eine bedeutsame Rolle zugewiesen (vgl. *Heimlich* 2019, S. 33f.).

In Diskursen im Anschluss an die Ratifizierung der UN-BRK wurde der Begriff der Inklusion zunehmend generalisiert und „zu einem umfassenden Prinzip des gesellschaftlichen Umgangs mit Vielfalt erweitert" (*Bundesjugendkuratorium* 2012, S. 7), was sich auch in gesellschaftstheoretischen und pädagogischen Konzepten widerspiegelt (vgl. *Hinz* 2009; vgl. *Wocken* 2010). Heterogenität wird nicht nur in Bezug auf „Menschen mit Behinderung" beschrieben und gefordert, sondern es werden weitere Dimensionen wie Geschlecht, Religion, Herkunft etc. einbezogen (vgl. *Hinz* 2009, S. 172). Mit der Ausweitung des Inklusionsbegriffs gehen jedoch Befürchtungen verschiedener Akteur*innen einher, „Inklusion" könne als „allgemeine[s] Leitbild [...] eines harmonischen gesellschaftlichen Lebens" (*Bundesjugendkuratorium* 2012, S. 8) an Attraktivität und politischer Gestaltungskraft verlieren und damit zur Relativierung und Abnahme der rechtlichen und politischen Handlungsaufforderungen, die aus der UN-BRK resultieren, führen (vgl. a.a.O., S. 7f.). Es gilt also bei der Diskussion über die Umsetzung von „Inklusion" stets zu beachten, welches Verständnis von „Inklusion" dem jeweiligen Diskurs zugrunde liegt. Dabei wird unter einem eng gefassten Begriff meist der (ausschließliche) Bezug auf die Gruppe der Menschen mit Behinderungen verstanden. Das *Bundesjugendkuratorium* (2012) fordert jedoch, „dass das Inklusionsprinzip für jede gesellschaftliche Gruppe konkretisiert werden muss" (a.a.O., S. 9). Insofern wäre auch denkbar, dass zukünftig mehrere Varianten eines engen Inklusionsverständnisses existieren könnten, die es jeweils zu benennen gälte. Im Kontext dieser Begleitforschung wird in Bezug auf die UN-BRK von einem engen Inklusionsbegriff ausgegangen, der sich dezidiert auf die gleichberechtigte Teilhabe der „Kinder und Jugendlichen mit Behinderung" bezieht.

Die Umsetzung des Inklusionsprinzips als geltendes Recht und „gesamtgesellschaftliche Aufgabe" (*Bundesjugendkuratorium* 2012, S. 42) stellt Staat und Gesellschaft vor diverse Herausforderungen. Politische, administrative und finanzielle Strukturen müssen verändert, entsprechende Rahmenbedingungen geschaffen werden. Ebenso bedeutsam ist die Erstellung und Anpassung organisationsbezogener und pädagogischer Teilhabekonzepte, die individuelle Förderung ebenso berücksichtigen, wie institutionelle und überinstitutionelle Maßnahmen. Dabei müssen „die realen Verwirklichungschancen zum Kriterium erhoben werden, wenn [...] die individuelle Handlungsbefähigung der betroffenen Person in einer Institution, die den Zugang und die Teilhabe unterschiedlicher Personengruppen ermöglicht und fördert, zur Zielperspektive wird" (a.a.O., S. 12). Das *Bundesjugendkuratorium* (2012) verweist in diesem Zusammenhang auf den prozesshaften, teils langwierigen Charakter der Bemühungen, Inklusion in allen Lebensbereichen umzusetzen. Dies geht mit einem „tiefgreifenden kulturellen Wandel in unserer Gesellschaft und bei den beteiligten Fachkräften" (a.a.O., S. 42) einher, was sich im alltäglichen Handeln von Organisationen[2] abbildet (vgl. a.a.O., S. 15).

Inklusion wird häufig – auch im Kontext außerschulischer Bildung und Erziehung – als die Fortführung und Weiterentwicklung des Integrationsgedankens betrachtet (vgl. *Stein* 2010, S. 78). Auch wenn die geschichtliche Entwicklung von der Exklusion von Menschen mit Behinderungen bis hin zur Inklusion über die Stadien der Separation, Kooperation und Integration verlief (vgl. *Sander* 2008; und den historischen Rückblick bei *Heimlich* 2019, S. 34–47), bauen diese Stadien nicht trennscharf aufeinander auf, sondern gehen fließend ineinander über und bestehen zum Teil auch parallel (vgl. *Lütje-Klose* 2013, S. 12). Das Stadium der Integration (lat. „integrare": aufnehmen) lässt sich dennoch Ende der 1970er Jahre im Zuge der damals erfolgenden Integrationsbewegung verorten und wurde zunächst im Kontext von (schulischer) Bil-

---

2 Organisationen werden definiert als „soziale Einheiten, die im Wesentlichen durch zwei Merkmale charakterisiert werden können: 1. formale Mitgliedschaft und 2. Ziel- und Zweckgerichtetheit. In der Regel kommt hinzu, dass Organisationen auch über eine rechtliche Gestalt verfügen" (*Burmeister* 2017, S. 615).

dung und Erziehung relevant. Meist durch Eltern initiiert, unterstützt von Pädagog*innen und Wissenschaftler*innen, kam es zu einer allmählichen Ausdifferenzierung sonderpädagogischer Konzepte, Lern- und Förderorte, sowie, beispielsweise in Form von integrativen Kindergärten oder Schulen (vgl. a.a.O., S. 14). Gemäß dem aus Dänemark aufgegriffenen Normalisierungs-prinzip sollte sich das Leben für Menschen mit Behinderung „so normal wie möglich" (*Frühauf* 2010, S. 16) vollziehen und die Lebensrhythmen und -orte sollten entsprechend angeglichen werden. Das Modell der Integration setzt dabei die Zuschreibung als „behindert" und damit „anders" voraus. Im Sinne des „Aufnehmens" werden Menschen nach Klassifizierung und Kate-gorisierung ihrer Behinderung in eine bestehende Regeleinrichtung integriert (vgl. *Lütje-Klose* 2013, S. 17), während das Inklusionskonzept „die Verantwortungsübernahme für [Menschen ...] mit Behinderungen, Beeinträchtigungen oder Benachteiligungen durch alle Institutionen [...] ohne Kategorisierung und Aussonderung [beinhaltet]" (*Lütje-Klose* 2013, S. 10). In den 1980er Jahren gewann das Selbstbestimmungsparadigma an Bedeutung. Menschen mit soge-nannter geistiger Behinderung forderten mit dem Leitsatz „Nicht über uns ohne uns" (*Frühauf* 2010, S. 17) politische und gesellschaftliche Teilhabe ein. Elemente dieses Empowerment-An-satzes wurden von nun an auch in Bildungsangeboten berücksichtigt (vgl. a.a.O., S. 16). Integrationsmodelle ermöglichen grundsätzlich die Wahl zwischen verschiedenen Lern- und Lebensorten – in speziellen Institutionen oder denen des gesellschaftlichen Regelsystems. Da-durch werden die Lebensbiographien von Menschen mit Behinderung vielfältiger. Gleichzeitig bieten Integrationskonzepte Anlass für Kritik – vor allem im Vergleich mit Kernelementen in-klusiver Konzepte: Menschen mit sogenannten schweren Behinderungen verbleiben zum einen oftmals in Sonderinstitutionen (vgl. *Frühauf* 2010, S. 20f.). Zum anderen ergibt sich häufig ein reines Neben-Einander der Personengruppen „mit Behinderung" und „ohne Behinderung", sodass zum Beispiel Schüler*innen zwar am selben Ort, nicht jedoch gemeinsam, also mit-ei-nander, lernen (vgl. a.a.O., S. 19). Aufgrund dieser und weiterer Aspekte, die im Sinne der Idee einer umfassenden Teilhabe aller Menschen als unzureichend zu bewerten sind, sind heute das Leben und Lernen in sozialen Regelstrukturen des Gemeinwesens Ziele aktueller Inklusions-konzepte. Der Integrationsbegriff wurde zunehmend von dem der „Inklusion", in enger Ver-bindung mit „Teilhabe" abgelöst, sodass *Frühauf* (2010) bereits vor mehr als einem Jahrzehnt eine begriffliche Verwendung, die den Terminus der „Integration" eher auf die gesellschaftliche Eingliederung von Menschen mit Migrationshintergrund bezieht, während „Inklusion" in Be-zug auf Menschen mit Behinderung zum Begriff der Wahl wird, konstatiert (vgl. a.a.O., S. 11). Zunächst wurden die beiden Begriffe häufig synonym gebraucht oder der Terminus der „Inte-gration" durch den der „Inklusion" ersetzt, was zu inhaltlicher Undifferenziertheit führte (vgl. a.a.O., S. 11ff.). Von einem Begriffswechsel von der „Integration" hin zur „Inklusion" erhoffte man sich jedoch häufig neue visionäre Kraft (vgl. *Reiser* 2003, S. 307f.). Auch hier besteht neben allen Vorteilen dieses potentiellen Aufschwungs der Bestrebungen, umfassende Teilhabe umzu-setzen, die Gefahr der missbräuchlichen Nutzung des Leitbegriffs der „Inklusion" durch Politik und Verwaltung (vgl. *Frühauf* 2010, S. 13f.). Insbesondere in Bezug auf die inklusive Gestaltung des Bildungssystems, das sich gemäß den Forderungen der UN-BRK mit einer erheblichen Um-bruchssituation konfrontiert sieht, gilt demnach, einerseits das jeweils zugrundeliegende Inklu-sionsverständnis zu erschließen und andererseits die inhaltlichen Konzepte nach ihren Anteilen an inklusiven und integrativen Ansätzen zu differenzieren.
Der Inklusionsgedanke, wie er in der UN-BRK vertreten und gefordert wird, steht in engem Zu-sammenhang mit dem Begriff der „Behinderung", der in Artikel 1 der Konvention erläutert wird: „Zu den Menschen mit Behinderungen zählen Menschen, die langfristige körperliche, seelische,

geistige oder Sinnesbeeinträchtigungen haben, welche sie in Wechselwirkung mit verschiedenen Barrieren an der vollen, wirksamen und gleichberechtigten Teilhabe an der Gesellschaft hindern können" (*Beauftragte der Bundesregierung für die Belange von Menschen mit Behinderungen* 2017, S. 2). Diese Formulierung lehnt sich an die Definition der Weltgesundheitsorganisation (WHO) in der Internationalen Klassifikation der Funktionsfähigkeit, Behinderung und Gesundheit (ICF) an, wonach „Behinderung" nicht primär medizinisch, individuell oder sozial, sondern – als Synthese – im Kontext eines bio-psycho-sozialen Modells betrachtet wird. Die ICF benennt dabei die vier grundlegenden Komponenten Körperfunktionen, Körperstrukturen, Aktivitäten und Partizipation sowie Umweltfaktoren, die zueinander in Bezug gesetzt werden (vgl. *Sandor* 2015). Behinderung entsteht demnach aus dem Zusammenspiel der durch eine Schädigung eingeschränkten Handlungsfähigkeit einer Person und einschränkenden Umweltbedingungen. Es ist jedoch nicht die Schädigung selbst, die zur Behinderung und damit zur mangelnden sozialen Inklusion und Partizipation führt, sondern das Unvermögen der Umwelt, diese Nachteile auszugleichen (vgl. *Lütje-Klose* 2013, S. 20).

Im Vergleich zur ICF-Klassifikation definierte die deutsche Sozialgesetzgebung „Behinderung" lange Zeit unter Rückgriff auf das medizinische Modell von Behinderung deutlich defizitorientierter. Im Zuge der Umsetzung des Gesetzes zur Stärkung der Teilhabe und Selbstbestimmung von Menschen mit Behinderungen (Bundesteilhabegesetz – BTHG) wurde der Behinderungsbegriff des SGB IX an den der UN-BRK angeglichen (vgl. § 2 Abs. 1 Nr. 1 S. 1 SGB IX). Eine Aufhebung der Definition von „Behinderung" beziehungsweise „Beeinträchtigung" in Abweichung von einem „Normalzustand" erfolgte jedoch nicht: „Eine Beeinträchtigung nach Satz 1 liegt vor, wenn der Körper- und Gesundheitszustand von dem für das Lebensalter typischen Zustand abweicht" (§ 2 Abs. 1 S. 2 SGB IX). Analog dazu haben Kinder und Jugendliche gemäß SGB VIII aufgrund einer (drohenden) seelischen Behinderung Anspruch auf Eingliederungshilfe, „wenn ihre seelische Gesundheit mit hoher Wahrscheinlichkeit länger als sechs Monate von dem für ihr Lebensalter typischen Zustand abweicht" (§ 35a Abs. 1 Nr. 1 SGB VIII). Durch die Anpassungen der Gesetzestexte im Rahmen der Umsetzung des BTHG rücken somit verstärkt Aspekte der Gestaltung von Umweltbedingungen zur Steigerung von Partizipationschancen ins Blickfeld. Die Logik der sozialen Hilfesysteme, nach der der Bezug von Unterstützungsleistungen an die Feststellung individueller Defizite beziehungsweise nachgewiesener Störungen gekoppelt ist, bleibt jedoch weiterhin erhalten und verbindet sich unter dem Schlagwort „Ressourcen-Etikettierungs-Dilemma" (*Bundesjugendkuratorium* 2012, S. 14) mit dem Begriff und Verständnis von „Behinderung" (vgl. *Lütje-Klose* 2013, S. 22f.).

Anstelle eines Behinderungs-Begriffs tritt im internationalen (erziehungswissenschaftlichen) Kontext häufig der Ausdruck „with special educational needs" (SEN) (wörtlich: „spezielle Erziehungsbedürfnisse") auf, wenn es um Kinder und Jugendliche mit Behinderungen im Bildungskontext geht. Diese Bezeichnung wurde in der Salamanca-Erklärung der UNESCO verwendet, die im Jahr 1994 als erste internationale Übereinkunft forderte, Bildungssysteme inklusiv zu gestalten (vgl. *Lütje-Klose* 2013, S. 11). Im Deutschen als „mit besonderen pädagogischen Bedürfnissen/Unterstützungsbedarfen" übersetzt, wird diese Zuschreibung im Kontext des Disability-Mainstreaming von einem Teil der Menschen mit Behinderung abgelehnt, da sie als unzutreffend angesehen wird. Die Bedürfnisse von Menschen mit Behinderung seien nicht besonders, sondern genauso vielfältig wie die von Menschen ohne Behinderung (vgl. SOZIALHELDEN e.V.).[3] Der Ausdruck „sonderpädagogischer Förderbedarf" hingegen tritt häufig im (förder)schulischen Bereich auf. *Lütje-*

---

3 Im vorliegenden Bericht wird daher durchgehend der Begriff „Menschen mit Behinderung(en)" verwendet.

Klose (2013) weist darauf hin, dass dies „die Vorstellung beinhaltet, dass diesem zusätzlichen Förderbedarf nur mit sonderpädagogischer Unterstützung entsprochen werden kann" (*Lütje-Klose* 2013, S. 23). Unter Umständen widerspricht dieser Bezug auf die vorab festgelegte Professionsgruppe der sonderpädagogischen Lehrkräfte jedoch dem Inklusionsanspruch auf individuelle Unterstützung, weswegen *Lütje-Klose* die Übertragung des Begriffs auf andere Kontexte als den schulrechtlichen nicht befürwortet (vgl. ebd.). Mit der KMK-Empfehlung zur sonderpädagogischen Förderung von 1994 (vgl. Kultusministerkonferenz 1994) wird allerdings insofern für den schulischen Bereich ein weitreichender Perspektivenwechsel erreicht, als nicht mehr die einseitige Orientierung an der Behinderung im Vordergrund stehen sollte, sondern vielmehr die Orientierung an der Förderung. Die Kultusminister der 16 Bundesländer erkennen damit erstmals an, dass sonderpädagogische Förderung auch und vermehrt in allgemeinen Schulen stattfinden kann. Sie reagieren damit auf die immer zahlreicher gewordenen integrativen Schulprojekte seit Anfang der 1970er Jahre. Der Begriff der sonderpädagogischen Förderung avanciert im Gefolge dieser Empfehlungen zu einem zentralen Terminus im fachlichen Diskurs der Sonderpädagogik und findet ebenso Eingang in alle Schulgesetze der Bundesländer. Auch wenn die KMK letztlich keine schlüssige Definition des Begriffes sonderpädagogische Förderung vorlegt, so ergibt sich doch zwischenzeitlich ein Konsens im Fach, dass sonderpädagogische Förderung in jedem Fall aus einem begründeten Handlungszusammenhang von Diagnose, Intervention und Evaluation besteht und von Beratungs- und Kooperationsstrukturen begleitet wird (vgl. *Heimlich* 2019, S. 202). Auch in Bezug auf die Entwicklung inklusiver Schulen gilt mittlerweile im fachlichen Diskurs als anerkannt, dass eine gute Qualität des inklusiven Bildungsangebotes nur mit sonderpädagogischer Fachkompetenz erreicht werden kann.

Zusammenfassend lässt sich die Debatte um angemessene Begrifflichkeiten mit einem Zitat aus der Stellungnahme des *Bundesjugendkuratoriums* (2012) beschreiben: „Nicht die Bezeichnung ist das Problem, sondern die daran anknüpfende gesellschaftliche Benachteiligung. Eine zielgruppenspezifische Förderung muss mit Bezeichnungen sensibel umgehen, um nicht entsprechende soziale Stereotypen und Etikettierungen mit ihren negativen Folgen einer zusätzlichen sozialen Beeinträchtigung noch zu vertiefen; dennoch muss es weiterhin erlaubt sein, die Zielgruppe überhaupt erst einmal zu benennen" (*Bundesjugendkuratorium* 2012, S. 14). Mit Verweis auf das Ressourcen-Etikettierungs-Dilemma machen die Verfasser*innen deutlich, dass es sich bei der sprachlichen und rechtlichen Definition von Behinderung um eine Gratwanderung handelt, die einerseits zum Ziel hat, eine Politik des Nachteilsausgleiches umzusetzen, gleichzeitig aber „allgemeine Förderperspektiven in den Institutionen zu verankern" (ebd.). Mit der Herausforderung, sich in ihrer täglichen Arbeit zwischen diesen Polen zu positionieren, sind die Fachkräfte der Sozialen Arbeit stets konfrontiert, wozu auch die diversen (sozial)rechtlichen Bestimmungen beitragen. Dies gilt in gleicher Weise für Lehrkräfte der allgemeinen Schulen und sonderpädagogische Lehrkräfte, da sie zusätzlich zur Betreuung von Kindern und Jugendlichen einen curricularen Bildungsauftrag haben, der die Erarbeitung und Vermittlung von basalen kulturellen Wissensbestandteilen enthält und darüber hinaus unter dem zentralen Bildungsziel der Selbstbestimmung dazu beitragen soll, eine selbstständige Persönlichkeitsentwicklung zu ermöglichen. Gleichzeitig ist es wichtig, ein Verständnis von Inklusion zu etablieren, in dem nicht in unterschiedlichen Professionen gedacht wird und das bestimmten Systemlogiken folgt, sondern das der gesamtgesellschaftlichen Dimension von Inklusion gerecht wird.

Im Projekt „Modellregion Inklusion Kempten (M!K)" hat sich vor diesem Hintergrund gezeigt, dass außerschulische Akteur*innen starke Partner*innen für Inklusion in der Modellregion Kempten bilden. Die wissenschaftliche Begleitung des Prozesses zeigt die hohe Bedeutung des Ausbaus von kooperativen Bildungssettings in der Kommune. Der sozialräumlichen Vernetzung von Bildungsinstitutionen wie Schulen und Kindertageseinrichtungen sowie der inklusiven Gestaltung von Angeboten der Kinder- und Jugendhilfe, einschließlich der Jugendarbeit, kommt hier eine zentrale Rolle zu. Für das Gelingen von Kooperationen zeichnen sich zum einen gewisse Voraussetzungen ab. Zum anderen zeigt die Analyse der Netzwerkstrukturen, dass eine gemeinsame Haltung hilfreich ist, die durch Wissen zu den Netzwerk- und Kooperationspartner*innen als auch zu der sozialräumlichen und kommunalen inklusiven Infrastruktur unterstützt wird. Auswirkungen auf die Praxis der Zusammenarbeit erfolgen in der Regel unmittelbar und äußern sich in zunehmend günstigeren Rahmenbedingungen. Hierbei ist die Qualifikation der Fachkräfte ein wichtiges Gütekriterium. Die Ergebnisse zeigen eine insgesamt gemeinsame Verwirklichung von Inklusion durch die erfolgreiche Vernetzung und Zusammenarbeit von außerschulischen mit schulischen Akteur*innen in differenzierten Angeboten.

Wir möchten uns bei allen Beteiligten, die die Arbeit im Projekt „Modellregion Inklusion Kempten (M!K)" in den letzten Jahren unterstützt haben, ganz herzlich bedanken. Unser Dank gilt dabei besonders MR (i.R.) Erich Weigl vom Bayerischen Staatsministerium für Unterricht und Kultus, der das Projekt M!K maßgeblich mit auf den Weg gebracht hat. Ebenso gilt unser Dank Herrn Ltd. MD Stefan Graf vom Bayerischen Staatsministerium für Unterricht und Kultus, der das Projekt M!K stets wohlwollend begleitet hat. Außerdem bedanken wir uns bei Frau MRin Dr. Stückl vom Bayerischen Staatsministerium für Unterricht und Kultus, die insbesondere für die personellen Ressourcen im Projekt M!K verantwortlich war. Auch die Regierung von Schwaben, namentlich die Leiterin des Sachgebietes 41, Frau Ltd. RSDin Claudia Thoma, sowie die ehemalige Sachgebietsleiterin des Sachgebiets 40.1 Frau Ltd. RSD Johanna Heiß-Wimmer wie auch ihre Nachfolgerin Frau Ltd. RSDin Ingrid Rehm-Kronenbitter haben uns sowohl bei der Genehmigung der empirischen Studien als auch bei der fachlichen Begleitung der Entwicklung der inklusiven Modellregion Kempten intensiv unterstützt. Besonders gefreut hat uns die enge Zusammenarbeit mit allen Mitgliedern der Steuergruppe in Kempten und der kontinuierliche fachliche Austausch mit den Kolleg*innen vor Ort in Kempten. Ebenso gilt unser umfassender Dank den Schulleitungen, den Lehrkräften, den Leitungen der Kindertageseinrichtungen und den pädagogischen Fachkräften im Bereich der Kinder- und Jugendhilfe. Ihr Engagement und ihre Bereitschaft, uns an ihren Erfahrungen teilhaben zu lassen, waren nicht nur Voraussetzung für das Gelingen dieser Studie, sondern Voraussetzung für gelingende Inklusion. Insofern steht das Projekt „Modellregion Inklusion Kempten" auch als Beispiel für eine gelungene regionale und überregionale Kooperation, die eine unerlässliche Voraussetzung für eine nachhaltige regionale Inklusionsentwicklung ist. Deshalb wünschen wir allen Beteiligten viele gute Begegnungen und gelingende Kooperationserfahrungen für die weitere Arbeit an der inklusiven Region.

Kempten und München, im Dezember 2020

Prof. Dr. Ulrich Heimlich   Prof. Dr. Ursula Müller
Grundschullehrer Michael Wittko   Prof. Dr. Patricia Pfeil
                                    Marion Einsiedler
                                    Regina Roland

Ulrich Heimlich und Michael Wittko

1 Teilprojekt A: Schulische Inklusion von Kindern und jungen Menschen – regionale Entwicklungsperspektiven

Vorbemerkung

Im Rahmen des Projektes „Modellregion Inklusion Kempten (M!K)" soll ab dem Schuljahr 2016/2017 der Schwerpunkt „Schulische Inklusion von Kindern und jungen Menschen – regionale Entwicklungsperspektiven (Teilprojekt A)" durch den Lehrstuhl für Lernbehindertenpädagogik (Prof. Dr. Ulrich Heimlich, Grundschullehrer Michael Wittko) wissenschaftlich begleitet werden. Konzeptionelle Basis der Begleitforschung in diesem Teilprojekt A ist das ökologische Mehrebenenmodell der inklusiven Schulentwicklung, wie es im „Leitfaden Profilbildung inklusive Schule" (vgl. *Fischer* et al. 2013) dargestellt ist. Bezogen auf die M!K ist allerdings eine Erweiterung des Modells um den Nahraum und die regionale Einbindung der Schulen erforderlich. Dabei wird die Kooperation mit der Kinder- und Jugendhilfe und der Jugendarbeit besonders in den Mittelpunkt gestellt. Das Teilprojekt A im Projekt M!K schließt unmittelbar an das „Begleitforschungsprojekt inklusive Schulentwicklung (B!S)" an (vgl. *Heimlich* et al. 2016).

Vor dem Hintergrund erster Erfahrungen mit inklusiven Modellregionen in anderen Bundesländern und in Österreich (vgl. *Gasteiger-Klicpera* 2015; *Feyerer* 2013) wird innerhalb des Teilprojektes A des Projektes M!K die Entwicklung eines qualitätsorientierten Konzeptes der regionalen Einbindung von inklusiven Schulen, einschließlich systemischer Modelle der Ressourcensteuerung, angestrebt. Im Vordergrund steht dabei, neben der Qualitätsentwicklung in den beteiligten Schulen, insbesondere die Zusammenarbeit mit externen Unterstützungssystemen. Im Einzelnen ergeben sich daraus folgende Zielperspektiven:

- Entwicklung von Qualitätskriterien für das Konzept der „Modellregion Inklusion Kempten (M!K)" aus der schulischen Perspektive heraus,
- Erweiterung des Mehrebenenmodells der inklusiven Schulentwicklung als systemisches Entwicklungskonzept um den Nahraum und die Region,
- Entwicklung einer *base-line* aus den amtlichen Schuldaten mit regionaler Aufbereitung (Sekundäranalyse),
- Einbindung des RTI (*Response-to-Intervention*)-Konzeptes in die inklusive Schulentwicklung (s. den Beitrag von *Janina Minge* in 1.2.3),
- Qualitätsentwicklung in Schulen in Kempten (QU!S*),
- Netzwerkforschung zur inklusiven Modellregion.

Unter der Leitung des Lehrstuhls Lernbehindertenpädagogik (Prof. Dr. *Ulrich Heimlich*, Wissenschaftlicher Mitarbeiter: *Michael Wittko*, GS Kempten an der Sutt) der LMU München wird die Wissenschaftliche Begleitung im Teilprojekt A des Projekts M!K im Wesentlichen über ein dialogisches Entwicklungsmodell realisiert. Dazu ist insbesondere eine enge Einbindung der Wissenschaftlichen Begleitung in die regionalen Netzwerkstrukturen in Kempten erforderlich. Im Einzelnen ergeben sich daraus die folgenden Arbeitsschwerpunkte:

1. Mitarbeit im Fachbeirat „Inklusion" (Steuergruppe),
2. Aufbereitung der amtlichen Schuldaten und Erhebung der Strukturdaten zu den Schulen in Kempten einschließlich deren regionaler Vernetzung, (s. Kap. 1.1)
3. Durchführung der Qualitätsanalyse mithilfe der QU!S®, (s. Kap. 1.2)
4. Durchführung der Netzwerkanalyse (Fokus: Schule), (s. Kap. 1.3)
5. Kooperation mit dem Institut für Schulqualität und Bildungsforschung (ISB) und der Hochschule für Angewandte Wissenschaften Kempten,
6. Erstellung des Abschlussberichtes der Wissenschaftlichen Begleitung und Publikation.

Das gemeinsam zu erstellende Konzept der „Modellregion Inklusion Kempten (M!K)" soll abschließend neben den Empfehlungen zum Qualitätsmanagement einerseits die regionale Vernetzung der inklusiven Schulentwicklung aufzeigen. Andererseits soll die sozialräumliche Netzwerkstruktur der „Modellregion Inklusion Kempten (M!K)" dargestellt werden. Maßnahmen zur Netzwerkbildung und -pflege werden schließlich im Sinne von Empfehlungen für die Weiterarbeit zusammenfassend dargestellt.

Im Folgenden stehen besonders die amtlichen Schuldaten und Strukturdaten zu den Schulen in Kempten im Vordergrund.

1.1 Sozialräumliche Betrachtung amtlicher Schuldaten zur sonderpädagogischen Förderung in Bayern

Basis der folgenden Sekundäranalyse sind die amtlichen Schuldaten für Grund- und Mittelschulen beziehungsweise die Grund- und Mittelschulstufe in den Förderzentren in Bayern, die vom Bayerischen Staatsministerium für Bildung und Kultus, Wissenschaft und Kunst (StMBW) zur Verfügung gestellt worden sind. Leitend für die Datenbasis ist die Frage, ob Schüler*innen sonderpädagogische Förderung erhalten oder nicht. Danach wird die Zuordnung zu einem Förderort (Allgemeine Schule, Förderzentrum) vorgenommen. Mit dem Begriff *„Förderquote"* ist der prozentuale Anteil der Schüler*innen mit sonderpädagogischer Förderung an allen Schüler*innen eines Jahrgangs im Alter der Vollzeitschulpflicht gemeint. Der *„Separationsanteil"* bezeichnet den prozentualen Anteil der Schüler*innen mit sonderpädagogischer Förderung, die eine Förderschule besuchen, an der Gesamtgruppe von Schüler*innen mit sonderpädagogischer Förderung. Die *„Separationsquote"* beinhaltet den prozentualen Anteil der Schüler*innen mit sonderpädagogischer Förderung, die eine Förderschule besuchen, an allen Schüler*innen eines Jahrgangs (auf KMK-Ebene auch: Förderschulbesuchsquote, vgl. *Sekretariat der Ständigen Konferenz der Kultusminister* 2016). Damit sprechen wir uns zugleich gegen den irreführenden Begriff „Exklusionsquote" (vgl. *Klemm* 2015, S. 28) aus, da dieser unterstellt, dass Schüler*innen mit sonderpädagogischer Förderung vom Schulsystem ausgeschlossen werden. Das ist jedoch in der Bundesrepublik Deutschland nicht der Fall. Mit *„Inklusionsanteil"* wird der prozentuale Anteil der Schüler*innen mit sonderpädagogischer Förderung erfasst, die in allgemeinen Schulen unterrichtet werden. Mit *„Inklusionsquote"* wird der prozentuale Anteil der Schüler*innen mit sonderpädagogischer Förderung an allen Schüler*innen eines Jahrgangs benannt, der in allgemeinen Schulen unterrichtet wird. Mit allgemeinen Schulen sind alle allgemeinbildenden Schulen ohne die Förderzentren gemeint. Es ist ausdrücklich darauf hinzuweisen, dass Förderzentren auch eine allgemeine Bildung vermitteln (und nicht in erster Linie eine berufliche Bildung) und deshalb ebenfalls zu den allgemeinbildenden Schulen zählen.

Bundesweit hat sich die Förderquote von 5,7% im Jahre 2005 auf 7,0% im Jahre 2014 erhöht. Im gleichen Zeitraum erhöhte sich der Inklusionsanteil von 14,5% auf 34,1%, allerdings mit großen Unterschieden zwischen den Bundesländern (vgl. *Sekretariat der Ständigen Konferenz der Kultusminister* 2016, S. 16ff.).

Im Folgenden wird nur auf die Situation der sonderpädagogischen Förderung in Bayern eingegangen, um gleichsam einen datengestützten Rahmen für das Verständnis der inklusiven Schullandschaft in Kempten zu entwickeln. Die amtlichen Schuldaten aus Bayern entstammen den Statistischen Berichten des Bayerischen Landesamtes für Statistik und ergänzenden Datensätzen des StMBW bezogen auf das Schuljahr 2016/2017 (wenn nicht anders vermerkt). Insgesamt ist bei der Datenanalyse die Frage leitend, wie sich die verschiedenen Förderorte zwischen Förderzentren und allgemeinen Schulen sozialräumlich verteilen. Neben der landesweiten Darstellung und der Darstellung auf der Ebene der Regierungsbezirke wird es durch die Daten des StMBW möglich, auch auf Landkreisebene und auf der Ebene kreisfreier Städte die jeweiligen Anteile aufzuzeigen. Gerade im Rahmen des Projektes „Modellregion Inklusion Kempten (M!K)" erhoffen wir uns davon insbesondere Vergleichsdaten für die Einordnung der regionalen Entwicklung innerhalb der Schullandschaft in Kempten. Die Daten des StMBW beziehen sich nur auf die Grund- und Mittelschulen sowie die Förderzentren.

1.1.1 Förderquote in Bayern

Die Zahl der Förderzentren in Bayern ist im Zeitraum von 1990/1991 bis 2016/2017 von 378 auf 351 leicht zurückgegangen, die Zahl der Klassen in Förderzentren im gleichen Zeitraum jedoch gestiegen (von 4.102 auf 5.054). Zeitgleich hat sich die Zahl der Schüler*innen mit sonderpädagogischer Förderung in Bayern von 42.361 um insgesamt 11.308 auf 53.669 erhöht (vgl. *Bayerisches Landesamt für Statistik* 2017, S. 11). Die *Förderquote* beträgt in Bayern im Schuljahr 2016/2017 insgesamt 10,05% mit dem niedrigsten Wert von 9,01% in Oberbayern und dem höchsten Wert mit 12,10% in Unterfranken. Auf der Ebene der Landkreise und kreisfreien Städte zeigt sich bereits bei der Förderquote ein vielschichtiges Bild. Zwischen Straubing mit 28,84%, Würzburg mit 27,25% und Passau mit 21,51% auf der einen Seite und Unterallgäu mit 4,26% sowie Bayreuth Landkreis mit 4,37% auf der anderen Seite weisen die Förderquoten in den bayerischen Landkreisen eine große Streuung auf. Dabei fällt auf, dass es große Differenzen zwischen städtischen Einzugsgebieten (zum Beispiel Würzburg: 27,25%) und ländlichen Gebieten (zum Beispiel Würzburg Landkreis: 5,56%) gibt. In der Regel liegen die Förderquoten in Städten höher als auf dem Land. Auch Kempten weist mit 21,27% eine deutlich über dem landesweiten Durchschnitt liegende Förderquote aus, während der Landkreis Oberallgäu mit 5,93% die deutlichen Stadt-Land-Unterschiede in der Verteilung der Förderquoten in Bayern ebenfalls bestätigt.

Somit zeigt sich bereits bei der sozialräumlichen Darstellung der Förderquoten in Bayern, dass sich die Landkreise und kreisfreien Städte in Bezug auf die Wahrnehmung der Verantwortung für die sonderpädagogische Förderung in der jeweiligen Region vor teils extrem unterschiedliche Aufgaben gestellt sehen. Die Städte sind in weitaus größerem Umfang gefordert, sonderpädagogische Förderung abzusichern und in einer guten Qualität anzubieten. Dies zeigt sich auch in der größeren Zahl der Förderzentren in den Städten, was gleichzeitig die höhere Förderquote in den Städten erklären könnte. Aber auch die ländlichen Regionen mit den teilweise langen Wegen zwischen den Bildungseinrichtungen stehen vor spezifischen Herausforderungen in Bezug auf die Weiterentwicklung der sonderpädagogischen Förderung unter regionalem Aspekt.

1.1.2 Separationsquote und Separationsanteil in Bayern

Im Zeitraum von 2005 bis 2014 ist die *Separationsquote* in Bayern leicht gestiegen: von 4,4% auf 4,7% (vgl. *Sekretariat der Ständigen Konferenz der Kultusminister* 2016, S. 16ff.). Für das Schuljahr 2016/2017 liegt sie bei 7,34%. Der *Separationsanteil* nimmt für Bayern im vergangenen Schuljahr einen Wert von 73,11% an und rangiert zwischen 62,62% in der Oberpfalz als niedrigstem Wert und 86,77% in Mittelfranken als höchstem Wert. Auf der Ebene der Landkreise unterschreiten das Unterallgäu (40,75%), Amberg-Sulzbach (45,54%), Landshut Landkreis (46,34%), Weiden (46,59%) und Regensburg Landkreis (48,61%) die 50%-Marke, während Erlangen (95,4%), Coburg (94,52%) und Schwabach (93,13%) nahezu alle Schülerinnen und Schüler mit sonderpädagogischer Förderung separiert unterrichten.

Ein Wert von 100,00% für die separierte Förderung in Ansbach gibt allerdings auch Anlass zu Nachfragen, inwieweit dies angesichts des Gesetzes über das Bayerische Erziehungs- und Unterrichtswesen (BayEUG) von 2011 tatsächlich möglich sein kann. Vor dem Hintergrund der Entwicklung inklusiver Regionen in Bayern bietet es sich an, in den Regionen mit einem geringen Separationsanteil nachzuforschen, wie es dort gelungen ist, die separierenden Anteile sonderpädagogischer Förderung zu reduzieren. Auch hier bestätigt sich wiederum ein klares Stadt-Land-Gefälle, was dazu auffordert, die Gründe für diese unterschiedlichen Entwicklungen zu eruieren.

1.1.3 Inklusionsquote und Inklusionsanteil in Bayern

Die Grund- und Mittelschulen haben in Bayern im Schuljahr 2016/2017 einen *Inklusionsanteil* von 26,89%. Der Regierungsbezirk Oberpfalz liegt hier mit 37,38% weit vorn, gefolgt von Niederbayern mit 31,33%, Oberbayern mit 29,68% und Schwaben mit 29,04%, während die Regierungsbezirke Unterfranken mit 24,94%, Oberfranken mit 22,49% und Mittelfranken mit 13,23% den landesweiten Durchschnitt unterschreiten. Entsprechend der Separationsanteile gelingt es dem Unterallgäu mit 59,25%, Amberg-Sulzbach mit 54,46%, dem Landkreis Landshut mit 53,66% und Weiden mit 53,41% mehr als die Hälfte der Schüler*innen mit sonderpädagogischem Förderbedarf inklusiv zu fördern (s. Abb. 1.3).

Damit zeigt sich über alle hier vorgestellten Indikatoren hinweg, dass sich die Landkreise gegenüber den kreisfreien Städten offenbar wesentlich leichter tun, inklusive Bildungsangebote im schulischen Bereich vorzuhalten. Es mag sein, dass dahinter auch organisatorische Gründe stehen, wie zum Beispiel die Verringerung der Fahrtwege für die Schüler*innen mit sonderpädagogischer Förderung durch den Einsatz der Mobilen Sonderpädagogischen Dienste (MSD). Auch existentielle Probleme aufgrund rückgehender Schüler*innenzahlen an einigen Schulstandorten im Bereich der Mittelschulen können möglicherweise dazu führen, dass das Konzept der Schulentwicklung hier überprüft worden ist und inklusive Bildungsangebote als Alternative und Innovation aufgegriffen worden sind, um Eltern und Kindern ein attraktives Bildungsangebot bereitzustellen. Dies sind allerdings beim gegenwärtigen Stand der Datenaufbereitung nur Vermutungen, die bei der Entwicklung von inklusiven Regionen genauer zu erheben wären. Für die Bildungsplanung im Bereich der sonderpädagogischen Förderung zeigt die sozialräumliche Betrachtungsweise jedoch bereits jetzt, dass eine gesteigerte Sensibilität für die teils extreme Unterschiede in der Bereitstellung sonderpädagogischer Förder- und Unterstützungsangebote in den verschiedenen Regionen entwickelt werden sollte. Letztlich ist damit auch die Frage nach den Grundlagen für die Verteilung von Ressourcen im Bereich der sonderpädagogischen Förderung gestellt. Angesichts der deutlichen Unterschiede zwischen den Regionen sollte hier offenbar auch über neue Steuerungsmodelle nachgedacht werden.

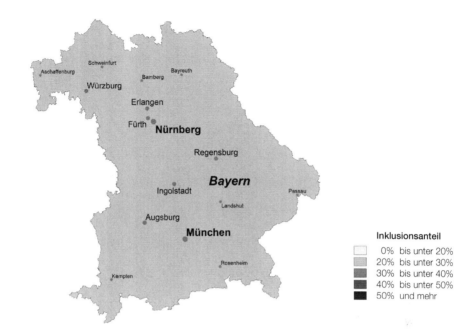

Abb. 1.1: Inklusionsanteil in Bayern

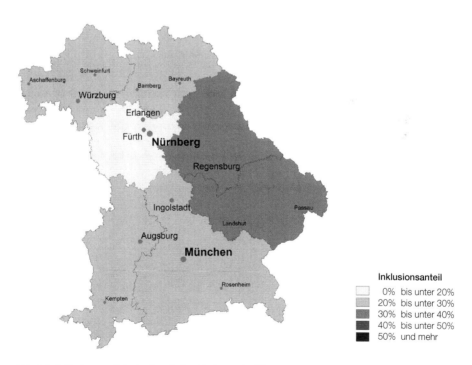

Abb. 1.2: Inklusionsanteile in den bayerischen Regierungsbezirken

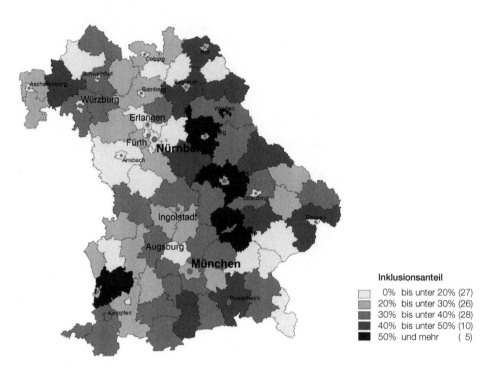

Abb. 1.3: Inklusionsanteile in den bayerischen Landkreisen und kreisfreien Städten (Anzahl der Landkreise in dem jeweiligen Bereich in Klammern)

1.1.4 Schullandschaft Kempten im Spiegel der kommunalen Daten

In Kempten liegt die Förderquote im Schuljahr 2016/2017 bei 21,27% und übertrifft damit den landesweiten Durchschnitt von 10,05% um mehr als das Doppelte. Dies kann wiederum durch das Angebot der Förderzentren in Kempten erklärt werden, das es ermöglicht, auch Schüler*innen aus dem umliegenden Landkreis Oberallgäu und darüber hinaus (zum Beispiel Förderzentrum zur körperlich-motorischen Entwicklung von Lindau bis Schwabmünchen) zu fördern. Mit einem Inklusionsanteil von 32,80% der Schüler*innen mit SPF liegt Kempten ebenfalls deutlich über dem landesweiten Durchschnitt von 26,89%. Es werden in Kempten demnach nicht nur mehr Schüler*innen mit sonderpädagogischem Förderbedarf gefördert, sie werden auch häufiger inklusiv unterrichtet. Auch die weiteren Indikatoren weichen in Kempten teils deutlich vom landesweiten Durchschnitt ab. Die Inklusionsquote liegt in Kempten bei 6,98% (Bayern: 2,70%), die Separationsquote bei 14,29% (Bayern: 7,34%) und der Separationsanteil bei 67,20% (Bayern: 73,11%). Somit zeigt sich schon auf der Ebene der amtlichen Schuldaten die besondere Situation der Stadt Kempten bezüglich der inklusiven Schulentwicklung. Ein Blick in die Verteilung der inklusiven Settings weist hier ebenfalls auf die außerordentlichen Bemühungen der Kommune, der Schulaufsicht und der beteiligten Schulleitungen sowie Lehrerkollegien aller Schulformen hin. Für Kempten gilt, dass sonderpädagogische Lehrkräfte an allen Grund- und Mittelschulen präsent sind. Drei Grundschulen und eine Mittelschule bieten Partnerklassen beziehungsweise Tandemklassen an. Fünf Grundschulen, eine Mittelschule und inzwischen drei Förderzentren in Kempten haben das Schulprofil Inklusion (vgl. *Staatliche Schulämter in den Landkreisen Oberallgäu und Lindau (B) und in der Stadt Kempten 2020*). Zusätzlich erwähnt seien hier auch die beiden Schulen mit dem Schulprofil Inklusion im Bereich der beruflichen Bildung. Hinzu kommen Maßnahmen zur Einzelinklusion in Regel- und Kooperationsklassen sowie zahlreiche Kooperationsprojekte zwischen allgemeinen Schulen und Förderzentren. Diese „Vielfalt der Wege" hin zum Ziel eines inklusiven Schulsystems wird in Kempten durch die sonderpädagogischen Lehrkräfte in den Mobilen Sonderpädagogischen Diensten (MSD) ermöglicht und getragen (vgl. *Fasser & Dossenbach* 2015). Eine unterstützende Funktion kommt dabei der Arbeit der „Inklusionsberatung am Schulamt für Grundschulen, Mittelschulen und Förderzentren der Stadt Kempten" zu, die wichtige Netzwerkaufgaben zwischen den zahlreichen vorhandenen Beratungsangeboten für Familien mit Kindern mit SPF wahrnimmt (s. http://bfs-kempten.de).

1.1.5 Strukturdaten zur inklusiven Schullandschaft Kempten

In einer eigenen Erhebung wurden die Strukturdaten der Grund- und Mittelschulen sowie Förderzentren im Schuljahr 2016/2017 erfasst. Dazu ist ein Fragebogen für die Schulleitungen erstellt worden. Die Genehmigung der Befragung hat das Bayerische Staatsministerium für Unterricht und Kultus erteilt (Az: X.7-BO4106.2016/67/9).

- **Problemstellung**

Ziel der schriftlichen Befragung der Schulleitungen der Grund- und Mittelschulen in Kempten war es, zusätzlich zu den amtlichen Schuldaten auf der Ebene der einzelnen Schule ergänzende Daten zum Einzugsbereich der Schule, zu den Schüler*innen sowie zu den Lehrkräften und den Kooperationspartner*innen der Schulen zu erheben. Damit soll nicht nur die Untersuchungsgruppe für die weiteren Erhebungen im Teilprojekt A des Projektes „Modellregion Inklusion Kempten (M!K)" genauer gekennzeichnet werden. Es sollen überdies datengestützte Grundlagen für die regionale Inklusionsentwicklung, ausgehend von den Grund- und Mittelschulen, entwickelt werden. Diese Daten sind durch die amtlichen Schuldaten nicht erfasst und müssen deshalb ergänzend erhoben werden.

- **Untersuchungsmethode**

Im Bereich der Forschungsmethodik wurde eine schriftliche Befragung gewählt, weil dadurch die nötigen Informationen in einer arbeitsökonomisch vertretbaren Weise erfasst werden können (vgl. *Bortz & Döring* 2006, S. 252ff.). Durch die Begrenzung des Fragebogens auf acht Items sollte der Aufwand der Bearbeitung des Fragebogens in einem handhabbaren Bereich angesiedelt sein. Neben allgemeinen Angaben zur jeweiligen Schule sind Daten zur Zahl der Schüler*innen, deren Geschlecht und ggfls. Migrationshintergrund, sowie zum sonderpädagogischem Förderbedarf (SPF) enthalten. Sodann war für die wissenschaftliche Begleitung von Interesse, die Verteilung der Schüler*innen mit SPF auf die Jahrgangsstufe genauer zu beschreiben. In Relation dazu ist die Zahl der Fachkräfte und deren Qualifikation erfasst worden. Im Sinne der regionalen Vernetzung von Schulen war es ebenfalls bedeutsam, nach den freiwilligen Helfer*innen in den Schulen und den Kooperationspartner*innen der Schulen zu fragen. In einem offenen Item hatten die Befragten die Gelegenheit, Hinweise zu Gelingensbedingungen der Inklusion im schulischen Bereich zu geben. Von den 20 versendeten Fragebögen wurden nach erneutem Nachfragen 20 zurückgesendet, was im Sinne einer Vollerhebung bezogen auf die Grund- und Mittelschulen sowie Förderzentren in Kempten einer Rücklaufquote von 100% entspricht. Die im Folgenden dargestellten Ergebnisse der Schulleiter*innenbefragung beziehen sich jeweils auf die Untersuchungsgruppe von n = 20. Die Daten werden als Gesamtauswertung über alle Schulen hinweg dargestellt. Es sind keine Rückschlüsse auf einzelne Schulen möglich. Wenn Daten auf der Ebene einzelner Schulen dargestellt werden, so sind die Schulen mit einer Codierung versehen.

- **Ergebnisse**

Schülergesamtzahl: In Kempten besuchen 4473 Schüler*innen die befragten Schulen zum Zeitpunkt der Erhebung. 2136 von ihnen sind Schüler*innen einer Grundschule, 1180 einer der vier Mittelschulen, und 559 Schüler*innen einer alternativen Schule. 598 Schüler*innen besuchen ein Förderzentrum.

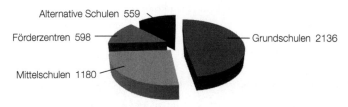

Abb. 1.4: Anzahl der Schüler*innen in Kempten nach Schulart

In den Grundschulen (GS) werden die Klassenstufen 1–4 in jahrgangsreinen und jahrgangskombinierten Klassen unterrichtet. Im Bereich der Mittelschulen (MS) lernen die Schüler*innen in den Klassenstufen 5–10. Die Förderzentren (FZ) beinhalten beide Schulstufen (Grundschulstufe und Mittelschulstufe), an zwei FZ gibt es zudem eine Berufsschulstufe mit insgesamt 83 Schüler*innen. In den Alternativen Schulen (AS) werden die Schüler*innen in jahrgangsreinen und jahrgangskombinierten Klassen unterrichtet. Dabei ist eine Einteilung in Grundschulstufe und Mittelschulstufe nicht immer möglich. Kempten ist eine „Schulstadt". Vor allem die FZ und alternativen Schulformen ziehen auch Schüler*innen aus den umliegenden Landkreisen und kreisfreien Städten an: Insgesamt kommen 636 Schüler*innen (14,2% aller Schüler) *nicht* aus Kempten.

Schüler mit Migrationshintergrund: In Kempten leben Schüler*innen mit unterschiedlicher Herkunft. So besuchen 1094 (51,22%) Grundschüler*innen, 747 Mittelschüler*innen (63,31%) und 131 Förderschüler*innen (22,41%) die Kemptener Schulen, die selbst oder von denen mindestens ein Elternteil nicht mit deutscher Staatsangehörigkeit geboren wurden.

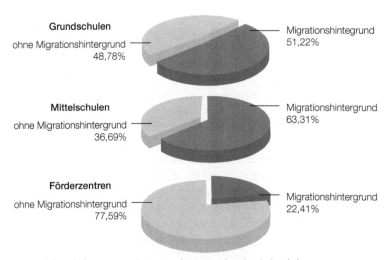

Abb. 1.5: Anteil der Schüler*innen mit Migrationshintergrund nach Schulart (%)

Stellt man einzelne Schulen in den Fokus der Betrachtung, ergibt sich eine starke Streuung: Im Grundschulbereich bewegt sich der Anteil der Schüler*innen mit Migrationshintergrund je nach Schule zwischen 16,07% und 75,91%. In den MS variiert er zwischen 59,61% und 67,72%, und an den FZ haben zwischen 7,95% und 31,63% der Schüler*innen Migrationshintergrund.

Geschlecht: In den Kemptener Schulen werden 1894 Mädchen unterrichtet (45,61%). Der Anteil der Mädchen an den FZ liegt unter dem Durchschnittswert. Auch hier schwankt der Anteil zwischen den einzelnen FZ beträchtlich (zwischen 5,00% und 39,07%).

Klassen mit Schüler*innen mit sonderpädagogischem Förderbedarf (SPF): An den befragten Schulen gibt es 237 Klassen. In 203 Klassen (85,65%) werden auch Schüler*innen mit SPF unterrichtet. 34 Klassen (14,35%) sind Klassen ohne Schüler*innen mit SPF.

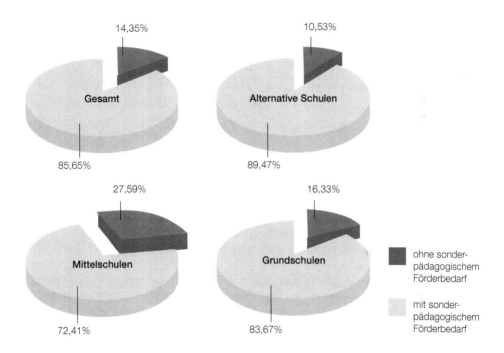

Abb. 1.6: Anteil der Klassen und Schüler*innen mit SPF nach Schulart (%)

In diesem Bereich zeigen sich ebenfalls erhebliche Unterschiede zwischen den einzelnen Schulen: Es gibt in Kempten Grund- und Mittelschulen, in denen bereits in jeder Klasse Schüler*innen mit SPF sitzen. Der Anteil der Klassen, die auch Schüler*innen mit SPF aufgenommen haben, schwankt im Grundschulbereich zwischen 41,67% und 100%. Auch in der Mittelschulstufe unterscheidet sich dieser Anteil zwischen den Schulen. Während eine MS bereits in allen Klassen Schüler*innen mit SPF aufgenommen hat, gibt es auch eine MS, in der nur in knapp jeder fünften Klasse Schüler*innen mit SPF unterrichtet werden (18,75%). Bei den AS ist der Anteil an Klassen mit Schüler*innen mit SPF durchgehend hoch (83,33% bis 100%). An den FZ gibt es ausschließlich Klassen mit Schüler*innen mit SPF.

Förderquote, Separationsquote, Inklusionsquote und Inklusionsanteil für Kempten: Bei der Einschätzung des SPFs wurden im Fragebogen zwei Möglichkeiten angeboten: Zum einen sollten die Schüler*innen, für die ein Förderdiagnostischer Bericht (FB)[4] erstellt wurde, gezählt werden und zum anderen die Schüler*innen, bei denen ein vorübergehender SPF angenommen wird. Durch diese Aufteilung unterscheiden sich die Ergebnisse teilweise von den oben genannten Quoten und Anteilen, da hier die tatsächlich stattgefundene Förderung als Grundlage gewählt wurde. Wenn nicht anders erwähnt, sind für uns die Schüler*innen mit FB und die Schüler*innen mit vorübergehendem SPF Ausgangslage unserer Berechnungen.

In Kempten wurde für 857 Schüler*innen ein FB oder ein sonderpädagogisches Gutachten verfasst, und bei 199 Schüler*innen wurde ein vorübergehender SPF angenommen. Das ergibt insgesamt 1056 Schüler*innen mit SPF. Für die Berechnung der Förderquote (Anteil der Schüler*innen mit SPF an allen Schüler*innen) ergibt sich:

Tab. 1.1: Förderquote für Kempten (%)

Förderquote für Kempten	mit Förderdiagnostischem Bericht/Sonderpädagogischem Gutachten	mit Förderdiagnostischem Bericht/Sonderpädagogischem Gutachten und vorübergehendem sonderpädagogischem Förderbedarf
alle Schulen	19,16%	23,61%
ohne Alternative Schulen	20,95%	25,70%

Unter Inklusionsquote versteht man den Anteil der Schüler*innen mit SPF, die auf eine allgemeine Schule oder eine alternative Schule gehen, an allen Schüler*innen. In Kempten besuchen 252 Schüler*innen, für die ein FB erstellt wurde und 199 Schüler*innen mit vorübergehendem SPF eine allgemeine Schule oder eine AS. Daraus lässt sich die Inklusionsquote berechnen. Sie liegt in Kempten bei 10,08%. Mithilfe der Daten der Schulleiter*innenbefragung lässt sich diese Inklusionsquote differenziert berechnen: Zählt man nur Schüler*innen, für die ein FB erstellt wurde, sinkt die Inklusionsquote auf 5,63%. 2136 Schüler*innen besuchen eine der neun GS in Kempten. 286 dieser Schüler*innen haben SPF. 228 Schüler*innen besuchen die Grundschulstufe eines FZ. Für die Grundschulstufe ergibt sich deswegen eine Inklusionsquote von 12,10%. 1180 Schüler*innen besuchen eine der vier MS. 107 haben SPF. 288 Schüler*innen besuchen die Mittelschulstufe eines Förderzentrums. Daraus ergibt sich eine Inklusionsquote an den MS von 7,29%.

---

4   In Bayern erhalten Schüler*innen mit SPF, die in der allgemeinen Schulen gefördert werden, einen Förderdiagnostischen Bericht (FB), der von den sonderpädagogischen Lehrkräften erstellt wird und die Lernentwicklung der Schüler*innen im Sinne einer Lernprozessdiagnostik begleiten soll und insofern in größeren Abständen auch fortgeschrieben werden muss. Er ist nicht gleichzusetzen mit dem Sonderpädagogischen Gutachten zur Feststellung des SPF.

Tab. 1.2: Inklusionsquote für Kempten (%)

Inklusionsquote gesamt	Inklusionsquote Grundschule	Inklusionsquote Mittelschule
10,08%	12,10%	7,29%

Von den 1056 Schüler*innen in Kempten, die SPF haben, besuchen 458 kein FZ. Das entspricht einem Inklusionsanteil von 43,37%. In den neun Kemptener GS haben 286 Schüler*innen SPF. Bei insgesamt 514 Schüler*innen mit SPF im Grundschulbereich ergibt sich ein Inklusionsanteil im Grundschulbereich von 55,64%. Im Mittelschulbereich besuchen 107 von 395 Schüler*innen mit SPF eine MS. Der Inklusionsanteil beträgt 27,09%.

Tab. 1.3: Inklusionsanteil für Kempten (%)

Inklusionsanteil gesamt	Inklusionsanteil Grundschule	Inklusionsanteil Mittelschule
43,37%	55,64%	27,09%

Unter Separationsquote versteht man den Anteil der Schüler*innen mit SPF, die ein FZ besuchen, an allen Schüler*innen. In der inklusiven Modellregion Kempten besuchen 598 Schüler*innen ein FZ. Bei insgesamt 4473 Schüler*innen lässt sich eine Separationsquote von 13,37% berechnen. Dieser Anteil ist extrem hoch, lässt sich aber durch die vier FZ in Kempten erklären, die auch Schüler*innen von außerhalb Kemptens aufnehmen. Bei der Berechnung der Separationsquote nur für die Kemptener Schüler*innen erhält man einen Wert von 6,80%. Im Grundschulbereich besuchen 228 Schüler*innen ein FZ und 2136 eine der neun GS. Es ergibt sich eine Separationsquote von 9,64%. Im Mittelschulbereich besuchen 288 Schüler*innen ein FZ und 1180 eine der vier MS. Hier liegt die Separationsquote bei 19,62%.

Tab. 1.4: Separationsquote für Kempten (%)

Separationsquote gesamt	Separationsquote Grundschule	Separationsquote Mittelschule
13,37% (nur Kempten 6,80%)	9,64%	19,62%

Unter Separationsanteil versteht man den Anteil der Schüler*innen mit SPF, die ein FZ besuchen, an allen Schüler*innen mit SPF. In Kempten besuchen 56,60% der Schüler*innen mit SPF ein FZ. Betrachtet man nur die Schüler*innen mit SPF, für die ein FB oder ein sonderpädagogisches Gutachten erstellt wurde, erhöht sich der Anteil auf 69,78%. Im Grundschulbereich besuchen 286 Schüler*innen mit SPF eine allgemeine Schule und 228 ein FZ. Der Separationsanteil beträgt hier 44,36%. In der Mittelstufe besuchen 107 Schüler*innen mit SPF eine allgemeine Schule und 288 ein FZ. Hier beträgt der Separationsanteil 72,91%.

Tab. 1.5: Separationsanteil für Kempten (%)

Separationsanteil gesamt	Separationsanteil Grundschule	Separationsanteil Mittelschule
56,60%	44,36%	72,91%

Förderschwerpunkte in Kempten: Schüler*innen mit SPF verteilen sich folgendermaßen auf die einzelnen Förderschwerpunkte:

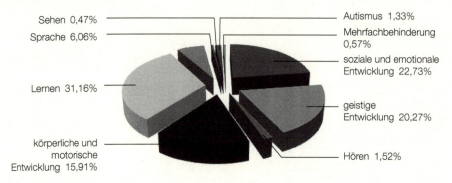

Abb. 1.7: Verteilung der Förderschwerpunkte (%)

Die Schulleitungen konnten in unserem Fragebogen zwischen Schüler*innen mit FB und vorübergehendem SPF unterscheiden. Ein vorübergehender SPF wurde nur in den Förderschwerpunkten „Lernen", „Sprache", „Hören" sowie „soziale und emotionale Entwicklung" angenommen.

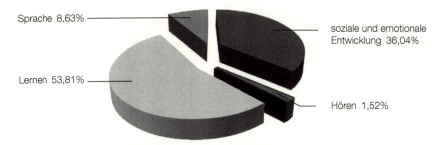

Abb. 1.8: Vorübergehender SPF nach Förderschwerpunkten (%)

Der Anteil der Schüler*innen mit SPF an allen Schüler*innen einer Schule kann ein Indikator dafür sein, in welchem Umfang sich eine Schule mit dem Thema „Inklusion" auseinandersetzen muss. Im Grundschulbereich schwankt diese Quote zwischen 6,25% und 24,22%.

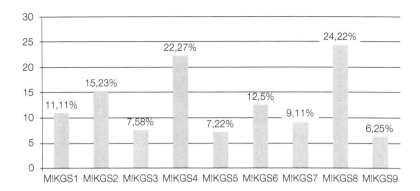

Abb. 1.9: Anteil der Schüler*innen mit SPF an Grundschulen (%)

Auch die Mittelschulen unterscheiden sich erheblich.

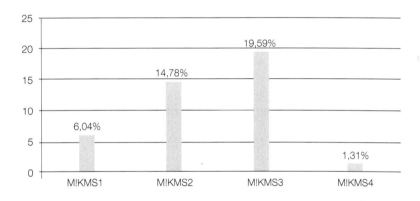

Abb. 1.10: Anteil der Schüler*innen mit SPF an Mittelschulen (%)

Insgesamt wurden 240 Schüler*innen mit SPF im Bereich der sozialen und emotionalen Entwicklung erfasst. Für 169 Schüler*innen wurde ein FB verfasst, 71 Schüler*innen haben einen vorübergehenden SPF. Der Förderschwerpunkt emotionale und soziale Entwicklung betrifft somit 5,37% der Schüler*innen in Kempten. Für 3,78% der Schüler*innen wurde in diesem Förderschwerpunkt ein FB oder ein Sonderpädagogisches Gutachten verfasst. An den neun GS in Kempten werden 79 Schüler*innen mit SPF im Bereich emotionale und soziale Entwicklung unterrichtet. Das sind 3,70% der Schülerschaft der GS. Für 1,69% (36 Schüler*innen) liegt ein FB vor. An den MS haben 3,22% der Schüler*innen SPF im Bereich der sozialen und emotionalen Entwicklung. Für 1,36% der Schüler*innen wurde ein FB erstellt. An den AS haben 2,50% der Schüler*innen SPF im Bereich der emotionalen und sozialen Entwicklung. Für 1,43% wurde ein FB erstellt.

54,58% der Schüler*innen mit SPF im Bereich der emotionalen und sozialen Entwicklung besuchen kein FZ. Von den 240 Schüler*innen besuchen 109 ein FZ (45,42%), 32,92% eine GS, 15,83 % eine MS und 5,83% eine AS.

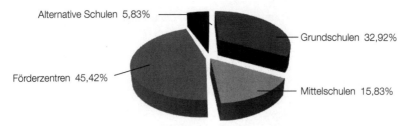

Abb. 1.11: Schulbesuch im Förderschwerpunkt emotionale und soziale Entwicklung (%)

Ein großer Anteil der Schüler*innen mit Förderschwerpunkt emotionale und soziale Entwicklung besucht eine der neun GS in Kempten. Die Schulen in Kempten sind jedoch unterschiedlich betroffen. Beim Vergleich mit der gesamten Schüler*innenzahl der einzelnen Schulen ergibt sich ein Anteil von 0,51% bis zu 6,82%.

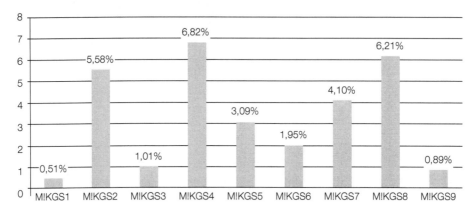

Abb. 1.12: Anteil der Schüler*innen mit Förderschwerpunkt emotionale und soziale Entwicklung an einer Grundschule (%)

Bei den MS schwankt der Anteil der Schüler*innen mit dem Förderschwerpunkt emotionalen und sozialen Entwicklung an der gesamten Schülerzahl zwischen 0,33% und 6,90%.

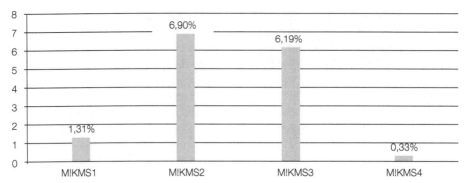

Abb. 1.13: Anteil der Schüler*innen mit Förderschwerpunkt emotionale und soziale Entwicklung an einer Mittelschule (%)

Insgesamt haben 329 Schüler*innen einen SPF im Förderschwerpunkt Lernen. Für 223 Schüler*innen wurde ein FB oder ein sonderpädagogisches Gutachten verfasst. Dabei besuchen im Förderschwerpunkt Lernen mehr Schüler*innen eine allgemeine Schule als ein FZ.

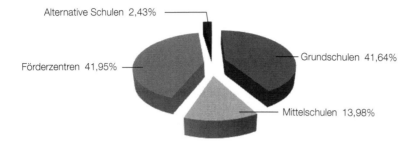

Abb. 1.14:   Schulbesuch im Förderschwerpunkt Lernen (%)

Um die Herausforderung für die einzelnen Schulen zu beurteilen, ist ein Blick auf den Anteil der Schüler*innen mit dem Förderschwerpunkt Lernen bezogen auf die Schüler*innenzahl der Schule sinnvoll. An den GS schwankt diese Quote zwischen 2,34% und 15,53%.

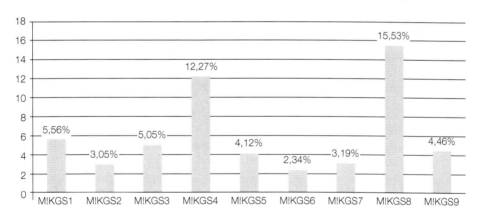

Abb. 1.15: Anteil der Schüler*innen im Förderschwerpunkt Lernen an einer Grundschule (%)

In den MS schwankt der Anteil der Schüler*innen mit SPF Förderschwerpunkt Lernen zwischen 0,66% und 7,90%.

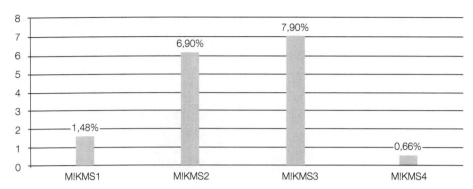

Abb. 1.16: Anteil der Schüler*innen mit dem Förderschwerpunkt Lernen an einer Mittelschule (%)

Für 47 Schüler*innen wurde ein FB für den Förderschwerpunkt Sprache erstellt. 17 Schüler*innen haben einen vorübergehenden SPF im Bereich Sprache. Im Förderschwerpunkt Sprache besucht der größere Teil der Schüler*innen kein FZ.

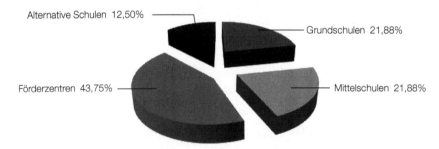

Abb. 1.17: Schulbesuch im Förderschwerpunkt Sprache (%)

Da die Schüler*innenzahlen in diesem Förderschwerpunkt gering sind, ergibt sich folgende Graphik, die auch zeigt, dass einige Schulen keine Schüler*innen in diesem Bereich meldeten. Dies kann aber auch als Beleg für die erfolgreichen Präventionsmaßnahmen im Bereich der sprachlichen Integration von Schüler*innen mit geringen Deutschkenntnissen in Kempten gewertet werden.

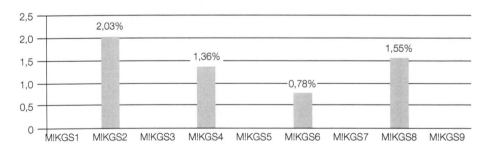

Abb. 1.18: Anteil der Schüler*innen mit Förderschwerpunkt Sprache an Grundschulen (%)

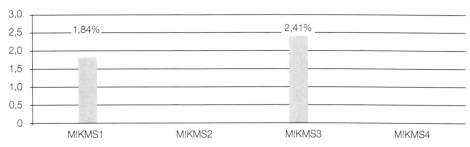

Abb. 1.19: Anteil der Schüler*innen mit Förderschwerpunkt Sprache an Mittelschulen (%)

Für die Modellregion wurden 214 Schüler*innen mit dem Förderschwerpunkt geistige Entwicklung gemeldet. Der größte Anteil (174 Schüler*innen) besucht ein FZ. Im Förderschwerpunkt geistige Entwicklung gibt es Tandem- und Partnerklassen. Während die Schüler*innen der Tandemklassen schulrechtlich zur allgemeinen Schule gezählt werden, bleiben die Schüler*innen der Partnerklassen Schüler*innen des FZs.

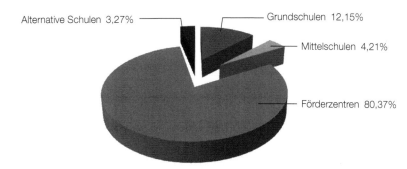

Abb. 1.20: Schulbesuch im Förderschwerpunkt geistige Entwicklung (%)

Viele Schüler*innen des FZs kommen nicht aus Kempten. Berücksichtigt man nur Schüler*innen, die aus Kempten kommen, sinkt der Anteil der Schüler*innen, die das Förderzentrum besuchen auf 60%:

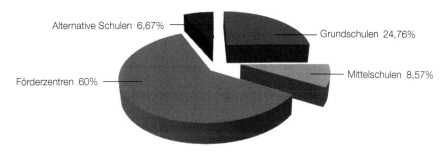

Abb. 1.21: Schulbesuch der Schüler*innen aus Kempten im Förderschwerpunkt geistige Entwicklung (%)

Da für diesen Förderschwerpunkt die Anzahl der Schüler*innen an den einzelnen Schulen zu gering ist, entfällt eine Aufschlüsselung nach Schulen.

Von den 168 Schüler*innen mit dem Förderschwerpunkt körperliche und motorische Entwicklung besuchen 151 das FZ. Ein sehr hoher Anteil der Schüler*innen kommt nicht aus Kempten. Das FZ hat einen sehr großen Einzugsbereich.

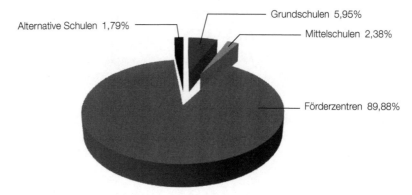

Abb. 1.22: Schulbesuch im Förderschwerpunkt körperliche und motorische Entwicklung (%)

Betrachtet man nur die Schüler*innen, die aus Kempten kommen, sinkt der Anteil der Schüler*innen, die das FZ besuchen auf 58,54%:

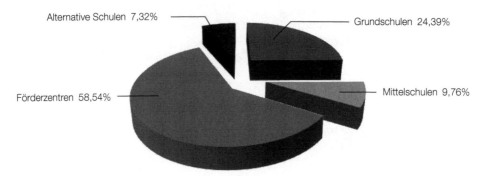

Abb. 1.23: Schulbesuch der Schüler*innen aus Kempten im Förderschwerpunkt körperliche und motorische Entwicklung (%)

Kooperationspartner und freiwillige Helfer: Im Rahmen von Inklusion wird es zunehmend wichtig, sich mit anderen Institutionen und Partner*innen zu vernetzen. Dabei hat die Vernetzung mit den MSD, Therapeut*innen und der Polizei (innerhalb von Projekten wie „Zammgrauft"oder „Gefahren im Internet") bereits eine sehr hohe Abdeckung: 18 von 20 Schulen kooperieren mit diesen Partner*innen (s. Abb. 1.24). An den Schulen in Kempten wird auch die Möglichkeit genutzt, über freiwillige Unterstützer*innen zu einer besseren Betreuungssituation zu gelangen. Ein besonders erfolgreiches Projekt sind dabei die „Sprachvermittler*innen", die sich seit Mitte 2014 in verschiedenen Stadtteilen in Kempten für die Sprachförderung bei Kindern und Jugendlichen einsetzen (s. Abb. 1.25).

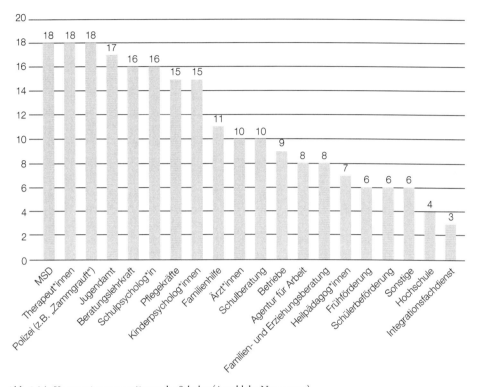

Abb. 1.24: Kooperationspartner*innen der Schulen (Anzahl der Nennungen)

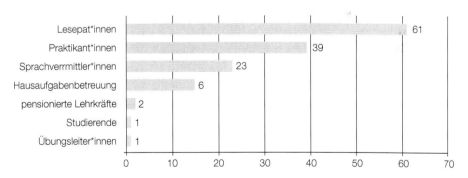

Abb. 1.25: Freiwillige Helfer*innen (Anzahl)

Gelingensfaktoren für Inklusion: Auf die Frage, was ihrer Meinung nach als Unterstützung nötig ist, damit Inklusion gelingen kann, haben 18 Schulleitungen geantwortet und dabei 74 verschiedene Antworten gegeben. Die einzelnen Schulleiter*innen haben zwischen einer und 23 Aussagen getroffen. Die einzelnen Aussagen wurden in fünf verschiedene Kategorien eingeteilt: personelle Ressourcen, finanzielle Ressourcen, Unterstützungsmöglichkeiten bei der Schulentwicklung, Weiterentwicklung von Netzwerken und Wünsche auf politischer Ebene. Der größte Anteil der Nennungen bezieht sich auf die personelle Ausstattung. Nach Einschätzung vieler Schulleiter*innen gelingt Inklusion nur mit einer Erhöhung der Lehrerstunden, sowohl im sonderpädagogischen Bereich als auch bei den Lehrkräften der allgemeinen Schulen. Die Ausweitung des pädagogischen Personals, die Anrechnung von Teamzeiten, die Anrechnungsstunden für Schulentwicklung, die Erhöhung der Leitungszeit für Schulleitungen und die Schulbegleitungen sind die weiteren Eckpunkte im Bereich der personellen Ressourcen. Im finanziellen Bereich wünschen sich die Schulleiter*innen eine geeignete räumliche Ausstattung und die Versorgung mit sonderpädagogischen Arbeitsmaterialien/Computerprogrammen. Aber auch die Klassengrößen und die Anzahl der „Inklusionskinder" pro Klasse sollten begrenzt werden. Die meisten Schulen machen sich auf den Weg und entwickeln Schule im Sinne der Inklusion weiter. Deswegen erachten viele Schulleitungen Unterstützung bei der Schulentwicklung, beim Umgang mit dem Index für Inklusion und beim Einsatz des *„Response-to-Intervention"*-Ansatzes sowie bei inklusiven Unterrichtsmethoden für wünschenswert. Die schon bestehende Vernetzung der Schulen sollte weiter ausgebaut werden (vor allem bei den Übergängen). Von Seiten der Politik wünschen sich die Schulleiter*innen die politische Unterstützung bewährter Inklusionsmodelle, die inhaltliche Einbeziehung aller Schulen in die Planung der inklusiven Modellregion Kempten sowie die Auflösung der Diskrepanz von Inklusion und SPF. Außerdem sollte Inklusion weniger in Förderstunden gedacht werden. Dabei erscheint es auch sinnvoll, Begrifflichkeiten eindeutig zu definieren und rechtliche Klarheit zu schaffen. Es wird eine bessere Vorbereitung von Lehrkräften auf Inklusion bezüglich des „Handwerkszeugs" und des „Denkens" gefordert. Auch über den Übertritt nach der 4. Jahrgangsstufe sollte nachgedacht werden (*vgl. Heimlich & Wittko 2018*).

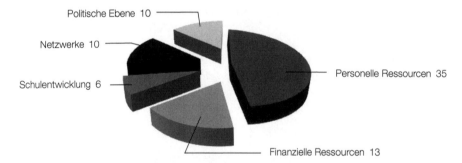

Abb. 1.26: Gelingensfaktoren für Inklusion (Anzahl der Nennungen)

1.1.6 Sozialräumliche Entwicklungsperspektiven der inklusiven Schullandschaft in Kempten (Diskussion)

Die sozialräumliche Betrachtung der amtlichen Schuldaten zur sonderpädagogischen Förderung zeigt, dass die landesweiten Durchschnittswerte für die einzelnen Indikatoren wie Förderquote, Inklusionsanteil und Inklusionsquote oder Separationsanteil und Separationsquote allein nicht geeignet sind, ein Abbild der tatsächlichen Entwicklung im inklusiven Schulsystem in Bayern zu liefern. Zu groß sind die Unterschiede zwischen städtischen und ländlichen Regionen in der Organisation der sonderpädagogischen Förderung bis hinein in die allgemeinen Schulen.

Auch die Entwicklung der inklusiven Bildungsangebote weist große Differenzen zwischen den Landkreisen und kreisfreien Städten auf. Erst die sozialräumliche Betrachtung der amtlichen Schuldaten schafft so geeignete Planungsgrundlagen für eine flächendeckende Versorgung mit inklusiven Bildungsangeboten. Hier bedarf es ganz im Sinne des bayerischen Mottos „Inklusion durch eine Vielfalt der Wege" durchaus unterschiedlicher Lösungen und Steuerungsmodelle. So ergibt sich nicht nur für die einzelnen Schulen, die sich auf den inklusiven Weg begeben, sondern ebenso für die Landkreise und kreisfreien Städte die Notwendigkeit einer inklusiven Profilbildung, bei der die spezifischen Bedingungen vor Ort Eingang in die Bildungsplanung finden. Der sozialräumliche Blick auf die amtlichen Schuldaten zur sonderpädagogischen Förderung liefert so auch Indikatoren für die Entwicklung weiterer inklusiver Regionen in den verschiedenen Regierungsbezirken. Insgesamt ist eher von einer Entwicklung mit unterschiedlichen Geschwindigkeiten zwischen den verschiedenen Regionen auszugehen.

Für Kempten zeichnet sich dabei insofern eine Sonderstellung ab, als hier vielfältige Inklusionsbemühungen in der Kommune der Anerkennung als inklusive Modellregion vorausgegangen sind. Ein vergleichsweise hoher Inklusionsanteil korrespondiert in Kempten mit einer ebenfalls vergleichsweise hohen Förderquote. Insofern sind die Kemptener Erfahrungen mit der Entwicklung einer inklusiven Region eher relevant für städtische Einzugsgebiete als für ländliche. Auch großstädtische Strukturen und Ballungsräume müssten hier noch einmal gesondert betrachtet werden.

In der eigenen Erhebung zu den Strukturdaten in den Kemptener Grund- und Mittelschulen sowie Förderzentren hat sich gezeigt, dass die Profilbildung als Entwicklungsmotto für inklusive Schulen eine treffende Umschreibung der tatsächlichen schulischen Prozesse in diesem Zusammenhang bildet. Im Grunde hat jede Schule mit ihrem Sprengel eine eigenständige Aufgabe der sozialräumlichen Profilbildung. Bereits jetzt weisen die befragten Kemptener Schulen einen hohen Grad der Vernetzung mit der unmittelbaren Schulumgebung und innerhalb der Kommune auf. Von Interesse wird für die weitere Begleitforschung im Teilprojekt A des Projekts M!K insbesondere sein, inwieweit die Schulen auch an regionalen Inklusionsprozessen außerhalb der Schulmauern beteiligt sind und diese möglicherweise sogar mit anstoßen. Bei der Beurteilung der eigenen Schulleiterbefragung ist allerdings auch zu berücksichtigen, dass hier subjektive Einschätzungen der Schulleitungen erhoben werden. Beispielsweise fiel den Befragten die Beantwortung der Frage nach den Schüler*innen mit einem FB vergleichsweise leicht. Die Frage nach den Schüler*innen mit einem vorübergehenden Förderbedarf war hingegen weniger leicht zu beantworten. Es gibt durchaus Schulen, die sich mit dieser Frage noch nicht so intensiv beschäftigt haben. Zukünftige Entwicklungen bezogen auf ein inklusives Schulsystem in Bayern werden jedoch mit hoher Wahrscheinlichkeit gerade in diesem Bereich eine Ausweitung erfahren (*part time special needs education*). Hier erhält das Konzept „*response-to-intervention* (RTI)" seine Relevanz (vgl. *Voß* et al. 2016) für die inklusiven Regionen. Es ist nicht nur dazu geeignet, sonderpädagogische Fachkompetenz in die allgemeinen Schulen hineinzutragen. Es macht auch deutlich, dass die Verantwortung der allgemeinen Schulen, insbesondere der Grund- und MS, in der Bewältigung vorübergehender Bedarfe an Unterstützung und Förderung gewachsen ist. Dies wird auch zu einer Veränderung des Berufsbildes der Grund- und Mittelschullehrkräfte führen (s. den Beitrag von *Janina Minge* in 1.2.3).

Ein weiteres Indiz für diese Veränderungen könnte auch in den erheblichen Unterschieden zwischen der Grundschulstufe und der Mittelschulstufe liegen. So lässt sich für Kempten der deutschlandweite Trend beobachten, dass der Inklusionsanteil mit dem Übergang von der GS zu den weiterführenden Schulen abnimmt. Hier entsteht ein Entwicklungsfeld bezüglich der

Diagnostik und Förderung von Schüler*innen mit SPF in der Mittelschulstufe abseits von separierenden Maßnahmen.

Überraschend war in unserer Schulleiter*innenbefragung aber auch der Befund, dass die Schüler*innen mit SPF im Förderschwerpunkt emotionale und soziale Entwicklung mit einem hohen Anteil in der allgemeinen Schule angekommen sind. Hier wird allerdings am häufigsten auch ein vorübergehender Förderbedarf zugeordnet. Wenn man gleichzeitig in Betracht zieht, dass Lehrkräfte in der Regel in diesem Förderschwerpunkt die größten Herausforderungen bei der Entwicklung einer inklusiven Schule sehen, dann muss es gleichwohl eine Reihe von allgemeinen Schulen und Lehrkräften geben, die sich in diesem Bereich der Herausforderung stellen und dabei entsprechend fachlich angemessen unterstützt werden. Andernfalls wäre es nicht erklärbar, dass die Inklusion dieser Schülergruppe in so hohem Maße zu gelingen scheint.

Hervorzuheben ist in Bezug auf die Kemptener Schullandschaft jedoch auch die starke Rolle, die sonderpädagogischen Lehrkräfte aus den Förderzentren in der Kooperation mit den allgemeinen Schulen spielen. Es zeigt sich hier, dass sonderpädagogische Lehrkräfte eine entscheidende Bedeutung bei der notwendigen Vernetzung der Schulen untereinander und in der jeweiligen Region haben. Auch die Rolle der sonderpädagogischen Lehrkräfte ändert sich hier zunehmend mehr in Richtung Beratung, Kooperation und Koordination.

Beim gegenwärtigen Stand der Entwicklung der inklusiven Modellregion Kempten gilt es festzuhalten, dass bereits jetzt ein gewisser Grad an Vernetzung und Kooperation in der Schullandschaft in Kempten vorliegt. Damit ist eine der wichtigsten Voraussetzungen für die Entwicklung weiterer inklusiver Regionen benannt.

1.2 Qualität inklusiver Schulentwicklung in der inklusiven Modellregion Kempten

1.2.1 Inklusive Schulentwicklung als Mehrebenenmodell

Die Grundlage der nun folgenden Qualitätsanalyse in den Schulen der inklusiven Modellregion Kempten bildet das Mehrebenenmodell der inklusiven Schulentwicklung, wie es aus der Begleitforschung zur inklusiven Schulentwicklung hervorgegangen ist (vgl. *Heimlich & Jacobs* 2001; *Heimlich* 2003, 2019; *Heimlich* et al. 2016). Das Mehrebenenmodell liegt ebenfalls dem „Leitfaden zur Profilbildung inklusiver Schulen" (vgl. *Fischer* et al. 2013) zugrunde. Kurz zusammengefasst wird in diesem Mehrebenenmodell davon ausgegangen, dass inklusive Schulen einen Schulentwicklungsprozess auf mehreren Ebenen durchlaufen müssen.

Zunächst geht es um die Frage, wie einer zunehmend heterogener werdenden Schüler*innenschaft und den individuellen Bedürfnissen aller Schüler*innen entsprochen werden kann (*Ebene 1: Kinder und Jugendliche mit individuellen Bedürfnissen*). Hier kommt häufig neben der individuellen Förderung und Dokumentation der Lern- und Leistungsentwicklung der einzelnen Schüler*innen auch zusätzlich sonderpädagogische Förderdiagnostik zum Einsatz, die bis hin zur Erstellung von individuellen Förderplänen reicht.

Häufig parallel zu diesem ersten Schritt ergibt sich in inklusiven Schulen die Notwendigkeit, den Unterricht weiterzuentwickeln. Es gilt für eine heterogene Lerngruppe unterschiedliche Lernzugänge zu schaffen und differenzierende sowie individualisierende Maßnahmen in den inklusiven Unterricht einzubeziehen. Letztlich stehen die Lehrkräfte vor der Aufgabe, inklusive Lernsituationen zu schaffen, an denen alle teilhaben und zu denen alle etwas beitragen können. Auf diese Weise entstehen inklusive Lernerfahrungen (*Ebene 2: Inklusiver Unterricht*).

Darüber hinaus zeigt die Erfahrung von Lehrerkollegien mit der Entwicklung einer inklusiven Schule, dass hier kein Feld für Einzelkämpfer*innen besteht. Es ist eine enge Kooperation aller Beteiligten innerhalb der Schule erforderlich, die auch deutlich über den Unterricht hinausgeht und eine klassenübergreifende Dimension von Teamentwicklung erforderlich macht. Dabei machen inklusive Schulen immer häufiger die Erfahrung, dass die Teams sich multiprofessionell aus unterschiedlichen Berufsgruppen und Professionen (Lehrkräfte der allgemeinen Schulen, sonderpädagogische Lehrkräfte, Psychologische Fachkräfte, Therapeutische Fachkräfte, Sozialpädagogische Fachkräfte, Schulbegleitungen) zusammensetzen (*Ebene 3: Multiprofessionelles Team*).

In vielen Schulen, die auf dem Weg zur Umsetzung des bildungspolitischen Leitbildes der Inklusion sind, stellt sich früher oder später die Erkenntnis ein, dass letztlich die Schule als System vor der Aufgabe steht, sich mit dem Thema Inklusion zu beschäftigen. Auch das Schulleben außerhalb von Unterricht und Schulklasse gilt es auf Begegnung und Gespräch hin auszurichten. Letztlich wird sich eine solche Verbreitung des Gedankens der Inklusion in der Schule auch auf das Konzept einer Schule und ihr jeweiliges pädagogisches Profil auswirken (*Ebene 4: Inklusives Schulleben und Schulkonzept*).

Alle inklusiven Schulen haben sich stets frühzeitig Unterstützung von außen geholt. Das gilt nicht nur für die jeweiligen Fachkräfte, die nun verstärkt in die Schulen hineingeholt werden. Das gilt auch für die Kontakte zum Stadtteil und zur unmittelbaren Schulumgebung bis hin zur Kommune und dem Landkreis. Gute Schulen sind gut mit dem Umfeld vernetzt und streben einen lebendigen Austausch mit dem Umfeld an (*Ebene 5: Vernetzung mit dem Umfeld*).

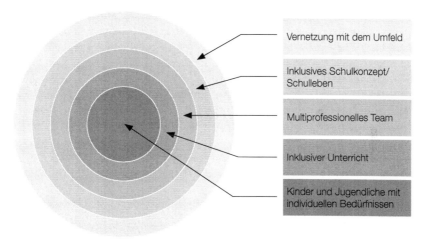

Abb. 1.27: Mehrebenenmodell der inklusiven Schulentwicklung (vgl. Heimlich & Jacobs 2001; Heimlich 2003, 2019)

Auf der Basis dieses Mehrebenenmodells sind zu allen fünf Ebenen der inklusiven Schulentwicklung fünf Qualitätsstandards formuliert worden. Zu jedem Qualitätsstandard liegen ebenfalls jeweils fünf Ausprägungsgrade vor. Die insgesamt 125 Items bilden zusammen die „Qualitätsskala zur inklusiven Schulentwicklung (QU!S®)". Im Rahmen des „Begleitforschungsprojektes inklusiven Schulentwicklung (B!S)" ist diese Qualitätsskala in über 70

Grund- und Mittelschulen in ganz Bayern überprüft worden (vgl. *Heimlich* et al. 2016; *Heimlich* et al. 2018a). Dabei hat sich eine gute technische Qualität der QU!S®-Items erwiesen. Die mit der QU!S® erhobenen Daten können als objektiv, valide und reliabel bezeichnet werden. Die QU!S® hat „Skalogramm-Qualität" im Sinn einer *Guttman*-Skala mit einem Reproduktionskoeffizienten von 0,94, das ist die höchste Skalenqualität, die innerhalb der Skalierung von Daten erreichbar ist (vgl. *Bortz & Döring* 2016, S. 162). Auch die Interbeurteiler-Übereinstimmung (Konkordanz) weist mit einem *Kappa*-Koeffizienten von 0,94 gute Werte aus (vgl. *Heimlich* et al. 2018b).

Der Aufbau des folgenden Berichts über die Kemptener QU!S®-Studie folgt dabei der bekannten Struktur von Forschungsberichten (vgl. *Bortz & Döring* 2006).

1.2.2 Qualität inklusiver Schulentwicklung in Kempten

• Problemstellung

Im Rahmen der Kemptener QU!S®-Studie soll der erreichte Stand der inklusiven Schulentwicklung in allen Grund- und Mittelschulen erfasst werden. Gerade im Hinblick auf die zentrale Forschungsfrage des Projektes „Modellregion Inklusion Kempten (M!K)" geht es darum, die verschiedenen Ebenen der inklusiven Schulentwicklung in allen Schulen nun unter Qualitätsaspekten genauer zu betrachten. Ein gelungene Inklusionsentwicklung in Schulen – so wird hier angenommen –, lässt sich nicht an den prozentualen Anteilen der Schüler*innen mit SPF in allgemeinen Schulen ablesen. Dies hätte zur Folge, dass die bloße Anwesenheit von Schüler*innen mit SPF bereits als gelungene Inklusion gesehen würde. Entscheidend ist jedoch vielmehr die Qualität der pädagogischen Arbeit unmittelbar mit allen Kindern und Jugendlichen in der individuellen Förderung aber auch im Klassenunterricht. Außerdem wird diese Arbeit in entscheidender Weise von den internen und externen Kooperationen einer Schule flankiert. Inklusive Schulentwicklung bleibt nicht auf einen Klassenraum beschränkt, sondern bezieht auch das Schulleben mit ein. In Bezug auf das Projekt M!K ist überdies die Frage von besonderer Bedeutung, inwieweit die Schulen auf dem Weg zur Inklusion auf den verschiedenen Entwicklungsebenen bereits jetzt eine regionale Vernetzung aufweisen und welche Erfahrungen dabei gemacht worden sind. Zusammengefasst ergeben sich daraus folgende Forschungsfragen:

– *Forschungsfrage 1:* Wie ist der Stand der inklusiven Schulentwicklung in den Kemptener Grund- und Mittelschulen?
– *Forschungsfrage 2:* Welche Erfahrungen haben die Kemptener Grund- und Mittelschulen mit der internen Kooperation gemacht?
– *Forschungsfrage 3:* Welche Erfahrungen haben die Kemptener Grund- und Mittelschulen mit der externen Kooperation gemacht?
– *Forschungsfrage 4:* Wie ist der Stand der regionalen Vernetzung der Kemptener Grund- und Mittelschulen?

• Qualitätsskala zur inklusiven Schulentwicklung (QU!S®) -Untersuchungsmethode

Zur Beantwortung dieser Forschungsfragen wird die „Qualitätsskala zur inklusiven Schulentwicklung (QU!S®)" (vgl. *Heimlich* et al. 2018a; *Heimlich* et al. 2018b) eingesetzt. Die QU!S® enthält auf den fünf Ebenen der inklusiven Schulentwicklung jeweils fünf Qualitätsstandards und zu jedem Qualitätsstandard noch einmal fünf ausformulierte Ausprägungsgrade, insgesamt also 125 Items. Die Wissenschaftliche Begleitung im Projekt M!K hat die 13 Grund- und Mittelschulen im Zeitraum vom 15. Oktober 2018 bis zum 19. Februar 2019 besucht, in jeder Schule zwei Stunden Unterricht hospitiert, ein Interview mit der Schulleitung durchgeführt und ein Interview mit den beteiligten Lehrkräften (in der Regel Klassenleitung und sonderpädagogische Lehrkraft). Voraussetzung für den Einsatz der QU!S® in den Schulen war die erfolgreiche Teilnahme am QU!S®-Training durch die Beurteiler*innen. Die Ergebnisse wurden schulbezogen ausgewertet und den Schulen als Poster mit dem QU!S®-Mosaik und als Geheft mit allen erreichten Qualitätsstandards und allen noch nicht erreichten Qualitätsstandards übermittelt. Diese schulbezogenen Ergebnisse erhalten aus Gründen der Wahrung der Anonymität der Datenerhebung nur die Schulen selbst zur Unterstützung der weiteren Arbeit in der inklusiven Schulentwicklung.

Die Ergebnisse der Gesamtauswertung über alle Kemptener Grund- und Mittelschulen hinweg werden nun vorgestellt. Dabei ist auch ein erster Vergleich der Schulformen (Grund- und Mittelschulen, Schulen mit und ohne Schulprofil Inklusion) angestrebt. Aufgrund der kleinen Stichprobe kann dieser Vergleich der Schulformen jedoch nur deskriptiv erfolgen. Aussagen über signifikante (also überzufällige) Unterschiede zwischen den Schulformen sind statistisch nicht möglich. Außerdem ist zu berücksichtigen, dass die Qualität des inklusiven Unterrichts und der Teamkooperation stark von der jeweiligen Klasse, in der die Unterrichtshospitation stattfand und den interviewten Lehrkräften abhängt.

- **Ergebnisse**

Untersuchungsgruppe: Die Teilnahme an der Studie war freiwillig. Im Rahmen der Studie wurden neun GS (davon fünf mit dem Schulprofil Inklusion) und vier MS (davon eine mit dem Schulprofil Inklusion) besucht. Das entspricht einer Vollerhebung im Bereich der Grund- und Mittelschulen in der inklusiven Modellregion Kempten. Weiterführende Schulen wurden nicht untersucht. Ein FZ hat an der Studie teilgenommen, die Ergebnisse fließen jedoch nicht in die Auswertung ein, da dies unter der Wahrung der Anonymität nicht möglich ist. Die Meinungen der Kolleg*innen der verschiedenen MSD, die an den Interviews gemeinsam mit den Lehrkräften der Regelschule teilnahmen, wurden im Rahmen der Interviews an den Schulen berücksichtigt. Die Schulen hatten freie Auswahl, in welcher Klasse der Unterricht besucht wurde: Die 13 Schulbesuche fanden in den Klassenstufen 1–4 und 5–7 statt. In allen Klassen wurden Kinder mit SPF unterrichtet. Unter den besuchten Klassen waren auch zwei Partnerklassen und zwei Tandemklassen. Die Interviews zu den Qualitätsebenen 4 und 5 wurden mit den Schulleiter*innen und oder den Konrektor*innen geführt.

Überblick über alle 5 Ebenen der inklusiven Schulentwicklung: Insgesamt erreichen die Grund- und Mittelschulen in der Modellregion Inklusion Kempten ein gutes Ergebnis: In den Qualitätsebenen 1 (Kinder und Jugendliche mit individuellen Bedürfnissen), 2 (Inklusiver Unterricht) und 4 (Schulleben und Schulkonzept) liegen die Mittelwerte zum Teil deutlich über 75%. Die Ebene 3 (Interdisziplinäre Teamkooperation) bleibt mit 63,08% etwas hintenan, und in der Qualitätsebene 5 (Externe Unterstützungssysteme und sozialräumliche Vernetzung mit dem Umfeld) werden 54,15% der Qualitätsstandards erreicht. Dabei ist zu berücksichtigen, dass unter dem Anspruch einer *Guttman*-Skala nur die Werte anerkannt werden, die kontinuierlich von 1 bis 5 ansteigen. Fehler im Sinne der *Guttman*-Skala führen dazu, dass nur die Werte bis zum fehlenden Item einbezogen werden konnten. Insofern zeigen die Ergebnisse der QU!S®, dass die Schulen in der Modellregion ihre pädagogische Qualität vor allem in den Qualitätsebenen 1, 2 und 4 in sehr positiver Weise entwickelt haben. In diesen Qualitätsebenen 1 gelingt es mindestens einer Schule alle Qualitätsstandards zu erreichen. Gleichzeitig wird aber von einer Schule in der Qualitätsebene 1 nur etwas mehr als ein Viertel, in der Qualitätsebene 3 ein Fünftel und in der Qualitätsebene 3 ein gutes Drittel der Qualitätsstandards erreicht.

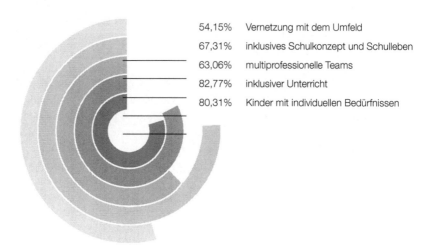

54,15%	Vernetzung mit dem Umfeld	
67,31%	inklusives Schulkonzept und Schulleben	
63,06%	multiprofessionelle Teams	
82,77%	inklusiver Unterricht	
80,31%	Kinder mit individuellen Bedürfnissen	

Abb. 1.28: Gesamtergebnis der QU!S® der Kemptener Grund- und Mittelschulen (n = 13)

Tab. 1.6: Gesamtergebnis der QU!S® der Kemptener Grund- und Mittelschulen (%)

	n	Minimum (%)	Maximum (%)	Mittelwert (%)	Standard-abweichung
Qualitätsebene 1	13	28,00	100,00	80,31	20,81
Qualitätsebene 2	13	56,00	100,00	82,77	15,70
Qualitätsebene 3	13	20,00	88,00	63,08	21,49
Qualitätsebene 4	13	52,00	100,00	76,31	16,04
Qualitätsebene 5	13	36,00	68,00	54,15	9,61

Im Folgenden werden nun die Qualitätsebenen genauer beschrieben. Dabei werden Vergleiche angestellt zwischen der Gesamtheit der Grund- und Mittelschulen (n = 13), den GS (n = 9) und MS (n = 4) und den Schulen mit Schulprofil Inklusion (n = 6) sowie den Schulen ohne das Schulprofil Inklusion (n = 7). Sowohl die unterschiedliche Größe der Gruppen, als auch die Überschneidungen müssen bei der Auswertung berücksichtigt werden (vgl. *Heimlich/ Wittko 2019*).

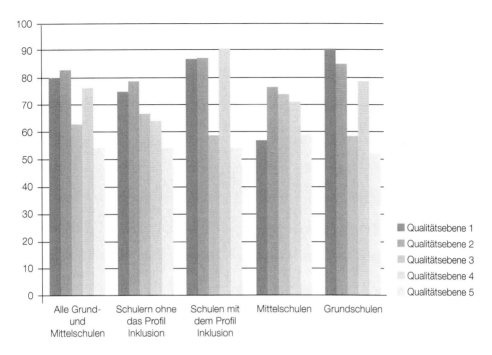

Abb. 1.29: QU!S*-Profile der Modellregion Inklusion Kempten (%)

Bei diesem Vergleich ist außerdem zu berücksichtigen, dass hier aufgrund der zu geringen Stichprobe von n = 13 Schulen keine Signifikanzprüfungen vorgenommen werden können. Die Unterschiede können also lediglich deskriptiv erfasst werden. Es fällt im Gesamtüberblick bereits auf, dass die Kemptener Grund- und Mittelschulen eine hohe Zahl von Qualitätsstandards erreichen. Das Schulprofil zeigt jedoch auch, dass die Qualitätsebenen keineswegs gleich entwickelt sind. Die Schulen mit dem Profil Inklusion übertreffen die Schulen ohne das Schulprofil Inklusion in dem Stand der inklusiven Schulentwicklungsarbeit deutlich, allerdings nur auf den Qualitätsebenen 1 (Kinder und Jugendliche mit individuellen Bedürfnissen), 2 (Inklusiver Unterricht) und 4 (Inklusives Schulkonzept und Schulleben). In der Teamkooperation (Qualitätsebene 3) haben die Schulen ohne das Profil Inklusion eine sehr positive Entwicklung aufzuweisen. Ebenfalls erwartungsgemäß übertreffen die GS die MS auf den Qualitätsebenen 1, 2 und 4, allerdings nicht auf den Ebenen 3 und 5 (Vernetzung mit dem Umfeld). Insofern gilt es im Weiteren zu fragen, wie die Unterschiede bezogen auf die einzelnen Qualitätsstandards zustande kommen.

Qualitätsebene 1: Kinder und Jugendliche mit individuellen Bedürfnissen

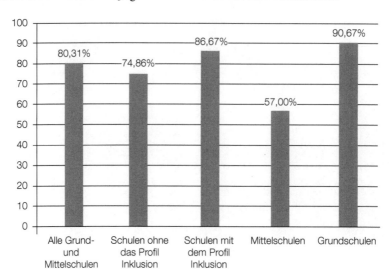

Abb. 1.30: Qualitätsstandards in der Qualitätsebene 1 (%)

In der *Qualitätsebene 1* (Kinder und Jugendliche mit individuellen Bedürfnissen) erreichen die Schulen mit dem Schulprofil Inklusion einen sehr hohen Wert und mit 86,67%, sogar über 11% mehr als die Schulen ohne das Schulprofil. Bei einem Gesamtwert von 80,31% aller Grund- und Mittelschulen fällt in der Qualitätsebene 1 vor allem der Unterschied zwischen den Grund- und Mittelschulen auf. Während die GS mit 90,67% in vielen Qualitätsstandards eine exzellente Qualität aufweisen, gelingt dies an den MS nicht in ähnlicher Weise (57,00%).

Es lohnt, einen Blick auf die einzelnen Qualitätsstandards zu werfen. Der *Qualitätsstandard 1.1* („Sonderpädagogische Förderschwerpunkte werden in die individuelle Förderung einbezogen.") bleibt mit 35% an den MS deutlich unter der 50%-Marke. Ausschlaggebendes Item in diesem Qualitätsstandard ist die Frage danach, wo die sonderpädagogische Förderung stattfindet: Während es im Grundschulbereich oft gelingt, diese im Klassenzimmer durchzuführen, werden in der MS Schüler im Rahmen der sonderpädagogischen Förderung häufiger aus dem Unterricht genommen. Im *Qualitätsstandard 1.2* (Die Schüler mit sonderpädagogischem Förderbedarf haben einen förderdiagnostischen Bericht als Grundlage für die individuelle Förderung.) erreichen die MS 50%. Hier ist zu berücksichtigen, dass die MS oft wenige Informationen über den SPF ihrer Schüler*innen erhalten beziehungsweise die Eltern ihre Haltung bezüglich der sonderpädagogischen Förderung beim Schulwechsel in die MS verändern. Im Grundschulbereich werden in diesem Qualitätsstandard 100% erreicht. Im *Qualitätsstandard 1.3* („Die Schüler mit sonderpädagogischem Förderbedarf haben einen Förderplan.") werden 65% der Items gewertet. In den beiden *Qualitätsstandards* 1.2 und 1.3 bleibt anzuerkennen, dass wenn ein Förderdiagnostischer Bericht beziehungsweise ein Förderplan geschrieben wird, dieser auch höchsten Qualitätsstandards entspricht. Im *Qualitätsstandard 1.4* („Der Stand der Lernentwicklung wird regelmäßig überprüft.") erreichen die MS 60% und die GS 75,56%. Für die Klassenstufen 7–9 der MS fehlen geeignete Schulleistungstests. Fortbildungen zu diesem Bereich werden nur selten angeboten. Im *Qualitätsstandard 1.5* („Die Schüler können individuelle Förderung in Anspruch nehmen.") liegt der Wert der MS bei 75% und der Wert der GS bei 95,56%. Dieser gute Wert auch bei den MS verdeutlicht, dass sich die MS bereits auf den Weg gemacht haben, der zunehmenden Heterogenität ihrer Schüler*innen gerecht zu werden.

Qualitätsebene 2: Inklusiver Unterricht

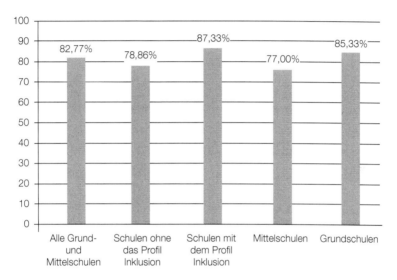

Abb. 1.31: Qualitätsstandards in der Qualitätsebene 2

Der inklusive Unterricht an den Grund- und Mittelschulen in der Modellregion zeichnet sich durch das Erreichen hoher Qualitätsstandards aus. Das bedeutet, dass die individuellen Zugänge der Schüler*innen berücksichtigt werden (*Qualitätsstandard 2.1*), den unterschiedlichen Lern- und Leistungsvoraussetzungen angemessen Rechnung getragen wird (*Qualitätsstandard 2.2*), der Unterricht für alle Schüler*innen klar, verständlich und transparent ist (*Qualitätsstandard 2.3*) und einen wohlorganisierten Lern- und Entwicklungsraum bietet (*Qualitätsstandard 2.4*). Auch die Bemühungen um ein lernförderliches Klima (*Qualitätsstandard 2.5*) spiegeln sich in den hervorragenden Werten wider. Besonders die Schulen mit dem Schulprofil Inklusion zeichnen sich auf dieser Ebene mit Werten von über 90% in 4 von 5 Qualitätsstandards aus. Der *Qualitätsstandard 2.3* fällt mit 66,67% bei den Schulen mit dem Schulprofil Inklusion etwas ab. Dies hängt am Item „Die Lehrkraft gibt klare Zeitvorgaben." Mit 78,86% beweisen aber auch die Schulen ohne das Schulprofil Inklusion, dass sie Schüler*innen mit SPF gerecht werden können.

Qualitätsebene 3: Multiprofessionelle Teams

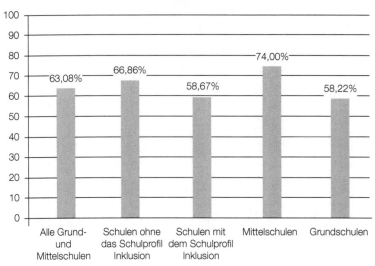

Abb. 1.32: Qualitätsstandards in der Qualitätsebene 3

63,08% erreichte Qualitätsstandards bei allen Grund- und Mittelschulen in der *Qualitätsebene 3* verlangen eine genauere Betrachtung. Bemerkenswert ist dabei der Umstand, dass in dieser Ebene Schulen mit dem Schulprofil Inklusion (58,67%) die Qualitätsstandards in geringerem Ausmaß erfüllen als Schulen ohne das Schulprofil Inklusion (66,86%). Noch deutlicher wird dieser Unterschied beim Vergleich zwischen GS (58,22%) und MS (74,00%)

Zunächst muss festgestellt werden, dass bei zwei GS die Kategorie „multiprofessionelle Teams" größtenteils nicht angewendet werden konnte, da in den besuchten Klassen keine Unterrichtsstunden in interdisziplinären Formen durchgeführt oder geplant wurden. In beiden Schulen findet aber Kooperation über die Klassengrenzen hinaus statt (*Qualitätsstandard 3.5*).

Wenn die Voraussetzung für Teamarbeit erfüllt ist, greift der *Qualitätsstandard 3.1* („Im Unterricht wird im Team gearbeitet."), der zu 67,69% an allen Grund- und Mittelschulen erreicht wird. Dabei empfinden alle Kolleg*innen den Umgang im Team als wertschätzend. Jedes Teammitglied kann eigene Stärken einbringen, und meistens werden Änderungen in der Struktur des Teams gemeinsam getragen. Vor allem die Grundschullehrkräfte fühlen eine große Verantwortung für alle Schüler*innen, in der sie lediglich stundenweise durch den MSD unterstützt werden. Eine Abgabe der Verantwortung scheint in den untersuchten MS leichter zu gelingen. Im *Qualitätsstandard 3.2* („Der Unterricht wird gemeinsam geplant und in Absprache durchgeführt."), der nur zu 40% an allen Schulen erreicht wird, bewerten es die Teammitglieder als vorteilhaft, die Schüler*innen gemeinsam zu unterrichten. Jedem Teammitglied wird in der Regel eine Funktion zugewiesen, in die Planung des Unterrichts können allerdings häufig nicht alle Teammitglieder einbezogen werden. Dies gelingt nur in fünf Schulen. Ein Grund dafür könnte auch sein, dass keine Zeit zur Verfügung steht, um den Unterricht gemeinsam zu planen. Nur drei Schulen geben an, dafür explizit Zeit zu haben. In vier Schulen ist die Unterrichtsplanung auch nachlesbar.

Der *Qualitätsstandard 3.3* („Die Unterrichts- und Erziehungsarbeit wird gemeinsam reflektiert.") wird zu 58,46% von allen Grund- und Mittelschulen erreicht. Die Teams stehen in einem informellen Austausch über den Unterricht und Erziehungsmaßnahmen und passen Zielsetzungen und Erziehungsmaßnahmen gemeinsam an. Weniger häufig gelingt es gesetzte Ziele regelmäßig zu überprüfen. In sieben Schulen finden regelmäßige Treffen statt, um sich über Unterricht und Erziehungsmaßnahmen auszutauschen. Eine Dokumentation dieser Treffen findet an fünf Schulen statt. In diesem Qualitätsstandard manifestieren sich erhebliche Unterschiede zwischen den MS und den GS. Während die MS 85% der Items dieses Qualitätsstandards erreichen, gelingt dies in den GS nur zu 46,67%.

Im *Qualitätsstandard 3.4* („Die pädagogische Arbeit wird so organisiert, dass diese möglichst zeitnah und effektiv zu bewältigen ist.") verstärkt sich dieser Eindruck. Die MS erfüllen erneut 85% der Items, während die GS 51,11% erreichen. Insgesamt wird der Qualitätsstandard zu 61,54% erfüllt. Die Teammitglieder sind über die Aufgabenbereiche und die Aufgabenverteilung informiert, an Planungen und Absprachen beteiligt und zeichnen sich durch eine große Offenheit gegenüber Veränderungen im organisatorischen Ablauf aus. An fünf Schulen werden Absprachen darüber hinaus schriftlich festgehalten und an vier Schulen auch für alle Teammitglieder zugänglich gemacht.

Im *Qualitätsstandard 3.5* („Kooperation findet auch über die Grenzen der Klasse hinaus statt.") erreichen die Grund- und Mittelschulen mit 84,62% eine sehr hohe Qualität. Die Lehrkräfte stehen mit mindestens einer anderen Lehrkraft einer anderen Klasse der Schule im Austausch. Aktivitäten des Schullebens werden gemeinsam gestaltet und außerschulische Veranstaltungen in Kooperation mit anderen Lehrkräften durchgeführt. Immerhin in 8 Schulen werden auch klassenübergreifende Projekte durchgeführt. In allen Schulen wird die Jahresplanung mit mindestens einer anderen Klasse abgestimmt.

Die Betrachtung der einzelnen Items bezogen auf die Schulform lassen den Schluss zu, dass die Unterschiede zwischen den Profilschulen und den Schulen ohne das Schulprofil sich vornehmlich auf die Unterschiede zwischen den Grund- und Mittelschulen zurückführen lassen.

Qualitätsebene 4: Inklusives Schulkonzept und Schulleben

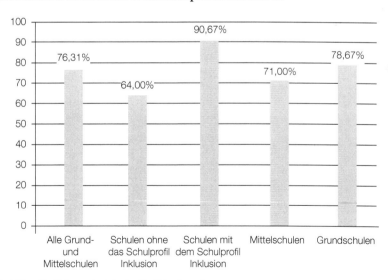

Abb. 1.33: Qualitätsstandards in der Qualitätsebene 4

In der *Qualitätsebene 4* erreichen die Kemptener Grund- und Mittelschulen 76,31% der Qualitätsstandards. Vor allem der Wert von 90,67% bei den Schulen mit dem Schulprofil Inklusion zeigt die hervorragende Arbeit der Schulen in dieser Qualitätsebene. Aber auch 64% bei den Schulen ohne Schulprofil Inklusion sind ein Beleg dafür, dass sich in der Modellregion Inklusion Kempten eine ganze Region auf den Weg gemacht hat, um den Herausforderungen durch Inklusion zu begegnen und dies auch auf der Ebene der Schule als System zu dokumentieren. Da die Schulen mit dem Profil Inklusion in allen Qualitätsstandards mehr als 80% der Items erreichen, beschreiben wir im Folgenden die Qualitätsstandards vor allem im Bereich der Schulen ohne das Schulprofil Inklusion.

Auch an Schulen ohne Schulprofil Inklusion eröffnen die Schulleitungen gewisse Möglichkeiten, über die Chancen einer inklusiven Schule zu reflektieren (*Qualitätsstandard 4.1*), indem bestehende Vorerfahrungen bezogen auf Schüler*innen mit SPF berücksichtigt werden. Sie benennen sowohl Strukturen, welche die Zusammenarbeit mit Schüler*innen mit SPF erleichtern, als auch Unterstützungsmaßnahmen auf dem Weg zur inklusiven Schule. Darüber hinaus werden auch an fast allen Schulen ohne das Schulprofil Inklusion Fortbildungen zum Thema Inklusion angeboten. 5 von 7 Schulleitungen verfügen über ein Konzept, wie die Entwicklung zu einer inklusiven Schule weiter gestaltet werden kann.

Im *Qualitätsstandard 4.2* („Die Schulleitung ist aktiv an der Entwicklung eines inklusiven Schulkonzeptes beteiligt.") halten fünf von sieben Schulleitungen das Kollegium dazu an, an der Entwicklung eines inklusiven Schulkonzeptes mitzuwirken und fordern die Schulgemeinschaft explizit auf sich zu beteiligen. Drei Schulleitungen gelingt es Ressourcen zur Verfügung zu stellen, um den Entwicklungsprozess eines inklusiven Schulkonzeptes abzusichern. Ebenso schaffen sich drei Schulleitungen Zeitfenster, um sich auf die Entwicklung eines inklusiven Schulkonzeptes vorzubereiten. Im Schulleben ist es für alle Schulen selbstverständlich, dass die Schüler*innen an den unterrichtlichen und außerunterrichtlichen Aktivitäten teilnehmen können (*Qualitätsstandard 4.3*). Dazu besteht zum einen die Möglichkeit einzelne Schüler*innen finanziell zu unterstützen (meistens über einen Förderverein), zum anderen stehen Ansprechpartner*innen zur Unterstützung bereit, wenn Schüler*innen sich unsicher fühlen. An allen Schulen gibt es Schulsozialarbeit. Weitere Hilfsangebote in Kooperation mit der Kommune werden gerade eingerichtet. (zum Beispiel Heilpädagogische Hilfe an Schulen).

Während die Profilschulen im *Qualitätsstandard 4.4* („Die Schule hat das Leitbild der Inklusion in ihrem Schulkonzept verankert.") 93,33% erreichen, bleiben die Schulen ohne das Schulprofil Inklusion bei 5,71%. Bei diesem Wert muss man berücksichtigen, dass auch Schulen ohne das Schulprofil Inklusion konzeptionell arbeiten, das Leitbild der Inklusion allerdings noch nicht in ihr Schulkonzept aufgenommen haben. So gibt es auch an Schulen ohne das Schulprofil Inklusion Arbeitskreise, die sich mit dem Thema Inklusion auseinandersetzen.

Das Thema Inklusion wird von den Kollegien unterstützt (*Qualitätsstandard 4.5*). Dabei gibt es keine deutlichen Unterschiede zwischen den Schulen mit Schulprofil (83,33%) und den Schulen ohne das Schulprofil (82,86%). Das bedeutet, dass die Kollegien sich im Austausch zum Thema Inklusion befinden und es weiter tragen und entwickeln. In den meisten Kollegien stehen Fachliteratur und Fördermaterialien zur Verfügung. Die Möglichkeit zu Supervision oder kollegialer Fallbesprechung wird allerdings nur an wenigen Schulen genutzt beziehungsweise stehen nicht zur Verfügung.

Qualitätsebene 5: Vernetzung mit dem Umfeld

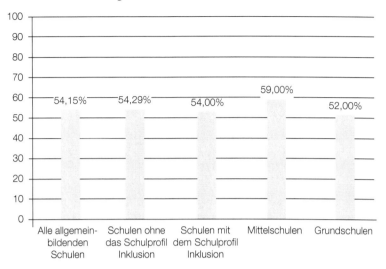

Abb. 1.34: Qualitätsstandards in der Qualitätsebene 5

In der *Qualitätsebene 5* (Vernetzung mit dem Umfeld) erreichen die Grund- und Mittelschulen einen Wert von 54,15%. Bei der Analyse ergaben sich in dieser Ebene keine bedeutsamen Unterschiede: weder zwischen den unterschiedlichen Schulformen noch zwischen den Schulen mit oder ohne dem Schulprofil Inklusion.

Ein differenziertes Bild ergibt der Blick auf die Qualitätsstandards. Der *Qualitätsstandards 5.1* („Die Schule kooperiert mit den am pädagogischen Prozess direkt Beteiligten, damit den Schülern bestmögliche Lernbedingungen eröffnet werden.") wird zu 53,85% erreicht. Er beinhaltet die Nutzung vielfältiger Möglichkeiten der Kooperation mit den Eltern (zum Beispiel Elterngespräche, sog. „Tür- und Angelgespräche", Lernentwicklungsgespräche, Kommunikation über elektronische Medien usw.). Diese werden an allen Schulen angewandt. Nur an wenigen Schulen gibt es jedoch einen gut ausgestatteten (zum Beispiel mit Computer/Telefon/Flipchart) Raum für Gespräche. Häufig werden Räume der Schulleitung oder Klassenzimmer für solche Gespräche genutzt. Dieser Umstand bezieht sich vornehmlich auf die räumliche Ausstattung einer Schule und kann durch eigenes Handeln nur schwer kurzfristig geändert werden. Bei Umbaumaßnahmen oder Neubauten halten wir es jedoch für sinnvoll, wenn möglich, einen solchen Raum einzuplanen. Aufgrund dieser Tatsache lässt sich der höhere Wert der Schulen ohne Schulprofil Inklusion (65,71%) im Vergleich mit den Profilschulen (40%) erklären. Den GS gelingt es meistens die Erfahrungen der Eltern von Kindern mit SPF im Rahmen des Einschulungsprozesses einzubeziehen, indem schon beim Übergang vom Kindergarten in die Grundschule frühzeitig Kontakte aufgenommen wird und Gespräche geführt werden. Kooperative Treffen zu den am pädagogischen Prozess direkt Beteiligten finden an acht von 13 Grund- und Mittelschulen regelmäßig (also mind. einmal pro Halbjahr) statt, und an fünf Schulen stehen spezielle Zeiträume für Gespräche zur Kooperation zur Verfügung. Diese finden vor allem bei größer angelegten Projekten wie zum Beispiel der Öffnung des Förderzentrums statt. Der *Qualitätsstandard 5.2* („Die Schule strebt die Entwicklung eines Netzwerkes an, damit den Schülern bestmögliche Lebens- und Entwicklungsbedingungen in der Gesellschaft eröffnet werden.") wird an allen Grund- und Mittelschulen zu 60% erreicht. Die Profilschulen (73,33%) unterscheiden sich deutlich von den Schulen ohne das Schulprofil Inklusion (48,57%). Hier scheint es den Profilschulen durch die personelle Ausstattung leichter zu gelingen, die Kontakte zu den relevanten Fachdiensten auch durch längerfristig tätige Kollegen aufrechtzuhalten. An vielen Schulen findet ein *Jour Fixe* statt, zu dem alle an der Förderung beteiligten geladen sind mit dem Ziel, alle Schüler*innen, die besondere Unterstützung benötigen im Blick zu behalten. Nur wenige Schulen haben regelmäßigen Kontakt zur Steuergruppe in der Modellregion und bringen dort direkt Erfahrungen ein.

Der Kontakt zwischen Eltern und Schule bezogen auf die inklusive Schulentwicklung ist ausbaufähig. Im *Qualitätsstandard 5.3* („Die Zusammenarbeit mit den Eltern wird als Voraussetzung betrachtet, um die inklusive Schule voranzubringen.") wird die 50%-Marke mit 35,38% deutlich unterschritten. Zwar können an allen Schulen Eltern Kontakt mit den Lehrkräften zum Thema inklusive Schulentwicklung aufnehmen, aber nur an wenigen Schulen findet ein regelmäßiger Austausch über die Entwicklung der inklusiven Schule statt beziehungsweise werden Elternabende für dieses Thema genutzt. An keiner Schule haben die Eltern die Möglichkeit gemeinsam mit den Lehrkräften aktiv an einer Weiterentwicklung des inklusiven Schulkonzeptes mitzuarbeiten. Die Schulen beziehen das Umfeld in die inklusive Schulentwicklung ein (*Qualitätsstandard 5.4*) und erreichen hier 58,46%. Überraschenderweise gelingt dies den Schulen ohne das Schulprofil Inklusion (62,86%) etwas besser als den Schulen mit dem Schulprofil Inklusion (53,33%). Während alle Schulen Kontakte zum unmittelbaren Umfeld haben und die meisten auch einen regelmäßigen Austausch pflegen, gelingt es weniger Schulen Personen oder Institutionen in die inklusive Schulentwicklung einzubeziehen. Eine schriftliche Fixierung dieses Austauschs gibt es in der Regel nicht. Im *Qualitätsstandard 5.5* („Die Schule kann auf fachliche Beratung und Begleitung zurückgreifen.") wenden sich die MS (75%) häufiger an die Beratungsstelle, als die GS (57,78%) Insgesamt werden hier 63,08% der Items gewertet. Allen Schulen ist die Beratungsstelle bekannt, und alle Schulen hatten bereits Kontakt zu ihr. Die Beratungsstelle berät und unterstützt acht Schulen auch in der Zusammenarbeit mit den Eltern, aber nur an sechs Schulen finden regelmäßige Angebote statt – davon zum größten Teil an Schulen ohne das Profil Inklusion. Drei Schulen berichten von einer fortlaufenden Unterstützung darin, ihre Arbeit zu reflektieren und zu strukturieren.

1.2.3 Exkurs: Response-to-Intervention (RTI) und inklusive Schulqualität (Janina Minge)

Während in Bayern der Leitfaden „Profilbildung inklusive Schule" (*Fischer* et al. *2013*) mit dem Konzept eines Mehrebenenmodells der inklusiven Schulentwicklung als Orientierungshilfe beim Prozess der inklusiven Schulentwicklung und zur Sicherung inklusiver Qualität zu Verfügung steht, hat sich in großen Teilen der USA ein anderes Konzept etabliert. Ursprünglich ein Modell der Gesundheitsvorsorge, wurde der RTI-Ansatz von sonderpädagogischen Fachkräften adaptiert, um eine höhere wissenschaftliche Genauigkeit im Prozess der Diagnostik sonderpädagogischer Förderbedarfe (im Original Behinderungen) zu erreichen (vgl. *Sailor 2009*, S. 5ff.). Besonderes Interesse kam dem RTI-Ansatz auch aufgrund der Verabschiedung des *Individuals with Disabilities Education Improvement Act (IDEIA)* und der damit einhergehenden Überlegungen zur Diagnostik und Förderung von Schüler*innen mit Behinderungen zu (vgl. *Sailor 2009*, S. 5ff.).

Auch in Finnland ist ein vergleichbares präventives Mehrebenenmodell seit 2011 verpflichtender Bestandteil der inklusiven Schulentwicklung (vgl. *Jahnukainen/Itkonen 2016*). Im vorliegenden Exkurs sollen die Kernaussagen des RTI-Ansatzes erläutert und ausgewählte Studien zur Implementation des RTI-Ansatzes genauer beleuchtet werden. Anschließend wird der RTI-Ansatz mit wesentlichen Aspekten des inklusiven Mehrebenenmodells in Verbindung gebracht, um so die Bedeutung von RTI für inklusive Regionen zu herauszustellen.

- **Definition**

Das *National Center on Response to Intervention* (NCRTI) beschreibt *Response to Intervention* als einen Ansatz, der die Feststellung von Förderbedarfen und Interventionen in einem Mehrebenenmodell vereint (NCRTI 2010, S. 2). Ziel des Ansatzes sei es, Schülerleistungen zu maximieren und Verhaltensprobleme zu reduzieren (ebd.). Hierfür werden auf Basis erhobener Daten Lernverlaufsdokumentationen angefertigt, um Schüler*innen zu identifizieren, die Gefahr laufen, Lernschwierigkeiten, Verhaltensprobleme oder andere Beeinträchtigungen zu entwickeln (ebd.). Darauf aufbauend werden evidenzbasierte Interventionen eingesetzt, um vorhandene Schwierigkeiten zu reduzieren und der Entwicklung schwerwiegenderer Beeinträchtigungen vorzubeugen (ebd.). Die Intensität und die Art der Interventionen werden dabei an die Reaktionen (*Response*) der Schüler*innen angepasst (ebd.). Zu beachten ist hier jedoch, dass der Begriff „Response to Intervention" vielmehr als konzeptuelles Rahmengerüst zu verstehen ist, zu dem es viele unterschiedliche Ausgestaltungen geben kann (vgl. *Sailor 2009*). Obwohl es demnach *das* RTI-Konzept als solches nicht gibt, umfasst die Definition des NCRTI die Kernelemente des Konzepts, das als Basis der meisten Ansätze dient. Es ist somit geeignet, das Rahmenmodell des RTI-Ansatzes zu beschreiben. Die gemeinhin akzeptierten Kernpunkte des RTI-Ansatzes sind:

- ein nach Intensität und Spezifität der Förderung gestuftes Mehrebenensystem zur Prävention von Lern- und Verhaltensschwierigkeiten,
- datengeleitete Förderentscheidungen und Feststellung von Förderbedarfen, die auch die Bewegung im Mehrebenensystem bestimmen,
- regelmäßige und frühzeitige *Screenings* mit wissenschaftlich geprüften Erhebungsinstrumenten,
- Lernverlaufsdokumentationen (*progress monitoring*),
- evidenzbasierte Praxis durch den Einsatz evidenzbasierter Lehr- und Fördermethoden sowie Förderprogramme (vgl. *Voß* et al. 2016, S. 18; NCRTI 2010, S. 1; *Sailor 2009, S. 4*).

Ist im Folgenden also von nicht genauer beschriebenen „RTI-Konzepten" oder „RTI-Ansätzen" die Rede, sind solche gemeint, die alle Kernelemente des RTI-Ansatzes beinhalten. Die folgende Grafik veranschaulicht das Zusammenwirken der Kernfaktoren des RTI- Ansatzes.

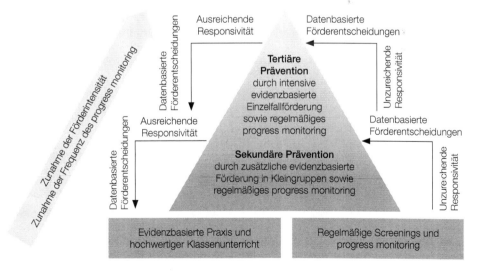

Abb. 1.35: Kernfaktoren des RTI-Ansatzes (vgl. Voß et al. 2016)

- **Ausgewählte Studien zu RTI**

Aufgrund der Vielfalt der Umsetzungsmöglichkeiten des RTI-Ansatzes ist es schwierig, generelle Aussagen über die Wirksamkeit von RTI-Modellen zu treffen. Besonders aussagekräftig und vielfach durchgeführt sind deshalb Studien, die sich auf die Wirkungen einzelner Kernelemente des RTI-Ansatzes fokussieren. Die Forschungsgruppe um *Bodo Hartke* an der Universität Rostock hat in ihrem Bericht über die Evaluationsergebnisse des Rügener Inklusionsmodells einige Studien zur Wirksamkeit einzelner Kernelemente des RTI-Ansatzes zusammengefasst. Hierbei zeigte sich, dass insbesondere „frühe spezifische Hilfen zur Prävention von manifesten Minderleistungen" (*Voß* et al. 2016, S. 26), regelmäßige Leistungserhebungen in Form von Lernverlaufsdokumentationen und Monitoring, interdisziplinäre Kooperation bei der Förderplanung und -entscheidung sowie der Einsatz evidenzbasierter Unterrichts- und Fördermaßnahmen die Wahrscheinlichkeit einer positiven Leistungsentwicklung, insbesondere bei gefährdeten Kindern erhöhen (ebd.). Ähnliche Forschungsergebnisse aus Implementationsversuchen in den USA scheinen diese Erkenntnisse zu bestätigen, zeigen sie doch nicht nur eine höhere Qualität von Förderung und Unterricht, sondern auch geringere Förderquoten und eine erfolgreiche inklusive Beschulung von Schüler*innen mit Lern-, Sprach- und Verhaltensschwierigkeiten (vgl. *Burns* et al 2005, S. 388 ff; *Hughes & Dexter* o.J., S. 13ff.). Solche generalisierten Aussagen bezüglich der Wirksamkeit des RTI-Ansatzes als Summe seiner Kernelemente sind jedoch im Vergleich zur Prüfung einzelner Kernelemente deutlich komplexer und eine Generalisierung aufgrund methodologischer Einschränkungen oft nicht möglich, weshalb sie nur vorsichtig interpretiert werden sollten (vgl. *Shobo* et al. 2012, S. 3).

- **Kritische Stimmen**

Doch obwohl die oben dargestellten Studienergebnisse vielversprechend erscheinen, gibt es länderübergreifende Kritik an der Umsetzung von RTI-Kernelementen in der inklusiven Schulpraxis. So wird RTI als wenig neuartig (vgl. *Rödler* 2016, S. 237), zu sehr am Individuum orientiert (vgl. a.a.O., S. 236) oder sogar gegenläufig zu inklusivem Denken beschrieben (vgl. *Hinz 2016, S. 247; Ziemen 2016, S. 41)*. Weit verbreitet ist dabei die Kritik, dass der RTI-Ansatz klar von einer Normalitätsvorstellung ausgehe, die Schüler*innen also in ‚normale' und ‚abweichende' Kinder und Jugendliche eingeteilt würden, da nur so die Responsivität überprüft werden könne (vgl. *Hinz 2016, S. 247)*. Ein ähnlicher Kritikpunkt ist der, dass RTI auf Normierung, also auf eine Anpassung der Fähig- und Fertigkeiten auf ein gleiches beziehungsweise ähnliches Entwicklungs- und Lernniveau abziele (vgl. *Ziemen 2016)*. Dagegen ist anzumerken, dass die datengeleiteten Förderentscheidungen sich keinesfalls an Normalitätsvorstellungen, sondern vielmehr an der Passung zwischen Individuum und Instruktion orientieren sollten. Bei einem solchen Vorgehen ginge es nicht mehr um die Erreichung eines ‚normalen' Leistungsstandes, sondern vielmehr darum, ob eine aktuell angewendete Instruktionsmethode bei einem spezifischen Kind einen Lernfortschritt hervorruft. Damit zielen RTI-Ansätze nicht notwendigerweise auf eine Normierung, sondern lediglich auf eine Optimierung der Passung zwischen Bedürfnissen und Instruktion ab. Ziel wäre dann nicht mehr ein bestimmter Leistungsstand, sondern vielmehr der individuelle Leistungszuwachs. So können auch die Leistungsentwicklungen von Schüler*innen, die nicht nach einem spezifischen Regelcurriculum unterrichtet werden können, anhand entsprechender *Curriculum Based Measurements (CBM)* überprüft und somit deren Responsivität auf ihrem Lernniveau überprüft werden. Als weiteres Argument gegen die Vereinbarkeit von RTI und inklusiver Schulentwicklung wird aufgeführt, dass RTI Schwierigkeiten im Kind selbst verorte (vgl. a.a.O. S. 42; *Hinz 2016, S. 248)*. Äußere Bedingungen würden zugunsten der Evidenzbasierung vernachlässigt (ebd.). Hierbei ist anzumerken, dass Schwierigkeiten nicht etwa im Kind selbst verortet werden, sondern vielmehr in einer fehlenden Passung zwischen Bedürfnissen und Unterrichtsangeboten. Auch der Einwand, RTI-Konzepte verknüpften eine Diagnose immer mit einer klaren Strategie zur Förderung (vgl. a.a.O., *S. 249*), trifft nur für einige wenige RTI-Modelle zu. Ebenso verhält es sich mit der Aussage „je weniger responsiv, desto massiver, desto kleiner die Gruppengröße, desto kleinschrittiger" (*a.a.O., S. 250)*. Ein kategorischer Ausschluss präventiver Modelle aus der inklusiven Schulentwicklung, wie einige Autor*innen ihn propagieren, scheint insofern fragwürdig, als dass Prävention im Sinne der Ermöglichung maximaler Lernchancen für alle Schüler*innen eine inklusive Schulentwicklung eher unterstützt als untergräbt. Zusammenfassend lässt sich sagen, dass sich die genannten Kritikpunkte eher auf bestimmte Umsetzungsformen als auf das Rahmenmodell als solches beziehen. Dennoch sollte in der praktischen Umsetzung unbedingt darauf geachtet werden, Kritikpunkte aktiv in die Überlegungen zur praktischen Umsetzung von RTI-Modellen in der inklusiven Schulpraxis einzubeziehen. Bereits bestehende Modelle sollten vor ihrem Einsatz stets auf ihre Vereinbarkeit mit der inklusiven Schulentwicklung hin überprüft werden.

- **Unterstützende Elemente des RTI-Konzeptes am Beispiel des Leitfadens Profilbildung inklusive Schule**

Um oben genannten Kritikpunkten aktiv entgegenzuwirken, erscheint es sinnvoll, RTI-Modelle nicht als alleiniges Konzept für den Zugang zu inklusiver Bildung zu sehen, sondern sie vielmehr als Ergänzung zu ganzheitlichen inklusiven Modellen zu nutzen. So können beispielsweise die Qualitätskriterien des Leitfadens Profilbildung inklusive Schule (vgl. *Fischer* et al. *2013, S. 19ff.*) mit Kernelementen des RTI-Ansatzes verknüpft werden. Dies ist auf verschiedenen Ebenen möglich. So können durch den erweiterten diagnostischen Prozess zusätzliche Informationen über Lern- und Entwicklungsstände gewonnen und für förderdiagnostische Berichte (beziehungsweise Gutachten) sowie die Erstellung von Angeboten zur individuellen Förderung genutzt werden. Dies entspricht auch der Forderung nach einer regelmäßigen Überprüfung der Lernausgangslage und Lernentwicklung aller Schüler*innen. Auch die individuelle Förderung wird durch die frühen Interventionen im präventiven Mehrebenensystem für alle Schüler*innen zugänglich gemacht. Zudem sind die gewonnenen Daten gut kommunizierbar und tragen so zur interdisziplinären Zusammenarbeit sowie zur Kooperation mit Erziehungsberechtigten bei. Auch die Planung von Unterricht wird durch eine Betonung der evidenzbasierten Praxis sowie der Möglichkeit von Aussagen über die Passung von Unterricht und Bedürfnissen berücksichtigt. Weiterhin bieten RTI-Ansätze ein gut kommunizierbares Modell, das eine Aufteilung der Aufgaben zulässt. Auch der positive Einfluss des Mehrebenenmodells auf die inklusionsfokussierte Umsetzung von RTI-Modellen lässt sich anhand des Leitfadens inklusive Schulentwicklung darstellen. So vermag er es, durch die Betonung einer Balance zwischen Klassenunterricht und gelegentlicher individueller Förderung einer zu starken Aufteilung der Schüler*innen auf verschiedene Förderebenen, wie es zum Beispiel bei so genannten Lernschienen der Fall ist, vorzubeugen. Eine Verbindung beider Konzepte könnte also zu einer Verbesserung der inklusiven Qualität von Schulen führen und dabei unerwünschte Nebeneffekte von RTI-Modellen minimieren.

- **Pilotstudie in der inklusiven Modellregion Kempten**

Um dieser These nachzugehen, wurde an einer inklusiven Schule in Kempten im Rahmen einer Pilotstudie ein teilstrukturiertes Leitfadeninterview (vgl. *Walter-Klose 2015, S. 280ff.*) durchgeführt. Bezogen auf die Frage nach der Kompatibilität von inklusiver Schulentwicklung und der

Implementation des RTI-Ansatzes ließen sich durch eine qualitative Inhaltsanalyse (vgl. *Mayring 2000)* folgende Aussagen herausarbeiten:

– Die Kompatibilität von inklusiver Schulentwicklung und RTI-Ansatz ist gegeben.
– Die Haltung der Beteiligten ist entscheidend für die Kompatibilität.
– Zuerst kommt die Entwicklung hin zur inklusiven Schule, dann die Umsetzung des RTI-Konzepts.
– Es sollte eine Integration von inklusivem Denken, RTI und weiteren bedürfnisorientierten Konzepten in ein umfassendes Schulkonzept stattfinden (Ebene 4 des Leitfadens Profilbildung inklusive Schule).
– Geeignete Messinstrumente sind ein entscheidender Faktor für eine erfolgreiche, umfassende und nicht defizitorientierte Umsetzung des RTI-Konzepts.
– RTI kann besonders dabei hilfreich sein, den individuellen Bedürfnissen der Schüler*innen gerecht zu werden (Ebene 1 des Leitfadens Profilbildung inklusive Schule).
– RTI und inklusionsorientierter Unterricht passen gut zusammen (Ebene 2 des Leitfadens Profilbildung inklusive Schule).

Es lässt sich also sagen, dass eine Kompatibilität der Umsetzung von RTI-Konzepten und inklusiver Schulentwicklung sehr wahrscheinlich ist. RTI ist als Konzept offenbar gut geeignet, sonderpädagogische Fachkompetenz und sonderpädagogische Diagnose-Förder-Angebote stärker in die inklusive Schulentwicklung einzubeziehen. Bei der Umsetzung von RTI-Modellen gibt es jedoch verschiedene Risikofaktoren, die bei der praktischen Umsetzung Beachtung finden sollten. Um die Gültigkeit dieser Aussagen in der Praxis zu prüfen, muss noch weitere Forschungsarbeit geleistet werden.

1.2.4 Inklusive Schulen im Sozialraum (Diskussion)

Nach der Darstellung der Ergebnisse folgt nun deren eingehende Interpretation in Abhängigkeit von den im voraus formulierten Forschungsfragen und vor dem Hintergrund der Gespräche, die in den beteiligten Schulen geführt worden sind. Dabei sind ergänzende Informationen zur Erklärung der Befunde in der Kemptener QU!S´-Studie erschlossen worden, die eine bessere Einordnung der Resultate erlauben.

• Individuelle Förderung

Mit den erreichten 80,31% beweist die Modellregion Inklusion Kempten eine umfassende Abdeckung im Bereich der individuellen Förderung der Kinder und Jugendlichen. Ein Grund hierfür ist sicherlich, dass es gelungen ist, *allen* Grund- und Mittelschulen sonderpädagogische Expertise durch den MSD zukommen zu lassen. Die angewandten diagnostischen Verfahren zielen auf die Ableitung von Fördermaßnahmen. Daher kann man von einer Förderdiagnostik sprechen, die Unterstützung bei der Auswahl geeigneter Maßnahmen anbietet, im Gegensatz zu einer Überweisungs- oder Kategorisierungsdiagnostik, die vorrangig dazu dient Kindern und Jugendlichen einem bestimmten Förderort zuzuweisen. Ein Förderkonzept, das an immer mehr Schulen umgesetzt wird, ist *Response-to-intervention* (RTI). Es zielt durch verschiedene Maßnahmen vor allem auf die Prävention von SPF ab (*Gresham* et al. 2005) (s. Kasten 1). Ein erster Impuls wurde hier durch eine schulartübergreifende Fortbildungsveranstaltung in der Modellregion gesetzt.

1. Response-to-Intervention (RTI):

RTI ist ein organisatorisches, proaktives Konzept zur frühen Prävention und Intervention bei Lern- und Verhaltensproblemen. Bereits bei leichten Lernrückständen werden Schüler*innen in drei Förderstufen mit zunehmender Intensität und Individualisierung gefördert (vgl. *Huber & Grosche* 2012). In Deutschland erstmals im „Rügener Inklusionsmodell (RIM)" flächendeckend erprobt, basiert RTI auf einem guten inklusiven Unterricht für alle Schüler*innen (Förderstufe 1 für sog. *„responder"*). Aufbauend darauf kann es sein, dass Schüler*innen vorübergehend eine spezifischere Förderung in einem bestimmten Bereich benötigen (Förderstufe 2 für sog. *„non-responder"*). Auf der Förderstufe 3 werden schließlich die Schüler*innen intensiv gefördert, die einen SPF haben (vgl. *Voß* u.a. 2016). Voraussetzung für diese Individualisierung der Förderung auf allen Förderstufen ist die begleitende Diagnostik aller Schüler*innen mit Hilfe von curriculumbasierten Tests (*curriculum based measurement*, CBM).

Die Qualität der geschriebenen Förderdiagnostischen Berichte und Förderpläne ist überzeugend. In der Auswertung weichen die Werte von Grund- und Mittelschulen allerdings stark voneinander ab. Während an den GS die sonderpädagogische Förderung meist im Rahmen des Klassenunterrichts stattfindet, wird an den MS häufig eine räumliche Trennung vorgenommen. Die Gründe hierfür können in einer größeren wahrgenommenen Heterogenität in den Klassen der MS liegen, in denen es den Lehrkräften nicht mehr gelingt durch Binnendifferenzierung zu einem angemessenen Anforderungsniveau für alle Schüler*innen einer Klasse zu gelangen. Weniger Erfahrung im Teamteaching beziehungsweise nicht vorhandene räumliche Möglichkeiten könnten weitere Erklärungen sein. Das *Item 1.1.1* „Es gibt ausreichende räumliche Möglichkeiten zur sonderpädagogischen Förderung" liegt dann vor, wenn (als Minimalanforderung) Gruppentische zur Differenzierung gebildet werden können. Es wurde an allen Schulen erreicht, in den Interviews aber von den Lehrkräften nicht als ausreichend empfunden. Das zweite Item, bei dem die MS nur geringe Werte erreichen, liegt in der Erstellung eines Förderdiagnostischen Berichts. Trotz der Übertrittsgespräche zwischen den abgebenden GS und den aufnehmenden MS gibt es eine Kommunikationslücke zwischen Grund- und Mittelschulen. Förderdiagnostische Berichte werden nur mit ausdrücklicher Genehmigung der Erziehungsberechtigten weitergegeben (§ 39 Bayerische Schulordnung, BaySchO). Beim Wechsel auf die MS verändern die Eltern ihre Haltung zur Mitarbeit oder zu den in der Grundschule vereinbarten Maßnahmen (zum Beispiel Lernzieldifferenter Unterricht, Notenverzicht, Nachteilsausgleich...). In der GS gegebene Einverständniserklärungen werden zurückgezogen beziehungsweise nicht auf die MS übertragen, so dass wichtige Informationen zu bereits erfolgten Fördermaßnahmen verloren gehen. Bis dann in der 5. Klasse neue Maßnahmen greifen, vergeht fast ein ganzes Schuljahr, wenn die Eltern überhaupt noch zur Mitarbeit bereit sind. Hier besteht Handlungsbedarf, so dass Informationen unter Wahrung des Datenschutzes und der Rechte der Kinder und Jugendlichen mit Zustimmung der Erziehungsberechtigten einfacher weitergegeben werden können. In besonderen Fällen könnte es auch sinnvoll sein, den Übergang weiterhin durch den MSD der GS zu begleiten und ebenso in diesem Bereich eine Form der Übergabe zu finden.

Bereits auf dieser Ebene der inklusiven Schulentwicklung lassen sich Ansätze zur Sozialraumorientierung der Kemptener Grund- und Mittelschulen ausmachen. Um die individuelle Förderung in dieser Qualität umzusetzen zu können, suchen die Schulen aktiv nach Kooperationspartnern in Kempten. Zum einen ist hier nochmals hervorzuheben, dass in allen Kemptener Schulen sonderpädagogische Förderung vorgehalten werden kann, die in die Förderdiagnostik und Förderplanung bezogen auf einzelne Schüler*innen einbezogen wird. Dazu sind intensive Kontakte in Form von Arbeitsgruppen und Kontaktpersonen erforderlich, die gemeinsam tragfähige Förderkonzepte entwickeln. Zum anderen ist aber ebenso an die Kinder- und Jugendhilfe zu denken, da gerade bei Kindern mit Lern- und Verhaltensprobleme häufig die nötige Unterstützung in der Familie und im häuslichen Umfeld fehlt, so dass Schulen hier auf Hilfe bei aufsuchenden Kontakten zu Eltern angewiesen sind.

- **Guter Unterricht**

Die hervorragenden Werte im Bereich des inklusiven Unterrichts sind ein weiterer Beleg für die gute Arbeit der Modellregion. In vielen Bereichen hat bereits ein Kompetenztransfer zwischen sonderpädagogischen Lehrkräften und den Lehrkräften der allgemeinen Schulen stattgefunden. Auch in Unterrichtsstunden ohne Beteiligung des MSD wurden Methoden angewandt, die auf eine umfassende Förderung aller Schüler*innen abzielen. Dabei bleibt festzuhalten: Guter inklusiver Unterricht ist guter Unterricht und kommt allen Kindern zugute. Es zeigte sich, dass viele Lehrkräfte ein gutes Gespür für die Bedürfnisse und Lernvoraussetzungen ihrer Schüler*innen haben, eine zielgerichtete Diagnostik einsetzen können und so über das nötige Repertoire verfügen, den einzelnen Schüler*innen im Unterricht gerecht zu werden. Häufig wird der Unterricht geöffnet und ermöglicht den Kindern einen breiten Zugang zum Lerngegenstand. Ein Beispiel dafür ist das *Churer Modell (s. Kasten 2)*, das zahlreiche Anregungen zur Binnendifferenzierung gibt.

---

2. Churer Modell:

Das *Churer Modell* ist eine Möglichkeit der Binnendifferenzierung im Unterricht. Es beschreibt in zehn Schritten, wie der Unterricht in Richtung Binnendifferenzierung verändert werden kann. Vier *Elemente* prägen das *Churer Modell:*

- Das Klassenzimmer wird zur *Lernlandschaft* mit unterschiedlichen Arbeitsplätzen.
- Die *Tafel* ist nicht mehr der dominierende Ort.
- Jede Lektion wird mit einem kurzen *Input im Kreis* eröffnet. Direkt daran schließt die Arbeit mit Lernaufgaben an.
- Die Schüler*innen haben die Möglichkeit, das *Lernangebot, den Arbeitsplatz und Lernpartner*innen frei* zu wählen. Dieser Prozess wird durch die Lehrperson gesteuert, falls es nötig ist.

Quelle: www.churermodell.ch

Angestoßen durch eine Fortbildungsveranstaltung der Modellregion haben einige Kolleg*innen begonnen, dieses Konzept in Kemptener Schulen umzusetzen. Neben der frühzeitigen Erkennung von Lücken im Lernfortschritt ist der „exzellente Unterricht" ein wichtiger Baustein, der immer wieder Anlass gibt eigenen Unterricht zu hinterfragen und zu verändern. Evidenzbasierten Methoden wird dabei zunehmend größeres Gewicht beigemessen. Beispiele dieser Entwicklung sind im Mathematikunterricht die Konzepte „Mengen zählen Zahlen" *(Krajewski* et al. 2007) und „Kalkulie" *(Fritz & Ricken* 2009) und im Bereich Deutsch die Verwendung des „Kieler Leseaufbaus" *(Dummer-Smoch & Hackethal* 2016) als Förderinstrument sowie ein zunehmender Einsatz silbenbasierter Erstlesewerke. Die Kolleg*innen in der Modellregion sind also in besonderer Weise daran interessiert, ihren Unterricht weiterzuentwickeln und evidenzbasiert zu gestalten. Die

Schulen arbeiten nach pädagogischen Konzepten, um auch Schüler*innen mit SPF im Bereich der sozialen und emotionalen Entwicklung Hilfestellungen geben zu können (s. Kasten 4 „Sozialwirksame Schule" und Kasten 5 „Stärke statt Macht"). Um die Entwicklungen nicht wieder zu stoppen, sollten Anschlussfortbildungen organisiert werden, die die engagierten Kollegien in ihren Bemühungen unterstützen, Bedingungen zu schaffen, die allen Schüler*innen gerecht werden. Diese könnten weiter auf eine stärkere Binnendifferenzierung (zum Beispiel Churer Modell) aber auch auf die Prävention von SPF ausgerichtet sein (zum Beispiel RTI).

Unter sozialraumorientierter Perspektive ist hier wiederum an die Kontakte zu den örtlichen Sonderpädagogischen Förderzentren zu denken, die durch die Bereitstellung von entsprechenden Lehrerstunden schwerpunktmäßig dazu beitragen können, dass sonderpädagogische Lehrkräfte nicht nur punktuell an allgemeine Schulen kommen, sondern mit einem festen Stundenkontingent auch im Unterricht präsent sind. Auf diesem Weg gelingt es zumindest stundenweise eine Doppelbesetzung im inklusiven Unterricht sicherzustellen und auf diesem Weg Prozesse des Team-Teaching in Gang zu setzen.

- **Interne Kooperation**

Die Lehrkräfte in der Modellregion sind es gewohnt im Team zu arbeiten. Fast 85% erreichte Items im *Qualitätsstandard 3.5* („Kooperation findet auch über die Grenzen der Klasse hinaus statt.") sprechen eine eindeutige Sprache. Aber nicht in allen Bereichen werden so gute Werte erreicht. Das liegt unter anderem daran, dass sich die Teams an den einzelnen Schulen höchst unterschiedlich darstellen. Während in manchen Klassen die Kooperation aus dem MSD und der Lehrkraft der Regelschule besteht, gibt es Teams, in denen die Lehrkräfte zusätzlich mit Lehrkräften für Deutsch als Zweitsprache (DaZ), Praktikant*innen, Kräften der Mittagsbetreuung bei Ganztagsklassen, therapeutischen und pflegerischen Fachkräften, Schulbegleiter*innen, Heilpädagogischen Fachkräften, Erzieher*innen usf. zusammenarbeiten. Um die bestmögliche Form der Kooperation zu schaffen, sollten die Teams miteinander planen und miteinander handeln. Dies ist eine deutliche Abgrenzung zur Kooperation nach der Devise „nebeneinander planen – nebeneinander handeln". Nun wird es mit zunehmender Teamgröße und wachsender Anzahl an Professionen immer schwieriger effektive Teamarbeit zu erreichen. Zum einen werden manchen Professionen solche Teamzeiten vertraglich gar nicht zugestanden und gelingen nur über „kreative" Lösungen. Zum anderen ist es häufig schwierig alle Beteiligten gleichzeitig zu versammeln. Auswege aus diesen Schwierigkeiten bieten sogenannte *KoKo-Stunden* (*s. Kasten 3*), in denen stundenplanerisch ein Zeitfenster geschaffen wird, in dem alle Teammitglieder zusammenkommen können.

---

3. KoKo – Stunden

Kommunikations- und Kooperationsstunden sind fest vereinbarte Stunden zur Besprechung von Teams, die einmal wöchentlich in allen Jahrgangsstufen einer Kemptener Grundschule stattfinden. Diese Stunden werden im Stundenplan (vormittags am Ende der Unterrichtszeit) fest verankert, so dass alle am Unterricht Beteiligten teilnehmen können. Eine Anrechnung auf das Stundendeputat erfolgt in der Regel nicht. Der Gewinn für die Lehrkräfte liegt in der Effektivität der Gespräche. Im Idealfall besteht die Möglichkeit zu kollegialer Fallbesprechung. Die beteiligten Lehrkräfte berichten von einer hohen Akzeptanz im Kollegium, da auf diese Weise die eher als unzureichend bewerteten „Tür-und-Angel-Gespräche" reduziert werden können und arbeitserleichternde Absprachen für alle möglich sind.

Durch fachliche Anleitung können dann für alle Beteiligten gewinnbringende Sitzungen stattfinden. Hier entsteht allerdings ein Fortbildungsbedarf im Bereich der Teamkooperation, der sowohl auf die kollegiale Fallbesprechung abzielt, aber auch die effektive Organisation von Teamsitzungen beinhalten sollte.

Wichtig scheint auch eine Klärung der Verantwortlichkeiten und Zuständigkeiten, so dass alle von der Gemeinschaft profitieren. Inklusion bedeutet für die Lehrkräfte einen erhöhten Aufwand an Gesprächen mit Eltern, Planung und Reflexion des Unterrichts (s. oben) aber auch Absprachen mit den Teammitgliedern. Dieser Mehrbelastung von Lehrkräften in inklusiven Schulen könnte durch eine Anrechnungsstunde für die Teamkooperation Rechnung getragen werden. Als eine hilfreich empfundene Einrichtung werden von den Mittelschulen die *M-Teams* (*s. Kasten 4*) beschrieben, die die Unterrichtsplanung und Förderplanung an den Mittelschulen strukturieren.

---

4. M-Team:

Im Rahmen von *„zukunft bringt's"*, einem Projekt der Stadt Kempten zur Unterstützung der individuellen Förderung von Kindern und Jugendlichen und der Kooperationsbeziehungen von Schulen, ist das „M-Team" ein an allen Kemptener Mittelschulen installiertes Projekt, das durch die Regierung von Schwaben, das sonderpädagogische Förderzentrum und die Stadt Kempten finanziert wird. Als *Zielsetzung* gilt die bessere Verzahnung von Regelschulpädagogik, Sonderpädagogik und gemeinwesenorientierter Sozialpädagogik. Als *Arbeitsweisen* sind vorgesehen:
- Unterrichtshospitation, Teamteaching, kollegiale Beratung,
- Elternkontakte,
- Diagnostik,
- schulische Förderung,
- Kontakt- und Netzwerkbildung,
- Schulentwicklung.

Quelle: www.zukunftbringts.de

Diese Maßnahme ist dafür verantwortlich, dass in den MS mehr Qualitätsstandards in der Teamentwicklung erreicht werden, da hier auch formale Kriterien eingehalten werden (zum Beispiel, dass Protokolle für alle zugänglich sind).

Die interne Teamarbeit von Schulen bleibt unter sozialräumlichen Aspekten nicht auf das Schulhaus beschränkt, sondern greift fast selbstverständlich auf externe Kontakte zu anderen Schulen im unmittelbaren Umfeld zurück. Auch die Elternkontakte sind auf dieser Ebene entscheidend für die Qualität der Zusammenarbeit in einer Schule, gerade dadurch, dass sie ergänzende Informationen zu ihren Schüler*innen aus dem häuslichen Umfeld liefern und dies beispielsweise in Teamfallberatungen eingebracht werden kann.

- **Schule als System**

Die Grund- und Mittelschulen in Kempten sind konzeptionell gut aufgestellt, und auch Schulen ohne das Schulprofil Inklusion setzen sich erfolgreich mit den Herausforderungen, die die zunehmende Heterogenität mit sich bringt, auseinander, wie etwa das Konzept einer sozialwirksamen Schule zeigt, das von vielen Schulen aufgegriffen worden ist (s. Kasten 5)

5. Sozialwirksame Schule:

Das Konzept „Sozialwirksame Schule" von *Werner Hopf* umfasst *fünf Bereiche*, durch die Schulkultur entwickelt werden soll:

- *systemische Schulentwicklung,*
- *autoritative Erziehung,*
- *soziales Lernen,*
- *kritische Medienerziehung,*
- *Gewaltprävention und -intervention.*

Zugrunde liegt ein *Mehrebenenmodell* mit den Ebenen Schule, Klasse und Individuum. Auf diesen Ebenen bietet das Konzept einen Rahmen, der mit weiteren Elementen ergänzt werden kann.

Quelle: www.sozialwirksame-schule.de

Interessant ist, dass die Schulen ohne das Profil ihre inklusive Haltung noch nicht öffentlich darstellen *(Qualitätsstandard 4.4)*. Hier kommt den Schulleitungen eine entscheidende Bedeutung zu. „Die Aufnahme von Schülerinnen und Schülern mit unterschiedlichen Beeinträchtigungen gelingt umso besser, je frühzeitiger ein kontinuierlicher Kooperationsprozess mit allen Beteiligten durch die Schulleitung initiiert wird" *(Fischer* et al. 2013, S. 38). Auch ohne das Schulprofil Inklusion ist Inklusion nach der UN-Behindertenrechtskonvention und auch nach dem BayEUG Aufgabe aller Schulen. Ein „Bekenntnis" zur Inklusion hilft bei der Entwicklung angemessener Handlungsmöglichkeiten in unterrichtlichen und außerunterrichtlichen Bereichen. Diese erfordert eine engagierte Mitarbeit der Schulleitung, die wiederum von der Schulaufsicht entsprechend unterstützt werden muss (vgl. ebd.). Ein klar formuliertes und öffentlich gemachtes Schulkonzept beinhaltet nicht nur eine Beschreibung über den Umgang mit Förderstunden, sondern hilft außerdem, gemeinsam mit allen an der Schule beschäftigten (Lehrkräfte, pädagogisches Personal, Hausmeister*innen, therapeutische Fachkräfte usf.) das pädagogische Handlungsfeld zu definieren und bei allen Mitarbeiter*innen eine inklusive Haltung zu entwickeln *(Qualitätsstandard 4.2)*. In Kempten wird auf der Ebene eines Schulkonzepts auch der Ansatz „Stärke statt Macht" sehr interessiert aufgenommen (s. Kasten 6).

6. Die neue Autorität: „Stärke statt Macht":

Das Konzept des israelischen Psychologen *Haim Omer* (vgl. *Omer & von Schlippe* 2010) basiert auf einer *„professionellen Präsenz"* mit den Zielen

- die Präsenz von Erwachsenen, die Kindern und Jugendlichen Halt und Orientierung gibt zu stärken,
- die Beziehung zwischen Lehrpersonen, Kindern und deren Eltern zu verbessern,
- destruktives Verhalten von Kindern und Jugendlichen zu vermindern,
- einen tragfähigen Rahmen für gelingende Erziehungsprozesse zu schaffen.

Auf der Ebene der Schule als System sollte das Leitbild der Inklusion im Schulkonzept sichtbar nach innen und nach außen vertreten werden. Die Erfahrung der Schulen mit dem Schulprofil Inklusion ist dabei, dass auch andere Schulen auf die inklusive Arbeit aufmerksam werden, den Austausch suchen und sich in Hospitationen eingehend informieren. Ein Ergebnis der Kemptener QU!S'-Studie ist von daher auch, dass die Schulen mit dem Schulprofil Inklusion bereits jetzt in den Sozialraum hineinwirken und inklusive Anregungen in das unmittelbare Umfeld der inklusiven Schule hineintragen.

- **Externe Kooperation**

Die Kemptener Grund- und Mittelschulen verfügen über zahlreiche Erfahrungen in der Zusammenarbeit mit Eltern, Kolleg*innen oder kommunalen Diensten. Dabei kommt der sonderpädagogischen (MSD) und sozialpädagogischen (Jugendarbeit an Schulen, JaS) Präsenz an allen Schulen eine tragende Rolle zu. Ein sehr vielversprechendes Projekt für die Kooperation mit den Eltern läuft unter dem Namen „*FiSch – Familien in Schule*" (*s. Kasten 7*).

---

7. Familien in Schule (FiSch):

FiSch ist ein schulbezogener Ansatz der Multifamilientherapie, der präventiv in Regelschulen einsetzbar ist und sich an konkreten Zielen orientiert.

FiSch fördert
- die *Zusammenarbeit von Elternhaus und Schule,*
- die *gegenseitige Unterstützung einer Elterngruppe,*
- die *Lernlust der Schüler*innen.*

In der inklusiven Modellregion Kempten wurde FiSCH erstmals im Schuljahr 2018/2019 in Kooperation zwischen dem sonderpädagogischen Förderzentrum und dem staatlichen Schulamt durch Georg Trautmann (Studienrat im Förderschuldienst) und Ulrike Kempf (Studienrätin im Grundschuldienst) durchgeführt.

Quelle: www.fisch-online.de

Auch in der näheren und weiteren sozialräumlichen Schulumgebung bestehen an allen Schulen Kontakte. Dabei ist es nicht erforderlich, „dass alle Mitarbeiterinnen und Mitarbeiter der Schule die Vielfalt möglicher Netzwerkpartner jederzeit überschauen, aber es sollte bekannt sein, wer welche Kontakte geknüpft hat und ggf. über vertieftes Fachwissen verfügt oder dieses abrufen kann" (*Fischer* et al. 2013, S. 42). Vor allem in den Auswertungsgesprächen zur QU!S' hat sich gezeigt, dass dieses Netzwerk der Schulen immer deutlich weitläufiger und vielschichtiger ist, als auf den ersten Blick angenommen. Es empfiehlt sich also für jede Schule sich auf die Suche zu begeben, sich das eigene Netzwerk zunächst einmal bewusst zu machen und intensiv zu durchleuchten. Eine Darstellung des Netzwerkes könnte dann allen Mitarbeitenden die Möglichkeiten zur Unterstützung und Kooperation sichtbar machen. Häufig laufen Kooperationen noch unstrukturiert und eher problembezogen ab. Eine Festschreibung der Prozesse und feste Zeiten, um Kooperationen anzustoßen, könnten helfen eine mittelfristige Planung erleichtern. Die Kommunikationswege zwischen der Steuergruppe und den Schulen in der Modellregion zeichnen sich noch nicht durch die Möglichkeit zu einem regelmäßigen Austausch aus. Dieser könnte helfen, um eine übergreifende gemeinsame inklusive Haltung in der Modellregion zu etablieren. Zur Beteiligung der Eltern am Bildungsprozess laufen an vielen Schulen Projekte und Maßnahmen (s. das Projekt FiSch), aber auch Schulfeste, Spieleabende, Elterncafés usf. dienen dazu, sogenannte „*hard-to-reach parents*" in die Schule zu bringen und die Erziehungspartnerschaft zwischen Eltern und Lehrkräften zu stärken. Eine Mitarbeit der Eltern am inklusiven Konzept der Schulen ist nach wie vor sehr schwer zu realisieren. Durch die Beteiligung der Eltern am Schulforum beweisen Schulen in Kempten jedoch auch hier Innovationskraft.

Weiterführende Perspektiven ergeben sich durch die in Kempten bereits bestehende enge Zusammenarbeit zwischen Jugendhilfe und Schule (vgl. *Deinet & Krisch* 2012).

- **Fazit**

Zusammenfassend lässt sich in Bezug auf die Qualität der inklusiven Schulentwicklung in den Kemptener Grund- und Mittelschulen sagen, dass die inklusive Modellregion Kempten ihren exemplarischen Charakter besonders auf der Qualitätsebene „Kinder und Jugendlichen mit individuellen Bedürfnissen", der Qualitätsebene „Inklusiver Unterricht" und der Qualitätsebene „Inklusives Schulkonzept und Schulleben" unter Beweis stellt. Hervorzuheben sind die Innovationskraft der Schulen und die Bereitschaft neue Wege in der Bereitstellung von Bildungsangeboten zu gehen, um bestmögliche Bedingungen für alle Schüler*innen zu schaffen. Ein wichtiger Aspekt dabei ist die Öffnung des FZs, die ermöglicht, dass an allen Schulen in der Region MSD-Stunden eingesetzt werden können. In der Region wurden durch die Kooperation zwischen Kommune, staatlichem Schulamt und dem FZ zahlreiche inklusive Projekte gestartet, die neue Wege beschreiten (zum Beispiel FLEX[5], FiSch, Öffnung des FZs). Es wurden aber auch erfolgreich bestehende Konzepte adaptiert und zum Beispiel über die gemeinsame Organisation von Fortbildungen eine große Breitenwirkung erzielt (zum Beispiel RTI, Churer Modell, Umgang mit Schülern mit SPF in der emotionalen und sozialen Entwicklung). Einen wichtigen Beitrag leistet ebenfalls die Beratungsstelle für Inklusion, die vielen Schulen wertvolle Unterstützung im Bereich der Schulentwicklung und der konzeptionellen Arbeit bietet. Auch die Kemptener QU!S-Studie zeigt erneut, dass die inklusive Schulentwicklung nicht nur den Schüler*innen mit SPF zugutekommt, sondern als verbesserte Qualität der pädagogischen Arbeit einer Schule allen Schüler*innen. Die Schulen haben ihre schulinternen Auswertungen in Form eines Gehefts und eines Posters erhalten und können nun selbst entscheiden, welche Schwerpunkte sie in ihrem Schulentwicklungsprozess setzen wollen.

1.3 Netzwerkanalyse in inklusiven Regionen

Auch wenn im schulischen Bereich noch keine umfassende Tradition der Netzwerkforschung auszumachen ist, so kann die Netzwerkforschung innerhalb der empirischen Sozialforschung allgemein und der Bildungsforschung speziell durchaus auf eine eigene Geschichte verweisen. Da die Netzwerkforschung im Bereich der Schulforschung bislang wenig genutzt worden ist, soll die damit verbundene Forschungstradition mit ihren zentralen Konzepten hier zunächst in einem kurzen Überblick vorgestellt werden.

1.3.1 Netzwerke und Netzwerkforschung

Der Begriff „Netzwerk" steht für ein sozialwissenschaftliches Konzept, „... mit dem sich soziale Beziehungen zwischen Individuen, Gruppen oder Organisationen untersuchen lassen." (*Raithelhuber* 2012, S. 431). Dabei geht es ganz allgemein um „... ein begrenztes Set von Elementen beziehungsweise Akteuren (Knoten) und Verbindungen (Kanten) zwischen ihnen." (a.a.O., S. 432). Im politischen Raum steht das Netzwerkkonzept für eine Abkehr von hierarchischen Steuerungsmodellen im Bereich staatlichen Handelns (*government*) und eine Hinwendung zu kooperativen Modellen (*governance*). Mit *policy-network* ist wiederum eine Form der politischen Kooperation angesprochen, bei der öffentliche und private Akteur*innen zu-

---

5   FLEX- ein Schulprojekt für Kinder am Rande der Beschulbarkeit

sammenarbeiten (vgl. ebd.). Im Bereich der Erziehungswissenschaft wird das Netzwerkkonzept sowohl zur Analyse (Netzwerkanalyse) als auch zur pädagogischen Gestaltung (Netzwerkarbeit) genutzt. Gerade in Bezug auf die Entwicklung regionaler Bildungskonzepte hat sich die Vernetzung von staatlichen Institutionen mit Selbsthilfegruppen und weiteren Unterstützungssystemen als hilfreich erwiesen. So zeigt sich zum Beispiel im BMBF-Projekt „Lernende Regionen – Förderung von Netzwerken", dass über Vernetzungsstrategien regionale Disparitäten in der Bildungsbeteiligung bearbeitet werden können (vgl. *Tippelt* et al. 2006, S. 279). Zu den Gelingensbedingungen zählt hier insbesondere eine Verknüpfung von starken, in der Regel institutionell abgesicherten Beziehungen der Netzwerkakteur*innen *(strong ties)* und schwachen Beziehungen im eher informellen Bereich *(weak ties)*, um Synergieeffekte vor Ort nutzen zu können (vgl. a.a.O., S. 282). Auch die Kooperationsformen in den Netzwerken der lernenden Regionen erweisen sich als sehr vielfältig und können von komplementären (im Sinne gegenseitiger Ergänzung von Bildungsangeboten) über subsidiäre (im Sinne einer trägerübergreifenden Zusammenarbeit bezogen auf Bildungsangebote) und ökonomische (im Sinne einer Kooperation bei der Finanzierung von Bildungsangeboten) bis hin zu integrativen Formen (im Sinne von enger inhaltlicher und organisatorischer Zusammenarbeit bei Bildungsangeboten) zahlreiche unterschiedliche Formen in einer lernenden Region annehmen. Der Vorteil der regionalen Vernetzung liegt auf der Basis dieser Projekterfahrungen insbesondere in der umfassenden Erschließung von regionalen Ressourcen für Bildungsangebote. Das kann bis hin zur Gestaltung neuer Netzwerke reichen *(network construction)*. Letztlich gerät so die Regionalisierung zu einem zukunftsweisenden und nachhaltigen Prinzip der Politikgestaltung, die sich als hochrelevant für den Bildungssektor erweist. Dabei wird der Schwerpunkt eher auf Verhandlung und Austausch zwischen den verschiedenen Akteur*innen sowie Entwicklungen von unten *(bottom-up*-Strategien) als auf *top-down*-Strategien gelegt. Auf diese Weise kann sich ebenfalls eine Stärkung der regionalen Akteur*innen im Sinne von *Empowerment* ergeben.

Das Netzwerkkonzept geht in den Sozialwissenschaften auf den Begründer einer modernen Soziologie, *Georg Simmel* (1858–1918), zurück. Er beschreibt den Prozess der Vergesellschaftung von Individuen über das Modell der sozialen Kreise. Jeder Mensch gehört mehreren sozialen Kreisen (zum Beispiel Familie, Beruf, Freunde) an:

> „Die Zahl der verschiedenen Kreise nun, in denen der Einzelne steht, ist einer der Gradmesser der Kultur." *(Simmel* 1992, S. 464).

Damit hat *Simmel* die verschiedenen Beziehungen zwischen Individuen durchaus im Sinne eines Netzwerks für die soziologische Forschung erschlossen, auch wenn er den Begriff „Netzwerk" selbst nicht benutzt.

Unter kommunikativem Aspekt erfährt die Netzwerkforschung ebenfalls einen Impuls aus der Soziometrie nach *Jakob Moreno*. Das Soziogramm als graphische Darstellung der sozialen Beziehungen zwischen den Mitgliedern einer Gruppe (zum Beispiel einer Schulklasse) kann ebenfalls als Netzwerkdarstellung bezeichnet werden (vgl. *Graser* 2009, S. 44f.).

Die Netzwerkperspektive wirkt sich ab den 1950er und 1960er Jahren besonders im Bereich der soziologischen Feldforschung aus, um über Individuen und Gruppen hinaus auch regionale Beziehungsstrukturen in der Forschung berücksichtigen zu können (vgl. den Überblick bei *Graser*, a.a.O., S. 46–52). Dabei entwickelt sich der forschungsmethodische Zugriff ausgehend vom Modell egozentrischer Netzwerke, die das einzelne Individuum und dessen soziale Beziehungen im Raum analysieren zunehmend in Richtung auf eine multiperspektivische Netzwerkperspektive. Zu unterscheiden sind dabei sowohl eine personale Ebene *(individual-level analysis)* als auch eine interaktionale Ebene (*tie-level analysis*) und letztlich ebenfalls die Netzwerkebene (*network-level analysis*). Impulse erhält die Netzwerkforschung auch aus der ökologischen Sozialisationsforschung im Anschluss an *Urie Bronfenbrenner* (1917–2005) und seine Vorstellung einer geschachtelten Umweltstruktur (vgl. *Bronfenbrenner* 1989, S. 38ff.). Insofern werden in der Netzwerkforschung in zunehmendem Maße Mikroebenen (Individuen und ihre sozialen Beziehungen), Mesoebenen (Organisationen) und Makroebenen (Region als Umgebung von Netzwerken) erschlossen (vgl. *Graser* 2009, S. 56).

Inwieweit wir zwischenzeitlich bereits auf eine *network society* (vgl. *Keupp* et al. 1999, S. 43) zusteuern, in der die gewachsenen sozialen Strukturen von Familie, Verwandtschaft und Nachbarschaft in der Gesellschaft der Ersten Moderne durch flexible, wechselnde und selbst zu erschließende soziale Beziehungen in der Gesellschaft der Zweiten Moderne abgelöst werden, ist selbst Gegenstand der soziologischen Netzwerkforschung und nicht abschließend geklärt. Es mehren sich allerdings Anzeichen, dass die räumlichen Bedingungen des Aufwachsens von Kindern und Jugendlichen beispielsweise gegenwärtig nicht mehr mit der traditionellen Raumvorstellung der konzentrischen Kreise um das Individuum herum angemessen erfasst werden können (vgl. *Löw* 2019). Insbesondere städtische Lebensräume von Kindern und Jugendlichen zeichnen sich mehr und mehr durch eine Entwertung des unmittelbaren Nahraums um die Familienwohnungen herum und eine zunehmende Verinselung der Lebensräume mit spezialisierten und vor allem beaufsichtigten Angeboten für Kinder und Jugendliche sowie damit verbundenen Transportaufgaben für Eltern aus (vgl. *Zeiher & Zeiher* 1994). Auch durch die weitere Verbreitung virtueller Räume im Zuge der Digitalisierung wird die traditionelle Raumvorstellung und ein Denken in Schachtelstrukturen offenbar gegenwärtig zunehmend abgelöst durch eine dynamische, prozessorientierte Raumvorstellung, die ein Denken in Netzwerken erforderlich macht (vgl. *Löw* 2019, S. 112). Dies kann nicht ohne Auswirkungen auf schulische Bildungsangebote bleiben und tangiert ebenso die Entwicklung inklusiver Schulen.

1.3.2 Netzwerkforschung an inklusiven Schulen

Der Bildungsforscher *Aladin El-Mafaalani* (vgl. *El-Mafaalani* 2020) zeigt in seinen Studien zur Schulentwicklung in sozial benachteiligten Regionen eindrucksvoll, dass Bildungsreformen, die sich ausschließlich auf die Institution Schule beziehen und den Sozialraum dabei vernachlässigen, nicht nachhaltig wirksam sein können. Dabei kann es sogar zu paradoxen und nicht intendierten Wirkungen von Schulentwicklungsprojekten kommen, die sich gegen die angestrebten Ziele wenden. So führt die Verbesserung der Qualität des Bildungsangebotes in einer Brennpunktschule eines Dortmunder Stadtteils zum Beispiel nicht dazu, die angestrebte Veränderung in der sozialen Zusammensetzung des Stadtteils zu erreichen, sondern dazu, dass die Absolvent*innen dieser Bildungsangebote den Stadtteil verlassen. Auch die inklusive Schulentwicklung darf von daher nicht an der Schultür stehen bleiben, sondern sollte vielmehr durch die Netzwerkperspektive und eine Reflexion über die regionale Einbindung der jeweiligen inklusiven Schule erweitert werden.

So hat bereits *Ulf Preuss-Lausitz* (1999) Ende der 1990er Jahre darauf aufmerksam gemacht, dass das Ziel der Teilhabe von Kindern und Jugendlichen mit Behinderung am Bildungssystem (seinerzeit noch mit dem Begriff „Integration" gekennzeichnet) nur über eine Netzwerkperspektive erreicht werden kann. Vernetzungen sollten auf der Ebene des Unterrichts (Kooperation der Lehrkräfte), des Schullebens (klassenübergreifende Kooperation), der Profilbildung (Kooperation bei der Erarbeitung eines Schulkonzeptes), der Fortbildung (Kooperation von unterschiedlichen Berufsgruppen), der Dokumentation, der Beratung, der Diagnostik, der sozialpädagogischen Unterstützungssysteme und der Schulaufsicht gezielt entwickelt werden. Auf diesem Weg könnten Schulen in „Integrationsnetzwerke" (*Preuss-Lausitz* 1999, S. 45) eingebunden werden, so wie das seinerzeit im Modellversuch integrative Schulen in Brandenburg erstmals im Sinne eines flächendeckenden Modells erprobt worden ist (vgl. *Heyer* et al. 1997, S. 16ff.).

Auch *Alfred Sander* (1999) zeigt mit seinem Modell einer ökosystemischen Schulentwicklung im Anschluss an das Modell von *Bronfenbrenner*, dass neben den internen Schulentwicklungsprozessen auf der Mikroebene des Unterrichts und des Schullebens die Einbindung der Schulen in ihr Umfeld bis hin zu den sozialstrukturellen Einflüssen der Makroebene der Gesamtgesellschaft erst die Voraussetzung für die Weiterentwicklung der Teilhabe an Bildung auch für Kinder und Jugendliche mit Behinderung schaffen. Insofern hat sich das ökologische Denken ebenfalls als hilfreich für die inklusive Schulentwicklung erwiesen (vgl. *Heimlich & Jacobs* 2001; *Fischer* et al. 2013; *Heimlich* et al. 2016).

Schließlich zeigt *Andrea Dlugosch* (2019) unter Rückgriff auf neuere raumsoziologische Forschungen (vgl. *Löw* 2019), dass auch Schulen als statische Behälter im Sinne einer absolutistischen Raumvorstellung nicht angemessen konzipiert und analysiert werden können. Vielmehr ist eine relativistische Raumvorstellung vorzuziehen, die die Dynamik der Veränderungen räumlicher Strukturen mit einkalkuliert und damit ebenfalls die sozialräumliche Vernetzung von Schulen in den Blick bekommt. Erst über diese Erweiterung der Perspektive wird die Komplexität von Inklusions- und Exklusionsprozessen in Verbindung mit Schulen sichtbar. Damit wird auch der Ort zu einem wichtigen Akteur im Prozess der Entwicklung inklusiver Schulen. „Die Schule – als Institution – erzieht." (*Bernfeld* 1967, S. 28), wusste schon *Siegfried Bernfeld* und wies damit auf eine der Grenzen der Erziehung hin. *Loris Malaguzzi*, der italienische Erziehungswissenschaftler, der die Reggio-Pädagogik bekannt gemacht hat, betont nicht ohne Grund, dass der Raum der dritte Pädagoge sei (vgl. *Lingenauber* 2013, S. 186ff.), wie es auch in den skandinavischen Ländern immer wieder betont wird und an den Schulgebäuden dort gut nachvollziehbar ist. In seiner Dokumentation „Inklusion sucht Raum" zeigt *Wolfgang Schönig*, dass die Entwicklung inklusiver Schulen ebenso mit einer Veränderung räumlicher Strukturen im Innen- und Außenbereich einhergeht (vgl. *Schönig & Schmidtlein-Mauderer* 2015). Insofern gilt es tatsächlich, die räumliche Dimension von Inklusions- und Exklusionsprozessen im Bildungsbereich zu erschließen.

Auch im „Begleitforschungsprojekt inklusive Schulentwicklung (B!S)" in Bayern (vgl. *Walter-Klose* et al. 2016) ist nach der Vernetzung der inklusiven Schulen mit dem Sozialraum und den Kooperationspartner*innen gefragt worden. In einer Online-Befragung von 1.535 Schulen aller Schularten haben die jeweiligen Schulleitungen ebenfalls Fragen zur Kooperation mit Eltern und Unterstützungssystemen außerhalb der Schulen gestellt. Im Ergebnis zeigt sich, dass alle Schulen mehr oder weniger intensive Kontakte zum außerschulischen Umfeld unterhalten. Das gilt besonders dann, wenn allgemeine Schulen auch Schüler*innen mit sonderpädagogischem Unterstützungsbedarf aufgenommen haben (zum Beispiel in inklusiven Schulen beziehungsweise in Bayern: Schulen mit dem Schulprofil Inklusion). Das gilt für den MSD, die Eltern, den schulpsychologischen Dienst und das Jugendamt. Kooperation im medizinisch-therapeutischen Bereich sowie zu ambulanten Pflegediensten, Wohnheimen für Menschen mit Behinderung sowie heilpädagogische Tagesstätten (HPT) (vgl. a.a.O., S. 108) erfolgt allerdings nicht in gleichem Maße. Förderzentren weisen hier deutlich höhere Kooperationsanteile auf als Grund- und Mittelschulen. Insgesamt verläuft die Kooperation in den Netzwerken der Schulen zum überwiegenden Teil problemlos. Schwierigkeiten ergeben sich für allgemeine Schulen besonders im Bereich der Kooperation mit medizinischen Therapieangeboten, was zum größten Teil darauf zurückzuführen ist, dass diese Unterstützungsangebote nicht ohne weiteres in allgemeinen Schulen vorgehalten werden können (vgl. a.a.O., S. 121f.). Allerdings wird von den Lehrkräften immer wieder auf die fehlenden Ressourcen für die Kooperation in der Netzwerkarbeit hingewiesen, wobei es Förderzentren und Schulen mit dem Schulprofil Inklusion am ehesten gelingt, ein funktionierendes und tragfähiges Unterstützungsnetzwerk zu etablieren.

Mittlerweile sind auch lokale Schullandschaften Gegenstand der Inklusionsforschung geworden. In dem Projekt „Lokale Konstellationen inklusiver Bildung. Wissen, Handeln, Organisation im Bildungsraum (LoKoBi)" (vgl. *Hackbarth* et al. 2019) wird an einer städtischen Region mit Hilfe eines *Mixed-Method-Designs* auf der Basis von Schulbesuchsquoten (quantitative Teilstudie) und unter Einbeziehung aller Beteiligten (Schulleitungen, Lehrkräfte, Eltern) beispielhaft gezeigt, wie das inklusive Bildungsangebot im Sozialraum wahrgenommen wird. In Verbindung mit einer Analyse von sechs ausgewählten Schulen (qualitative Teilstudie) entstehen so im Ergebnis Landkarten einer inklusiven Bildungsregion. Auch *gender*-Aspekte von Sozialraumeffekten auf die Inklusion werden thematisiert (vgl. *Schildmann* 2019). Letztlich gilt es, den Zusammenhang von Inklusion und Raum aus der Perspektive des Sozialraums zu betrachten, wie das beispielsweise in entsprechenden ethnographischen Studien möglich wird (vgl. *Trescher & Hauck* 2019).

Ein Beispiel – trotz bestehender Herausforderungen – gelungener Netzwerkarbeit liefern *Kracke* et al. (vgl. *Kracke* et al. 2019). Sie beschreiben die Entwicklungen in der Hauptstadt Thüringens Jena, wo im Schuljahr 2017/2018 knapp 90% aller Schüler*innen mit SPF im gemeinsamen Unterricht an Grund- und Weiterführenden Schulen lernen. Dies ist nur in einem sich ständig transformierendem Netzwerk möglich, das die Interessen sämtlicher Beteiligter berücksichtigt. Neben einigen gewachsenen Voraussetzungen werden auch Entwicklungen aufgezeigt, die die Transformation in eine Bildungslandschaft begünstigen, in der u.a. die Bereiche Bildung, Erziehung und Betreuung stärker verbunden und die Systeme Jugendhilfe und Schule inhaltlich und strukturell aufeinander bezogen werden. Dazu waren auch Veränderungen in der Verwaltung nötig. So bilden in Jena heute das Schulverwaltungsamt und das Jugendamt eine organisatorische und inhaltliche Einheit. Mit der Schaffung des *pädagogischen Förderbedarfs*, der niederschwelliger ansetzt als der *sonderpädagogische Förderbedarf*, gelingt es auch auf Seiten der schulischen Förderung präventive Maßnahmen zu etablieren. Alles in allem scheinen sich die Anstrengungen nicht dem Denken in Zuständigkeiten zu unterwerfen, sondern stellen das Kind in den Mittelpunkt, für dessen gelingendes Aufwachsen die Gesellschaft eine gemeinsame Verantwortung trägt.

Insofern gilt, dass die Netzwerkperspektive auch in der Inklusionsforschung einen fruchtbaren Ansatz darstellt, gerade wenn es gegenwärtig und zukünftig um die flächendeckende Realisierung von inklusiven Bildungsangeboten im Sinne eines inklusiven Bildungssystems auf allen Ebenen (vgl. UN-BRK 2019) geht. Vorerfahrungen dazu liegen sowohl in der empirischen Bildungsforschung (vgl. *Gruber* et al. 2018, S. 1339ff.) als auch in der sonderpädagogischen Forschung in Zusammenhang mit Armut und sozialer Benachteiligung vor (vgl. *Basendowski & Schroeder* 2015).

Am Beispiel der inklusiven Modellregion Kempten soll die Bedeutung der Netzwerkperspektive für die regionale Einbindung inklusiver Schulen nun in einer Pilotstudie verdeutlicht werden.

1.3.3 Sozialräumliche Vernetzung an Kemptener Grund- und Mittelschulen und Förderzentren

Im Folgenden werden die Ergebnisse der Lehrerbefragung zur sozialräumlichen Vernetzung der inklusiven Schulen in Kempten vorgestellt. Da die Netzwerkforschung bezogen auf Schulen bislang noch am Anfang steht, erfolgt zugleich ein kurzer Rückblick auf die hier angestrebte Netzwerkanalyse.

- **Problemstellung**

Nachdem in einem ersten Schritt im Rahmen des Projektes „Modellregion Inklusion Kempten (M!K)" innerhalb des Teilprojektes A „Schulische Inklusion von Kindern und jungen Menschen ..." zunächst die Strukturdaten der Grund-, Mittel- und Förderschulen in Kempten erhoben worden sind und in eine sozialräumliche Betrachtungsweise eingebunden wurden (vgl. *Heimlich & Wittko* 2018), lag unter der übergreifenden Zielsetzung der Entwicklung eines qualitätsorientierten Konzeptes der regionalen Einbindung von inklusiven Schulen der Fokus in der zweiten Phase des Teilprojektes A auf der Qualitätsentwicklung der beteiligten Schulen und deren Zusammenarbeit mit externen Unterstützungssystemen (vgl. *Feyerer* 2013; *Gasteiger-Klicpera* 2015; *Heimlich* 2019). Die Ergebnisse der in diesem Zusammenhang durchgeführten QU!S®-Studie wurden in einem Forschungsbericht veröffentlicht (*Heimlich & Wittko* 2019).

Darin erreichen die Kemptener Schulen in der Ebene der externen Vernetzung 54,15% der möglichen Items. Die Kemptener Grund- und Mittelschulen verfügen über zahlreiche Erfahrungen in der Zusammenarbeit mit Eltern, Kolleg*innen oder kommunalen Diensten. Dabei kommt der sonderpädagogischen (Mobiler sonderpädagogischer Dienst, MSD) und sozialpädagogischen (Jugendarbeit an Schulen, JaS) Präsenz an allen Schulen eine tragende Rolle zu. Auch in der näheren und weiteren sozialräumlichen Schulumgebung bestehen an allen Schulen Kontakte. Dabei ist es nicht erforderlich, „dass alle Mitarbeiterinnen und Mitarbeiter der Schule die Vielfalt möglicher Netzwerkpartner jederzeit überschauen, aber es sollte bekannt sein, wer welche Kontakte geknüpft hat und ggf. über vertieftes Fachwissen verfügt oder dieses abrufen kann" (*Fischer* et al. 2013, S. 42). Häufig laufen Kooperationen jedoch noch unstrukturiert und eher problembezogen ab. Eine Festschreibung der Prozesse und feste Zeiten, um Kooperationen anzustoßen, könnten helfen eine mittelfristige Planung zu erleichtern. Die Kommunikationswege zwischen der Steuergruppe und den Schulen in der Modellregion zeichnen sich noch nicht durch die Möglichkeit zu einem regelmäßigen Austausch aus. Dieser könnte helfen, um eine übergreifende gemeinsame inklusive Haltung in der Modellregion zu etablieren. (vgl. *Heimlich & Wittko* 2019).

In der aktuellen dritten Phase des Projekts wird nun versucht, die Vernetzung der Schulen aus der Sicht der Lehrkräfte genauer darzustellen. Dazu wurde ein Fragebogen entwickelt, der anhand der Netzwerkdimensionen Ziele, Nachhaltigkeit, Akteure, Steuerung, Interaktion und Wirkung die Qualität der Vernetzung der Kemptener Lehrkräfte mit dem Sozialraum analysieren soll. Da ein solches Befragungsinstrument in der Literatur bislang nicht vorliegt, muss es neu konstruiert werden.

- **Quantitative Netzwerkanalyse (Forschungsmethode)**

Schulische Netzwerke: Der Begriff der Netzwerkforschung erfährt auch in der Erziehungswissenschaft eine zunehmende Bedeutung. Eine sinnvolle Einordnung schulischer Netzwerke fasst *Junker* zusammen:

> „Schulische Netzwerke lassen sich wie im organisatorischen Kontext sowohl als soziale Netzwerke beschreiben, da sie zwischen menschlichen Akteuren entstehen, als auch vor dem Hintergrund des handlungs- und steuerungstheoretisch ausgerichteten Netzwerkverständnisses, da sie im deutschen Schulsystem als Steuerungsmodus zunehmend (vgl. Tippelt 2011, S. 243) als Reformstrategie zur Begegnung regionaler Herausforderungen (vgl. Fischbach & Kolleck 2012, S. 313) oder als systematisches Instrument zur Unterrichtsentwicklung (Berkemeyer et al. 2008a) eingesetzt werden" (*Junker* 2015, S. 23).

Diese Unterteilung ist allerdings nur analytischer Natur, „da sich die drei Verwendungsweisen eher einschließen als ausschließen." (*Berkemeyer & Bos* 2010, S. 758). Für schulische Netzwerke wurden eigenständige Typisierungen vorgenommen. *Smith* und *Wohlstetter* (2001) unterscheiden vier Netzwerktypen: *professional networks, policy issue networks, external partner networks* und *affiliation networks. Professional networks* sind hauptsächlich durch die Weiterentwicklung der eigenen Professionalität im Rahmen des Netzwerkes, *policy issue networks* durch die systematische Vernetzung zur Verfolgung und Erreichung mikro- oder makropolitischer Interessen, *external partner networks* durch die Assoziierung mit außerschulischen Institutionen und *affiliation* networks durch das Zusammenkommen unterschiedlicher Schulen zur Lösung interner Organisationsprobleme gekennzeichnet (vgl. *Junker* 2018). Meist herrschen auch hier Mischformen vor, und „eine vollständig ausgearbeitete Theorie über die Wirkungsweise und Funktion von Netzwerken im Schulsystem liegt bislang jedoch nicht vor" (*Berkemeyer* 2009, S. 670).

In der schulischen Realität ist den Akteur*innen nicht immer bewusst, dass gerade vernetzt gearbeitet wird. So lässt sich die wöchentliche Jahrgangsstufenkonferenz beispielsweise dem *professional network* unterordnen, viele Kolleg*innen nehmen dies jedoch nicht als Vernetzung wahr (vgl. *Jungermann* et al. 2018). Die Vernetzung mit dem Sozialraum besteht aber sowohl in

- der Kooperation in multiprofessionellen Teams und
- der Kooperation mit den Eltern als auch in
- der Kooperation mit externen Partner*innen.

Für die Zusammenarbeit in multiprofessionellen Teams erklärt das Modell von *Marvin* die Qualität von Zusammenarbeit in vier Stufen, die „sich in der Intensität der gegenseitigen Wertschätzung und des Vertrauens unterscheiden." (*Kracke* et al. 2019, S. 121). Während auf der niedrigsten Stufe *Co-Activity* nebeneinanderher gearbeitet wird, werden auf der Stufe der *Cooperation* grobe Absprachen über Stundenpläne und gemeinsame Ziele getroffen. Unterricht und Förderung bleiben jedoch getrennt voneinander. *Coordination* wird erreicht, wenn Absprachen über Verantwortlichkeiten im Sinne von Arbeitsteilung stattfinden. Die höchste Stufe *Collaboration* zeichnet sich durch gleichberechtigte Zusammenarbeit aus, in der die Professionen gemeinsam Verantwortung übernehmen und Rollen getauscht werden können (vgl. a.a.O., S.120f.).

Strukturmodell der Netzwerkanalyse: Um die Struktur des Netzwerkes der Modellregion Inklusion zu analysieren, haben wir uns dafür entschieden, den Leitfaden zur Bewertung von Kooperation in Netzwerken der „Deutschen Gesellschaft für internationale Zusammenarbeit (GIZ)" zu adaptieren und dann anzuwenden.

> „Dabei wird Zusammenarbeit zunehmend als Möglichkeit betrachtet, Herausforderungen und Probleme unserer Zeit erfolgreich zu bewältigen... Der Begriff Netzwerk wird im Allgemeinen sowohl auf spontane, selbstinitiierte Kooperationen, als auch auf bewusst geplante Formen privaten oder staatlichen Handelns angewandt. Unter Netzwerk versteht dieser Leitfaden ein Kooperationssystem, das auf Interessenausgleich und Gegenseitigkeit basiert, eher kooperativ als wettbewerblich ausgerichtet ist und relativ stabile Beziehungen unterhält. Generelles Ziel des Netzwerks ist es, durch eine Abstimmung von sich ergänzenden Fähigkeiten und Bündelung von Ressourcen Synergien und Emergenzeffekte zu erreichen, die den Nutzen aller Beteiligten mehren und zur Erreichung von gemeinsamen Interessen und Zielen beitragen. (*Gajo*, et al. 2013, S. 5).

Diese Kriterien können auch auf das Netzwerk der Modellregion Inklusion Kempten (M!K) angewendet werden.

Neugebauer & Beywl (2006) gehen von sechs Dimensionen der Netzwerkarbeit aus. Zielsystem und Nachhaltigkeit beschreiben den Zweck des Netzwerkes. Die Dimensionen Akteurslandschaft und Steuerung untersuchen die Struktur des Netzwerkes, während die Dimensionen Interaktion und Wirkungen die Prozesse innerhalb des Netzwerkes beschreiben.

Erfolgskritische Merkmale eines Zielsystems sind ein Leitbild von hoher Qualität und Attraktivität, zum Beispiel wenn die Akteur*innen ein gemeinsames Bild von den Voraussetzungen ihrer Arbeit haben und dieses Selbstverständnis auch festgehalten wird. Strategische Ziele sollten klar und verständlich formuliert sein. Das Profil des Netzwerks sollte klar sein, nach innen und außen. Die Dimension Nachhaltigkeit beschreibt die langfristige Stabilität und Wirksamkeit des Netzwerks. Dazu gehört auch die Möglichkeit des „*Scaling up*", d.h. dass ein funktionierendes Netzwerk auch wachsen kann. Für die Dimension Akteurslandschaft ist die Komplementarität der Akteur*innen ein wichtiges Kriterium. Es handelt sich um „das Ausmaß, in dem sich die Fähigkeiten und Kompetenzen der Akteur*innen ergänzen... Optimaler Zustand ist, dass alle benötigten Fähigkeiten und Kompetenzen ausreichend vorhanden sind und sich gleichzeitig nicht unnötig doppeln." (a.a.O., S. 12). Ausreichende Ressourcen (Personen, Zeit, Geld) müssen vorgehalten werden und die sogenannten Transaktionskosten – darunter versteht man den Aufwand, der für Steuerung, Koordination und Abstimmung, Teilnahme an Treffen, etc. betrieben werden muss – sollten nicht vernachlässigt werden. Die Dimension Netzwerksteuerung ist im schulischen Bereich Aufgabe der Schulleitungen beziehungsweise der Schulaufsicht und im kommunalen Bereich der Entscheidungsträger*innen der verschiedenen Ämter. Diese sollten ziel- und wirkungsorientiert steuern und stark genug sein, um das Netzwerk voranzubringen und Alltagsentscheidungen schnell und im Interesse aller treffen zu können. Auf der Prozessebene des Netzwerks wird die Qualität der Interaktionen durch den Aufbau einer Vertrauenskultur, umfassenden Informationsfluss, die Übernahme von Verantwortung und die Reziprozität, also ein ausgeglichenes Verhältnis von Geben und Nehmen, sowie die Weiterentwicklung der Kooperation beschrieben. Ein erfolgreiches Netzwerk zeichnet sich bezüglich der Dimension Wirkungen durch seine Funktionalität, die Effizienz, die Effektivität und schließlich durch seinen Emergenzgewinn aus, das heißt durch die zusätzlichen Wirkungen, die nur durch das *Networking* und die Kooperation entstehen konnten. Im Netzwerk der Modellregion wurde dies beispielsweise am Kompetenztransfer des MSD an die Grund- und Mittelschullehrkräfte beschrieben (vgl. *Heimlich & Wittko* 2019).

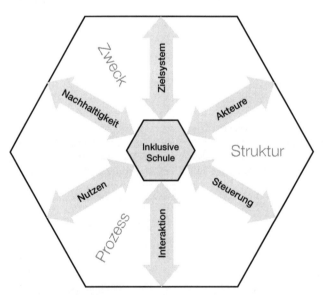

Abb. 1.36: Die sechs konstituierenden Dimensionen eines Netzwerks (eigene Darstellung, vgl. Neugebauer & Beywl 2016)

Um ein Netzwerk „vergleichend untersuchen zu können, ist ein Minimum an verallgemeinerbaren Indikatoren erforderlich. Die Bewertungsskalen zu den sechs Dimensionen sind so zu definieren, dass die Ergebniserreichung anschaulich dargestellt und bei Bedarf mit Ergebnissen anderer Evaluierungen verglichen werden kann." (*Gajo* et al. 2013, S. 16).

In der Analyse des Netzwerkes der Lehrkräfte der inklusiven Modellregion Kempten haben wir uns entschieden, diese Dimensionen mit Durchschnittswerten aus allen Items zu bewerten und bewusst darauf verzichtet eine unterschiedliche Gewichtung der Items vorzunehmen.

Grenzen der quantitativen Netzwerkanalyse: Eine Schwierigkeit liegt in der Definition des Begriffs Netzwerk begründet. In unserem Fragebogen wurde der Versuch gemacht, einen Gesamtüberblick zu gewinnen. Dabei wurden die Lehrkräfte gebeten eine durchschnittliche Einschätzung abzugeben. Es gab keine Möglichkeit zwischen einzelnen Netzwerkpartner*innen, bei denen die Kooperation gut läuft und Akteur*innen, bei denen eher Schwierigkeiten auftreten zu differenzieren.

Weiter haben wir uns dafür entschieden, die Lehrkräfte zu befragen. Eigentlich ist die Schulleitung für die Koordination der Vernetzung zuständig. Es interessierte uns aber, inwieweit Lehrkräfte Einblick in die Vernetzung ihrer Schule haben und wie sie den Stand der Vernetzung einschätzen. Insofern steht insbesondere die Qualität der Netzwerkbeziehungen aus der Sicht der Lehrkräfte in unserem Fragebogen im Vordergrund.

Fragebogenkonstruktion zur Netzwerkanalyse: In einem Deckblatt werden die Befragten vorab ausführlich in die Beantwortung des Fragebogens eingeführt. Kernstück des Fragebogens sollten vor dem Hintergrund des Netzwerkmodells von *Gajo* et al. (2013) die Dimensionen der Netzwerkarbeit sein. Zu den Dimensionen „Akteure und Steuerung" (Struktur), „Nutzen und Interaktion" (Prozess) sowie „Nachhaltigkeit und Zielsysteme" (Zweck) sind Fragebogenitems von uns in operationalisierter Form ausformuliert worden. Dabei war eine Adaption des Fragebogens der „Deutschen Gesellschaft für Internationale Zusammenarbeit (GIZ)" an die schulische Situation und die Perspektive der Lehrkräfte erforderlich. Die Fragebogenitems wurden mit einer Skala von 0 (=trifft gar nicht zu) bis 4 (trifft voll und ganz zu) verknüpft und um die Kategorie „keine Antwort" (k.A.) ergänzt. Vorangestellt wurde eine Frage 1 nach den Kooperationspartner*innen aus der Sicht der Lehrkräfte mit vorgegebenen Antwortkategorien und eine Frage 2 mit der Möglichkeit der Nennung der drei wichtigsten Kooperationspartner*innen. Diese vorangestellten Fragen sollten die Befragten auf die folgenden Items zur sozialräumlichen Vernetzung der Schulen inhaltlich vorbereiten. Abschließend enthält der Fragebogen allgemeine Angaben zur Schule und zur Schulform sowie Angaben zur Person der Befragten (Alter, Geschlecht, Ausbildung, Rolle in der Schule, Zeit für Vernetzung mit dem Sozialraum). Außerdem schließt der Fragebogen mit zwei offenen Items, in denen die Lehrkräfte Wünsche zur Kooperation und zur Vernetzung mit dem Sozialraum äußern können.

In einem Pretest mit fünf Lehrkräften, die nicht an der Befragung der Hauptuntersuchung teilnehmen, hat sich der Aufbau des Fragebogens und die Verständlichkeit der Items insgesamt gut bewährt. Es erfolgten lediglich kleinere Umstellungen in der Abfolge der Items, eine Anpassung der Abstufungen (von „erkennbar" zu „ziemlich" und von „in geringem Maße" zu „wenig") und eine genauere Definition der möglichen Kooperationspartner*innen im einführenden Text zum Fragebogen.

- **Untersuchungsgruppe**

Die Fragebögen zur Netzwerkanalyse wurden in Papierform kopiert und an die teilnehmenden Schulen ausgeliefert. Versiegelte Sammelboxen waren den Schulen zur Verfügung gestellt worden, so dass die Umfragen unter Einhaltung der Geheimhaltung abgegeben werden konnten. Leider wurden im Erhebungszeitraum die Schulen in Bayern aufgrund der Sars-CoV-2-Pandemie geschlossen. Die Lehrkräfte hatten daher nicht oder nur eingeschränkt die Möglichkeit, die Umfrage in Papierform auszufüllen. Deswegen entschieden wir uns dafür, den Fragebogen auch digital zu verschicken mit der Möglichkeit der Zurücksendung per E-mail. Erst nach der schrittweisen Öffnung der Schulen wurden die Sammelboxen eingesammelt. Einige Schulen entschieden sich nur für die digitale Kommunikationsform und lehnten das Aufstellen der Boxen ab. Die Möglichkeit der Teilnahme per Mail nutzten 30 Lehrkräfte. 80 Lehrkräfte füllten die Umfrage analog aus. An der Umfrage haben also insgesamt 110 Lehrkräfte teilgenommen. In der Modellregion unterrichten 180 Lehrkräfte an Förderzentren, 197 an GS und 110 an MS, insgesamt also 487. Die Rücklaufquote liegt insgesamt bei 22,4%: 32% bei den Grundschullehrkräften, 14,5% bei den Lehrkräften der MS und 15,6% bei den FZ. Dabei wurde die Gesamtzahl der uns übermittelten Lehrkräfte der jeweiligen Schularten zugrunde gelegt, ohne dass wir nachvollziehen können, wie viele Kolleg*innen wir im Erhebungszeitraum erreichen konnten. Von den ausgefüllten Fragebögen wurden 28 aussortiert, da sie nicht vollständig ausgefüllt wurden oder einer Plausibilitätsprüfung nicht standhielten. Dazu gehören auch 22 Fragebögen, bei denen mehr als fünf Mal „keine Angabe" angegeben wurde. Insgesamt wurden also 82 Fragebögen ausgewertet. 47 Lehrkräfte unterrichten an einer GS, 12 an einer MS, und 23 Fragebögen wurden von Lehrkräften eines FZs ausgefüllt. Die übrigen haben keine Angaben gemacht. Insgesamt nahmen 67 weibliche und 13 männliche Lehrkräfte teil. Zwei Lehrkräfte ließen die Frage unbeantwortet. Die Fragebögen wurden von 45 ausgebildeten Grundschullehrkräften, acht Lehrkräften der MZ und 19 sonderpädagogischen Lehrkräften ausgefüllt. Weiterhin kamen zwei Gymnasiallehrkräfte, zwei Fachlehrkräfte, zwei Förderlehrkräfte, zwei heilpädagogische Förderlehrkräfte und zwei mit sonstigen Ausbildungen dazu, die ihren Einsatz einer Grund- oder Mittelschule haben oder an einem FZ tätig sind.

54 Lehrkräfte waren als Klassenleitung eingesetzt, 18 gaben an als Ko-Lehrkraft eingesetzt zu sein. Zwei Fachlehrkräfte nahmen an der Umfrage teil, und drei Lehrkräfte ordneten sich dem MSD zu. Fünf Lehrkräfte waren überwiegend in der Förderung tätig. 2 Lehrkräfte machten keine Angabe. 34 Lehrkräfte waren zwischen 41 und 50 Jahre alt. Der Rest verteilte sich erwartungsgemäß:

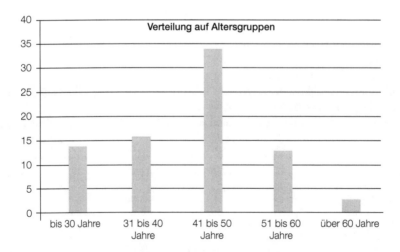

Abb. 1.37: Altersstruktur der Teilnehmer*innen

- **Ergebnisse der Netzwerkanalyse**

In die folgende Auswertung des Fragebogens zur Netzwerkanalyse konnten 82 Fragebögen einbezogen werden. Die Datenerfassung und -analyse erfolgt mit SPSS. Die Reliabilitätsanalyse zum Fragebogen ergibt ein Wert von 0,91 für Cronbachs Alpha, was für eine exzellente interne Konsistenz spricht. Insofern ist davon auszugehen, dass der Fragebogen zur Netzwerkanalyse für Lehrkräfte über eine gute Homogenität der Items verfügt und somit implizit auch die Konstruktvalidität des zugrunde liegenden Netzwerkmodells bestätigt wird (vgl. *Rost* 2007, S. 156). Für einen weiteren Einsatz des Fragebogens und dessen Überarbeitung erscheint es außerdem sinnvoll, zusätzlich die einzelnen Dimensionen bezüglich Cronbachs Alpha zu untersuchen, da es sich hierbei um einen mehrdimensionalen Test handelt. In der Literatur gelten Werte von über 0,7 beziehungsweise 0,8 als reliabel, aber auch geringere Werte können akzeptiert werden (vgl. *Schecker* 2014; *Bortz/Döring* 2006).

Tab. 1.7: Cronbachs Alpha für die Dimensionen der Netzwerkanalyse

Dimension	Cronbachs Alpha
Zielsystem	0,813
Nachhaltigkeit	0,703
Akteurslandschaft	0,829
Steuerung	0,667
Wirkungen	0,854
Interaktion	0,897

Als weiterer Indikator für die Reliabilität des Fragebogens kann die Item-Skala-Korrelation der einzelnen Fragen herangezogen werden. Sie zeigt die Trennschärfe eines Items und sollte über 0,3 liegen. Im angewandten Fragebogen wiesen 31 der 34 Fragen eine hohe Item-Skala – Korrelation (>0,5) auf (vgl. *Bortz/Döring* 2006, S. 220).

Zur Beschreibung der Ergebnisse werden zunächst die einzelnen Fragen des Fragbogens dargestellt. In einem zweiten Schritt erfolgt dann eine Auswertung bezogen auf alle Fragen einer Dimension.

Kooperationspartner*innen: Die Lehrkräfte wurden nach ihren Netzwerkpartner*innen befragt und sollten die drei wichtigsten Schlüsselfiguren bei der Vernetzung mit dem Sozialraum identifizieren. Dabei wurden 30 verschiedene Akteur*innen genannt.

Mit 49 Nennungen führt der Mobile Sonderpädagogische Dienst (MSD) die Liste der Kooperationspartner*innen an, gefolgt von den Mitarbeiter*innen der Jugendarbeit an Schulen (JaS) mit 43, den Kräften der Ganztagesbetreuung mit 21 und den heilpädagogischen Hilfen (HPH) mit 15 Nennungen. Diese Ergebnisse decken sich im Wesentlichen mit den Ergebnissen der Schulleiter*innenbefragung aus dem Schuljahr 2016/2017, in der die MSD, therapeutische Fachkräfte und kommunale Angebote ebenfalls am häufigsten aufgeführt wurden (vgl. *Heimlich & Wittko* 2018). Erwähnenswert ist die von den Lehrkräften explizit genannte Kooperation mit den Mitarbeiter*innen der Ganztagesbetreuung, die von den Schulleitungen noch nicht aufgeführt wurden.

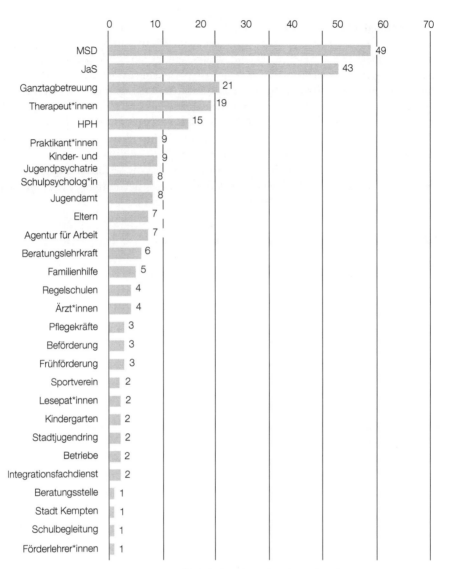

Abb. 1.38: Wichtigste Kooperationspartner*innen der Grund- und Mittelschulen und Förderzentren

Zielsystem: 84,0% der Lehrkräfte erachten die Vernetzung mit dem Sozialraum für wichtig, während weitere 14,8% hier die zweithöchste Stufe (liegt ziemlich vor) wählen. Insgesamt sind also etwas mehr als 98,8% der Lehrkräfte von der Bedeutung der Vernetzung mit dem Sozialraum überzeugt. Offensichtlich haben sich die meisten Schulen auch schon auf den Weg gemacht, sich mit dem Sozialraum zu vernetzen. 84,7% der Lehrkräfte sehen ihre Schulen gut aufgestellt: 46,2% der Lehrkräfte geben an, dass ihre Schule die Vernetzung mit dem Sozialraum vollständig erfüllt in das Schulkonzept aufgenommen habe und zusätzliche 38,5% geben an, dass dies ziemlich vorliege. Deutlich unter 5% (3,8%) finden, dass die Vernetzung nur in einem geringfügigen Maß ins Schulkonzept aufgenommen wurde.

74,1% der Lehrkräfte bestätigen, dass die Interessen der Lehrkräfte ziemlich (51,9%) oder vollständig (22,2%) bei der Vernetzung mit dem Sozialraum berücksichtigt wurden. Knapp 10% finden die Interessen der Lehrkräfte nicht (4,9%) oder nur wenig (auch 4,9%) berücksichtigt. Die Beschreibung der Vernetzung der Schule mit dem Sozialraum in Teilschritten werten nur noch 63,1% ziemlich oder vollständig erfüllt. Hier muss man berücksichtigen, dass 20,7% aller Lehrkräfte zu dieser Frage keine Angabe machen. 67,6% beurteilen die Beschreibung der Vernetzung der Schule mit dem Sozialraum vollständig oder mindestens ziemlich als verständlich beschrieben. Zu diesem Punkt haben 13,4% keine Angaben gemacht.

Bei der Gesamtbetrachtung des Zielsystems werden 38,8% der Bereiche als voll erfüllt, 33,2% ziemlich und 14,4% teilweise erfüllt eingeschätzt. Ein sehr geringer Anteil wird nur wenig (3,2%) oder gar nicht (2,2%) erfüllt beurteilt. Zu 8,3% der beantworteten Frage wurde „keine Angabe" ausgewählt.

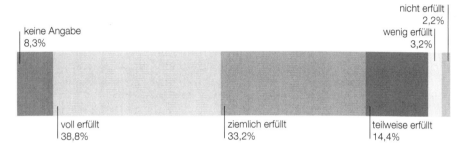

Abb. 1.39: Zielsystem des schulischen Netzwerkes gesamt

Nachhaltigkeit: Feste Vereinbarungen über die Kooperation bei der Vernetzung der Schule mit dem Sozialraum sahen 51,3% der Befragten ziemlich vorliegend und 19,7% vollständig erfüllt. 7,9% der Lehrkräfte geben an, dass dieser Aspekt nicht oder nur wenig erfüllt wird. Sechs (7,3%) Lehrkräfte machen keine Angabe. Das Kriterium „Kooperation bei der Vernetzung der Schule mit dem Sozialraum wird langfristig verfolgt" liegt für 41,6% der Lehrkräfte ziemlich vor und ist für 49,3% vollständig erfüllt. 80,6% bescheinigen eine steigende Zahl von Kooperationspartner*innen und 68,9% bestätigen, dass aus der Kooperation weiterführende Projekte entstehen.

Insgesamt werden knapp 30% der Aspekte im Bereich der Nachhaltigkeit voll erfüllt, 43,0% ziemlich, 15,2% teilweise, 3,7% wenig und 1,8% gar nicht. Bei 6,4% wurde keine Angabe gemacht.

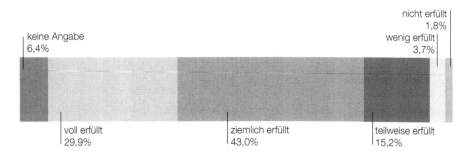

Abb. 1.40: Nachhaltigkeit des schulischen Netzwerkes gesamt

Akteurslandschaft: 32,9% sahen vollständig erfüllt an, dass es Beauftragte beziehungsweise feste Ansprechpartner*innen für die Vernetzung der Schule mit dem Sozialraum gibt. Für weitere 39,2% lag dies ziemlich vor. Neun Lehrkräfte (11,4%) beurteilten dies nur als geringfügig vorliegend. Nach 72,8% der Befragten verfügen die Kooperationspartner ziemlich (44,2%) oder vollständig (28,6%) über die nötigen Kompetenzen bei der Vernetzung der Schule mit dem Sozialraum. Die personelle Absicherung der Vernetzung der Schule mit dem Sozialraum liegt für 43,9% nicht (14,6%) oder nur wenig (29,3%) vor. Für die größte Gruppe (35,4%) liegt diese teilweise vor. 18,3% sehen diesen Aspekt als ziemlich erfüllt. Nur 2,4% sehen diesen Bereich als vollständig erfüllt an.

Die Frage nach dem Aufgabenprofil der Kooperationspartner*innen ergibt ein diffuses Bild: 15% sehen die Zuständigkeiten vollständig klar geregelt. Für 41,3% liegt dies ziemlich vor, 26,3% erkennen teilweise ein klares Aufgabenprofil der Kooperationspartner*innen, während 15,0% dies nur wenig wahrnehmen. 2,5% attestieren keine klare Regelung der Zuständigkeiten. Zu der Frage nach Regeln für die Bearbeitung von Konflikten können 22,0% keine Angaben machen. Für 29,7% liegen diese nicht oder nur wenig vor. 17,2% sehen diese als vollständig erfüllt und 28,1% ziemlich.

In der Dimension der Akteurslandschaft wurden insgesamt 17,8% der Kriterien voll erfüllt, 32,0% ziemlich erfüllt und 24,2% teilweise erfüllt. 14,4% der Fragen wurden nur wenig und 4,9% gar nicht erfüllt. Keine Angabe wurde in 6,8% der Fälle ausgewählt.

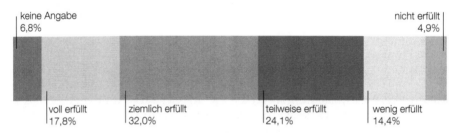

Abb. 1.41: Akteurslandschaft des schulischen Netzwerks gesamt

Steuerung: Die Steuerung der Vernetzung der Schule mit dem Sozialraum wird von der Schule lt. Angaben der befragten Lehrkräfte zu 73,4% ziemlich (34,2%) oder vollständig erfüllt (39,2%). 19,0% geben an, dass die Schulleitung die Vernetzung teilweise steuert, und 7,6% sehen die Steuerung durch die Schulleitung in geringfügigem Maß.

Es ist 25,0% der Lehrkräfte vollständig klar, wer für die Koordination der Schule mit dem Sozialraum verantwortlich ist. 39,5% sagen, dass ziemlich klar ist, wer für die Koordination verantwortlich ist. 28,9% gehen davon aus, dass dies teilweise klar ist, und 6,6% sehen das nur geringfügig oder gar nicht erfüllt. 8,8% sehen sich nur wenig in die Vernetzung mit dem Sozialraum einbezogen. Teilweise einbezogen sind 16,3%, ziemlich 38,8% und vollständig einbezogen sind 36,3% der Lehrkräfte.

Die Vernetzung der Schule mit dem Sozialraum wird zu 3,1% nicht und zu 7,8% in geringfügigem Maß dokumentiert. 32,8% gehen von einer teilweisen Dokumentation aus. Für 26,6% ist die Dokumentation ziemlich und für 29,7% ist die Dokumentation vollständig erfüllt.

keine Angabe
7,8%

nicht erfüllt
1,0%

voll erfüllt
29,5%

ziemlich erfüllt
32,0%

teilweise erfüllt
22,9%

wenig erfüllt
6,8%

Abb. 1.42: Netzwerksteuerung des schulischen Netzwerks gesamt

Insgesamt wurden 29,5% der Items der Netzwerksteuerung voll erfüllt, 32,0% ziemlich erfüllt und 22,9% teilweise erfüllt. 6,8% waren nur wenig und 1,0% gar nicht erfüllt. Keine Angabe wurde in 7,8% der Möglichkeiten angekreuzt.

Interaktion: Die Kooperationspartner*innen gehen zu 45,1% vollständig, 40,2% ziemlich 9,8% teilweise und zu 4,9% in geringfügigem Maß offen und vertrauensvoll miteinander um. Dabei haben 15,9% vollständig, 47,8% ziemlich, 27,5% teilweise und 8,7% wenig ausreichend Zugang zu den Informationen bezogen auf die Vernetzung der Schule mit dem Sozialraum. Bei dieser Frage konnten 15,9% keine Antwort geben. Im Rahmen der Kooperationen finden bei 26,6% vollständig, bei 39,2% ziemlich und bei 20,3% teilweise Verantwortlichkeiten im Sinne von Arbeitsteilung statt. Bei 13,9% findet Arbeitsteilung nicht (6,3%) oder wenig (7,6%) statt.

35,7% der Treffen zur Vernetzung verlaufen vollständig, 34,3% ziemlich, 21,4% teilweise und 8,6% wenig gut strukturiert und zielorientiert ab.

Die Arbeit zur Vernetzung der Schule mit dem Sozialraum wird zu 22,8% vollständig, zu 38,0% ziemlich und zu 27,8% teilweise reflektiert und weiterentwickelt. Bei 11,4% findet eine Reflexion und Weiterentwicklung nicht (2,5%) oder nur wenig (8,9%) statt.

Die Zusammenarbeit mit den Kooperationspartner*innen empfinden 42,1% vollständig, 38,2% ziemlich und 15,8% teilweise als gleichberechtigt. Deutlich unter 5% bewerten die Zusammenarbeit nicht (2,6%) oder wenig (1,3%) gleichberechtigt.

Insgesamt wurden 29,3% der Fragen mit voll erfüllt, 36,6% ziemlich erfüllt und 18,7% teilweise erfüllt angegeben. 6,1% fanden Möglichkeiten zur Interaktion in geringem Umfang und zu 1,8% gar nicht erfüllt. Bei 7,5% wurde keine Angabe gewählt.

keine Angabe
7,5%

nicht erfüllt
1,8%

voll erfüllt
29,3%

ziemlich erfüllt
36,6%

teilweise erfüllt
18,7%

wenig erfüllt
6,1%

Abb. 1.43: Interaktion im schulischen Netzwerk gesamt

Wirkungen: Für fast drei Viertel der Lehrkräfte hat ihre Schule ziemlich (59,0%) oder vollständig (15,4%) Strukturen entwickelt, um sich mit dem Sozialraum zu vernetzen. 21,8% gehen von teilweise angemessenen Strukturen aus. Deutlich weniger als 5% finden keine (1,3%) oder nur wenig (2,3%) angemessene Strukturen zur Vernetzung vor.

Bezogen auf die Wirkungen des zeitlichen Aufwands der Arbeit an der Vernetzung entsprachen zu 13,9% den Erwartungen vollständig, zu 45,8% ziemlich und zu 29,2% teilweise. 11,1% sahen ihre Erwartungen nicht (4,2%) oder nur wenig (6,9%) erfüllt. Zehn Lehrkräfte machten keine Angabe.

Der zeitliche Aufwand der Arbeit an der Vernetzung der Schule mit dem Sozialraum bewirkt für 17,8% vollständig, für 46,6% ziemlich und für 24,7% teilweise eine zufriedenstellende fachliche Entwicklung der Schule. 11% fanden dies nicht (2,7%) oder wenig (8,2%). 9 Lehrkräfte machten keine Angabe.

Durch die Vernetzung mit dem Sozialraum gelingt es 34,6% der Lehrkräfte vollständig, 42,0% ziemlich und 13,6% teilweise besser mit den Herausforderungen einer inklusiven Schule gerecht zu werden. 9,9% gelingt dies durch die Vernetzung nicht (3,7%) oder nur wenig (6,2%).

Insgesamt wurden im Bereich „Wirkungen" 19,2% voll erfüllt, 44,8% ziemlich erfüllt und 21,0% teilweise erfüllt. 5,5% sahen die Wirkungen nur in geringem Umfang und 2,7% gar nicht erfüllt.

Abb. 1.44: Wirkungen des schulischen Netzwerks gesamt

- **Gesamtdarstellung im Spinnendiagramm**

Um die sechs Dimensionen der Netzwerkarbeit – Zielsystem und Nachhaltigkeit, Akteurslandschaft und Steuerung sowie Interaktion und Wirkungen – vergleichend zu untersuchen, wurden für die Darstellung in einem Netzdiagramm die Durchschnittswerte der einzelnen Evaluierungsfragen gebildet. Diese wurden wie im Fragebogen mit Punktwerten zwischen 0 („liegt nicht vor") bis 4 („vollständig erfüllt") belegt. Ob eine unterschiedliche Gewichtung der einzelnen Merkmale nach deren Bedeutung sinnvoll ist, könnte Teil weiterführender Untersuchungen sein.

In dieser Auswertung wurden alle Fragen gleich gewertet. Als Auswertungsgruppen wurden die Einsatzorte der Lehrkräfte gewählt. Die Lehrkräfte des MSD wurden den Förderzentren hinzugefügt. Es sei noch darauf hingewiesen, dass an den einzelnen Schulen Lehrkräfte verschiedener Ausbildungsrichtungen unterrichten.

Insgesamt werden die Dimensionen Zielsystem (3,1) und Nachhaltigkeit (3,0) im Netzwerk der Modellregion Inklusion Kempten mit Durchschnittswerten über 3 als ziemlich ausgeprägt wahrgenommen. Mit etwas unter 2,5 fällt die Akteurslandschaft in Kempten am stärksten ab. Dazwischen liegen die Wirkung (2,8), Steuerung (2,9) und die Interaktion (2,9).

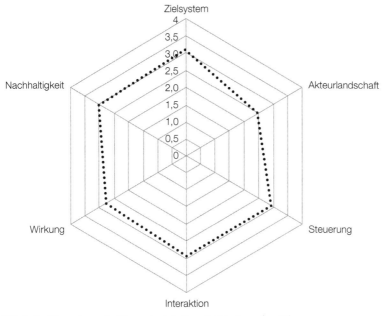

Abb. 1.45: Dimensionen der Netzwerkarbeit über alle Schularten (n = 82)

Im Vergleich mit den Durchschnittswerten aller Schulen ergeben sich bei der Gruppe der Lehrkräfte, die an GS unterrichten nur geringe Unterschiede. Dies liegt sicherlich auch daran, dass aus dieser Gruppe mit Abstand die meisten Teilnehmenden kamen (s.o.).

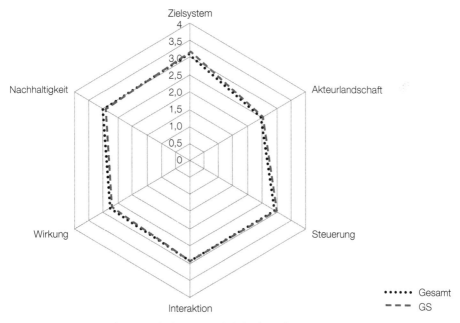

Abb. 1.46: Dimensionen der Netzwerkarbeit in Grundschulen (n = 47)

Bei den Lehrkräften an MS besteht ein deutlicher Unterschied in der Dimension Zielsystem. Der Durchschnittswert liegt hier mit 2,6 um beinahe 0,5 niedriger als im Gesamtdurchschnitt. Die Dimensionen Steuerung (2,8) und Wirkung (2,7) schätzen die Lehrkräfte an den MS etwas geringer ein als der Durchschnitt, während die Dimensionen Akteurslandschaft (2,6) und Interaktion (3,0) etwas ausgeprägter vorhanden sind. In der Nachhaltigkeit wird der Mittelwert recht genau getroffen (3,0).

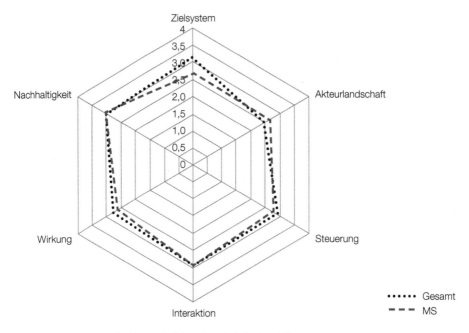

Abb. 1.47: Dimensionen der Netzwerkarbeit in Mittelschulen (n = 12)

Für die Lehrkräfte an FZ ergeben sich überdurchschnittliche Werte im Zielsystem (3,3), Wirkung (2,9) und Nachhaltigkeit (3,3). In der Akteurslandschaft (2,4), Steuerung (2,8) und Interaktion (2,8) bleiben die Werte leicht unter dem Durchschnitt.

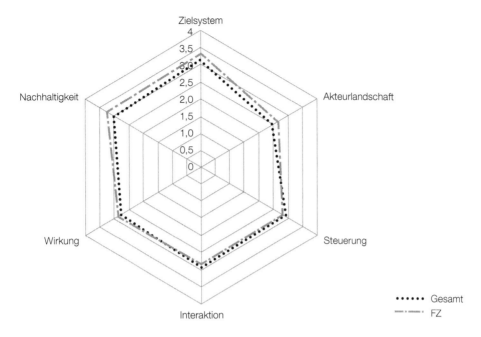

Abb. 1.48: Dimensionen der Netzwerkarbeit in Förderzentren (n = 23)

Im Vergleich der Schularten (Abb. 1.49) werden die Unterschiede sichtbar:

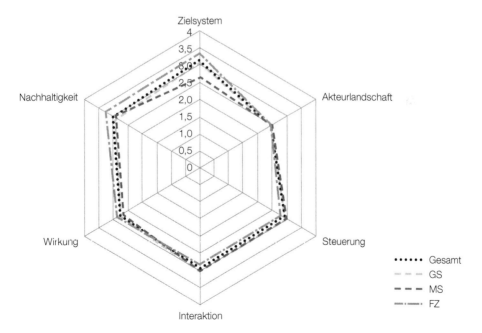

Abb. 1.49: Dimensionen der Netzwerkarbeit im Vergleich der Schularten (n = 82)

Während in den Dimensionen Steuerung, Interaktion und Wirkung die Werte der einzelnen Schularten sehr eng zusammen liegen und auch die geringeren Werte in der Akteurslandschaft über alle Schularten geteilt werden, wird die Nachhaltigkeit leicht unterschiedlich und das Zielsystem doch deutlich anders wahrgenommen. Bei der Nachhaltigkeit unterscheidet sich der Wert der Lehrkräfte, die an einer GS unterrichten und der Wert der Lehrkräfte, die an FZ unterrichten um 0,4. Im Zielsystem geht die Wahrnehmung mit einer Differenz von 0,7 zwischen FZ und MS noch deutlich auseinander.

Konkret wird Netzwerkarbeit an der Schule vor Ort. Daher scheint es auch zielführend, die einzelnen Schulen genauer zu betrachten. Diese wurden mit Codes versehen, um die Anonymität zu gewährleisten. Die Aufnahme in die Diagramme erfolgte, wenn mindestens drei auswertbare Fragebögen eingegangen sind.

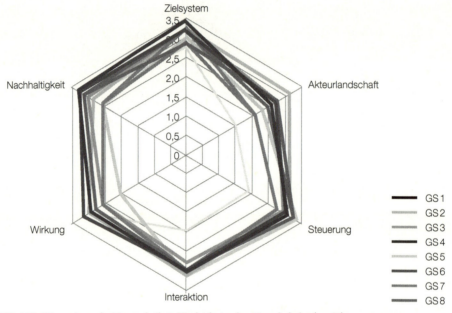

Abb. 1.50: Dimensionen der Netzwerkarbeit: Vergleich einzelner Grundschulen (n = 47)

Nimmt man einzelne GS in den Fokus, erkennt man, dass sich die Diagrammlinien größtenteils überlagern. Bei sieben GS entsteht eine für Kempten charakteristische Delle in der Dimension der Akteurslandschaft. An einer Schule wird dies besonders deutlich wahrgenommen. Diese Schule bleibt in ihren Werten neben der Akteurslandschaft (1,5) auch in der Steuerung (1,9) und Interaktion (2,0) sogar um 1 niedriger als der Durchschnitt der GS.

Besonders hervorzuheben im Vergleich zwischen den Schulen zeigt sich eine GS (GS2), die eine Delle in den Dimensionen Wirkung und Nachhaltigkeit beschreibt, während die Akteurslandschaft und Interaktion überdurchschnittlich gut ausgeprägt empfunden werden. Hier werden die Netzwerkdimensionen also völlig unterschiedlich wahrgenommen. Auffälligkeiten aus der Gruppe wie zum Beispiel Einsatz, Alter oder Ausbildung ergeben sich nicht.

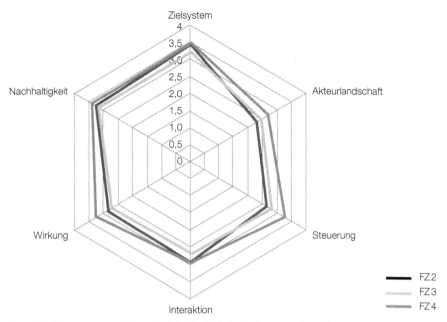

Abb. 1.51: Dimensionen der Netzwerkarbeit: Vergleich der Förderzentren (n = 23)

Bei den FZ ergibt sich ein homogenes Bild. Einzig im Bereich Steuerung entsteht ein deutlicher Unterschied (>0,5) zwischen dem FZ4 und den anderen FZ.

Für die MS konnten keine Vergleiche angestellt werden, da nur für zwei MS genügend auswertbare Fragebögen eingegangen sind. Alle Schulen mit mehr als drei auswertbaren Fragebögen erhalten eine Auswertung ihres Ergebnisses in Form eines Posters.

- **Vorschläge zur Verbesserung der Netzwerkarbeit**

Auf die Frage, mit wem sich die Lehrkräfte eine bessere Kooperation wünschen, wurden in 38 Fragebögen Antworten gegeben. Dabei wurden 57 verschiedene Netzwerkpartner*innen aufgeführt. Neun mal wurde das Jugendamt genannt, sechs mal die Jugendsozialarbeit an Schulen und fünf mal die Eltern. Im Rahmen der Diskussion wird auf die möglichen Hintergründe eingegangen.

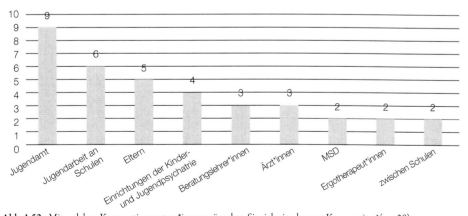

Abb. 1.52: Mit welchen Kooperationpartner*innen wünschen Sie sich eine bessere Kooperation?(n = 38)

- **Wünsche zur Unterstützung der Netzwerkarbeit**

Auf die Frage, „Was wünschen Sie sich zu Ihrer Unterstützung, damit die Vernetzung mit dem Sozialraum an Ihrer Schule noch besser gelingen kann?", gaben 61 Kollegen 85 verschiedene Wünsche an. Der Großteil dieser Wünsche beschäftigt sich mit der Dimension der Akteurslandschaft und hier mit der Ressourcenfrage: 25 Antworten fordern explizit mehr Zeit für die Vernetzung, sowohl bei sich als auch bei den Kooperationspartner*innen. Dazu kommen 13 Antworten, die auch eine Anrechnung der Netzwerkarbeit auf das Stundenkontingent fordern. Acht mal werden Verbesserungen bezogen auf einzelne Netzwerkpartner*innen (Eltern, Lehrkräfte, kommunale Netzwerkpartner*innen) gefordert. Einige sehen aber auch Unterstützungsbedarf im Prozess. Hinsichtlich der Interaktion fordern 14 Lehrkräfte mehr Transparenz und häufigere Treffen mit den Netzwerkpartner*innen. Im Bereich Steuerung lassen sich 14 Antworten zuordnen. Davon wünschen fünf Lehrkräfte Koordinator*innen, um die Vernetzung unabhängig von der Schulleitung zu lenken. Zusätzlich werden klarere Strukturen und Leitlinien eingefordert.

1.3.4 Vernetzung in der inklusiven Modellregion (Diskussion)

Trotz intensiver Nachfragen ließ sich die Teilnahme an der Befragung nicht über eine Rücklaufquote von 22,4% der Kemptener Lehrkräfte an Grund- und Mittelschulen und Förderzentren hinaus steigern. Das ist teilweise erklärbar durch die besonderen Belastungen der Lehrkräfte seit Beginn der Corona-Pandemie und angesichts der ad hoc erforderlichen Umstellung auf digitale Lehr-Lernangebote in Verbindung mit *Distanzunterricht*. Insofern muss die Repräsentativität der Befragung der Lehrkräfte zur Netzwerkanalyse sicher kritisch eingeschätzt werden. Demgegenüber steht allerdings der Befund, dass tatsächlich alle drei Schulformen – wenn auch in unterschiedlichen Anteilen – beteiligt sind. Auch die Altersstreuung in der Gruppe der Befragten ergibt eine erwartungsgemäße Verteilung bezogen auf die Gesamtgruppe.

Insgesamt zeigen die Antworten der Befragten ein höchst unterschiedliches Bild. Lehrkräften, die bereits sehr intensiv in die Vernetzungsarbeit der Schule involviert sind, stehen anderen Lehrkräfte gegenüber, die erst beginnen, über die Möglichkeiten des vernetzten Arbeitens zu reflektieren. Auch die hohe Zahl der nicht beantworteten Items bezogen auf einzelne Fragebögen, die aus diesem Grunde nicht in die Auswertung hineingenommen werden konnten, spricht für eine teilweise Verunsicherung der Lehrkräfte in Bezug auf die Thematik. Wichtigste Kooperationspartner*innen in Bezug auf die inklusiven Schulen sind allen voran der MSD und die Kooperation mit sozialpädagogischen Fachkräften im Rahmen der JaS. Dies deckt sich auch mit Untersuchungen aus Jena, in denen beschrieben wird, dass die Zusammenarbeit mit externen Kooperationspartner*innen nur „wenig thematisiert wird" (*Kracke* et al. 2019 S. 131).

Die Bedeutung der Netzwerkarbeit an Schulen steht für die Lehrkräfte insgesamt nicht infrage. Die Frage nach der persönlich empfundenen Wichtigkeit der Vernetzung mit dem Sozialraum erzielt die höchsten Zustimmungswerte der Befragung (3,8). Viele der befragten Lehrkräfte haben bereits Erfahrungen mit der Vernetzung im Sozialraum, bei einigen Schulen sogar bis hin zum festen Bestandteil im Schulkonzept. Auch die Interessen der Lehrkräfte werden dabei berücksichtigt. Insofern kann davon ausgegangen werden, dass die befragten Kemptener Lehrkräfte insgesamt die *Zielsysteme* einer sozialräumlichen Vernetzung von Schulen akzeptieren.

Auch in Bezug auf die *Nachhaltigkeit* kann davon ausgegangen werden, dass in der überwiegenden Zahl der Schulen feste Kooperationsvereinbarungen und langfristige Planungen existieren.

Ebenfalls über zwei Drittel der Befragten bestätigen, dass es feste Ansprechpartner*innen für die Netzwerkarbeit in der Schule gibt. Allerdings wird hier deutlich kritisch angemerkt, dass die personelle Absicherung der Netzwerkarbeit nur in Ansätzen erfolgt ist. Auch scheint es in Bezug auf das Aufgabenprofil der Kooperationspartner*innen noch weiteren Klärungsbedarf zu geben. Das zeigt sich zum Beispiel daran, dass die Regulierung von Konflikten von etwas mehr als der Hälfte der Befragten als unzureichend angesehen wird. Somit bietet die Dimension der *Akteurslandschaft* erste Hinweise auf einen Bedarf an Weiterentwicklung der Netzwerkarbeit in Kemptener Schulen.

Hinsichtlich der *Steuerung* der Netzwerkarbeit an Schulen kann davon ausgegangen werden, dass dies tatsächlich erfolgt und teilweise von den Schulleitungen übernommen wird. Allerdings bestätigt dieser Befund ebenfalls, dass die Kooperation und Koordination bezogen auf das Aufgabenspektrum noch weiter konkretisiert werden muss. Auch die Dokumentation der Netzwerkarbeit erfolgt erst in Ansätzen.

Trotz dieser strukturellen Restriktionen schätzen die befragten Lehrkräfte die *Interaktion* bei der Netzwerkarbeit als überwiegend offen und vertrauensvoll ein. Die Kooperationen ermöglichen auch Arbeitsteilungen. Inwieweit diese über das Maß von *Cooperation* im Sinne von *Marvin* hinausgehen, müsste genauer untersucht werden. Treffen zur Netzwerkarbeit laufen überwiegend gut strukturiert und zielorientiert ab, wobei auch Ansätze zur Reflexion und Weiterentwicklung der Netzwerkarbeit erkennbar sind.

Die *Wirkungen* der Netzwerkarbeit werden von drei Viertel der Befragten insofern positiv beurteilt, als sich bereits entsprechende Strukturen etabliert haben, auch wenn der zeitliche Aufwand für die Netzwerkarbeit in Bezug auf die Effekte von einigen Lehrkräften als kritisch eingeschätzt worden ist. Ebenfalls positiv festzuhalten ist die Einschätzung der meisten Lehrkräfte, dass sie sich durch Netzwerkarbeit in die Lage versetzt fühlen, mit den Anforderungen einer inklusiven Schulentwicklung besser umzugehen.

Wie man an den Spinnennetzdiagrammen ablesen kann, haben die Lehrkräfte der unterschiedlichen Schularten die Vernetzung des Sozialraums sehr ähnlich eingeschätzt. Die Lehrkräfte der *Förderzentren* scheinen sich schon intensiver mit dem Thema Vernetzung mit dem Sozialraum beschäftigt zu haben. In den Dimensionen Zielsystem, Nachhaltigkeit und Wirkung wurden hier vergleichsweise höhere Werte als von den Lehrkräften der anderen Schularten angegeben. Die geringeren Werte im Bereich der Akteurslandschaft entsprechen dem Trend der Gesamtgruppe und liegen auch in den Bereichen Steuerung und Interaktion zwar darunter, jedoch nicht weit von den anderen Werten entfernt.

Der auffälligste Unterschied zwischen den Schularten besteht im Bereich des Zielsystems. Vergleicht man hier die Werte zwischen *Mittelschulen* und *Förderzentren* ergibt sich eine Differenz von 0,68. Während die Mittelschullehrkräfte die Vernetzung der Schule mit dem Sozialraum für ähnlich wichtig halten, wie die Lehrkräfte der anderen Schulen, scheint eine Aufnahme ins Schulkonzept und die schriftliche Fixierung deutlich seltener erfolgt zu sein. Hier sollte nicht unterschätzt werden, dass für eine erfolgreiche Vernetzungsarbeit eine strukturelle, verständliche Grundlegung für den Erfolg wichtig ist. Dies könnte auch dazu führen, dass dem Thema „Konflikte" Raum gegeben wird, die vielleicht sonst ungeklärt beziehungsweise unangesprochen im Raum stehen.

Während die Auswertung auf Schulebene ein recht ausgeglichenes Ergebnis hervorbringt, fallen zwei Schulen besonders auf. An einer Schule wird die Akteurslandschaft besonders schlecht eingeschätzt. Hier muss eventuell überprüft werden, ob die Ausstattung an dieser Schule dem Standard in Kempten entspricht. Interessant ist auch die gegensätzliche Einschätzung einer weiteren GS. Offensichtlich zufrieden mit der personellen Ausstattung werden in der Dimension der Wirkung nicht die angestrebten Ergebnisse erzielt. Dies kann sowohl in überhöhten Erwartungen als auch in einer nicht optimalen Ausnutzung der Ressourcen liegen.

Nach den Wünschen zur Verbesserung der Netzwerkarbeit befragt, steht das Thema „Ressourcen" bei den meisten Befragten ganz oben. Der wichtigste Aspekt dabei ist, dass die Vernetzungsarbeit Zeit erfordert, die eher als „on top" zur Arbeitszeit wahrgenommen wird. Daneben werden von den Lehrkräften sehr differenziert verschiedene Aspekte des Themas „Ressource" beschrieben. Zusätzlich zur Ausweitung der eigenen Arbeitszeit, die von den meisten im Bereich zwischen einer und zwei Stunden pro Schulwoche angegeben wird, erleben es viele als ebenso unbefriedigend, wenn die Ressource der Kooperationspartner*innen nicht in ausreichendem Maß zur Verfügung steht. Dies führt zu Wartezeiten und Verzögerungen in der Kooperation mit dem Jugendamt oder der Schulsozialarbeit (JaS).

Die Forderung nach Verbesserung der Transparenz zeigt, dass noch nicht alle Prozesse der Zusammenarbeit in der Modellregion optimal verlaufen. Ergänzt durch den Wunsch nach Koordinator*innen zur Unterstützung, führt dies dazu, dass auch die Schulleitungen und die Schulaufsicht sowie die Entscheidungsträger der Kommune und weiterer Kooperationspartner*innen gefordert sind, in die Vernetzung der Schulen mit dem Sozialraum durch Festlegung von gemeinsamen Zielen und Abläufen steuernd einzugreifen – sinnvollerweise in einer Form, die *Raithelhuber* (2012) als „governance" beschreibt im Unterschied zum *top-down* geprägten Prinzip des „government" (s.o.).

Limitationen der Studie ergeben sich insgesamt aus dem eher geringen Rücklauf zur Lehrerbefragung. Gründe dafür mögen in den Schulschließungen während der Corona-Krise im Frühjahr 2020 liegen. Lehrkräfte berichten aber auch immer wieder von Überlastsituationen durch Befragungen, die die Bereitschaft zur Teilnahme an solchen Befragungen nicht unbedingt erhöht. Bestätigt worden ist allerdings das zugrundeliegende Netzwerkmodell, das offenbar durchaus geeignet ist, die Netzwerkarbeit von Schulen zu repräsentieren. Offen bleibt zum gegenwärtigen Zeitpunkt der Auswertung noch die vergleichende Analyse der Netzwerkarbeit bezogen auf unterschiedliche Schularten. Hier reicht die Größe der Untersuchungsgruppe nicht aus, um Hinweise auf signifikante Abweichungen zwischen Schularten hinsichtlich der Vernetzung mit dem Sozialraum zu berechnen. Die Studie liefert im Sinne des explorativen Charakters einer Pilot-Studie erste Hinweise auf den Stand der Reflexion über die sozialräumliche Vernetzung von Lehrkräften aus unterschiedlichen Schularten. Besonders die Akteurslandschaft muss demnach für eine weitere Akzentuierung der Netzwerkarbeit an Schulen in den Blick genommen werden.

1.4 Zusammenfassung: Entwicklung der inklusiven Modellregion Kempten aus schulischer Sicht

In der konkreten praktischen Umsetzung haben sich einige Problemschwerpunkte herausgebildet, die in die folgenden Empfehlungen für die Weiterarbeit in der inklusiven Modellregion Kempten aus schulischer Sicht im Rahmen eines 7-Punkte-Plans exemplarisch zusammengefasst werden.

Empfehlungen für die praktische Weiterarbeit in der inklusiven Modellregion Kempten (7-Punkte-Plan):

1. Weiterentwicklung von *schulartübergreifenden Fortbildungskonzepten* (zum Beispiel RTI/Churer Modell), um die Unterrichtsqualität auf hohem Stand zu halten: Gute inklusive Unterrichtsqualität hängt unter anderem von der Fähigkeit der Lehrkräfte ab, den Unterricht passgenau auf die Schüler*innenschaft abzustimmen. Die beiden Konzepte sind eine wertvolle Unterstützungsmaßnahme für das Verständnis von Diagnostik und Differenzierung im Unterricht.

2. Unterstützende *Fortbildungen zur Gestaltung von Teamkooperation* (zum Beispiel inklusiv unterrichten im Team in Kooperation mit der Akademie für Lehrerfortbildung und Personalführung in Dillingen):
   Inklusiver Unterricht findet in der Zusammenarbeit verschiedener Personen und Professionen statt. Damit diese im Sinne von *Coordination* oder sogar *Collaboration* (s.o.) funktionieren kann, müssen Fähigkeiten für eine gelungene Teamarbeit bewusst gemacht und geübt werden, sowie Abläufe festgeschrieben werden.

3. Unterstützung der Schulen im Bereich *pädagogischer Konzepte* („Sozialwirksame Schule"/„Stärke statt Macht")
   Kinder und Jugendliche mit Auffälligkeiten im Bereich der emotional-sozialen Entwicklung fordern Lehrkräfte besonders heraus. Um diesen Kindern professionell begegnen zu können, geben pädagogische Konzepte sowohl dem Personal, als auch den Schüler*innen Halt und Orientierung. Die Auswahl des Konzeptes sollte unter Einbeziehung des Kollegiums erfolgen, um das spätere „an-einem-Strang-ziehen" zu gewährleisten.

4. Ausbau von *Supervision beziehungsweise kollegialer Fallbesprechung*
   Das Ziel „flächendeckende Angebote zur Unterstützung der Professionalisierung von Lehrkräften und schulischem Führungspersonal, zur Begleitung in der beruflichen Entwicklung und zum konstruktiven Umgang mit spezifischen beruflichen Belastungen zu schaffen" (KMS vom 31.01.2017) wurden seit dem Schuljahr 2016/17 in Bayern in mehreren Schritten umgesetzt. *Supervision* als lösungsorientierte Beratungsform zur Reflexion des beruflichen Alltags kann in Einzelsupervision, in Teams von Lehrkräften oder Funktionsträger*innen, in gemischten Gruppen von Lehrkräften gleicher oder verschiedener Schularten oder in Schulleitungsteams stattfinden. Dabei werden Ressourcen aktiviert, Handlungsmöglichkeiten erweitert und neue Möglichkeiten um Umgang mit beruflichen Herausforderungen entwickelt. Die *kollegiale Fallberatung* richtet sich an alle staatlichen Lehrkräfte und ist ein systematisches Gruppenverfahren, in dem Kolleg*innen gemeinsam anhand einer vorgegebenen Gesprächsstruktur berufliche Fragen und Themen aus der schulischen Praxis beraten und Lösungen erarbeiten. (vgl. *Bayrisches Staatsministerium für Bildung und Kultus, Wissenschaft und Kunst* 2017)

5. Erstellung eines *gemeinsamen inklusiven Konzeptes* für die inklusive Region
   Um die Ziele der Modellregion Inklusion an allen Schulen bekanntzumachen und zu erreichen ist es wichtig, alle Akteur*innen zu beteiligen. Während die einzelnen Schulen gefordert sind, ihr eigenes Profil zu schärfen, geht es nun darum, die Chancen der regionalen Vernetzung bestmöglich zu nutzen und gleichzeitig für die Region verbindliche Regelungen zu treffen.

6. Regelmäßige *Einbindung aller Grund- und Mittelschulen sowie der Förderzentren* in die Arbeit der Steuergruppe
   Inklusive Entwicklungen finden konkret in den Schulen statt. Durch die Einbindung in die Steuergruppe können die Schulen schneller und effektiver unterstützt werden und Ideen sowie Weiterentwicklungen konkretisiert werden. Gleichzeitig können innerhalb dieses Austausches „best-practice" – Beispiele kommuniziert werden. Als besonders geeignet erscheinen hier „Open-Space" Formate, da hier die Interessen aller Handlungsträger berücksichtigt werden können.

7. Entwicklung von neuen Konzepten zur *Einbindung der Eltern* in die inklusive Schulentwicklung (zum Beispiel „Runde Tische", Eltern Talk)
   „Bei Grundschüler*innen... hängt der Schulerfolg immer noch doppelt so stark von Faktoren der Familie wie von Schule, Unterricht und Lehrkräften ab." (*Sacher* 2016, S. 2). In der Konsequenz muss sich eine Schule, die erfolgreich arbeiten will, Gedanken über die Einbindung der Eltern machen. Grundlage für die geforderte Erziehungs- und Bildungspartnerschaft ist ein Verhältnis auf Augenhöhe, eine Partnerschaft zwischen „Eltern" (gemeint sind alle Erwachsenen, die Verantwortung für das Kind übernehmen), Lehrkräften und Kindern und Jugendlichen, ergänzt durch weitere Personen, Institutionen und Organisationen vor Ort im Sinne eines „family-school-community partnership" (a.a.O., S. 5).

An dieser Stelle sind zwischen inklusiven Regionen je nach konkretem Entwicklungsschwerpunkt und weiteren regionalen Besonderheiten (zum Beispiel Stadt-Land-Unterschiede zwischen Kommunen und Landkreisen) jedoch erheblich unterschiedliche Akzente zu berücksichtigen. Insofern lassen sich die Kemptener Ergebnisse auch nicht linear auf andere inklusive Regionen übertragen. Vielmehr sollte jede inklusive Region ihr eigenes inklusives Profil entwickeln, so wie das auch in den Schulen mit dem Schulprofil Inklusion mittlerweile zu beobachten ist. Für die Kooperation innerhalb einer kommunalen inklusiven Region bietet die Modellregion Kempten aus schulischer Sicht aber zumindest wichtige Anregungen.

Für den Schritt aus der Netzwerkanalyse in die zukünftige Netzwerkarbeit in der inklusiven Modellregion erscheint uns im Sinne einer Zukunftsperspektive ein erneuter Blick auf die Akteurslandschaft von besonderer Bedeutung. Dabei steht auf der Basis der vorliegenden Studie zur Netzwerkanalyse naturgemäß die schulische Perspektive im Vordergrund. Der Studienrat im Förderschuldienst, Georg Trautmann, hat dazu eine erste graphische Darstellung erstellt, die die Komplexität der Kooperationsebenen verdeutlicht und hier als Grundlage für die Planung weiterer Entwicklungsschritte in Richtung auf eine effektivere und nachhaltigere Entwicklung der Akteurslandschaft in der inklusiven Modellregion Kempten verwendet wird (s. Abb. 1.53). Wir haben diese im Bereich der Schulfamilien verändert und auf alle Kooperationspartner*innen erweitert.

Als Ziel stehen – sehr weit gefasst – „Inklusive Entwicklungen" (symbolisiert mit der Sonne) über allen weiteren Vorhaben, vor dem Hintergrund einer aufziehenden Gewitterwolke, die die Ressourcenproblematik symbolisiert, die auch von den Lehrkräften in Kempten thematisiert wird.

Die Rahmenbedingungen geben die gesetzlichen Grundlagen vor, innerhalb derer sich die verschiedenen am Bildungsprozess Beteiligten bewegen. Ohne Anspruch auf Vollständigkeit gehören dazu auf schulischer Seite das Bayerische Gesetz über das Erziehungs- und Unterrichtswesen (BayEUG) und die Bayerische Schulordnung (BaySchO), während auf kommunaler Seite jetzt das Sozialgesetzbuch (SGB) VIII (Kinder- und Jugendhilfe) sowie das SGB IX (Rehabilitation/Teilhabe von Menschen mit Behinderungen) und SGB XII (Sozialhilfe) maßgeblich erscheinen. Gleichzeitig eröffnet die Gesetzeslage den beteiligten Entscheidungsträgern einen gewissen Handlungsspielraum, der durch die zweite rote Linie dargestellt ist. Dieser wird definiert, indem auf der einen Seite Schwerpunkte gesetzt werden, zum Beispiel durch die Auswahl von Maßnahmen und Projekten und auf der anderen Seite die Entwicklung eines gemeinsamen Leitbildes und gemeinsamer Ziele steht.

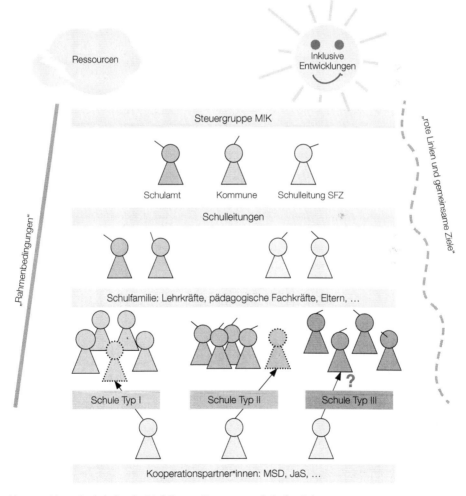

Abb. 1.53: Akteurslandschaft in der Modellregion Kempten aus schulischer Sicht

Auf der Ebene der Steuergruppe in der inklusiven Modellregion Kempten stehen die Entscheidungsinstanzen von Kommune, staatlichem Schulamt und dem sonderpädagogischen Förderzentrum.

Die Schulleitungen der allgemeinen Schulen nehmen in diese Darstellung eine sehr zentrale Rolle ein. Ihre Aufgabe ist es nämlich (neben unzähligen administrativen Aufgaben), die rechtlichen und ideellen Vorgaben an den Schulen umzusetzen, für die sie verantwortlich sind und gleichzeitig eine Schulkultur zu entwickeln, die auf ein Miteinander statt auf Einzelkämpfer*innentum setzt.

Auf der nächsten Ebene haben wir drei unterschiedliche Typen von Schule ausgemacht. In einer *Schule des Typs I* herrscht eine Form der Zusammenarbeit, die mindestens der Stufe von *Coordination* im Modell von *Marvin* entspricht. Das bedeutet sowohl, dass eine Kultur herrscht, in der Lehrkräfte es gewöhnt sind, sich auszutauschen, *Feedback* geben können und mit Verantwortung souverän umgehen können, als auch dass ein organisatorischer Rahmen vorhanden ist, innerhalb dessen sich diese Gespräche verorten lassen. Aufgrund dieser Voraussetzungen gelingt auch die Einbindung von Kooperationspartner*innen effektiver und es entstehen Synergien, die die Entwicklung der Schule voranbringen. In der *Schule des Typs II* befindet sich die Form der Zusammenarbeit auf der Stufe der *Cooperation*. Es werden grobe Absprachen über Stundenpläne und gemeinsame Ziele getroffen, jedoch recht allgemeiner Art und nicht speziell auf einzelne Kinder mit Förderbedarf bezogen. Unterricht und Förderung bleiben getrennt. Kooperationspartner*innen werden an dieser Schule aufgenommen, aber nicht in die Schulentwicklungsprozesse einbezogen. Die *Schulen des Typs III* arbeiten in einer Form zusammen, die weder Austausch, Feedback oder wechselseitige Unterstützung kennt. Kooperationspartner*innen können nur uneffektiv arbeiten, da sie nicht an die erforderlichen Informationen gelangen. Es entstehen keine Synergien. Die Darstellung zeigt, dass viele inklusive Bemühungen verpuffen, wenn es nicht gelingt, die Möglichkeiten, die das Denken, Handeln und Arbeiten in Netzwerken mit sich bringen, auszuschöpfen.

Abschließend sei der Modellcharakter der Darstellung erwähnt. Sicherlich herrscht in den meisten Lehrerkollegien eine Mischung der drei Schultypen vor. Entscheidend für die Wahrnehmung einer Schule nach außen wird es sein, inwieweit es den Schulleitungen gelingt, eine zugewandte, kommunikative und kooperative Haltung bei möglichst vielen Lehrkräften sichtbar zu machen. Um dieser Aufgabe gerecht zu werden, sollte aber auch über eine angemessene Verteilung der Entlastungsstunden für Schulleitungen nachgedacht werden.

Die Darstellung soll insgesamt die Komplexität der Kooperationsaufgaben in inklusiven Regionen aus schulischer Sicht verdeutlichen. Alle Beteiligten stehen auf allen Ebenen der Akteurslandschaft vor der Aufgabe, nicht nur in institutionellen Zusammenhängen zu denken, sondern sich vielmehr in der Kunst des Denkens in Netzwerken zu üben. Inklusion heißt auch, in Netzen denken, lernen und zusammenarbeiten zu können. Erst über vernetztes Denken kommen die neuen Kooperationsanforderungen der Beteiligten in der Entwicklung von inklusiven Regionen in den Blick. Allerdings bedarf nach unseren Erfahrungen aus der vorliegenden Studie auch die Netzwerkarbeit selbst der Absicherung durch entsprechende Ressourcen und eine fachliche Begleitung im Sinne von *network coaching*. Besonders an den Nahtstellen zwischen den institutionellen Knotenpunkten des Netzwerkes einer inklusiven Region entsteht ein Personalbedarf für Netzwerkkoordination. Insofern sollten die jetzt bezogen auf die inklusiven Regionen in Bayern beauftragten externen Schulentwicklungsberatungen sich ausdrücklich als Netzwerkkoordinatorinnen und -koordinatoren verstehen, die Beziehungen zwischen Personen und Institutionen knüpfen und die Entwicklung eines regionalen Inklusionsnetzwerkes unterstützen.

Ursula Müller, Patricia Pfeil, Marion Einsiedler und Regina Roland

2 Teilprojekt B: Außerschulische Inklusion von Kindern und jungen Menschen – sozialräumliche Perspektiven

Vorbemerkung

Ein wesentliches Ziel des Teilprojekts B war es, Kenntnisse über Kooperationen und die Gestaltung der inklusiven Zusammenarbeit zu erlangen, in die die verschiedenen Akteur*innen der Kinder- und Jugendhilfe oder -arbeit in der Stadt Kempten involviert sind. Mit einer institutionsübergreifenden Perspektive wurden Bedarfe, Angebote, Nutzung und Wirkungsweisen inklusiver Herangehensweisen, Barrieren und Möglichkeiten im Sozialraum erforscht, um so Gelingensfaktoren für die Umsetzung außerschulischer Inklusion zu identifizieren und die zentrale Fragestellung zu beantworten: „Welche Faktoren können aus akteurzentrierter Perspektive zum Gelingen von Kooperationen, Vernetzung und Zusammenarbeit innerhalb der Modellregion Inklusion Kempten zur Umsetzung inklusiver Bildung beitragen?".

Auf dem Weg in eine inklusive Gesellschaft wird durch die Idee der Inklusion als zentraler Gedanke der UN-Behindertenrechtskonvention (UN-BRK) die Alltags- und damit auch die Bildungskultur der Menschen verändert. Inklusive Bildungsangebote sollen allen Menschen gleichberechtigte Teilhabe an Bildung sowie am jeweiligen Bildungssystem ermöglichen. Dabei sollen Menschen, die Behinderung erfahren, nicht lediglich in ein bestehendes System, eine Einrichtung oder ein Angebot integriert werden, sondern vielmehr soll das Bildungssystem, basierend auf Vielfalt und Diversität, in einer Weise gestaltet sein, dass es den individuellen Bedürfnissen aller Menschen entspricht (vgl. *von der Leyen* 2011).

Diese Zielperspektive bringt hinsichtlich der Implementierung entsprechender Strukturen, Kapazitäten und Qualifikationen von (pädagogischen) Fachkräften erhebliche Herausforderungen mit sich (vgl. *Lütje-Klose* 2013, S. 10). Denn dieser, zum Teil tiefgreifende Wandlungsprozess stellt unterschiedlichste Anforderungen an eine Vielzahl von Akteur*innen im Bereich der inklusiven Bildung und Erziehung mit Fokus auf Kinder und Jugendliche mit Förderbedarf. Außerschulische Bildung und Erziehung sind ein vielfältiges, insbesondere sozialpädagogisches, Arbeitsfeld, das verschiedene Systeme umfasst und tangiert, die jeweils von ihren eigenen Handlungslogiken, gesetzlichen Grundlagen und Finanzierungs- und Leistungsträgern geprägt sind. Durch die Anforderung, Inklusionsprogramme in der Praxis umzusetzen, ergeben sich daher einerseits für die jeweiligen Systeme und Organisationen je eigene Herausforderungen. Andererseits scheint die Zusammenarbeit zwischen den jeweiligen Arbeitsfeldern, aber auch die Kooperation mit schulischen Bildungseinrichtungen nahezu unabdingbar, wenn inklusive Bildung nachhaltig umgesetzt werden soll. Das *Bundesjugendkuratorium* (2012) hält in seiner Stellungnahme „Inklusion: Eine Herausforderung auch für die Kinder- und Jugendhilfe", fest: „Inklusion ist eine Gestaltungsperspektive, die bisherige Rechtsbereiche überschreitet und zu einer verkoppelten Sichtweise bisher getrennt betrachteter Rechtsbereiche auffordert" (*Bundesjugendkuratorium* 2012, S. 15f.). Daher ist es erforderlich, dass sich Institutionen aufeinander zubewegen, um die vielen einzelnen Sichtweisen einzubringen und gegebenenfalls eine gemeinsame inklusive Perspektive zu entwickeln (a.a.O., S. 1). Zentral bei der Förderung von Teilhabemöglichkeiten der betreffenden Kinder, Jugendlichen und ihrer Familien sind dabei interinstitutionelle Kooperationen, insbesondere, um Synergien und Ressourcen zu bündeln und Brüche an den Schnittstellen zwischen den Systemen zu vermeiden.

Hierfür wurde einerseits die Zusammenarbeit mit Schulen, andererseits die Vernetzung mit anderen außerschulischen Akteur*innen in den Blick genommen. In jüngster Forschung wurde das Paradigma der Sozialraumorientierung verstärkt mit der Umsetzung von Inklusion und mit der Implementierung eines inklusiven Gemeinwesens in Verbindung gebracht (vgl. *Aberle* 2014; *Becker* et al. 2013; *Schulz-Nieswandt* 2013). Netzwerkarbeit – ohnehin zentraler Bestandteil der Sozialen Arbeit wie auch anderer Tätigkeitsfelder – scheint in diesem Zusammenhang nicht nur als Prinzip der Sozialraumorientierung (vgl. *Hinte* & *Treeß* 2007), sondern gerade auch in Bezug auf die Umsetzung der Inhalte der UN-BRK, die sich eben auf alle Lebensbereiche beziehen, unerlässlich zu sein. Inwiefern verknüpfen also die relevanten Akteur*innen der Kinder- und Jugendhilfe oder -arbeit in der Modellregion diese drei Elemente – Vernetzung – Sozialraum – Inklusion – miteinander?

Um diese Frage zu beantworten und vor allem, um die zentrale Fragestellung nach den Gelingensfaktoren erfolgreicher „inklusiver Zusammenarbeit" in der Stadt Kempten zu bearbeiten, werden die Themenfelder „Inklusion" und „Vernetzung" fokussiert. Was verstehen die befragten außerschulischen Akteur*innen unter „Inklusion" und unter „inklusiver Bildung und Erziehung" und wie wird Inklusion in den Kemptener Einrichtungen umgesetzt? Welche Relevanz besitzt Inklusion folglich für die befragten Einrichtungen? Welche Barrieren und Bedarfe bestehen für die Einrichtungen und im Sozialraum, die ein noch umfassenderes inklusives Arbeiten erschweren?

Gleichzeitig sollten bestehende Netzwerke und Kooperationen zwischen außerschulischen Akteur*innen untereinander sowie mit Kemptener Schulen erfasst werden. Nicht nur die Existenz der Netzwerke an sich und die Quantität der Kooperationspartner*innen und Netzwerkbeziehungen sind wichtige Kriterien erfolgreicher und umfassender Vernetzung – es ist die Gestaltung der Zusammenarbeit, deren Inhalte und Outcomes, an denen sich der Erfolg von Netzwerkarbeit bemessen lässt. Neben den Fragen, welche Netzwerke – etwa im Kontext von „M!K" – in Kempten bereits bestehen und welche Kooperationen von den Akteur*innen zukünftig angestrebt werden, sind daher Fragen nach Aufbau, Art und Funktion(sweisen) dieser Netzwerke sowie nach der Qualität der Zusammenarbeit und der Netzwerkbeziehungen der jeweiligen Einrichtungen besonders relevant. Die bestehenden und genutzten Netzwerke und vor allem deren Wahrnehmung und Deutung durch die involvierten Akteur*innen sind ebenso wie die Verknüpfung mit dem Ziel der „Inklusion" entscheidend für eine sozialräumliche Umsetzung von Inklusion über System- und Professionsgrenzen hinweg (vgl. 2.5.3). Die Beschaffenheit und Dynamiken des Vernetzungsgeschehens, in das die außerschulischen Bildungsakteur*innen in der Modellregion involviert sind, zu verstehen und nachvollziehbar zu machen, ist daher ein grundlegender Schritt zur Identifikation der Gelingensfaktoren, die aus Sicht dieser Akteur*innen eine erfolgreich vernetzte Inklusionsarbeit bedingen.

2.1 Inklusion in der Kommune

Die UN-Behindertenrechtskonvention (UN-BRK) ist zwar ein völkerrechtlicher Vertrag zwischen Staaten, die Verpflichtung zur Anwendung der UN-BRK betrifft jedoch gemäß Artikel 4 alle Ebenen staatlichen Handelns (vgl. *Beauftragte der Bundesregierung für die Belange von Menschen mit Behinderungen* 2017, S. 10). Die Kommunen sehen sich somit einerseits mit einem „eigenständigen Umsetzungsauftrag" (*Rohrmann* 2014, S. 28) konfrontiert. Andererseits legt *Albrecht Rohrmann* (2014) dar, weshalb gerade sie auch über diese Verpflichtung hinaus besonders bedeutsam für die Umsetzung der UN-BRK sind: Artikel 1 der UN-BRK beschreibt Behinderungen als Situationen, die aus einer Wechselwirkung zwischen Beeinträchtigung der Person und spezifischen Umweltbedingungen beziehungsweise Barrieren entstehen, weswegen die volle und gleichberechtigte Teilhabe behindert wird. Diese Wechselwirkungen lassen sich jedoch nur in Verbindung mit konkretem Handeln in konkreten Situationen verstehen und bearbeiten. Dadurch wird die Ortsgebundenheit der „behindernden" Situationen deutlich. Sie stellt ein zentrales Element im Zusammenhang mit der Entwicklung inklusiver Strukturen dar und hebt die Relevanz lokaler Infrastrukturen in diesem Prozess hervor (vgl. a.a.O., S. 28f.). Die „Kommune" (vgl. Art. 28 GG) ist dabei die politisch definierte Gebietskörperschaft, die den engsten Bezug zum sozialen Nahraum der Bürger*innen aufweist (vgl. *Lampke* et al. 2011a, S. 14). Ohne die Notwendigkeit inklusionsfördernder bundes- und länderpolitischer Gesetzgebung und gesamtgesellschaftlicher Wandlungsprozesse zu negieren, besitzen die Kommunen als Lebensraum für Menschen mit und ohne Behinderung eine spezifische Bedeutung. In ihnen und durch sie, durch ihre Strukturen, Angebote und politischen Beteiligungsprozesse, wird Inklusion real erleb- und erfahrbar. Als „Orte der Daseinsfürsorge gestalten [... die Kommunen] die Rahmenbedingungen für Teilhabechancen und Diskriminierungsfreiheit" *(Maykus* et al. 2017, S. 30). Dabei sollen sie sich am „Ermöglichungsprinzip" *(Hensen* et al. 2014, S. 9) orientieren, welches Teilhabe und Teilgabe, Förderung von Ressourcen und Selbstbestimmung sowie Chancengleichheit in den Mittelpunkt von Inklusionsprozessen (vgl. ebd.) stellt. Als eine von mehreren Akteur*innen ist es somit die Kommune, die – gefördert durch Bund und Land (vgl. *Hellwig* 2014, S. 15) – bei der Entwicklung und Gestaltung eines inklusiven Gemeinwesens zentrale Aufgaben übernimmt.

2.1.1 Entwicklung und Umsetzung eines inklusiven Gemeinwesens

Moderne Gesellschaften sind durch die Funktionslogiken verschiedener Systeme – zum Beispiel des Bildungssystems, des Systems der Erwerbsarbeit oder des Systems der sozialstaatlichen Unterstützung – geprägt. Die jeweiligen Eigenlogiken der Systeme können – vor allem in Phasen des System- oder Organisationübergangs – zu gesellschaftlicher Ausgrenzung führen. Dies äußert sich für Menschen mit Behinderung unter anderem darin, dass ihnen der Zugang zu regulären Einrichtungen und Diensten verwehrt und auf Sondereinrichtungen verwiesen wird. Neben den teils starren Organisations- und Systemlogiken tragen sozialräumliche Barrieren und fehlende Unterstützungsleistungen zur Separation und damit Exklusion bei *(vgl. Rohrmann* 2014, S. 27). Der Abbau sozialräumlicher Hindernisse und die Implementierung eines adäquaten Umfelds zur Förderung der Weiterentwicklung von Organisationen bedürfen der Entwicklung eines inklusiven Gemeinwesens[6] (vgl. ebd.). Nach *Dorothea Lampke* et al. (2011a) zeichnet sich das „inklusive Gemeinwesen" als Handlungsansatz wie folgt aus: „[Es] blickt auf das Gesamtgeschehen in einem örtlichen Gemeinwesen, das durch staatliche und zivilgesellschaftliche Anstrengungen inklusiv, das heißt teilhabefördernd zu gestalten ist, so dass institutionelle Ausgrenzungen möglichst vermieden werden" *(Lampke* et al. 2011a, S. 14). Dies beinhaltet auch die Möglichkeit zur selbstbestimmten Lebensführung in Institutionen des Regelsystems. Aus fachlicher und politischer Perspektive gilt es, exkludierende Bedingungen für Menschen mit Behinderung im örtlichen Gemeinwesen zu identifizieren und diese mit dem Ziel des Abbaus und der Vermeidung von Barrieren und Diskriminierung zu beseitigen oder zumindest zu reduzieren. *Lampke* et al. (2011b) warnen in diesem Zusammenhang davor, das örtliche Gemeinwesen als homogene Gemeinschaft zu betrachten und regen zur Bewusstseinsbildung bezüglich der gro-

---

6 An dieser Stelle wird der enge Zusammenhang eines inklusiven Gemeinwesens mit einem inklusiven Sozialraum erkennbar.

ßen Vielfalt der Lebensstile, Lebensweisen, politischen, sozialen und kulturellen Hintergründe der Bürger*innen innerhalb der Kommune an. Gesellschaftliche Spaltungen kommen demnach auch auf kommunaler Ebene zum Ausdruck und sollten daher ebenfalls bei der Gestaltung (inklusiver) Gemeinwesen Beachtung finden. Nichtsdestotrotz sind alle örtlichen Gemeinwesen von einer spezifischen Kultur, bestimmten Traditionen und der örtlichen Geschichte geprägt, was die Bürger*innen untereinander verbindet und die Wissensbestände und Handlungspraxen der Systeme vor Ort, beispielsweise die der Sozial- und Eingliederungshilfe, mitbestimmt. Daher ist oftmals zunächst in kollektiven Aushandlungs- und Entscheidungsprozessen zu klären, welche Anliegen – zum Beispiel die Umsetzung von Inklusion im Gemeinwesen – tatsächlich von gemeinsamem öffentlichen Interesse sind. Die identifizierten Entscheidungsprozesse voranzutreiben und insbesondere relevante Akteur*innen dazu zu bringen, die Teilhaberechte von Menschen mit Behinderung im Gemeinwesen zu unterstützen, ist so verstanden Aufgabe der Kommunalpolitik. Dies bedeutet auch, die umfassende Partizipation von Menschen mit Behinderung an diesen Prozessen sowie darüber hinaus den Zugang zu und Einbezug in alle/n Regelsysteme/n, -einrichtungen und -gremien des Gemeinwesens zu fördern *(vgl. Plankensteiner & Greißl* 2017, S. 11f.). Dadurch nimmt der Bedarf an spezialisierten Angeboten für Menschen mit Behinderung ab, was zu Konflikten in Bezug auf bereits bestehende, traditionell etablierte Dienste und Versorgungsstrukturen führen kann. Diese Konflikte sollten wiederum innerhalb des Gemeinwesens, moderiert von kommunalen Stellen, bearbeitet werden (vgl. *Lampke* et al. 2011a, S. 15). Gleichzeitig stellt sich die Frage, wie ein Gemeinwesen gestaltet sein muss, damit selbstbestimmte und unbedingte Teilhabe mitten im Gemeinwesen gewährleistet werden kann und welche Folgerungen daraus für die Umsetzung von Inklusionsprozessen abzuleiten sind (vgl. *Plankensteiner & Greißl* 2017, S. 12).

Um die Kommunen bei der Klärung dieser Fragen zu unterstützen, wurden diverse Empfehlungen, Arbeitshilfen und Inklusionsindizes entwickelt *(Deutscher Verein für öffentliche und private Fürsorge e.V./Berufs- und Fachverband Heilpädagogik (BHP) e.V.* 2015; *Montag Stiftung Jugend und Gesellschaft*; *Weber* et al. 2015). Denn auch wenn schon im Jahr 2014 feststand, dass die Inhalte der UN-BRK durch einen Großteil der Kommunen bereits in Form von Beschlüssen zur Umsetzung aufgegriffen wurden, zeichnen sich dennoch große Unterschiede und Unsicherheiten bei der Entwicklung, Maßnahmenplanung und inhaltlichen Schwerpunktsetzung ab (vgl. *Rohrmann* 2014, S. 32). Einen guten Überblick über relevante Faktoren bei der Umsetzung eines kommunalen und partizipativen Gesamtplanungsprozesses bietet die Arbeitshilfe des damaligen Ministeriums für Arbeit, Integration und Soziales des Landes Nordrhein-Westfalen (*Rohrmann* et al. 2014). Die Umsetzung der UN-BRK auf kommunaler Ebene wird hier als ein Prozess definiert, an dem viele Akteur*innen beteiligt sind, der jedoch durch die Kommunalpolitik politisch legitimiert und gesteuert sowie in der kommunalen Gesamtplanung verankert wird. Dadurch ergeben sich zahlreiche Notwendig- und Möglichkeiten zur Abstimmung, Kooperation und Zusammenarbeit, sowohl zwischen Stellen der kommunalen Entwicklungs-, Ressort-, und Fachplanung, als auch mit und zwischen den beteiligten oder betroffenen Akteur*innen. Der Einbezug aller relevanten Akteur*innen, insbesondere von Menschen mit Behinderungen, ist dabei entscheidend. Die Vielfalt der Akteur*innen, ihrer Interessen und Bedarfe erfordert ein hohes Maß an Steuerungs- und Koordinationsfähigkeit seitens der Kommune ebenso wie die Offenheit gegenüber innovativen Beteiligungsformaten (vgl. a.a.O., S. 9ff.). Normative Grundlagen und gesetzliche Rahmenbedingungen bilden vor dem Hintergrund kommunalspezifischer Entwicklungspfade die Basis für die Erstellung eines kommunalen Konzepts zur Entwicklung eines inklusiven Gemeinwesens (vgl. a.a.O., S. 19). Die Arbeitshilfe bietet daher keine konkrete Handlungsanleitung für Kommunen, sondern gibt Hinweise zur

Reflexion der Entwicklungsphase, zur Analyse der Ausgangssituation sowie zur Identifikation geeigneter Planungsstrukturen, die die Spezifika der jeweiligen Kommunen berücksichtigen. Dies basiert auf der Annahme, dass die „Perspektive des inklusiven Gemeinwesens einen politischen Handlungsansatz erfordert, mit dem inklusive Strukturen, Kulturen und Praktiken auf kommunaler Ebene entwickelt werden" (a.a.O., S. 33). Die folgenden fünf Dimensionen werden dabei hervorgehoben: 1) Partizipation und Selbstvertretung von Menschen mit Behinderung, 2) Sensibilisierung und Bewusstseinsbildung, 3) Gestaltung einer barrierefreien Infrastruktur, 4) inklusive Gestaltung von Bildungseinrichtungen und anderen Einrichtungen für die Allgemeinheit, 5) Planung und Entwicklung flexibler und inklusionsorientierter Unterstützungsdienste (vgl. ebd.).

Der *Deutsche Verein für öffentliche und private Fürsorge e.V.* (2012) stellt eine enge Verbindung zwischen dem übergeordneten Ziel der Schaffung eines inklusiven Gemeinwesens und der Gestaltung eines inklusiven Sozialraums – als dessen Voraussetzung – her. Wiederum wird die große Bedeutung der örtlichen Teilhabeplanung als eine der zentralen Handlungsstrategien der kommunalen Verwaltung im Sinne eines fortlaufenden, lernorientierten und partizipativen Prozesses betont *(vgl. Deutscher Verein für öffentliche und private Fürsorge e.V.* 2012, S. 2). Der Verein gibt zudem Hinweise zu Strukturierung, Methoden, Instrumenten und Umsetzung einer solchen Teilhabeplanung (vgl. ebd.).

Der „Kommunale Index für Inklusion", der sich an Kommunen in ihrer Gesamtheit wie an einzelne Einrichtungen gleichermaßen richtet, führt hingegen 34 Merkmale auf, die für die Gestaltung inklusiver Strukturen, Maßnahmen und Projekte relevant sein können. Die Merkmale sind den drei großen Themenbereichen „Kultur", „Strukturen" und „Praktiken" zugeordnet. Zu jedem Merkmal, das jeweils in Form eines Aussagesatzes formuliert ist, existieren verschiedene Fragen, die dabei helfen sollen, die Bedingungen zur Erfüllung der jeweiligen Aussage zu eruieren *(vgl. Montag Stiftung Jugend und Gesellschaft* 2011). Der Index sowie das daraus entstandene weiterführende Handbuch „Inklusion ist machbar" (*Montag Stiftung Jugend und Gesellschaft* 2018) können vor allem in kommunalen Teilbereichen dazu dienen, eine Brücke zwischen Steuerungs- und Planungsaspekten sowie Elementen der praktischen Inklusionsarbeit zu bauen. Für Kindertageseinrichtungen eignen sich hingegen beispielsweise der „Index für Inklusion in Kindertageseinrichtungen" (*Booth* et al. 2017) sowie der „Leitfaden für inklusive Kindertageseinrichtungen" (*Heimlich & Ueffing* 2018) als Arbeitshilfen, um Entwicklungsprozesse in Richtung inklusiver Bildung und Erziehung in den jeweiligen Einrichtungen und Teams auf Grundlage einer Bestandsaufnahme zu befördern.

Mit „Inklusionsarbeit" setzen sich auch *Annette Plankensteiner* und *Kristina Greißl* (2017) auseinander. Sie nähern sich der Frage der Entwicklung inklusiver Gemeinwesen an, indem sie aus den drei Prämissen „Exklusionsgefahr", „Akzeptanz von Vielfalt" und „Priorisierung von Regelsystemen" der aktuellen Inklusionsprogrammatik[7] ein Handlungskonzept für die Gestaltungspraxis innerhalb des Gemeinwesen ableiten *(vgl. Plankensteiner & Greißl* 2017, S. 32ff.), wobei sie sich auf ein Konzept der Inklusionsarbeit beziehen, das folgende Merkmale aufweist: „Inklusionsarbeit richtet sich auf das Alltägliche, sie zeigt sich in der Veränderung des Alltags-

---

7 Die vierte Prämisse beruht auf der Vorstellung einer inklusiven Gesellschaft im Sinne einer gesellschaftlichen Utopie. Der mit der Inklusionsprogrammatik angestrebte Idealzustand des gesellschaftlichen Miteinanders ohne Exklusionsprozesse ist nicht erreichbar. Die Vorstellung und Orientierung an einem solchen utopischen Zustand befördert dennoch Inklusionsprozesse. Aufgrund der Annahme der Unerreichbarkeit dieses Zustands scheint es sinnvoll, ihn zur Bearbeitung der Herausforderungen im Gemeinwesen zunächst nicht mitzudenken (vgl. *Plankensteiner & Greißl* 2017, S. 33ff.).

handelns [aller ...] Bürgerinnen und Bürger, sie wird aus dem täglichen Miteinander sichtbar und erfahrbar" (a.a.O., S. 35). Die hier beschriebene Inklusionsarbeit unterscheidet sich somit von anderen inklusionsbezogenen Aufgaben auf Kommunalebene, wie zum Beispiel von der Sozialplanung, die sich mit „bedarfsorientierter Steuerung professioneller Versorgungsstrukturen" (ebd.) befasst oder der Bearbeitung individueller Problemlagen, die aus Benachteiligungen mit den bestehenden Versorgungsstrukturen und Angeboten heraus entstehen (vgl. ebd.). Vorrangig wird der Aufbau einer Beteiligungskultur angestrebt, um alle Bürger*innen, insbesondere diejenigen mit Behinderungen, zur Selbstbestimmung zu ermächtigen, separierende Praktiken zu verringern und Teilhabe an alltäglichen Lebensvollzügen zu ermöglichen (vgl. a.a.O., S. 36f.). Das alltägliche inklusive Handeln basiert dabei auf dem Prinzip des wechselseitigen Austausches, ist also verbunden mit der Existenz und Akzeptanz einer Reziprozitätsnorm: Teilhabe bedingt immer auch Teilgabe. Dies ermöglicht die Ausbildung einer nachhaltig veränderten Beziehung zwischen Menschen mit und ohne Behinderung, die als Basis des inklusiven Zusammenlebens fungiert und mit der Befähigung und Ermächtigung von Menschen mit Behinderung einhergeht. Ein inklusives Gemeinwesen wird also erst im und durch das Handeln der Bürger*innen hergestellt. Dieses Handeln kann zwar durch die Änderung von Strukturen, das Bereitstellen von Angeboten und Erfahrungsräumen oder das Herstellen einer barrierefreien Umwelt gefördert, nicht jedoch erzwungen oder garantiert werden (vgl. a.a.O., S. 37ff.). Diese Perspektiven betreffen zunächst zivilgesellschaftliche individuelle und kollektive Akteur*innen.

Aber auch für Organisationen und Einrichtungen, die innerhalb ihrer Kommune – zum Beispiel im Bereich der Kinder- und Jugendhilfe – aktiv sind, ergibt sich ein vielfältiges Bündel an Bezugspunkten und Aufgaben auf verschiedenen Handlungs- und Organisationsebenen.

Einerseits sind die Organisationen, die im kommunalen Raum aktiv sind, oftmals in die partizipativen Entscheidungsprozesse, die sich auf kommunalpolitischer Ebene zur Planung eines inklusiven Gemeinwesens vollziehen, einbezogen und übernehmen daher, je nach Grad an Involviertheit und Entscheidungsbefugnis, mitunter eine steuernde, entwickelnde und planende Funktion. Gleichzeitig sind organisationsinterne Strukturen und Prozesse von vielen strukturellen Änderungen, die auf dieser Ebene initiiert und durchgesetzt werden, betroffen – zum Teil unabhängig davon, ob die Organisationen selbst an den Entscheidungen für die Änderungsprozesse beteiligt sind und diese befürworten. Als eigenständige Akteur*innen obliegt es den Organisationen zudem, ihr eigenes Inklusionskonzept zu entwickeln, das eine organisationsspezifische Auslegung und Schwerpunktsetzung ermöglicht. Im Zusammenhang mit den daraus resultierenden neuen Anforderungen und Aufgaben muss das vorhandene professionelle Netzwerk überprüft, angepasst und ergänzt werden. Unter Umständen müssen neue Formen der Zusammenarbeit etabliert und zusätzliche Kontakte geknüpft werden, um dem Maßstab der nachhaltigen Verankerung von Inklusion in Organisation und Gemeinwesen gerecht werden zu können. Von diesen und weiteren Effekten, die diese Change-Prozesse mit sich bringen, sind auch die Mitarbeitenden der Organisationen in vielfacher Hinsicht betroffen. Sie sind, je nach Partizipationsmodell, -verfahren und eigener Position, unter Umständen gar nicht in die (politische) Entscheidungsfindung einbezogen, aber, als Mitglieder und Vertretende der Organisation, an der konkreten Umsetzung der geplanten Änderungen und Maßnahmen beteiligt. Sie unterliegen somit, ebenso wie Kommune und Organisationen, erstens den gesetzlichen Normen und Vorgaben zur Umsetzung von Inklusion, zweitens, als Mitglieder ihrer Organisation, den spezifischen Regularien auf kommunaler Ebene und drittens den organisationsinternen Vorgaben und Weisungen. Hinzu kommen weitere Faktoren, die die Handlungsorientierung der Mitarbeitenden zusätzlich beeinflussen, wie persönliches Inklusionsverständnis, Wertvorstellungen oder die professionelle Selbstwahrnehmung. Diese verschiedenen Einflüsse gilt es in einer Weise zu vereinen, dass Inklusionsarbeit im Arbeitsalltag umsetzbar wird und dabei dennoch den diversen Anforderungen entsprochen werden kann. Denn es sind die Mitarbeitenden der Organisationen vor Ort, die das vorab formulierte politische oder fachspezifische Programm in die Praxis transferieren, die Inklusionsarbeit durch ihr berufliches Handeln leisten und die damit eine inklusive Organisation sowie ein inklusives Gemeinwesen möglich machen.

2.1.2 Inklusive Bildung in der Kommune

Als ein System mit eigener Handlungslogik wird das deutsche Bildungssystem, dessen exkludierende und separierende Elemente schon im Rahmen der Integrationsbewegung seit Ende der 1970er Jahre kritisiert wurden, immer wieder mit dem Vorwurf, Ausgrenzung zu fördern statt zu unterbinden, konfrontiert. Auch wenn inklusive Bildung im Sinne des Artikels 24 der UN-BRK auch heute noch nicht umfassend oder flächendeckend umgesetzt wird, sind dennoch – auch auf kommunaler Ebene – zahlreiche Bemühungen, entsprechende Konzepte weiterzuentwickeln und umzusetzen, zu verzeichnen. Auch ein sich wandelndes Bildungsverständnis trägt zur veränderten Wahrnehmung, Bewertung und Akzeptanz kommunaler Zuständig- und Verantwortlichkeiten im Bildungsbereich bei.

Während den Kommunen lange Zeit ausschließlich die Verantwortung für die Bereitstellung der notwendigen Infrastruktur und Ausstattung der „Bildung vor Ort" zugeteilt wurde, werden sie seit einigen Jahren verstärkt auch als bildungspolitische Akteur*innen wahrgenommen – obgleich die Kulturhoheit bei den Ländern liegt. Interprofessionelle und intersektorale Zusammenarbeit mit dem Ziel der ganzheitlichen Bildung und Erziehung vollziehen sich auf kommunaler Ebene zudem bereits unabhängig von der Umsetzung des übergreifenden Themas „Inklusion". Schulpädagog*innen und Akteur*innen der Kinder- und Jugendhilfe und -arbeit arbeiten an vielen Stellen Hand in Hand. Dies liegt auch in einem sich über die Jahre gewandelten Bildungsverständnis begründet, das zwar weithin vertreten wird, sich jedoch nicht in einer einheitlichen oder allgemein gültigen Definition fassen lässt. Zentral ist die Auffassung, dass sich Bildung durch die aktive Auseinandersetzung eines Menschen mit sich und seiner Umwelt vollzieht und damit weit über die bloße Vermittlung und Aneignung von Wissen und Qualifikationen hinausgeht. Dies bedeutet auch, dass Bildung nicht nur im schulischen oder anderweitig formalen Rahmen stattfindet. Bildungsziele sind unter anderem die Befähigung zu kompetentem und verantwortlichem Handeln, gesellschaftliche Teilhabe, die Entfaltung der Persönlichkeit sowie Selbstverwirklichung. Im kommunalen Raum erfolgen Bildungsprozesse daher eben nicht nur in Schulen, sondern in einem ganzen Netzwerk bestehend aus Schulen, Jugend- und Freizeitangeboten, Familie und Sozialraum. Da Teile des Netzwerks zudem von kommunaler Seite aus gestaltet werden, wird auch Bildung zu einer kommunalen Aufgabe, die von verschiedenen Systemen, Organisationen und professionellen Akteur*innen in unterschiedlichen Formen der Kooperation und Zusammenarbeit bearbeitet wird (vgl. *Heinrich-Böll-Stiftung* 2011). Begriff und Konzept der „kommunalen Bildungslandschaft" bringen die zentrale Rolle der Kommune im Planungs-, Steuerungs- und Koordinationsprozess lokaler Bildungsnetzwerke zum Ausdruck. In einer solchen Landschaft werden „alle Angebote für Kinder und Jugendliche zusammen [gefasst], die im weiteren Sinne einen Bildungsauftrag erfüllen, wobei die (nur teilweise kommunale) Schule, weitere öffentliche Angebote und Orte, die Familie und das Freizeitumfeld der Kinder einbezogen sind. [... Zudem sind] alle Akteure, die Angebote an Kinder und Jugendliche adressieren, auf[gefordert], über den Tellerrand ihrer Institution zu schauen, sich stärker auf ihr Umfeld zu beziehen und miteinander in Verfolgung gemeinsamer Ziele zu kooperieren" (*Heinrich-Böll-Stiftung* 2018). Besonders relevant ist dabei die Zusammenarbeit zwischen Schule und Kinder- und Jugendhilfe, die in einschlägigen Studien untersucht wird *(Duveneck & Volkholz* 2011; *Schalkhaußer & Thomas* 2011; *Stolz* 2019). Diese Zusammenarbeit – so das Ergebnis der Studien – wird oftmals von diversen Herausforderungen geprägt. Unterschiedliche Systemlogiken, Arbeitsprinzipien und Zielsetzungen sowie Ressourcenknappheit können gelingende Kommunikation und die Umsetzung innovativer Konzepte in die Praxis erschweren (vgl. *Heinrich-Böll-Stiftung* 2011). Nichtsdestotrotz müssen Schulen sich zum Sozialraum hin öffnen (vgl. 1.1.6), um umfassende Bildung ihrer Schüler*innen zu ermöglichen, wobei die Kommune einmal mehr eine vernetzende Funktion übernehmen kann. Auch die zunehmende Entwicklung der Schulen hin zu Ganztagsschulen spricht für eine koordinierende Rolle der Kommunen, wenn es darum geht, lokale Kooperationsmöglichkeiten zwischen den Schulen und den Kinder- und Jugendeinrichtungen, denen die jungen Besucher*innen nun gegebenenfalls fernbleiben, zu erschließen.

Für die erfolgreiche Planung, Umsetzung und Gestaltung inklusiver Bildung innerhalb der Kommune sind Kooperation, Vernetzung sowie intersektorale und interprofessionelle Zusammenarbeit unerlässlich. Die Aufgabe Inklusion umzusetzen fällt in großen Teilen den Regelinstitutionen und -systemen zu, unter ihnen das Bildungssystem. Nach Artikel 24 der UN-BRK soll für Menschen mit Behinderungen innerhalb des allgemeinen Bildungssystems die zum Bildungserfolg notwendige Unterstützung geleistet werden *(vgl. Beauftragte der Bundesregierung für die Belange von Menschen mit Behinderungen* 2017, S. 21), was sich unter anderem durch individuell angepasste Unterstützungsmaßnahmen mit dem Ziel der vollständigen Integration [Anm.: im englischsprachigen Originaltext: „inclusion"] vollzieht (vgl. ebd.). Um diese Unterstützung leisten zu können, müssen die schulischen Regelinstitutionen verschiedene bereits bestehende außerschulische Unterstützungssysteme, deren Einrichtungen und Fachlichkeit heranziehen. Zu diesen zählen in Bezug auf inklusive Bildung und Erziehung von Kindern und Jugendlichen – je nach Altersstufe – zum Beispiel integrative Kindertageseinrichtungen, Frühförderstellen, oder Einrichtungen der Familien- und Erziehungshilfe (vgl. *Lütje-Klose* 2013, S. 26). Inklusion, insbesondere Teilhabe und Selbstbestimmung, soll sich sowohl nach UN-BRK als auch nach den Zielsetzungen eines inklusiven Gemeinwesens, in allen Lebensbereichen vollziehen *(vgl. Beauftragte der Bundesregierung für die Belange von Menschen mit Behinderungen* 2017, S. 13). Zudem sind Schulen zwar bedeutsame Bildungsakteur*innen, kommen aber bei der Orientierung an einem ganzheitlichen Bildungsverständnis nicht umhin, die gesamte Lebenswelt der Kinder und Jugendlichen in den Blick zu nehmen und Kontakte in den Sozialraum, insbesondere zu außerschulischen Bildungsakteur*innen der Kinder- und Jugendarbeit zu pflegen (vgl. 1.1.6).

Vernetzte Formen der Zusammenarbeit sind in vielen Handlungsfeldern der Sozialen Arbeit bereits nahezu flächendeckend etabliert (vgl. *Fischer & Kosellek* 2019, S. 12). Infolge der hierzu steigenden Expertise werden Methoden der Netzwerkarbeit auch immer häufiger und umfassender für „die vernetzte Lösung von Kernherausforderungen" (ebd.) wie etwa im Zusammenhang mit der Gestaltung inklusiver Gemeinwesen oder Lebensbereiche eingesetzt (vgl. a.a.O., S. 12f.). Dadurch treffen mitunter Einrichtungen/Dienste und Berufsgruppen aufeinander, die bisher wenig Kontakt miteinander hatten. Auch wenn dies Herausforderungen mit sich bringt, können die entstehenden Beziehungen gleichzeitig die Chance auf einen Zugang zu neuen

Lern- und Handlungsansätzen und dadurch die Erweiterung der eigenen Kompetenzen und Handlungsfähigkeit beinhalten (vgl. a.a.O., S. 13). Da sich Netzwerke unter anderem bilden, um Probleme zu bearbeiten, die ein*e Akteur*in allein nicht bewältigen könnte (vgl. *Schubert* 2008, S. 47), ist es naheliegend, sich zur Bewältigung der gesamtgesellschaftlichen Aufgabe der Umsetzung von Inklusion netzwerkartig zu organisieren – auch und gerade im Bereich kommunal verorteter Bildung und Erziehung.

„Kommunale Bildungslandschaften sind Verantwortungsgemeinschaften, bei denen die verschiedenen Akteure ihre Verantwortung nicht auf ihren jeweiligen Zuständigkeitsbereich beschränken, sondern im Interesse am gelingenden Aufwachsen junger Menschen zusammenwirken [...]. Regionale Bildungslandschaften übernehmen die Verantwortung dafür, dass kein Kind und kein Jugendlicher verloren geht" (*Duveneck & Volkholz* 2011, S. 7). Mit einem neuen Governance-Ansatz, der die Bildungsbiografie des jeweiligen jungen Menschen und nicht die finanzielle oder personelle Zuständigkeit in den Mittelpunkt stellt, zielt der Leitgedanke, der dem Konzept der kommunalen Bildungslandschaften zugrunde liegt, auf Bildungsgerechtigkeit ab. Alle Kinder und Jugendlichen in einer Kommune oder Region sollen die gleichen (Bildungs-) Chancen erhalten (vgl. a.a.O., S. 8). Dieser inklusive Ansatz erweist sich als sehr anschlussfähig an die Forderungen des Artikels 24 der UN-BRK. *Anika Duveneck* (2011) merkt die Notwendigkeit der Berücksichtigung sozialräumlicher Indikatoren für die Ressourcenverteilung sowie die Bereitschaft der beteiligten Akteur*innen, den Bildungserfolg der einzelnen Kinder und Jugendlichen ihrem jeweiligen Wirksamkeitsverständnis zugrunde zu legen, an (vgl. *Duveneck & Volkholz* 2011, S. 8).

Die in Deutschland lange Zeit und vielfach immer noch praktizierte Förderung, Erziehung und Betreuung von Kindern und Jugendlichen in Sonderinstitutionen wird durch Artikel 24 der UN-BRK daher grundlegend in Frage gestellt (vgl. *Lütje-Klose* 2013, S. 9f.). Wie der Ländervergleich „Inklusive Bildung in Deutschland" der Friedrich-Ebert-Stiftung (*Lange* 2017) aufzeigt, ist eine umfassende und flächendeckende Gestaltung eines inklusiven Bildungssystems bisher noch nicht erfolgt. Während der Rechtsanspruch auf inklusive Erziehung und Bildung in der Kindertagesbetreuung gut umgesetzt wird, so wird er im schulischen Kontext nur teilweise, an Hochschulen unzureichend erfüllt, obwohl die Vorteile gemeinsamen, inklusiven Lernens für alle Beteiligten – nicht nur für Kinder und Jugendliche mit Förderbedarf – vielfach belegt sind (vgl. u.a. *Lange* 2017, S. 7f.; *Lütje-Klose* 2013, S. 14f.; *Vock & Gronostaj* S. 34). Zudem sind große Unterschiede zwischen den einzelnen Ländern zu verzeichnen (vgl. *Lange* 2017, S. 5). Obwohl Bayern als eines der ersten Bundesländer seine Schulgesetze änderte, die Zusammenarbeit von Förderzentren und Regelschulen stärkte und das Schulprofil „Inklusion" schuf, sank die Separationsquote von Kindern mit sonderpädagogischem Förderbedarf in den letzten Jahren kaum (vgl. *Dorrance & Dannenbeck* 2015). Als eine Ursache für diese Entwicklung führen *Carmen Dorrance* und *Clemens Dannenbeck* (2015) die immer noch vorherrschende Integrationslogik, anstelle einer Inklusionslogik, an, die den bildungspolitischen Inklusionsbestrebungen zugrunde liegt: „[Es] geht [...] primär um die Weiterentwicklung und den Ausbau des schulischen Parallelsystems unter Berücksichtigung des Integrationsgedankens nach Maßgabe des jeweils als (finanziell und organisatorisch) machbar Angesehenen" (a.a.O., S. 9). Dennoch entstanden auch in Bayern in den letzten Jahren viele positive Beispiele der „inklusiven Aufbauarbeit" – oftmals dank dem großen Engagement und der Zusammenarbeit vielfältiger Akteur*innen vor Ort (vgl. 1.4). Als ein solches Positivbeispiel wurde die Stadt Kempten im Jahr 2015 zur Modellregion Inklusion ernannt.

Ein (Tunnel-)Blick allein auf die Entwicklungen des Aufbaus und die Gestaltung inklusiver Strukturen im schulischen Bildungsbereich greift jedoch zu kurz, auch wenn „der Schule [...] bei der Herausbildung einer inklusiven Haltung, bei der Entwicklung unserer Gesellschaft von einer selektiven zu einer inklusiven eine besondere Bedeutung zu[kommt]" (*Lange* 2017, S. 7). Denn zum einen prägen allgemeine gesellschafts- und bildungspolitische Ein- und Vorstellungen die inklusive Entwicklung im schulischen Bildungsbereich maßgeblich mit (vgl. *Dorrance & Dannenbeck* 2015, S. 8). Zum anderen umfasst „Bildung", wie bereits dargestellt wurde, mehr als rein schulische Bildung. Außerdem sind auch außerschulische Akteur*innen zunehmend in schulische Bildungssettings eingebunden, wie am Beispiel der Kooperationsprojekte der Stadt Kempten ersichtlich wird (vgl. 1.3). Die – oftmals in Form regionaler oder kommunaler Bildungslandschaften ohnehin bereits vernetzten – Akteur*innen der Kinder- und Jugendhilfe stehen somit vor der Herausforderung, die Inklusion von Kindern und Jugendlichen mit Behinderungen in den diversen Bildungssettings ihres kommunalen oder regionalen Netzwerks explizit mitzudenken und zu gestalten.

2.1.3 Inklusion im Sozialraum

Auch der Begriff des „Sozialraums" wird in Fachkreisen zunehmend im Zusammenhang mit „Inklusion" diskutiert (vgl. u.a. *Aberle* 2014; *Becker* et al. 2013; *Lüttringhaus & Donath* 2019a, 2019b; *Schulz-Nieswandt* 2013). Zur Umsetzung eines inklusiven Sozialraums mit dem Ziel der Implementierung eines inklusiven Gemeinwesens sind Kooperation und Vernetzung der (kommunalen) Fachressorts, aber auch der Akteur*innen vor Ort essentiell (vgl. *Deutscher Verein für öffentliche und private Fürsorge e.V.* 2012, S. 7). „Inklusiver Sozialraum" kann definiert werden als „barrierefreies Lebensumfeld, das alle Menschen mit und ohne Behinderungen, alte und junge Menschen, Menschen mit oder ohne Migrationshintergrund selbstbestimmt gemeinsam nutzen und mitgestalten können. Zur Schaffung inklusiver Sozialräume braucht es eine gemeinsame Strategie aller Akteure vor Ort [...]" (a.a.O., S. 1f.).

„Sozialraumorientierung" gilt bereits als zentrales Prinzip innerhalb der Sozialen Arbeit, wird zunehmend von Kindertageseinrichtungen und Schulen zur Umsetzung ganzheitlicher Bildung gefordert, inzwischen auch verstärkt von Akteur*innen der Eingliederungshilfe (vgl. *Weber* et al. 2015, S. 11) rezipiert und zudem in engem Zusammenhang mit der Gestaltung eines inklusiven Gemeinwesen diskutiert (vgl. *Deutscher Verein für öffentliche und private Fürsorge e.V.* 2012; *Weber* et al. 2015, S. 11). *Maria Lüttringhaus* und *Lisa Donath* formulieren: „Selbstbestimmtes Leben und Teilhabe in der Gesellschaft (Inklusion) gestaltet sich individuell völlig unterschiedlich aus und erfordert ein personen-, ressourcen- und sozialraumorientiertes Unterstützungsmanagement. Hierfür liefert das Fachkonzept Sozialraumorientierung die fachliche Basis, denn Inklusion geht nicht ohne Sozialraumorientierung" (*Lüttringhaus & Donath* 2019b, S. 19).

Es scheint daher naheliegend, Begriff und Konzept des „Sozialraums" mit „inklusiver Bildung" auf kommunaler Ebene und der dafür erforderlichen Vernetzung und Zusammenarbeit der verschiedenen Akteur*innen zusammenzudenken. Darüber hinaus sind einige Akteur*innen der Kinder- und Jugendhilfe, insbesondere der Jugendarbeit, bereits Expert*innen des sozialräumlichen Planens und Vernetzens. Diese Kompetenz bietet sich als Anknüpfungspunkt in Bezug auf die Planung und Gestaltung inklusiver Strukturen und Angebote an – sei es im Rahmen örtlicher Teilhabeplanung oder bei der Anbahnung und Pflege von Kooperationen mit Akteur*innen aus anderen Bereichen, wie zum Beispiel mit Schulen oder Einrichtungen und Diensten der Eingliederungshilfe.

Um „Sozialraum" als verbindendes Element zwischen verschiedenen Sektoren und Arbeitsfeldern nutzen zu können, sollten die unterschiedlichen begrifflichen Auslegungen beachtet werden. *Christian Spatscheck* (2009) geht von einer Doppelstruktur des Sozialraums aus: Die „sozialgeographisch-infrastrukturell ausgerichtete Ebene" *(vgl. Sandermann & Urban* 2007, S. 44) stellt die materielle Struktur des (Sozial-)Raums in den Vordergrund. Von einer top-down-Perspektive aus werden Daten zu Lebensbedingungen in einem sozialen Raum erfasst, um sie in Planungsprozessen zu berücksichtigen und den betreffenden Raum zu verwalten. Diese Sichtweise umfasst auch den Sozialraum als „Nahraum", als direktes Lebensumfeld – ausgehend vom Wohn- und Lebensraum *(vgl. Aberle* 2014, S. 11). Werden Sozialräume hingegen als Erfahrungs-, Lern- und Aneignungsräume verstanden, die im Rahmen von Aneignungsprozessen durch Subjekte erschlossen, gestaltet und damit auch erst konstituiert werden, stehen eben jene handelnden Subjekte und ihre Lebenswelten im Fokus *(vgl. Spatscheck* 2009, S. 34). Sozialräume, die auf kommunaler Ebene durch die oder für die Zusammenarbeit mehrerer Akteur*innen identifiziert, geplant oder gestaltet werden, sind demnach nicht als absolut anzusehen, besitzen aber räumliche Bezüge – zum Beispiel als Plan- und Steuerungsräume oder als konkrete Lebensumfelder. Sie entstehen letztlich jedoch erst durch die konkreten Handlungen von Akteur*innen und deren Interaktionen miteinander und mit dem geografischen, verdinglichten Raum *(vgl. Deinet* 2009, S. 7f.; *Löw* 2019; *Wacker* 2013, S. 30). Diese relationale Deutung des Sozialraums wird auch in der soziologischen, erziehungswissenschaftlichen und sozialpädagogischen Fachliteratur häufig getätigt *(vgl. Kessl & Reutlinger* 2007, S. 17). Sie scheint für das vorliegende Thema besonders geeignet, da verschiedene Systeme, Professionen und Adressat*innen im (zu generierenden) inklusiven Gemeinwesen aufeinandertreffen, die ihre eigenen Logiken und Sichtweisen auf den Sozialraum besitzen. Sozialraumorientierte Angebote sollen in einer Weise gestaltet sein, dass durch Vernetzung „möglichst alle Bereiche der sich verändernden Lebenswelten von Kindern und Jugendlichen [... abgedeckt sind]" *(Reutlinger* 2009, S. 18). Bei der Beschäftigung mit dem Sozialräumlichen ist aus einem relationalen, konstruktivistischen Verständnis heraus immer auch die Frage nach Konflikten und Machtverhältnissen zu stellen: Wer ordnet was mit welcher Macht wie an und wie entstehen dadurch (Sozial-)Räume (vgl. a.a.O., S. 19)? Diese Frage ist vor dem Hintergrund des Abbaus von Benachteiligung und Ausgrenzung von Menschen mit Behinderungen im Sozialraum besonders relevant. Zum einen, um vorherrschende sozialräumliche Exklusionspraktiken und Barrieren zu erschließen, zum anderen, um auf Konflikte vorbereitet zu sein, die entstehen können, wenn an der Konstitution inklusiver Sozialräume neue Akteur*innen – nämlich verstärkt Menschen mit Behinderung, ihre Vertretungen und Organisationen – beteiligt sind *(vgl. Alisch & May* 2016, S. 20; *Dederich* 2013, S. 63).

Nachdem sich viele Aspekte in Bezug auf Planung, Steuerung sowie weitere Aufgaben kommunaler und zivilgesellschaftlicher Entwicklung und Förderung inklusiver Gemeinwesen und inklusiver Sozialräume überschneiden, sei an dieser Stelle auf die bereits erläuterten Punkte zur Umsetzung eines inklusiven Gemeinwesens verwiesen (vgl. 2.1). Eingegangen werden soll hier jedoch zusätzlich auf die Leitprinzipien der Sozialraumorientierung nach *Hinte* und *Treeß* (2007). Diese nehmen zum einen eine prominente Position in Lehre und praktischer Umsetzung Sozialer Arbeit ein, sind also auch für einen Teil der Akteur*innen der Kinder- und Jugendhilfe und der Jugendarbeit relevant. Zudem lassen sich zahlreiche Elemente, die in anderen Diskursen sowie Praxis- und Handlungsvollzügen im Zusammenhang mit Inklusion oder Vernetzung auftreten, erkennen und ableiten. Ohne diese Prinzipien detailliert vorzustellen, hilft ein grober Überblick dennoch dabei, das erfasste Datenmaterial hinsichtlich gemeinsamer Schnittmengen zu betrachten, vor allem da bei der Erhebung explizit nach inklusiven und vernetzenden Aktivitäten, nicht aber nach dezidiert sozialräumlichen Perspektiven gefragt wurde.

Die fünf Dimensionen der Sozialraumorientierung als Fachkonzept stellen sich als folgende handlungsleitende Prinzipien dar:

- Orientierung an den Interessen und am Willen der einzelnen Betroffenen
- Unterstützung und Zulassen von Eigeninitiative und Selbsthilfe
- Konzentration auf personale und soziale Ressourcen der Menschen innerhalb des Sozialraums anstelle einer Defizitorientierung
- Zielgruppen- und bereichsübergreifende Sichtweise, orientiert an den individuellen Bedarfen
- Kooperation und Koordination unterschiedlicher Angebote, auch zur Bereitstellung individueller Angebote (vgl. *Hinte & Treeß* 2007).

Anhand der Prinzipien wird deutlich, dass sozialräumliches Denken und Handeln über eine geografische Dimension hinausgeht. Gleichzeitig lassen sich viele Forderungen der Sozialraumorientierung mit denen vereinbaren, die im Kontext der Entwicklung eines inklusiven Gemeinwesens diskutiert werden. Partizipation, Teilhabe, Teilgabe und Selbstbestimmung werden beispielsweise durch die ersten beiden Prinzipien adressiert. Bestehende Netzwerke können einerseits zum Sozialkapital der Betroffenen gezählt und damit als Ressource genutzt werden (Prinzipien 2 und 3). Die Berücksichtigung der jeweils individuellen Situation und der daraus resultierenden Unterstützungsbedarfe der Kinder und Jugendlichen mit Behinderungen, die die UN-BRK beinhaltet, lässt sich im ersten Prinzip wiederfinden. Prinzip drei spricht sich gegen eine Defizitorientierung aus, die auch in Inklusionskonzepten kritisiert wird. Inwiefern eine bereichsübergreifende Perspektive zur Umsetzung von Inklusion notwendig ist (Prinzip 4), wurde bereits dargelegt. Zuletzt verweist Prinzip fünf auf den zentralen Aspekt der Kooperation und Vernetzung, der für sozialräumliche Arbeit ebenso bedeutsam erscheint wie für die Umsetzung von Inklusion.

Ohne auf den kontroversen Diskurs zum Prinzip der Sozialraumorientierung einzugehen, lässt sich für die Arbeitspraxis der Fachkräfte allein anhand dieses kurzen Abrisses festhalten: Sowohl die fachliche Auseinandersetzung mit dem Thema „Inklusion", als auch die Verfügbarkeit von Kompetenzen im Bereich der professionellen Sozialraumorientierung sollten bewirken, dass Inhalte und Grundsätze des jeweils anderen Konzepts aufgrund ähnlicher Ansätze wiedererkannt und nutzbar gemacht werden könnten. Dies dürfte auch die Zusammenarbeit von Akteur*innen verschiedener Professionen, die sich nur mit einem der beiden Themen näher befasst haben, begünstigen und das interprofessionelle Verständnis erhöhen. Eine spannende Frage ist hierbei auch, ob die Organisationen diese Synergien bereits erkannt haben und, beispielsweise in ihren Einrichtungskonzeptionen, Sozialräumlichkeit zu inklusiver Bildung in Beziehung setzen.

2.1.4 Inklusion in der Kinder- und Jugendhilfe/-arbeit

Die Notwendigkeit, dass sich Systeme und Institutionen aufeinander zubewegen, um Inklusion umzusetzen, beschreibt auch das *Bundesjugendkuratorium* (2012), das sich in einer Stellungnahme mit den Herausforderungen der Inklusion für die Kinder- und Jugendhilfe auseinandersetzt (vgl. *Bundesjugendkuratorium* 2012, S. 15). Auch wenn diese Bestandsaufnahme, an die sich Empfehlungen anschließen, bereits im Jahr 2012 erfolgte, sind zentrale Entwicklungslinien und -aufgaben auch heute noch als relevant anzusehen. Dies gilt vor allem, da sich der 14. Kinder- und Jugendbericht[8] aus dem Jahr 2013 mit der „Kinder- und Jugendhilfe in neuer Verantwor-

---

8 Beim Kinder- und Jugendbericht handelt es sich um einen Bericht, der von der Bundesregierung in Auftrag gegeben und durch eine Expert*innenkommission verfasst wird. Er soll die aktuelle Lebenslage der Kinder und Jugendlichen in Deutschland, meist bezogen auf ein Schwerpunktthema, wiedergeben. Jeder dritte Bericht soll zudem die Gesamtsituation der Kinder und Jugendlichen in Deutschland abbilden.

tung" befasste und daher auch das Thema der „Inklusion" im Kinder- und Jugendalter in den Blick nahm. Zugehörige Expertisen (vgl. u.a. *Lütje-Klose* 2013), aber auch Positionierungen zentraler Akteur*innen des fortwährenden Diskurses (vgl. u.a. *Deutscher Verein für öffentliche und private Fürsorge e.V.* 2011; *Die Fachverbände für Menschen mit Behinderung* 2017; *Vorstand der Arbeitsgemeinschaft für Kinder- und Jugendhilfe – AGJ* 2012) beleuchten die Gesamtsituation oder einzelne Aspekte, die sich im Zusammenhang mit der Umsetzung inklusiver Bildung und Erziehung als Aufgabe der Kinder- und Jugendhilfe beziehungsweise -arbeit ergeben. Deutlich wird dabei, dass es sich um einen intensiven, noch lange nicht abgeschlossenen Diskurs handelt (vgl. *Bundesjugendkuratorium* 2012, S. 13). In seiner Stellungnahme schließt sich das *Bundesjugendkuratorium* an den Inklusionsbegriff, wie er in der UN-BRK vertreten wird, an, beschränkt sich daher zum Beispiel ausdrücklich auf die Gruppe der Kinder und Jugendlichen mit Behinderungen, da „das Inklusionsprinzip für jede gesellschaftliche Gruppe konkretisiert werden [müsse]" (a.a.O. S. 9) und stellt gemeinsame Bezüge zentraler Prinzipien der Kinder- und Jugendarbeit zu den Forderungen der UN-BRK – wie zum gemeinsamen Grundsatz der Lebensweltorientierung (vgl. a.a.O., S. 10) – dar. Auch wenn zahlreiche Anknüpfungspunkte die Entwicklung einer Inklusionsperspektive auf Grundlage der UN-BRK in der Kinder- und Jugendhilfe fördern, so „muss noch genauer erörtert und konzipiert werden, mit welchen Angeboten und Maßnahmen die skizzierte Inklusionsperspektive umgesetzt werden kann" (a.a.O., S. 12). Ebenso wie *Birgit Lütje-Klose* (vgl. 2013, S. 27) sieht das *Bundesjugendkuratorium* die Kindertageseinrichtungen als Vorreiterinnen der praktischen Erprobung solcher Maßnahmen an (vgl. *Bundesjugendkuratorium* 2012, S. 13), während andere Akteur*innen der Kinder- und Jugendhilfe noch am Anfang solcher Entwicklungsprozesse stünden. Daher fragt das *Bundesjugendkuratorium* in seiner Stellungnahme allgemein nach der Rolle der Kinder- und Jugendhilfe für das Gelingen einer inklusiven Förderung von Kindern und Jugendlichen in Bezug auf ihre spezifischen Ansätze und Methoden in den jeweiligen Handlungsfeldern sowie nach den institutionellen Zuständigkeiten und Verantwortlichkeiten unter der Berücksichtigung „kooperations- und vernetzungsbezogener Aspekte", die gegebenenfalls über die Bestimmungen des SGB VIII hinausgehen (a.a.O., S. 21). Die gesonderte Betrachtung der einzelnen Handlungsfelder scheint insofern sinnig, als dass diese von verschiedenen Strukturen, Bedarfen und Zielsetzungen geprägt sind sowie über unterschiedliche Erfahrungen im Zusammenhang mit der Umsetzung inklusiver Maßnahmen verfügen. In der Stellungnahme werden exemplarisch die Handlungsfelder der „Kindertagesbetreuung" und der „Kinder- und Jugendarbeit" herausgegriffen, da sie einerseits die Tätigkeitsbereiche, in denen ein Großteil der Interviewpartner*innen beschäftigt ist, darstellen und sich zum anderen deutlich in ihrem Umgang mit Inklusion voneinander unterscheiden. Obwohl Kindertageseinrichtungen „den Anspruch der Integration im Vergleich zu den anderen Institutionen der Kinder- und Jugendhilfe zwar besser erfüllen" (a.a.O., S. 22), konstatiert das *Bundesjugendkuratorium* (2012) eine Schnittstellenproblematik beim Übergang der Kinder mit Förderbedarf vom Kindergarten in die Grundschule und sieht damit das vorhandene Potential der Kindertagesbetreuung, den Weg für einen inklusiven Bildungsverlauf aller Kinder und Jugendlichen zu ebnen, als nicht ausgeschöpft an. Denn ein Großteil der Kinder, die inklusive frühkindliche Bildung in entsprechenden Einrichtungen erfahren, tritt dann an eine Förderschule über. Eine Verbesserung der passgenauen Förderung der betreffenden Kinder sowie des Übergangsmanagements mit dem Ziel des Besuchs von Regelschulen wären demnach Aufgaben, die den Kindertageseinrichtungen zuteilwerden, sofern nicht nur integrative, sondern auch inklusive Elemente nachhaltige Effekte in Bildung und Erziehung erzielen sollen. Dazu bedarf es nach Einschätzung der *Arbeitsgemeinschaft für Kinder- und Jugendhilfe*

(AGJ) geeigneter Rahmenkonzepte für Kindertageseinrichtungen und Grundschulen, die die Bedürfnis-, Ressourcen- und Bedarfszentrierung, ausgehend vom betreffenden Kind, in den Mittelpunkt stellen (vgl. *Vorstand der Arbeitsgemeinschaft für Kinder- und Jugendhilfe – AGJ* 2019, S. 2). Ausreichende finanzielle und personelle Ressourcen sowie regionale Förderungen sollen eine Kooperationskultur schaffen, in der interprofessionelle Zusammenarbeit und die frühzeitige, verlässliche Partizipation der Eltern zur Schulfähigkeit des betreffenden Kindes führen (vgl. a.a.O., S. 5ff.). Expertise zu Übergangsprozessen soll bereits im Rahmen der Ausbildung erworben sowie in Fort- und Weiterbildungen vertieft werden, ebenso, wie Multiplikation, Vernetzung und Kooperationsfähigkeit als zentrale Kompetenzen der beteiligten Fachkräfte gefördert werden sollen (vgl. a.a.O., S. 7f.). Gleichzeitig warnt das *Bundesjugendkuratorium* (2012) aber auch vor einer Überbeanspruchung der Einrichtungen frühkindlicher Bildung, die ohnehin schon mit komplexen und vielfältigen Anforderungen konfrontiert sind. Die genannten Zielsetzungen können nicht allein durch die Initiative der betreffenden Einrichtungen und Fachkräfte, sondern in erster Linie durch eine Systemgestaltung, die eine solche Initiative auch ermöglicht und fördert, erreicht werden (vgl. *Bundesjugendkuratorium* 2012, S. 25).

Während es im Fall der Kindertageseinrichtungen vor allem um das „Wie" der Umsetzung inklusiver Strukturen geht, setzen die Fragen, die bei Akteur*innen der Kinder- und Jugendarbeit in diesem Zusammenhang auftreten, bereits beim „Ob" an: Insofern sich das Konzept der Inklusion an der ganzen Person und ihrer Lebenswelt ausrichtet und bewusst auf die Lebenslagen der betroffenen Menschen hin orientiert ist, scheint es konzeptionell hoch anschlussfähig an eine Kinder- und Jugendarbeit, die ebenfalls subjektorientiert ausgerichtet ist und an den je konkreten Lebenslagen von Kindern und Jugendlichen anknüpft (a.a.O., S. 26). Die Prinzipien der Freiwilligkeit und Selbstorganisation verbieten jedoch die Verordnung von Inklusion „top-down" und sehen die freie Wahl der Peer-Group als grundlegendes Element informeller Lern- und Bildungsprozesse. Daher stehen die Eigenlogik selbstorganisierter Jugendarbeit sowie das Selbstverständnis des Arbeitsfeldes mitunter im Konflikt zu einem Leitbild, das gesellschaftliche Inklusion an erste Stelle setzt. Hinzu kommt, dass die Jugendarbeit lebensweltlich eng mit dem Lernort Schule beziehungsweise dem Schulsystem verknüpft ist. Form und Ort der Freizeitgestaltung sind stark von der Peer-Group geprägt, die sich oftmals aus schulischen oder sozialräumlichen Kontakten zusammensetzt. Exklusive Beschulung in Förderzentren wirkt sich ungünstig auf beide Faktoren aus, unter anderem, da sich die besuchte Schule oftmals nicht im wohnortnahen Sozialraum befindet und entsprechende Angebote gar nicht wahrgenommen werden können (vgl. a.a.O. S. 26f.). Dennoch – oder gerade deswegen – sieht es das *Bundesjugendkuratorium* als erste Aufgabe der Kinder und Jugendarbeit an, Träger, Verbände und Fachkräfte für das Thema der „Inklusion" zu sensibilisieren. Dies führt in einem nächsten Schritt zur Analyse bestehender Exklusionstendenzen und Barrieren, die es zu bearbeiten gilt, um prinzipiell allen Kindern und Jugendlichen Zugang zu allen Angeboten und Bereichen der offenen Kinder- und Jugendarbeit sowie der Jugendverbandsarbeit im jeweiligen Sozialraum zu gewähren. Nach Einschätzung des *Bundesjugendkuratoriums* bestünden in der Praxis mehr Vorbehalte als reale Probleme, wobei hier unter Umständen vor allem der sozialpolitische Auftrag der Kinder- und Jugendarbeit zu betonen sei, auch, um notwendige Änderungen zu organisieren und zu finanzieren (vgl. a.a.O., S. 28f.).

An einer Identifikation der bestehenden Barrieren in der Kinder- und Jugendarbeit versuchte sich unter anderem das Projekt „Freiräume" (Laufzeit: 2015–2017), das in Bielefeld mit dem Ziel der stärkeren Öffnung der Kinder- und Jugendarbeit, in Hinblick auf eine inklusive Gestaltung der Jugendarbeit sieben zentrale Barrieren ermittelte: 1) Finanzierung/Kosten, 2) Personalbedarf/

Personalausbildung/Assistenzen, 3) bauliche/räumliche Voraussetzungen, 4) Haltungen von Mitarbeitenden/Organisationsstruktur, 5) Eltern/Erziehungsberechtigte, 6) Schulsystem und 7) politische Rahmungen *(vgl. Voigts* 2019, S. 31). Abgesehen von dem „Grundkonflikt der unzureichenden, nicht planbaren Finanzierung der offenen Kinder- und Jugendarbeit" (a.a.O., S. 32), werden inklusionsspezifische Finanzierungsbedarfe vor allem in den Bereichen 2) und 3) gesehen. Nicht nur in die Qualifikation des vorhandenen Personals müsse investiert werden, zur Ermöglichung der Teilhabe von Kindern und Jugendlichen mit Behinderungen sei außerdem eine Erhöhung des Personalschlüssels sowie eine unkompliziert zu beantragende Begleitung durch Assistenzen notwendig. Insbesondere die Praxis, zahlreiche Honorarkräfte anstelle von fest angestellten, sicher finanzierten Mitarbeitenden in der Kinder- und Jugendarbeit zu beschäftigen, sei für die Umsetzung inklusiver Strukturen ungünstig. Einerseits sind die dringend erforderliche Verlässlichkeit und Kontinuität in Bezug auf die Ansprechpersonen für die Zielgruppe dadurch nicht gegeben, andererseits sind Honorarkräfte oftmals nicht in Fortbildungen eingeplant oder an der strukturellen Planung und Entwicklung der betreffenden Einrichtung beteiligt, was für eine umfassend inklusive Gestaltung aber sinnvoll wäre. Um diese herausfordernde personelle Situation zu verändern, bedürfe es jedoch grundlegend anderer Finanzierungsmechanismen (vgl. a.a.O., S. 34f.). Ebenso finanziert werden müsse eine Anpassung der bisher barrierereichen Räumlichkeiten, sodass Kindern und Jugendlichen mit Behinderungen zunächst einmal der physische Zugang zu den betreffenden Räumen gewährt werden könne (vgl. a.a.O., S. 35f.). Der Abbau räumlicher Barrieren erfährt jedoch nur dann einen nachhaltigen Mehrwert, wenn Kinder und Jugendliche auch den Sozialraum nutzen (können), dessen Einrichtungen barrierearm oder -frei gestaltet sind. Eine getrennte Beschulung mit intensiver, ganztägiger Einbindung in das System der Förderzentren, die sich häufig nicht im unmittelbaren Wohnumfeld der Besucher*innen befinden, führt dazu, dass Schüler*innen der Förderzentren höchstens in exklusiven Projekten während der Unterrichtszeit oder infolge des Engagements der Eltern zu Besucher*innen der Einrichtungen der Jugendarbeit werden. Dauerhaft könne diesem Zustand nur durch eine sozialräumlich orientierte, inklusive Beschulung entgegengewirkt werden (vgl. a.a.O., S. 39f.).

Die Überwindung sprachlicher Barrieren durch den Einsatz von Leichter Sprache und die mehrsprachige Gestaltung von Informationsmaterialen wurde hingegen im Zuge des Projekts „Freiräume" häufig bereits durch einmalige Förderungen angestoßen. Als zentral stellte sich auch die Haltung der Mitarbeitenden gegenüber Entwicklungsprozessen im Allgemeinen, vor allem aber in Bezug auf Inklusion heraus. Das persönliche Verständnis von „Inklusion" sowie die Verknüpfung der inklusiven Gestaltungsstrategien mit Ressourcenkonflikten waren dabei besonders entscheidend. „Die ‚Haltungsfrage' wird [...] als eine Herausforderung gesehen, weil an ihr beständig gearbeitet und sie im Gesamtteam immer wie neu thematisiert werden müsse" (a.a.O., S. 37). Nicht nur die Haltung der Mitarbeitenden, auch die Haltung der Kinder und Jugendlichen wurde als mögliche Barriere herausgearbeitet, denn, die Annahme, dass Inklusion gewollt sein müsse und nicht von oben verordnet werden könne, stellte einen Grundsatz des Projekts dar (vgl. a.a.O., S. 38). Da die Teilhabe junger Menschen mit Behinderungen an den Räumen und Angeboten der offenen Kinder- und Jugendarbeit häufig an das Engagement der Eltern geknüpft ist, stellen genau diese unter Umständen eine Barriere dar. Ängste und Vorbehalte gegenüber der offenen Jugendarbeit gelte es abzubauen sowie die Ressourcen der Eltern zu aktivieren. Eine adäquate Kommunikation mit dieser für die offene Jugendarbeit neuen Zielgruppe müsse erst noch erlernt werden (vgl. a.a.O., S. 40f.) – der Rückgriff auf die Erfahrungswerte der Akteur*innen der Eingliederungshilfe stellte sich im Projektverlauf als hilfreich heraus (vgl. a.a.O., S. 53ff.).

Anhand dieser beiden Beispiele – der Umsetzung von Integration beziehungsweise Inklusion in der Kindertagesbetreuung sowie, ausführlich dargestellt, im Rahmen der offenen Kinder- und Jugend- sowie der Jugendverbandsarbeit – lassen sich die Anmerkungen und Forderungen in Positionspapieren der *Arbeitsgemeinschaft für Kinder- und Jugendhilfe (AGJ)* gut nachvollziehen. Gefordert werden neben der kontinuierlichen Verständigung über die Bedeutung und den Inhalt des Inklusionsbegriffs und -konzepts in der Kinder- und Jugendhilfe die Etablierung sowohl zielgruppenspezifischer, als auch zielgruppenübergreifender Ansätze und Angebote. Nachdem die Kinder- und Jugendhilfe gemäß Artikel 1 des SGB VIII unter anderem „dazu beitragen [soll], positive Lebensbedingungen für junge Menschen und ihre Familien sowie eine kinder- und familienfreundliche Umwelt zu erhalten oder zu schaffen" (Art. 1 Abs. 3 Nr. 4 SGB VIII) sollten laut *AGJ* auch alle Angebote für alle Kinder, Jugendliche und ihre Familien konzipiert beziehungsweise geöffnet und somit, auf Grundlage eines inklusiven Leitbildes, umfassende Teilhabe gewährleistet werden (vgl. *Vorstand der Arbeitsgemeinschaft für Kinder- und Jugendhilfe – AGJ* 2012). Teilhabe muss dabei rechtlich ebenso gesichert, wie innerhalb der Gesellschaft umfassend ermöglicht werden, was ein Ressourcen-Etikettierungs-Dilemma hervorbringt. Denn einerseits sollen Zuschreibungen als „von der Normalität abweichend" sowie die Fokussierung auf potentiell – im Zusammenspiel mit Umweltfaktoren – behindernde Merkmale zugunsten der Berücksichtigung individueller Bedarfe vermieden werden, andererseits ist eine konkrete Zielgruppenbenennung zur Verteilung der vorhandenen Ressourcen erforderlich und auch notwendig, um rechtliche Ansprüche auch geltend zu machen (vgl. 1). Die AGJ plädiert daher für einen klar konturierten, individuellen Rechtsanspruch auf Teilhabe sowie das Etablieren entsprechender Förderstrukturen, die ohne Betonung der Defizite und Merkmale der Exklusion auskommen (vgl. *Vorstand der Arbeitsgemeinschaft für Kinder- und Jugendhilfe – AGJ* 2018, S. 6ff.). Diese fortwährenden und umfangreichen Wandlungsprozesse verlangen nicht nur entsprechende Ressourcen, sondern auch die Berücksichtigung von Inklusion in Aus-, Fort- und Weiterbildung, bei Fragen der Organisations- und Personalentwicklung sowie den Ausbau der partnerschaftlichen Zusammenarbeit der Akteur*innen der Kinder- und Jugendhilfe untereinander, aber auch mit anderen gesellschaftlichen Akteur*innen wie zum Beispiel der Schule. Daher werden im Folgenden Möglichkeiten der Erfassung, Analyse und Beschreibung entsprechender Netzwerke eingeführt.

2.2 Vernetzte Akteur*innen: Forschungsheuristik

Die Perspektive der außerschulischen Akteur*innen im Bereich der Kinder- und Jugendhilfe und -arbeit in Bezug auf inklusive Bildung und Erziehung zu erfassen ist Ziel der Datenerhebungen der durchgeführten Begleitforschung. Dabei werden die Akteur*innen in ihren unterschiedlichen Rollen als Elemente eines Netzwerks betrachtet. Es wird versucht, die vielfältigen Beziehungen innerhalb des Netzwerks, die dazu dienen, inklusive Bildung umzusetzen, abzubilden und deren Gestaltung zu beschreiben. Daher bietet es sich an, als Forschungsheuristik einen akteurzentrierten Ansatz zu wählen, der durch Elemente der Netzwerktheorie und deren Terminologie ergänzt wird.

2.2.1 Akteurzentrierter Institutionalismus

Gregor Hensen et al. (2014) bestimmen Inklusion als „einen Praxisentwicklungskontext, der im Handeln unterschiedlicher Beteiligter und in den Organisationen des Erziehungs-, Sozial- und Bildungswesens als Umsetzungs- und Durchführungsprozess beschrieben werden kann"

(*Hensen* et al. 2014, S. 13). Selbst beim Vorhandensein detaillierter konzeptioneller Vorgaben zeigt sich bei der Implementierung des „Inklusions-Programms", dass es sich um ein komplexes Unterfangen, geprägt von Mehrdeutigkeit, Unsicherheiten, Legitimationsfragen sowie Anpassungs- und Innovationsleistungen handelt (vgl. a.a.O., S. 16), dessen Beschreibung und Analyse aufgrund seiner großen Komplexität von der Anwendung eines Klassifikationsschemas profitiert (vgl. a.a.O., S. 13). Ein solches Schema dient dazu, ebenjene Komplexität des Handelns der Akteur*innen einerseits zu erfassen und sie andererseits zu reduzieren, um die Elemente des betreffenden Prozesses einer weiterführenden Bearbeitung zugänglich zu machen. Zentral ist dabei, relevante Bestandteile des Organisationshandelns auf folgenden drei Analyseebenen zu berücksichtigen: Akteur*innen, Konzept, Struktur (vgl. a.a.O., S. 14). Diese Kriterien erfüllt der Ansatz des „Akteurzentrierten Institutionalismus", der unter Rückgriff auf Elemente des ökonomischen und des soziologischen Neo-Institutionalismus strukturalistische und handlungstheoretische Aspekte vereint (vgl. *Jakobi* 2007, S. 6). Ursprünglich von *Renate Mayntz* und *Fritz W. Scharpf* (1995) zur Analyse der „Steuerung und Selbstorganisation auf der Ebene ganzer gesellschaftlicher Teilbereiche" (*Mayntz & Scharpf* 1995, S. 39) entwickelt, nimmt der Akteurzentrierte Institutionalismus Interaktionen der relevanten Akteur*innen eines solchen Teilbereichs in den Blick und berücksichtigt dabei inhärente Institutionen (vgl. *Treib* 2015, S. 277), da „soziale Phänomene [als] das Ergebnis der Interaktionen zwischen intentional handelnden Akteuren [gesehen werden]. Diese Interaktionen werden durch den institutionellen Rahmen, in dem sie stattfinden, in mehrfacher Hinsicht strukturiert" (*Jakobi* 2007, S. 9). Der Akteurzentrierte Institutionalismus wird in der M!K-Begleitforschung nicht als theoretische Fundierung, sondern, wie von *Scharpf* und *Mayntz* auch intendiert (vgl. *Mayntz & Scharpf* 1995, S. 39) und unter anderem von *Tobias Jakobi* umgesetzt (vgl. *Jakobi 2007*, S. 8f.), als Forschungsheuristik herangezogen. Im Sinne eines „Aufmerksamkeitsdirigenten" (*Schimank* 2004, S. 292) verwendet, werden dadurch im Wesentlichen drei Ziele erreicht: 1) die Strukturierung des Wissens über den Untersuchungsgegenstand und das Untersuchungsfeld, 2) das Formulieren von Leitfragen – hier als Ergänzung zu den der Studie zugrundeliegenden Fragestellungen – sowie 3) das Hervorheben von Faktoren mit potentiell hoher Erklärungskraft (vgl. *Scharpf* 2000, S. 64). Diese primär ordnende und Orientierung bietende Funktion führt insbesondere in bisher wenig untersuchten Feldern oder bei komplexen Entscheidungssituationen und -prozessen zu einer Reduktion der Komplexität und macht damit letztlich den Untersuchungsgegenstand greif- sowie relevante Aspekte sichtbar. Aufgrund des selektiven Zugriffs werden einige Bestandteile des Akteurzentrierten Institutionalismus nicht näher erläutert. Im Folgenden werden jedoch grundlegende Kategorien, ausgehend von den zentralen Elementen der „Institutionen" und der „Akteur*innen" eingeführt und der Bezug zum vorliegenden Untersuchungsgegenstand beziehungsweise zum Feld der Vernetzung zur Gestaltung inklusiver Angebote durch Akteur*innen des außerschulischen Bildungsbereichs hergestellt.

Einem eher eng gefassten Institutionenverständnis entsprechend werden im Akteurzentrierten Institutionalismus unter „Institutionen" formelle und informelle Regelsysteme verstanden, „die einer Gruppe von Akteuren offenstehende Handlungsabläufe strukturieren" (a.a.O. S. 77). Dies beinhaltet neben rechtlichen und staatlich sanktionierten Vorgaben auch soziale Normen, Konventionen und Erwartungen, welche das Handeln der Akteur*innen beeinflussen, jedoch nicht gänzlich determinieren (vgl. *Jakobi* 2007, S. 9f.). Laut *Scharpf* (2000) handelt es sich beim institutionellen Rahmen, den die Regelsysteme bilden, jedoch um einen „Sammelbegriff, der im Forschungsprozess anhand des Untersuchungsgegenstands und der Forschungsfrage jeweils konkret operationalisiert und gefüllt werden muss" (*Jakobi* 2007, S. 10). Im Kontext des Projektes M!K stellt sich daher primär die Frage, welche solcher Regeln und Regelsysteme für die beteiligten Akteur*innen existieren und inwiefern sie für das professionelle Handeln und die Zusammenarbeit mit anderen Akteur*innen mit dem Ziel der Umsetzung von Inklusion relevant sind. Auch wenn sich rechtlich-formale Regelsysteme, unter ihnen die UN-BRK und diverse Aktionspläne, verhältnismäßig schnell identifizieren lassen, sind es deren Interpretationen, Deutungen und Umsetzungspraktiken, die für das konkrete Handeln der Akteur*innen ausschlaggebend sind. Durch das Zusammenspiel mit informellen Regelsystemen und weiteren Kontextvariablen ergibt sich ein bunter Strauß an Faktoren, die sich auf die Handlungs- und Interaktionsorientierungen der Akteur*innen auswirken. Da Akteur*innen immer in konkreten Situationen handeln, bestimmen Wahrnehmung und die Deutung einer Handlungssituation (kognitiver Bestandteil) zusammen mit den Präferenzen (motivationales Element) der Akteur*innen die Tendenzen zu bestimmten Handlungen mit (vgl. *Mayntz & Scharpf* 1995, S. 53ff.). Für die Zusammenarbeit mehrerer Akteur*innen ist eine Übereinstimmung beziehungsweise ein gewisser Grad an Ähnlichkeit der Handlungsorientierungen sinnvoll. Wird eine Handlungssituation unterschiedlich gedeutet, kann sich dies hemmend auf die gemeinsame Handlungsfähigkeit auswirken. Die Wahrscheinlichkeit des Auftretens solcher Diskrepanzen reduziert sich jedoch, je besser Akteur*innen sich kennen und je länger und regelmäßiger sie bereits zusammenarbeiten: „Institutionalisierte, auf Wiederholung angelegte Interaktionen zwischen politischen Akteuren [... bewirken,] dass die Wahrnehmungen und Situationsdeutungen der Akteure sehr ähnlich sind" (*Treib* 2015, S. 282). Präferenzen von Akteur*innen treten in Form von Interessen, Normen, Identitäten und Interaktionsorientierungen auf und hängen in hohem Maß von der Beschaffenheit der betreffenden Akteur*innen ab (vgl. *Scharpf* 2000, S. 116ff.). In Anlehnung an *Mayntz* und *Scharpf* (1995) wird zwischen individuellen, komplexen und kollektiven Akteur*innen unterschieden. Komplexe Akteur*innen setzen sich aus individuellen Akteur*innen zusammen, wobei diese unterschiedlich stark integriert sind. Besitzt die Ansammlung an individuellen Akteur*innen gemeinsame Ressourcen, Ziele und eine gemeinsame Handlungskoordination, ist von einem hohen Grad an Integriertheit auszugehen. Sind komplexe Akteur*innen zudem formal organisiert und sind Zugriffe auf Ressourcen sowie die Entscheidungsfindung hierarchisch strukturiert, handelt es sich um korporative Akteur*innen (vgl. *Jakobi* 2007, S. 14). Ein Großteil der in M!K involvierten Akteur*innen – wie Kindertageseinrichtungen oder Einrichtungen der kommunalen Jugendarbeit – ist dieser Kategorie zuzuordnen. Korporative Akteur*innen handeln am ehesten einheitlich, deswegen lassen sich Handlungen und Interaktionen, die personale Vertreter*innen von korporativen Akteur*innen, also individuelle Akteur*innen, durchführen, auch direkt auf die korporativen Akteur*innen beziehen (vgl. *Scharpf* 2000, S. 112).

Für das Projekt M!K wurden Expert*inneninterviews mit personalen Akteur*innen geführt. Es erscheint also zunächst naheliegend, die Aussagen der Expert*innen auch auf die Organisation zu beziehen, der sie angehören. Um einer vorschnellen Reduktion und Fehlinterpretationen vorzubeugen, wurden verschiedene Strategien angewandt. Zum einen wurde eine Frage in den Interviewleitfaden integriert, die zwischen dem persönlichen und dem professionellen Inklusionsverständnis unterscheidet. Zudem wurden Leitbilder und Konzepte der Organisationen, die kollektive Präferenzen und die Leitideen[9] dieser korporativen Akteur*innen abbilden, einbezogen. Ein Abgleich mit den handlungsleitenden Präferenzen und dem Bezug der interviewten

---

9 Das Konzept der „Leitidee" wird von *Jakobi* (2007) den übrigen Dimensionen des institutionellen Rahmens nach *Mayntz* und *Scharpf* (1995) hinzugefügt, um formal bestimmten Wertesystemen mit Handlungsrelevanz innerhalb der Organisationen Raum zu geben. Diese Idee wird hier aufgegriffen und über konfessionelle Akteur*innen hinaus auf alle beteiligten Akteur*innen übertragen.

Expert*innen zur organisationalen Leitidee, lässt Rückschlüsse darauf zu, inwiefern sie sich mit der Organisation, der sie angehören, identifizieren und in deren Sinne agieren (vgl. *Jakobi* 2007, S. 14ff.).

Um Vernetzungsaktivitäten und Erfolge der Zusammenarbeit als Bestandteil und Ergebnis sozialer Interaktionen zwischen komplexen Akteur*innen näher zu betrachten, bietet es sich an, auf die Analysekategorien der „Akteurkonstellation" und der „Interaktionsorientierung" zurückzugreifen. Das Anlegen dieser „Kategorien-Brille" erleichtert die Beschreibung und den Vergleich von Handlungssituationen, um Entscheidungen der Akteur*innen rückblickend zu erklären oder Hypothesen über ein zukünftiges Handeln abzuleiten (vgl. a.a.O., S. 16f.). In welcher Beziehung stehen die Akteur*innen in welcher Handlungssituation zueinander? Welche Rollen werden durch welche Akteur*innen übernommen? Welche Interaktionsorientierungen besitzen die Akteur*innen – stehen sie zum Beispiel im Wettbewerb miteinander? Zur Beantwortung dieser und weiterer relevanter Fragen zur Entschlüsselung der Akteurkonstellation im Netzwerk wird eine empirische Erhebung notwendig. *Mayntz* und *Scharpf* (1995) verweisen in diesem Zusammenhang auf die Netzwerkanalyse, welche auch im Projekt M!K durchgeführt wurde (vgl. 2.3). „Die Netzwerkanalyse erlaubt es, dauerhafte Beziehungen zwischen Akteuren als übergreifende Struktur sichtbar und im Hinblick auf eine Reihe analytischer Merkmale charakterisierbar zu machen" (*Mayntz & Scharpf* 1995, S. 62). Damit lassen sich auch die Interaktionsformen näher bestimmen, welche die Interaktionen der Akteur*innen systematisch beschreiben. Während die Konstellation der Akteur*innen in Bezug auf konkrete Handlungssituationen erhoben wird und damit ein statisches Bild wiedergibt, beziehen sich „Interaktionsformen" auf die Art der Koordination sozialer Handlungen (vgl. a.a.O., S. 60). *Mayntz* und *Scharpf* (1995) unterscheiden die Interaktionsformen des einseitigen und des wechselseitigen Handelns, der Mehrheitsentscheidung, der Verhandlung und der hierarchischen Steuerung voneinander. Die verschiedenen Interaktionsformen gehen mit unterschiedlichen Legitimationsanforderungen, Konfliktbearbeitungspotenzialen und Transaktionskosten einher und ergeben sich häufig aus der Beschaffenheit der institutionellen Kontexte, wie Netzwerken, Regimen oder Verbänden (vgl. *Treib* 2015, S. 288ff.). Diese bilden übergeordnete Strukturen, die dazu beitragen „mehr oder weniger dauerhafte Beziehungen zwischen Akteuren herzustellen" (*Jakobi* 2007, S. 17) und bestimmte Interaktionsformen begünstigen (vgl. ebd.). In Netzwerken ist die Form der Verhandlung besonders erfolgreich, da die Akteur*innen hier dauerhaft miteinander interagieren und dadurch Vertrauen aufgebaut haben, was einstimmige Entscheidungen als Verhandlungsergebnis begünstigt. *Oliver Treib* rät in diesem Zusammenhang zu einer begrenzten Teilnehmendenzahl sowie der Moderation der Verhandlung (vgl. *Treib* 2015, S. 288f.).

2.2.2 Zum Begriff des Netzwerks

Dem Aspekt des Vertrauens zwischen Akteur*innen wird in der Fachliteratur nahezu durchgehend große Bedeutung für eine gelingende Netzwerkbildung, -kommunikation und -steuerung zugesprochen (vgl. u.a. *Schubert* 2008, S. 47). Welche Faktoren sind jedoch darüber hinaus für die Konstitution, Stabilisierung und Gestaltung von netzwerkartigen Beziehungen relevant und können somit zum Erfolg der vernetzten Zusammenarbeit beitragen? Der Netzwerkforschung liegt zur Annäherung an diese Fragen kein einheitlicher theoretischer Bezugsrahmen zugrunde (vgl. *Emmerich & Maag Merki* 2009, S. 16; *Hollstein* 2006, S. 14). Aus soziologischen, sozialpsychologischen, wirtschafts- und politikwissenschaftlichen Perspektiven wird zu interaktionistischen, struktur-, systemtheoretischen, Governance-basierten und weiteren Erklärungsansätzen gegriffen, was zu unterschiedlichen theoretischen Definitionen und Aussagen über die

Konstitution von Netzwerken führt. An dieser Stelle soll zugunsten der Fokussierung des Anwendungsbezugs auf eine differenzierte Erläuterung der diversen theoretischen Grundlagen und eine Positionierung im existierenden Diskurs verzichtet werden. Mit Verweis auf die potentiell integrative Funktion der Netzwerkforschung (vgl. *Stegbauer* 2010, S. 15) werden überblicksartig zentrale Dimensionen verschiedener Ansätze einbezogen (vgl. *Reis* 2013). Eine knappe begriffliche Auseinandersetzung dient dazu, Orientierungspunkte für die Beschreibung und Ordnung der „netzwerkartigen Strukturen" (*Merkens* 2019, S. 92), in denen die Akteur*innen zusammenarbeiten, zu eruieren: Grundlegend definiert *Clyde Mitchell* (1969) (soziale) Netzwerke als „spezifische Mengen von Verbindungen zwischen sozialen Akteuren" (*Mitchell* 1969, S. 2). Verbindungen und Akteur*innen können dabei unterschiedlich beschaffen sein – als mögliche Netzwerkakteur*innen nennt *Betina Hollstein* (2006) unter anderem Organisationen, deren Verbindungen zueinander sich als Beziehungen und Interaktionen gestalten, die inhaltlich definiert sind *(vgl. Hollstein* 2006, S. 14). Dieser Inhaltsbezug stellt im Allgemeinen die Legitimationsgrundlage für die Entstehung von Netzwerken dar. Organisationen entscheiden sich diesem Ansatz nach bewusst dazu, zur Bearbeitung eines bestimmten Inhalts beziehungsweise Problems auf Vernetzung zurückzugreifen (vgl. *Emmerich & Maag Merki* 2009, S. 17).

Im Unterschied zur Kommunikationsbasierung der neueren soziologischen Systemtheorie kann das zentrale Merkmal soziologischer Netzwerktheorien in ihrer Handlungs- und Akteur*innenzentrierung (vgl. *Schimank* 2004) gesehen werden. Allerdings stellt sich in Hinblick auf die Akteur*innenperspektive nicht zuletzt die Frage, unter welchen Bedingungen sich Handlungsträger als solche konstituieren, das heißt in welcher Hinsicht eine Zurechnung von Handlung und Akteur*in in Form von Knoten und Relationen sowie eine gezielte Adressierung von Akteur*innen innerhalb von Netzwerken möglich ist (vgl. *Emmerich & Maag Merki* 2009, S. 18). Diese Problematik zeigt sich etwa im Hinblick auf die Beobachtung und Beschreibung von Netzwerken, die nicht zwischen einzelnen Individuen, sondern zwischen Wirtschaftsunternehmen oder staatlichen Verwaltungseinheiten, also Organisationen, bestehen (vgl. ebd.). Interorganisatorische Netzwerkbildungen werden als Sekundärformen sozialer Ordnungsbildung verstanden (vgl. ebd.), „die einen Bezug auf andere [... Organisationen] aufweisen. Sie beruhen auf Reziprozität und Vertrauen, beanspruchen einen gewissen Grad an Autonomie und ermöglichen das Verfolgen gemeinsamer Ziele und Aufgaben" (*Merkens* 2019, S. 86). Dabei muss beachtet werden, dass die beteiligten Organisationen als Netzwerkakteur*innen die Entscheidungen des Netzwerks mittragen, weswegen eine organisationsinterne Integration dieser Entscheidungen essentiell ist, um die Stabilität des Netzwerks nicht zu gefährden. *Gunther Teubner* (1992) spricht in diesem Zusammenhang von einer „Doppelattribution" (*Teubner* 1992, S. 199). Arbeiten Organisationen den genannten Definitionen gemäß in Netzwerken zusammen, wird dies mitunter als „Kooperation" bezeichnet. Aufgrund der überaus vielfältigen, sich teils widersprechenden Begriffsbestimmungen wird auf eine Merkmalsbeschreibung von „Kooperationen" verzichtet, zumal diese, bezogen auf den Untersuchungsgegenstand, wenig zielführend erscheint. Denn im Rahmen der Datenerhebung wurde vorrangig nach der „Zusammenarbeit" der betreffenden Akteur*innen gefragt und keine Differenzierung der Begriffe „Vernetzung", „Netzwerk", „Zusammenarbeit" und „Kooperation" vorgenommen. Daher nahmen die Befragten mit allen Termini auf diverse Formen der Zusammenarbeit Bezug. Dieser umgangssprachliche Gebrauch der genannten Begrifflichkeiten ist jedoch insofern als vorteilhaft anzusehen, als dass im Sinne einer explorativen Annäherung an den Untersuchungsgegenstand alle Formen der Zusammenarbeit, die den Teilnehmenden in den Sinn kamen, in die Auswertung einbezogen werden konnten, ohne sie einer vorherigen Klassifizierung oder Selektion zu unterziehen (vgl. u.a. *Reis* 2013; *Stegbauer* 2010, S. 15).

Zur näheren Beschreibung und Klassifizierung der Netzwerke verweist *Christian Stegbauer* (2016) auf acht grundlegende Bestandteile, die bei der Untersuchung von Netzwerken relevant werden: 1) Beziehungen beziehungsweise die Beziehungsstruktur des Netzwerks (ties), 2) die Festlegung des zu untersuchenden Netzwerks (set of nodes), 3) Situationen, 4) Aushandlungsformen, 5) Kultur, 6) Positionen, 7) Geschichten/Kommunikationsmedien und 8) Dynamik (vgl. a.a.O., S. 7ff.). Daraus lassen sich in Kombination mit Analysekategorien des Akteurzentrierten Institutionalismus und den Dimensionen, die *Claus Reis* (2013) im integrativen Verfahren beschreibt, die folgenden Fragen formulieren, die einerseits relevante Netzwerk-Dimensionen aufzeigen und sich andererseits als Leitfragen für die Netzwerkanalyse eignen (vgl. *Stegbauer* 2010, S. 7ff.):

- Welche Akteur*innen beziehungsweise Knoten gehören dem Netzwerk an?
- Welche Arten von Beziehungen treten innerhalb des Netzwerks zwischen den beteiligten Akteur*innen auf? Welche sind die wichtigen Bestandteile der Beziehung? Welche „types of tie" lassen sich vergleichen?
- Welche Akteur*innen nehmen welche Positionen oder Rollen ein?
- Wie lässt sich das Netzwerk gegenüber außen, beispielsweise gegenüber anderen Netzwerken, abgrenzen?
- Wie gehen die Akteur*innen mit ihrer doppelten Rolle als Mitglied einer Organisation, die wiederum Mitglied eines Netzwerks ist, um? Welche Konsequenzen ergeben sich dadurch für die Handlungsfähigkeit des Netzwerks?
- Wie wird das Netzwerk gesteuert? Wie erfolgt die interne Koordination, wie wird Reziprozität sichergestellt?

Akteur*innen handeln immer in konkreten Handlungssituationen – auch innerhalb eines Netzwerks. In jeder Handlungssituation werden die Beziehungen innerhalb des Netzwerks neu oder rekonstruiert und es ergeben sich Möglichkeiten zur Aushandlung. Diese werden jedoch nicht immer genutzt. Häufig werden bereits existierende Formen und erfolgte Verhaltensweisen in vorangegangen Handlungssituationen auf die gegenwärtige Handlungssituation übertragen (vgl. a.a.O., S. 7f.). Dies reduziert den Ressourcenaufwand der Akteur*innen und ermöglicht die Verstetigung bestimmter Handlungen in bestimmten Situationen innerhalb des Netzwerks. Daraus ergeben sich weitere forschungsleitende Fragen, die die Aushandlungsprozesse, Interaktionsformen und -orientierung betreffen:

- Welche Aushandlungsprozesse und -modi werden innerhalb des Netzwerks genutzt? Welche Interaktionsformen lassen sich erkennen?
- Was hält das jeweilige Netzwerk zusammen? Wie gelangen die Netzwerkpartner*innen zu einer gemeinsamen Handlungs- und Interaktionsorientierung? Worin besteht diese gemeinsame Handlungs- und Interaktionsorientierung?
- Welche Dynamik weist die Entwicklung des jeweiligen Netzwerkes – aus Sicht der beteiligten außerschulischen Akteur*innen – auf? (vgl. a.a.O., S. 9)

Reis (2013) schlägt vor, verschiedene Netzwerktypen gegeneinander abzugrenzen, um einen Überblick über die unterschiedlichen Arten der Netzwerkbildung zu erhalten. Zunächst differenziert er zwischen „zielgerichteten" und „ergebnisoffenen" Netzwerken. Ergebnisoffene Netzwerke werden eher durch Vertrauen und gemeinsame Grundüberzeugungen, zum Beispiel durch geteilte Werte in Form eines gemeinsamen Leitbildes, zusammengehalten. Dahingegen bearbeiten zielgerichtete Netzwerke häufig komplexe, aber klar definierte Aufgaben, die kaum von einzelnen Akteur*innen, sondern nur im Zusammenspiel der spezifischen Kompetenzen mehrerer Akteur*innen zu bewältigen sind (vgl. a.a.O., S. 4; *Schubert* 2008, S. 47).

In Bezug auf diese grundlegende Klassifizierung unterscheidet *Reis* (2013) weiterhin zwischen Informations-, milieubildenden, Projekt- und Produktionsnetzwerken. Die vier Netzwerktypen bündeln jeweils unterschiedliche Funktionen und Zielsetzungen. Das Gelingen der Netzwerkarbeit ist je nach Typ an verschiedene Voraussetzungen geknüpft, die *Reis* in Bezug zu den unterschiedlichen Ansätzen der Netzwerktheorie setzt. Die Dimensionen Struktur, Kultur, Prozess und Wissen verweisen auf die Absichten und Voraussetzungen die *Reis* dem entsprechenden Netzwerk zuordnet *(vgl. Reis* 2013, S. 4ff.). In allen Netzwerken müssen strukturelle Voraussetzungen gegeben sein, um das Gelingen der Netzwerkarbeit zu gewährleisten. Dazu zählen neben der Akzeptanz des Reziprozitätscharakters von Netzwerken und ihren Beziehungen die Ausbildung und Unterstützung geeigneter Kooperationsmodi bei vorhandener Kooperationsbereitschaft, Verlässlichkeit sowie die aktive und kontinuierliche Teilnahme am Netzwerk (vgl. a.a.O., S. 6).

Die primäre Funktion von Informationsnetzwerken ist demnach der Austausch von Informationen unter den Netzwerkpartner*innen, die diese Informationen allerdings eigenständig bearbeiten und bewerten. Die Beteiligung am Netzwerk berührt die Geschäftsfelder der Organisationen kaum. Das Teilen eines gemeinsamen Themas oder Wertekanons ist möglich, aber nicht unbedingt notwendig (vgl. a.a.O., S. 4).

Letzteres ist allerdings das Kernelement milieubildender Netzwerke. Sie widmen sich nicht nur einem gemeinsamen (politischen) Thema, sondern werden auch durch eine gemeinsame „Netzwerkkultur", ein ideelles Milieu – das zum Beispiel aus gemeinsam geteilten Professionsvorstellungen, Werten oder Handlungskonzepten bestehen kann – geeint (vgl. a.a.O., S. 4; 11f.).

„Projektnetzwerke haben als ‚temporäre Netzwerke' ihre Funktion darin, dass eine organisationsübergreifende Aufgabenstellung zeitlich befristet bearbeitet wird, zum Beispiel im Rahmen eines ‚Projekts'" (a.a.O., S. 4). Die Netzwerkpartner*innen werden durch das gemeinsame Thema „Projekt" zusammengehalten. Je nach Projektumfang und -inhalt kann es sinnvoll sein, die Wissensbestände der einzelnen Netzwerkpartner*innen vorab zu reflektieren (vgl. a.a.O., S. 11). Dies ist essentielle Voraussetzung in Produktionsnetzwerken, in denen autonome Organisationen über einen längeren Zeitraum hinweg zusammenarbeiten, um gemeinsam Produkte herzustellen oder Dienstleistungen zu erbringen. Da das gesamte Netzwerk einen (Dienst-)Leistungsprozess vollzieht, zu dem die einzelnen Netzwerkakteur*innen aber oftmals nur anteilig beitragen, ist für das Gelingen der gemeinsamen Produktion die Abstimmung und Gestaltung des Herstellungsprozesses entscheidend. Die Wissensvorräte der Organisationen müssen erschlossen und zusammengeführt werden. Das bezieht nicht nur Fach- und Professionswissen ein, sondern betrifft auch das praktische institutionelle Wissen der Organisationen (vgl. a.a.O., S. 4; 7ff.). *Reis* verweist, unabhängig von Netzwerktyp und theoretischem Zugang, auf die Notwendigkeit, das Feld der am Netzwerk beteiligten Akteur*innen zu beachten (vgl. a.a.O., S. 12).

2.3 Qualitative Netzwerkanalyse

„Soziale Netzwerke sind Phänomene der realen Welt, die unabhängig von deren Analyse existieren" (*Pfeffer* 2010, S. 227). Als Voraussetzung einer Beobachtung sozialer Netzwerke, „entlang ihrer formalen Konstitutionsmerkmale, Relationen und Knoten [gilt], dass vorgängige Interaktionen stattgefunden haben, die jene Relationen und Knoten in Wiederholungen entstehen lassen" *(Emmerich & Maag Merki* 2009, S. 20). Auch wenn der Netzwerk-Begriff eine gewisse

Stabilität und Erfassbarkeit nahelegt, verweist *Hollstein* darauf, dass er ein virtueller Begriff ist. Erst durch Festlegung und Definition wird bestimmt, wer zu einem Netzwerk gehört und woraus es besteht (*Hollstein* 2006, S. 14). Ausgehend von den zugrundeliegenden Fragestellungen wurden, unter Einbezug der beteiligten Akteur*innen im Bereich der außerschulischen Bildung in Kempten, Bedarfe außerschulischer Inklusion sowie die sozialräumliche Netzwerkstruktur der „Modellregion Inklusion Kempten (M!K)" explorativ erhoben und analysiert. Bei der vorliegenden qualitativen Netzwerkanalyse kam eine Triangulation quantitativer und qualitativer Methoden zum Einsatz. Triangulation meint in diesem Zusammenhang „die Kombination von unterschiedlichen Methoden, durch welche eine umfassendere und präzisere Erkenntnisgrundlage gewonnen werden kann, als dies durch die alleinige Anwendung der einzelnen Methoden möglich ist" (*Franke & Wald* 2006, S. 154). Auch wenn bei einer Triangulation kein vollständiger Konsens der Methoden möglich ist, bietet sie erweiterte Erkenntnismöglichkeiten (a.a.O., S. 162). Sie ist insbesondere unerlässlich, „wenn es darum geht, nicht nur Strukturen und deren Effekte zu untersuchen, sondern gleichzeitig auch zugrundeliegende Akteursstrategien zu identifizieren, mit denen sich Netzwerkstrukturen, -effekte und -dynamiken besser erklären und verstehen lassen" (a.a.O., S. 172). *Karola Franke* und *Andreas Wald* weisen darauf hin, im gesamten Forschungsprozess ein Ineinandergreifen der verschiedenen angewandten Forschungsmethoden zu beachten, so „dass der in der Erhebung angestrebte Effekt der umfangreicheren Erkenntnisgrundlage nicht dadurch eliminiert wird, dass mit zwei unterschiedlich kodifizierten Datensätzen zwei voneinander unabhängige Analysestrategien verfolgt werden" (a.a.O., S. 169). Im Projekt M!K stehen bei dem Einsatz eines quantitativen Fragebogens (vgl. 2.3.1) die Beziehungen zwischen den Akteur*innen im Mittelpunkt. Demgegenüber zeichnen sich die durchgeführten qualitativen Expert*inneninterviews (vgl. 2.3.2) dadurch aus, die Wahrnehmungen, Deutungen und Relevanzsetzungen individueller Akteur*innen aufzunehmen. Ergänzend werden in der Dokumentenanalyse (vgl. 2.3.4) frei zugängliche Einrichtungskonzeptionen und Leitbilder berücksichtigt.

Ziel der vorliegenden Studie war einerseits, ein Gesamtnetzwerk der Akteur*innen der außerschulischen Bildung in Kempten darzustellen sowie andererseits die Formierung, die Ausgestaltung und den Wandel von Netzwerkbeziehungen mit dem Ziel der inklusiven Zusammenarbeit zu erfassen. Diese Zielsetzungen machen ein multimethodisches Vorgehen notwendig. Denn Netzwerkdarstellungen bilden im Sinne einer Momentaufnahme die Konstellation der Netzwerkpartner*innen in einem Netzwerk zu einem bestimmten Zeitpunkt ab. Sofern derartige Netzwerkkonstellationen – wie im vorliegenden Fall – vorrangig aus den Angaben der Akteur*innen selbst erstellt werden, können Netzwerkdarstellungen den Anspruch, ein gesamtes Netzwerk umfassend und lückenlos abzubilden, von Vornherein nicht erfüllen. Zusätzlich zur Tatsache, dass nicht alle vorab identifizierten und potentiell relevanten Akteur*innen des Untersuchungsfeldes an der Studie teilnehmen und damit bereits Daten verloren gehen, entstehen weitere Leerstellen im Datensatz infolge lückenhafter Angaben der teilnehmenden Akteur*innen. Diese Lückenhaftigkeit ist auf diverse Ursachen wie die selektive menschliche Merk- und Erinnerungsfähigkeit oder die möglicherweise begrenzte Informiertheit der befragten Personen zurückzuführen. Die eruierten Netzwerke im Rahmen dieser Studie fungieren somit in erster Linie als Basis für weitere Erhebungen sowie als Referenzrahmen zum Abgleich der Angaben verschiedener Akteur*innen. Zudem bringen sie die individuellen Relevanzsetzungen der beteiligten Akteur*innen in mehrerlei Hinsicht zum Ausdruck: Es ist erstens anzunehmen, dass die Akteur*innen, die sich bewusst gegen eine Teilnahme an der Studie entschieden haben und deren Angaben somit nicht in die Netzwerkdarstellung einbezogen werden konnten, die Relevanz der Studie selbst – und damit mitunter auch der Vernetzung im Sinne eines inklusiven Sozialraums – insgesamt geringer einschätzen, als die teilnehmenden Akteur*innen. Zudem kann vermutet werden, dass tatsächlich involvierte Akteur*innen, die durch Kooperationspartner*innen jedoch nicht benannt wurden, zum Zeitpunkt der Erhebung für diese eine geringere Rolle spielten als die benannten Netzwerkpartner*innen. Die erschlossenen Netzwerke dienen somit vorrangig als Impuls, die vermuteten Relevanzsetzungen im Rahmen weiterer Erhebungen zu er- und zu hinterfragen – immer in dem Bewusstsein, dass Netzwerke einem ständigem Wandel unterliegen und auch qualitative Erhebungsmethoden zwar zugrundeliegende Sinnstrukturen und -gehalte aufdecken können, jedoch weder eine Vollständigkeit des Netzwerks garantieren, noch zeitliche Verläufe der Gestaltung von Netzwerken über den Erhebungszeitraum hinaus berücksichtigen können. Dies erfordert von den Akteur*innen selbst, von politischen Entscheidungsträger*innen sowie von allen Lesenden eine offene und reflektierte Lesart der vorgestellten Resultate sowie die Bereitschaft, diese unter Berücksichtigung aktueller Entwicklungen und Informationen kritisch einzuordnen.

2.3.1 Fragebogen

Die Studie war als Querschnittsbefragung angelegt. Das bedeutet, es wurde zu einem Zeitpunkt befragt. Die Angaben der Einrichtungen können nicht mit deren Einschätzungen zu einem früheren oder späteren Zeitpunkt im Rahmen anderer Befragungen in Verbindung gebracht werden. Der erstellte Fragebogen nahm die Schnittstellen zwischen den außerschulischen Einrichtungen der Kinder- und Jugendhilfe und -arbeit, sowie in Teilen der Eingliederungshilfe, mit schulischen Einrichtungen in den Blick. Im Mittelpunkt standen dabei die Fragen:

- Welche Vernetzungen von Jugendhilfe/Eingliederungshilfe und Schule gibt es im Kontext von M!K?
- Wie sind diese Netzwerke beschaffen?

Die Fragebogenerstellung erfolgte nach den Hinweisen von *Ralf Porst* (2014, S. 54ff.) zu Fragenformen, Skalenniveaus und -typen. Der Fragebogen enthält folgende Themenbereiche:

- Angaben zur Einrichtung (Tätigkeitsfelder, Trägerschaft, gesetzliche Grundlage der Tätigkeit), zur Zielgruppe (Anzahl der Kinder/Jugendlichen, Alter, Wohnsitz, Förderbedarfe) und zum beschäftigten Fachpersonal (zum Beispiel Qualifikation),
- Inklusion in der Einrichtung, bezogen auf Relevanz von Inklusion in der Arbeit, Verankerung in Leitbild/Konzeption, Leistbarkeit inklusiver Arbeit, bestehende Barrieren, Bedarfe für inklusive Arbeit und Öffentlichkeitsarbeit sowie
- Vernetzung der Einrichtung, insbesondere Zusammenarbeit mit Schulen in Kempten, Zusammenarbeit mit außerschulischen Einrichtungen in Kempten, Zusammenarbeit mit Gremien in Kempten, Art der Zusammenarbeit und Interesse an weiterer Zusammenarbeit.

Die Fragen und Items wurden literaturgestützt und prozessorientiert entwickelt. Teils wurden Fragen in Anlehnung an den „Inklumat", einem Selbsttest für Einrichtungen zur Umsetzung von Inklusion in der Kinder- und Jugendarbeit, einbezogen (*Kubus e.V.* o.J.), teils wurden Fragen entlang der Ergebnisse der explorativ geführten Interviews gestaltet. Neben den geschlossenen Fragen enthielt der Fragebogen offene Fragen, um beispielsweise die Art der Zusammenarbeit mit anderen Einrichtungen in Kempten beschreiben zu können. Ergänzend bestand die Möglichkeit, Rückmeldung zu den Themen der Befragung zu geben sowie weitere Anmerkungen mitzuteilen.

Der Einsatz des Fragebogens erfolgt nach einem Pretest. Hier wurde eine vorläufige Version des Fragebogens von Akteur*innen in den verschiedenen Arbeitsfeldern, außerhalb der Modellregion Inklusion Kempten getestet. Die Befragung richtete sich schließlich an alle Einrichtungen der Kinder- und Jugendhilfe, Kinder- und Jugendarbeit, Eingliederungshilfe, Kindertageseinrichtungen und Beratungsstellen (nach §§ 16, 30, 31 SGB VIII und § 32 SGB IX) in Kempten. Diese bilden die Grundgesamtheit der Untersuchung. Das Jugendamt der Stadt Kempten stellte Listen mit Zusammenstellungen der Einrichtungen der verschiedenen Tätigkeitsfelder zur Verfügung. Weitere relevante Akteur*innen wurden durch Eigenrecherche ergänzt. Insgesamt wurden 98 relevante Einrichtungen in Kempten ermittelt. Die Durchführung der Befragung fand online, mit Hilfe der Befragungssoftware Questback (Unipark) statt. Die Einrichtungen, beziehungsweise benannten Kontaktpersonen der Einrichtungen, erhielten im Herbst 2018 eine E-Mail mit einem Anschreiben, das über die Hintergründe und Ziele der Befragung informierte und einen Link zum Fragebogen enthielt. In Fällen, in denen keine direkte Ansprechperson bekannt war, wurde die Gesamteinrichtungsleitung um Weiterleitung an die Abteilungsleitungen gebeten. Der Link zum Fragebogen war drei Wochen aktiv, zwei Wochen nach Befragungsbeginn erhielten die Einrichtungen, die sich bis zu diesem Zeitpunkt noch nicht beteiligt hatten, eine Erinnerungsmail mit einer erneuten Einladung zur Teilnahme an der Befragung. Die Teilnahme erfolgte freiwillig und es wurden keine personenbezogenen Daten gespeichert. Die Angabe des Namens der Einrichtung war freiwillig. 106 Einrichtungen beziehungsweise Personen folgten dem Link zur Befragung, 46 Einrichtungen beendeten den Fragebogen nach Bearbeitung aller Fragen. Die Befragung erhebt keinen Anspruch auf Repräsentativität. Sämtliche Daten werden absolut vertraulich behandelt und nur im Rahmen des Forschungsprojektes statistisch, nicht personenbezogen, ausgewertet.

Die Befragungsergebnisse wurden mithilfe des Auswertungsinstruments Reporting+ der Software Questback verdichtet und verschiedene Einzelergebnisse wurden miteinander kombiniert. Im Anschluss daran wurden die Daten einerseits im Sinne einer quantitativen Netzwerkanalyse, andererseits mittels inferenzstatistischer Berechnungen aufbereitet und analysiert.

Im Rahmen der statistischen Auswertung wurden die vorhandenen Daten einer Datenplausibilitätsprüfung unterzogen und eine entsprechende Datenbereinigung beziehungsweise -sortierung wurde vorgenommen. So wurden beispielsweise die Ausprägungen der Variable „Art der Einrichtung", welche durch die teilnehmenden Einrichtungen selbst anhand vorgegebener Kategorien bestimmt werden sollte, bei Mehrfachnennungen auf eine, als „vorrangig" identifizierte, Ausprägung priorisiert und in Gruppen zusammengefasst, so dass letztlich nach disjunkter Zuordnung vier Kategorien entstanden, auf deren Basis die weiteren Auswertungen, für die die „Art der Einrichtung" relevant war, durchgeführt wurden: „Einrichtungen der Jugendhilfe", „Kindertages- und Tagespflegeeinrichtungen", „Einrichtungen mit Schwerpunkt Jugendarbeit" und „Einrichtungen mit Bezug zu Schule". Ähnlich wurde mit der Zuordnung der in den Einrichtungen vertretenen Berufsgruppen zu zwei Hauptkategorien (1. Heil-, und Sonderpädagogik, therapeutische Berufe und Psycholog*innen; 2. ausschließlich pädagogische und erzieherische Berufe) verfahren. Ziel der statistischen Berechnungen war, die Existenz von Zusammenhängen zwischen Variablen wie „Art der Einrichtung", „Art beziehungsweise Anzahl der Förderbedarfe in der Einrichtung" oder „Berufsgruppen in der Einrichtung" mit den Variablen „Relevanzsetzung von Inklusion" sowie „Vernetzungsaktivität der jeweiligen Einrichtung" zu identifizieren. Auch eine mögliche Korrelation zwischen „Vernetzungsaktivität" und „Relevanz von Inklusion" wurde überprüft. Die jeweiligen Unterschiede zwischen den verschiedenen Subgruppen auf den relevanten Variablen wurden durch Chi-Quadrat-Tests für nominalskalierte

Variablen sowie Varianzanalysen (ANOVA) für intervallskalierte Variablen berechnet. Da neben der statistischen Signifikanz von Gruppenunterschieden auch die praktische Bedeutsamkeit von Mittelwertunterschieden auf den erhobenen Merkmalen relevant ist, werden neben den F-Werten ebenfalls die entsprechenden Effektstärken angegeben. Hierfür wird die *Formel von Cohen* (vgl. *Cohen* 1988, 1992)[10] genutzt.

Die Auswertung offener Fragen erfolgte mittels des qualitativen Datenanalyseprogramms MAX-QDA. Die Analyse-Ebenen umfassten Akteur*innen, Konzept sowie Struktur.

2.3.2 Expert*inneninterviews

Im Sinne eines iterativen Forschungsdesigns wurden zunächst explorative Expert*inneninterviews durchgeführt, deren Ergebnisse in die Fragebogenentwicklung als auch in die letztliche Leitfadenentwicklung für die qualitative Expert*innenbefragung eingingen. Qualitative Interviews sind immer dann geeignete Untersuchungsmethoden, wenn entweder ein Feld und eine Fragestellung neu zu erschließen sind oder thematisch weitreichende Aspekte oder Konzepte erfasst werden sollen. So gab die Auswertung der Fragebögen klare Hinweise auf die Bedeutung der Qualität der Vernetzung und Zusammenarbeit, diese sind nur mittels qualitativer Verfahren zu erheben.

Die Leitfadenentwicklung folgte gängigen Prinzipien, wie sie etwa bei *Cornelia Helfferich* (2011) beschrieben werden. Zentrale Fragen und untergeordnete Aspekte werden ausformuliert, lassen aber Raum für die im Interview auftretenden Themen. Die qualitative Forschung interessiert sich *Helfferich* zufolge ergänzend für die Äußerung eines differenten Sinns, gibt diesem Raum und untersucht seine Konstitution. Sie ergänzt, dass standardisierte Forschung demgegenüber gemeinsamen Sinn pragmatisch als gegebene Verständigungsgrundlage voraussetzt und die Differenzen im Sinn der Forschenden und der Befragten nicht transparent werden (*Helfferich* 2011, S. 22).

Insgesamt wurden vier explorative und elf weitere leitfadengestützte Expert*inneninterviews durchgeführt. Die Auswahl der Expert*innen in der explorativen Untersuchungsphase folgte der Logik, möglichst unterschiedliche Organisationsformen, Aufgabengebiete und Zielgruppen zu skizzieren. Für die leitfadengestützten Interviews erfolgte dann ein theoretisches Sampling, das gemäß den gemeinsamen Auswahlkriterien mit Teilprojekt A ausgestaltet wurde. Die Netzwerkanalyse sollte ausgehend von ausgewählten Schulen den Sozialraum und die externen Unterstützungssysteme analysieren.

Als Kriterien für die Auswahl von Schulen für eine vertiefende Netzwerkanalyse waren folgende Aspekte relevant:

Es können nur Schulen an der Netzwerkanalyse teilnehmen, die 1. auch die Bereitschaft dazu erklären, 2. staatliche Schulen in den gängigen Schulformen (Grund- und Mittelschulen und Förderzentren) sind, 3. möglichst unterschiedliche Schulgrößen (Schülerzahl, Zahl der Lehrkräfte) repräsentieren, 4. bereits mehr als ein Schuljahr Erfahrungen mit dem Profil Inklusion haben, 5. auch Schüler*innen mit sonderpädagogischem Förderbedarf unterrichten, 6. Erfahrungen mit der Arbeit in multiprofessionellen Teams haben, 7. möglichst unterschiedliche Einzugsbereiche auf Stadtteilebene repräsentieren, 8. über vielfältige Kontakte in den Sozialraum (Stadtteil) verfügen.

---

10 Formel von Cohen: $d = \dfrac{\overline{x}_1 - \overline{x}_2}{\sqrt{(S_1^2 + S_2^2)/2}}$ Dabei stellt $\overline{x}_{(i)}$ den jeweiligen Mittelwert aus den beiden Stichproben und $\overline{s}_i^2$ die geschätzten Varianzen aus den beiden Stichproben dar. Nach *Jacob Cohen* (1988) stellen Effektstärken von $d \geq .2$ kleine Effekte, von $d \geq .5$ mittlere Effekte und von $d \geq .8$ starke Effekte dar.

Entsprechend konnten zwei Fokusschulen definiert und relevante Interviewpartner*innen gewählt werden. Die Auswertung der vollständig transkribierten Interviews erfolgte mittels des Datenanalyseprogramms MAXQDA nach *Udo Kuckartz* (2014, 2018). Im Rahmen einer kombinierten inhaltlich strukturierenden (vgl. *Kuckartz* 2018, S. 97ff.) und evaluativen (a.a.O., S. 123ff.) qualitativen Inhaltsanalyse wurden fallübergreifend unter Berücksichtigung des gesamten Datenkorpus in einem mehrstufigen Kodierprozess Haupt- sowie Subkategorien identifiziert, deren Relationen zueinander ebenfalls fallübergreifend, aber auch fallbezogen, analysiert wurden. Ausgehend von den zugrundeliegenden Forschungsfragen sowie den theoretischen Ansätzen und Bezugspunkten (vgl. 2.1; 2.2) wurde ein deduktiv-induktives Kategorienbildungsverfahren angewendet, wobei von einer direkten Zuordnung der Inhalte zu den im leitfadenorientierten Interview gestellten Fragen ausdrücklich abgesehen wurde (*Schmidt* 2013, S. 478). Die Auswertungspraxis des „konsensuellen Codierens" (a.a.O., S. 211) durch ein erweitertes Forscherinnen-Team führte zu einer hohen Intercoder-Übereinstimmung (vgl. a.a.O., S. 206). Die externe Güte der Auswertungsergebnisse wurde durch verschiedene Auswahl- und Auswertungsverfahren wie das der „Kontrastierung" (vgl. a.a.O., S. 218), durch den Einbezug von Feldprotokollen sowie durch die Ergänzung und Validierung der Kategorien und Konzepte im Abgleich mit Daten relevanter Dokumente (vgl. 2.3.3) gewährleistet. Die, neben der Reflexion der Übertragbarkeit der Ergebnisse, angedachte Expert*innendiskussion im Rahmen einer Fachtagung konnte aufgrund der Versammlungen limitierenden Richtlinien zur Bekämpfung der COVID-19-Pandemie im Jahr 2020 leider nicht erfolgen.

2.3.3 Dokumentenanalyse

Neben den Befragungsdaten wurden zur Ergänzung des Materials, das aus den Interviews gewonnen wurde, unterschiedliche Dokumente im Zusammenhang mit den befragten Akteur*innen heran- und einer – vorrangig inhaltlich orientierten – Dokumentenanalyse unterzogen. Die analysierten Einrichtungskonzeptionen oder Leitbilder waren frei im Internet zugänglich und wurden im Sinne der „Leitidee" nach *Jakobi* dazu verwendet, die Bezüge auf den institutionellen Rahmen der befragten Akteur*innen zu konkretisieren und zu verdichten (vgl. *Jakobi* 2007, S. 14ff.). Gleichzeitig sollten Anhaltspunkte dafür gewonnen werden, welche Aspekte in Bezug auf „Inklusion", „Sozialraum" und „Vernetzung" durch die Einrichtungen selbst nach außen getragen und damit zum Bestandteil ihrer Selbstbeschreibungen werden. Diese prägen nicht nur die Wahrnehmung potentieller Klient*innen von der betreffenden Einrichtung, sondern bieten auch anderen Akteur*innen die Möglichkeit, Handlungs- und Interaktionsorientierung und damit das Kooperations- und Netzwerkpotential einzuschätzen.

2.4 Ergebnisse: Inklusion und Vernetzung in den Einrichtungen

Im Folgenden werden die Ergebnisse der empirischen Untersuchungen dargestellt. Um sowohl die Akteur*innen, als auch die Befunde einordnen zu können, werden zunächst die befragten Einrichtungen anhand einiger Eckdaten beschrieben, um dann die Umsetzung von Inklusion in den Einrichtungen selbst in den Blick zu nehmen. Im Anschluss werden die Erfahrungen der Akteur*innen mit professioneller Vernetzung in der Modellregion geschildert. Basierend auf diesen Ergebnissen werden, nach der Auseinandersetzung mit den Hürden und Bedarfen der Vernetzungsarbeit hinsichtlich inklusiver Zusammenarbeit, die Faktoren herausgearbeitet, die aus Sicht der Interviewpartner*innen zu einer gelingenden Gestaltung der inklusiven Zusammenarbeit beitragen. Dabei wird – entsprechend der Unterscheidung verschiedener Dimensionen, die die Interviewpartner*innen selbst treffen – zwischen Elementen der Mikro-, Meso- und Makroebene unterschieden. Während beispielsweise die „alltägliche Inklusionsarbeit in der Kita-Gruppe", die eine Fachkraft leistet, der Mikroebene zugeordnet werden kann, sind Faktoren auf Einrichtungs- oder Trägerebene im Folgenden auf einer Meso-, kommunale, länder- und bundesweite Vorgaben oder Institutionen auf einer Makroebene verortet.

Zunächst wurden die Mitarbeitenden, die den Fragebogen für die Einrichtung, in der sie beschäftigt waren, ausfüllten, gebeten, Angaben zur jeweiligen Einrichtung zu machen. Sie sollten Tätigkeitsfelder, Trägerschaften und gesetzliche Grundlagen zuordnen und sich zur Zielgruppe der Einrichtung sowie zum dort beschäftigten Fachpersonal äußern. Dabei konnten Mehrfachantworten gegeben werden. Die Auswertung dieser erhobenen Daten gibt unter anderem Hinweise auf Strukturen, die für eine Einordnung beziehungsweise Diskussion der weiteren Ergebnisse der Befragung hilfreich sind.

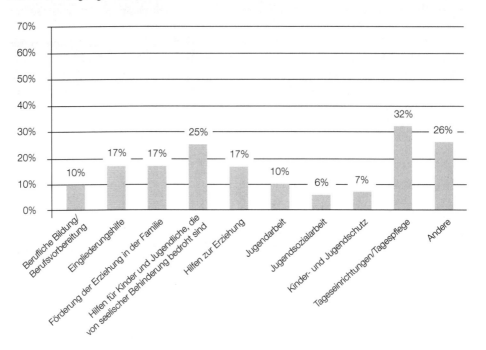

Abb. 2.1: Tätigkeitsbereiche der Einrichtungen (eigene Zuordnung) (n = 69)

Die Selbstzuordnung bietet einen Überblick über die vielfältigen Tätigkeitsbereiche der an der Umfrage beteiligten Einrichtungen. Teils wurden mehrere Tätigkeitsbereiche angegeben. Abbildung 2.1 zeigt eine hohe Beteiligung von Einrichtungen aus dem Bereich Kindertagesbetreuung und Tagespflege. Unter den Einrichtungen, die die Beantwortung des Fragebogens abgeschlossen haben, sind 19 Einrichtungen diesem Tätigkeitsbereich zuzuordnen. Da in diesem Feld zahlreiche Einrichtungen innerhalb Kemptens existieren, ist dieses Ergebnis wenig verwunderlich, eröffnet aber die Möglichkeit, die Kindertageseinrichtungen und die Einrichtungen der Tagespflege im weiteren Verlauf zu gruppieren und die entsprechenden Daten und Ergebnisse mit denen der gesamten Stichprobe beziehungsweise denen der restlichen Einrichtungen zu vergleichen. Nachdem Kindertageseinrichtungen und Einrichtungen der Tagespflege als eine Art Vorreiterinnen bei der Umsetzung inklusiver Erziehung und Bildung gelten (vgl. *Lange* 2017, S. 7f.; *Lütje-Klose* 2013, S. 14f.; *Vock & Gronostaj* 2017, S. 34), bietet dieses Vorgehen Potential, aufschlussreiche Erkenntnisse zu generieren. Auf Grundlage der Befunde aus Fachliteratur, der Stichprobengröße, der Angaben zum Tätigkeitsbereich und zur besseren Vergleichbarkeit im Rahmen der weiteren Auswertung wurden die übrigen Einrichtungen zudem in einem zweiten Schritt den drei Kategorien „Jugendhilfe", „Jugendarbeit" sowie „mit Bezug zu Schule" zugeordnet. Jede Einrichtung wurde nur einer Kategorie zugeteilt.

Entsprechend der Vielfalt der Tätigkeitsfelder (vgl. Abb. 2.1) sind auch die gesetzlichen Grundlagen, auf welchen die an der Umfrage beteiligten Einrichtungen tätig sind, vielfältig. Das achte Sozialgesetzbuch (SGB VIII) bildet mit 43 Prozent die am häufigsten ausgewählte gesetzliche Grundlage für die Arbeit der Einrichtungen. Ein unauffälliges Ergebnis, betrachtet man die Art der beteiligten Einrichtungen und die angegebenen Tätigkeitsfelder. Auffällig ist lediglich, dass neun Prozent der Antworten auf die Kategorie „keine Angabe möglich" entfallen. Die Gründe hierfür lassen sich anhand des vorliegenden Datensatzes nicht erschließen. Möglich ist, dass die Mitarbeitenden, die den Fragebogen ausfüllten, womöglich keine (genaue) Kenntnis über die gesetzlichen Rahmenbedingungen ihrer Einrichtung beziehungsweise Arbeit besaßen, es innerhalb der Einrichtung in der Praxis großen Spielraum bezüglich der konkreten rechtlichen Verortung gibt oder gar nicht auf einer spezifischen gesetzlichen Grundlage operiert wird, sondern die Angebote anderweitig finanziert werden.

Auf die Frage nach den Zielgruppen der Einrichtungen hin wurden die Altersgruppen „Krippenkinder" und „Kindergartenkinder", welche die Einrichtungen besuchen, beziehungsweise durch die Einrichtung betreut werden, am häufigsten genannt (vgl. Abb. 2.2). Dabei handelt es sich ebenfalls um ein zu erwartendes Ergebnis, beachtet man die hohe Anzahl der an der Umfrage beteiligten Kindertages- und Tagespflegeeinrichtungen.

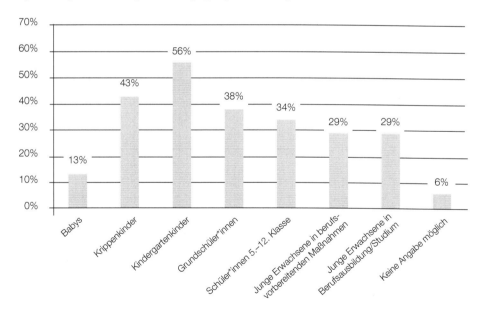

Abb. 2.2: Zielgruppen der befragten Einrichtungen (n = 68)

Die Wohnsitze der Kinder und Jugendlichen, die zur Zielgruppe der Einrichtungen gehören, verteilen sich wie in Abbildung 2.3 dargestellt:

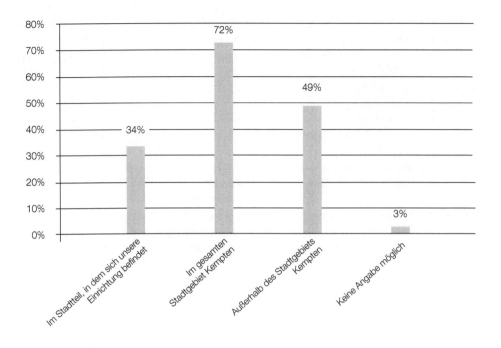

Abb. 2.3: Wohnsitze der Kinder und Jugendlichen (n = 68)

Auffällig ist hier der vergleichsweise hohe Anteil an Kindern und Jugendlichen, deren Wohnsitz außerhalb des Stadtgebiets Kemptens liegt (49 Prozent). Es gibt demnach eine große Anzahl von Kindern und Jugendlichen, die, um Angebote im außerschulischen Bildungs- und Erziehungsbereich wahrzunehmen, in die Stadt einpendeln. Dies ist insbesondere für die Gruppe der Kindertages- und Tagespflegeeinrichtungen auffällig, von denen neun angeben, Kinder mit Wohnsitz außerhalb des Stadtgebietes zu betreuen. Hingegen geben nur fünf der 19 Einrichtungen an, dass die Kinder oder Jugendlichen, die sie betreuen, ausschließlich in dem Stadtteil ihren Wohnsitz haben, in dem sich die Einrichtung befindet. In Bezug auf die sozialräumliche Vernetzung der Einrichtungen ist daher zu beachten, dass Kinder oder Jugendliche offensichtlich in mehreren Sozialräumen verortet sein und damit auch zu deren Konstitution beitragen können.

Zur Frage „Besuchen Kinder und Jugendliche mit sonderpädagogischem Förderbedarf Ihre Einrichtung?" machten 67 Einrichtungen Angaben. 74 Prozent dieser Einrichtungen bejahten die Frage. Der Begriff „sonderpädagogischer Förderbedarf" ist jedoch ein schulisch geprägter, der in Kindertages- und Tagespflegeeinrichtungen meist nicht verwendet wird (vgl. *Lütje-Klose* 2013, S. 23). Förderbedarfe werden in außerschulischen Einrichtungen teils durch andere Kategorien bestimmt, teils sind sie (noch) nicht diagnostiziert. Möglicherweise hat die Kategorie des „sonderpädagogischen Förderbedarfs" – zumindest für einen Teil der Einrichtungen – daher auch keine oder nur eine geringe Bedeutung, denn 14 Prozent gaben an, dass keine Angabe zu dieser Frage möglich sei. Die Einrichtungen, die jedoch bestätigten, dass Kinder und Jugendliche mit sonderpädagogischem Förderbedarf ihre Einrichtung besuchten, wurden im Weiteren nach der Art des Förderbedarfs der Kinder und Jugendlichen gefragt. Am häufigsten wurde dabei der Förderbedarf „emotionale und soziale Entwicklung" genannt (76 Prozent). Die weitere Verteilung zeigt Abbildung 2.4.

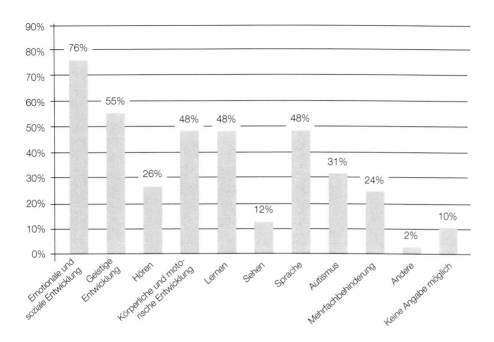

Abb. 2.4: Förderbedarfe der Kinder und Jugendlichen in der Einrichtung (n = 42)

Auch die Art des Fachpersonals, das in den Einrichtungen beschäftigt ist, wurde abgefragt. Die Angaben (n = 61) hierzu zeigen ein vielfältiges Bild unterschiedlicher Disziplinen, die zum Teil in multiprofessionellen Teams tätig sind.

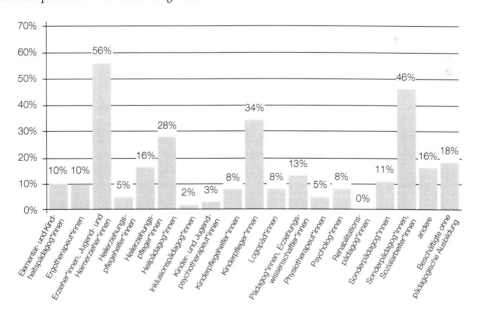

Abb. 2.5: Art der beschäftigten Fachkräfte in den Einrichtungen (n = 61)

Dieses bereits sehr diverse Bild wird durch die Nennungen im offenen Angaben-Feld „Andere" noch erweitert. Hier finden sich zusätzlich Sozialfachwirt*innen, Beratungsfachkräfte, Schulpsycholog*innen, Grundschullehrer*innen, heilpädagogische Förderlehrer*innen, Gesundheitswissenschaftler*innen, Kunstpädagog*innen, Kinderkrankenpfleger*innen, Diätassistent*innen, Seelsorger*innen, Sozialwirt*innen sowie Musiklehrer*innen.

Um einen möglichen Zusammenhang zwischen den Professionen, die in den Einrichtungen vertreten sind, und der Relevanz von Inklusion zu ermitteln, wurden die genannten Berufe in Kategorien zusammengefasst und deren Verteilung auf die Einrichtungstypen betrachtet. Abbildung 2.6 zeigt, dass in allen Einrichtungen mit Bezug zu Schule mindestens eine*ein Beschäftigte*r aus dem Berufsfeld der Heil- und Sonderpädagogik oder aus einem therapeutischen Beruf beziehungsweise der Psychologie angestellt ist, während Angehörige dieser Berufsgruppen in Einrichtungen der Jugendarbeit nur bei 20 Prozent mit mindestens einer*einem Mitarbeitenden vertreten sind. Nachdem die Akteur*innen mit Bezug zu Schule häufig in beratender Funktion oder in multiprofessionellen Teams tätig sind, verwundert auch dieses Ergebnis nicht – vor allem vor dem Hintergrund der ausgeprägten Bemühungen um die inklusive Gestaltung der Kemptener Schullandschaft. Dieser Befund lässt zudem weder auf die Anzahl der Beschäftigten der jeweiligen Berufsgruppen in den Einrichtungen schließen, noch sagt er etwas darüber aus, ob und wie viele Angehörigen welcher Disziplinen in oder für die Einrichtung tatsächlich von extern hinzugezogen werden, ohne dort angestellt zu sein.

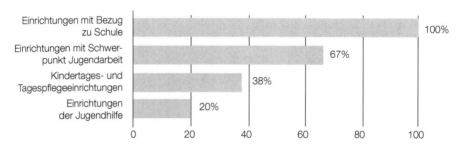

Abb. 2.6: Anteil der Einrichtungen mit mind. einer*einem Mitarbeitenden aus der Heil- und Sonderpädagogik, in einem therapeutischen Beruf oder aus der Psychologie in Prozent (n = 61)

Im Rahmen der qualitativen Interviewbefragung der Fachkräfte gaben diese auch Auskunft zu „aktuellen Themen" in ihren Einrichtungen. Da lediglich insgesamt 15 Interviews (davon vier Interviews mit explorativem Charakter) geführt wurden, kann nicht von einer Repräsentativität der genannten Themen ausgegangen werden. Die Anzahl und Diversität der beschriebenen Schwerpunkte spiegeln jedoch die Vielfalt der Anforderungen und Aufgaben wider, die die Mitarbeitenden der verschiedenen Organisationen im Arbeitsalltag erfüllen. Es wurden inhaltliche Themen, organisationsbezogene Aufgaben sowie methodische Aspekte genannt. Inhaltlich entsprechen die genannten Punkte in hohem Maße den Tätigkeitsbereichen und -aufträgen der Einrichtungen, die ihnen auch formal und öffentlich zugeschrieben werden: „Gestaltung des Übergangs in die Schule" und „Vorbereitung des neuen Kita-Jahres" nahmen beispielsweise in Kindertageseinrichtungen zum jeweiligen Zeitpunkt der Interviews großen Raum ein. Beratungsstellen befassten sich mit dem „Umgang mit Scheidungsfamilien" und der „Gestaltung präventiver Angebote", Interviewpartner*innen aus der Jugendarbeit gaben unter anderem eine intensive Auseinandersetzung mit „Partizipationsmöglichkeiten von Jugendlichen" und der „Gestaltung politischer Bildung von Jugendlichen in der Kommune" an.

An fachlichen und methodischen Prinzipien besaß für die Kinder- und Jugendhilfe und -arbeit das Prinzip der „Sozialraumorientierung" große aktuelle Bedeutung – zum Teil verknüpft mit einem „Präventionsgedanken", den es mittels einer sozialräumlichen Perspektive umzusetzen galt. „Elternarbeit" lässt sich als bereichsübergreifendes Thema für die Jugendhilfe im Allgemeinen und die Kindertageseinrichtungen im Speziellen identifizieren. Dieser Bereich sollte in vielen Einrichtungen vorangetrieben oder ausgebaut werden, was durch die Ausweitung der Kommunikation mit den Eltern in allen Fällen, durch die verstärkte Vermittlung spezifischer Informationen und Gespräche zum Förderbedarf der Kinder oder durch die Adressierung von Schwierigkeiten der Eltern beziehungsweise innerhalb der Familie mit Auswirkungen auf das Kind oder die*den Jugendlichen erreicht werden sollte.

Auf organisationaler Ebene setzten sich die Einrichtungen primär mit Themen der Personalentwicklung, oft im Zusammenhang mit einem bestehenden Personalmangel, auseinander. Interne Öffnungsprozesse waren sowohl in einer Kindertageseinrichtung als auch in einer Einrichtung der Jugendarbeit von Relevanz.

Inklusion als „brandaktuelles Thema" wurde von einer Kindertageseinrichtung genannt, die zum Zeitpunkt des Interviews eine Präsentation der eigenen inklusiven Arbeit im größeren Rahmen vorbereitete. Dies lässt zunächst keine Aussage über die grundsätzliche Relevanz des inklusiven Arbeitens in den Kindertageseinrichtungen zu, sondern lediglich darüber, dass innerhalb der anderen Organisationen kein als akut wahrgenommener Anlass zur Fokussierung auf dieses Thema bestand. Inklusion gilt oftmals als ein Thema unter vielen oder auch als Querschnittsaufgabe, die in verschiedenen Bereichen eingebracht und erfüllt wird: „Themen wie Inklusion [... sind] einfach so Querschnittsthemen, die (.) wichtig sind und die einfach in die Bereiche mit hineingehören und die dann so immer wieder thematisiert werden" (I2, 103).

Dass Inklusion in den befragten Einrichtungen im Stadtgebiet Kempten eine Rolle spielt, zeigen die weiteren Ergebnisse der Online-Befragung. Im Themenbereich „Inklusion in der Einrichtung" wurden die Zustimmungen beziehungsweise Ablehnungen zu fünf verschiedenen Aussagen mit Inklusionsbezug (fünf Einzelitems) mittels einer Skala abgefragt. Für die statistischen Berechnungen der Zusammenhänge verschiedener Variablen mit der der „Relevanz von Inklusion" wurde einerseits der „Inklusionsindex", der sich aus den fünf Einzelitems zu Inklusion zusammensetzt, sowie andererseits vor allem das Einzelitem „Inklusion ist in unserer Einrichtung relevant" herangezogen. Itemtexte, Mittelwerte (MW) und Standardabweichungen (SD) der Items sowie Mittelwert, Standardabweichung und Reliabilität des Index sind in Tabelle 2.1 angegeben.

Tab. 2.1: Zusammensetzung des Index zur Einschätzung der Relevanz der Inklusion

Skala	Items	MW (SD)	Reliabilität
Relevanz von Inklusion MW = 3.78 (SD = .70, n = 48)	Inklusion ist Gegenstand unseres Leitbildes/unserer Konzeption.	4.28 (1.04)	$\alpha = .63$
	Unsere Mitarbeiter*innen haben ein gemeinsames Verständnis von Inklusion.	3.96 (1.07)	
	Für unsere Mitarbeiter*innen besteht die Möglichkeit, sich zum Thema Inklusion fortzubilden.	4.13 (.90)	
	Inklusion können wir nur bedingt leisten (recodiert).	2.70 (1.24)	
	Inklusion ist in unserer Einrichtung relevant („Einzelitem").	3.87 (1.28)	

Die Verteilungen der Antworten der Befragten auf jede der fünf Fragen sind aus Abbildung 2.7 ersichtlich:

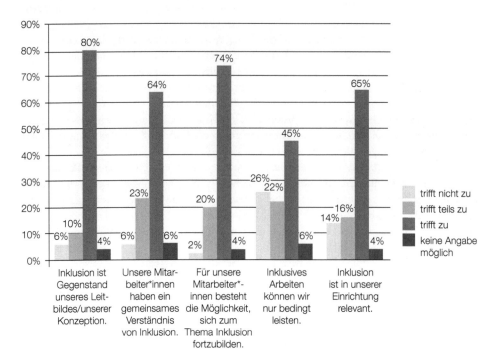

Abb. 2.7: Inklusion in der Einrichtung (n = 60)

Der Aussage, dass Inklusion Gegenstand ihres Leitbildes sei, stimmen somit 80 Prozent der an der Umfrage beteiligten Einrichtungen zu. Daraus lässt sich jedoch nicht unmittelbar folgern, dass die Mitarbeiter*innen einer Einrichtung ein gemeinsames Verständnis von Inklusion besitzen. Nach Einschätzung von insgesamt 35 Prozent der Einrichtungen trifft dies entweder nicht oder nur teilweise zu oder es ist keine Angabe möglich. Die Relevanz von Inklusion für die eigene Einrichtung wird von 65 Prozent der Befragten als vollständig zutreffend eingestuft. Knapp die Hälfte der Einrichtungen, die diese Frage beantworteten, gibt an, dass sie inklusives Arbeiten nur bedingt leisten kann. Demnach bestehen Barrieren für Inklusion in ihrer Praxis.

Inklusion besitzt für 81 Prozent der befragten Organisationen – zumindest teilweise – Relevanz. Nimmt man den Zusammenhang zwischen der Art der Einrichtung (Tätigkeitsbereich) mit Relevanz der Inklusion in der Einrichtung (Index) in den Blick (Abb. 2.8), zeigt der Mittelwertvergleich lediglich zwischen der Gruppe der Einrichtungen mit Bezug zu Schule (MW = 4.4) und den Einrichtungen mit Schwerpunkt Jugendarbeit (MW = 3.4) einen deutlichen Unterschied, der auch statistisch gegen den Zufall abgesichert werden kann ($F_{(1,8)}$ = 12.15, p = .010; d(JA/BS) = 2.4), wohingegen die Mittelwertunterschiede über alle Gruppen hinweg nicht signifikant sind ($F_{(3,41)}$ = 1.71, p = .182).

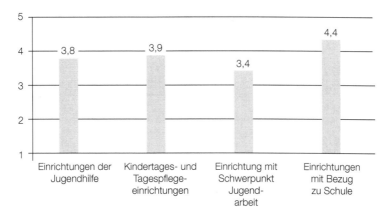

Abb. 2.8: Einschätzung der Relevanz von Inklusion (Index) nach Einrichtungsart (Tätigkeitsbereich) (n = 60)

Dies könnte durch die Annahme des *Bundesjugendkuratoriums* (2012) erklärt werden, dass die Jugendarbeit bei der Auseinandersetzung mit inklusiver Gestaltung, abgesehen vom ohnehin als inklusiv betrachteten Grundgedanken „Offen für alle", noch eher am Anfang stehe, während das Schulsystem sich seit der Integrationsbewegung der 1970er Jahre erst mit integrativen Forderungen, mittlerweile mit dem Anspruch, inklusive Bildung umzusetzen, konfrontiert sehe (vgl. *Bundesjugendkuratorium* 2012, S. 13).

In Einrichtungen, in denen mindestens eine*ein Angehörige*r aus den Berufsfeldern der Heilpädagogik, Therapie oder Psychologie angestellt ist, wird Inklusion hingegen nicht signifikant relevanter eingeschätzt, als in Einrichtungen, deren Mitarbeitende sich ausschließlich aus anderen, vorrangig (ausschließlich) pädagogischen oder erzieherischen, Berufsgruppen zusammensetzen ($F_{Item(1,42)}$ = 2.33, p = .135; d = .47; $F_{Index(1,43)}$ = 1.5, p = .227; d = .37). Die Relevanz von Inklusion wird jedoch höher bewertet, je mehr unterschiedliche Förderbedarfe die Kinder und Jugendlichen in der Einrichtung aufweisen. Dies gilt sowohl für den Index (r = -.28) als auch, und in noch stärkerem Maß, für das Einzelitem (r = -.35). Dabei ist zu beachten, dass nicht alle Einrichtungen den Förderbedarf der Kinder und Jugendlichen, die die Einrichtung besuchen, erheben. Insbesondere bei Angeboten, die auf Freiwilligkeit beruhen, wie sie zum Beispiel in der offenen Jugendarbeit häufig bestehen, wird der Förderbedarf einer*eines Jugendlichen nur selten thematisiert. Es könnte also auch ein Zusammenhang zwischen „Relevanz des Förderbedarfs" und „Relevanz von Inklusion" bestehen.

Was bedeutet die Relevanzsetzung von Inklusion für die Außenrepräsentation der Akteur*innen sowie deren Öffentlichkeitsarbeit? Dass sie innerhalb des Stadtgebiets als „inklusiv arbeitende" Organisationen wahrgenommen werden, schätzen 53 Prozent der Befragten als zutreffend oder teilweise zutreffend ein. 59 Prozent beteiligen sich auch an Veranstaltungen oder Aktionen, die den inklusiven Gedanken in der Stadt oder im Stadtteil fördern. Um eine gezielte Ansprache von Kindern und Jugendlichen mit Förderbedarf bemühen sich 41 Prozent der befragten Akteur*innen. Dass jeder junge Mensch in den betreffenden Einrichtungen willkommen ist und dies auch durch die Präsentation der Einrichtung nach außen hin vermittelt wird – davon gehen 82 Prozent der Befragten sicher aus (vgl. Abb. 2.9).

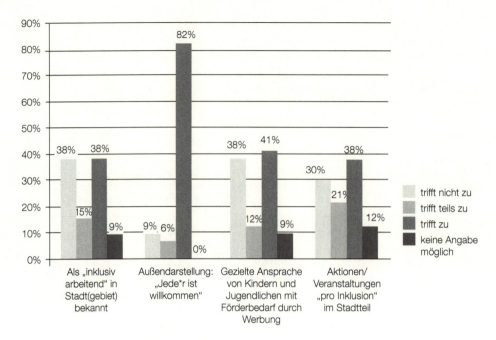

Abb. 2.9: Inklusion und Öffentlichkeitsarbeit in den Einrichtungen (n = 54)

Festzustellen ist eine grundlegend offene Haltung der Akteur*innen allen Personengruppen gegenüber – bei gleichzeitig relativ hoher Bewertung der Relevanz des Themas „Inklusion" für die eigene Organisation. Eine theoretische Auseinandersetzung, zumindest in Form der Festschreibung in Konzeptionen oder Leitbildern, erfolgt, so die Meinung der Befragten, ebenfalls in hohem Maße (80 Prozent). Dennoch werden nur 53 Prozent der Akteur*innen inklusives oder teilweise inklusives Arbeiten von außen zugeschrieben – so die Einschätzung der Befragten. Dies führt zu der Annahme, dass sich die theoretische Auseinandersetzung und die grundlegende Anerkennung der Bedeutung inklusiven Arbeitens womöglich nicht in der (sichtbaren) Arbeitspraxis, wie zum Beispiel in der Bereitstellung entsprechend gestalteter Angebote, niederschlagen und folglich Schwierigkeiten beim Theorie-Praxis-Transfer bestehen könnten. Eine zweite Möglichkeit, die beschriebene Diskrepanz zwischen Selbst- und Fremdwahrnehmung zu erklären, besteht darin, dass inklusive Arbeit nicht umfassend wahrgenommen wird, obwohl sie geleistet wird. Dies wäre für die sozialräumliche Umsetzung von Inklusion ungünstig, da die betreffenden Akteur*innen gegebenenfalls gar nicht als potentielle Vernetzungspartner*innen in Bezug auf Inklusion wahrgenommen werden würden. Dieser Umstand könnte auch mit einer Diskrepanz zugrundeliegender Inklusionsverständnisse in Zusammenhang stehen: Es ist denkbar, dass die Aktivitäten, die von der Einrichtung inklusiv angelegt sind, nicht als inklusiv interpretiert werden, obwohl die Angebote selbst bekannt sind. Teilweise wären derartige Wahrnehmungs- beziehungsweise Deutungs- und Kommunikationsprobleme durch die gezielte Ansprache der betreffenden Zielgruppen – in diesem Fall von Kindern und Jugendlichen mit Behinderung beziehungsweise Förderbedarf sowie ihren Familien – aufzulösen. Es ist anzunehmen, dass diese zielgruppenorientierte Kommunikation vor allem durch die Akteur*innen erfolgt, die ohnehin schon als inklusiv arbeitend bewertet werden – ansonsten bliebe nur der Schluss, dass die PR-Aktivitäten der inklusiv arbeitenden Einrichtungen, die fälschlicherweise nicht als solche wahrgenommen werden, keine Wirkung zeigten. Diese und weitere Hypothesen zur konzeptionellen und praktischen Relevanz von Inklusion in den Organisationen lassen die Frage aufkommen, wie sich inklusives Arbeiten aus Sicht der befragten Mitarbeitenden im Arbeitsalltag der Einrichtungen zeigt? Welche Bedeutung besitzt Inklusion für die Organisationen? Was verbinden diese mit „Inklusion" im Kontext ihres beruflichen Umfelds und auf welche institutionellen Regeln greifen sie bei der Umsetzung von Inklusion zurück?

2.4.1 Inklusionsverständnis

Um diese Fragen zu beantworten, ist es sinnvoll, zunächst das Inklusionsverständnis der kollektiven und personalen Akteur*innen, also der Einrichtungen und ihrer Mitarbeitenden, in den Blick zu nehmen. Wie bereits die einschlägigen Fachdiskurse vermuten lassen (vgl. *Bundesjugendkuratorium* 2012) – Inklusion ist ein vielschichtiger Begriff, der vor allem in konkreten Handlungssituationen, im Falle neuer Kooperationen beziehungsweise bisher unbekannter Kooperationspartner*innen oder in uneindeutigen und konflikthaften Situationen immer wieder neu ausgehandelt werden muss. „Inklusion" dient oftmals als Platzhalter für diverse, teils sehr unterschiedliche, Vorstellungen, Konzepte und Handlungsprinzipien. Diese gilt es offenzulegen und abzustimmen, um dadurch sicherzugehen, dass das eigene Handeln von anderen, insbesondere den Kooperations- und Netzwerkpartner*innen, verstanden, für „inklusiv" befunden und legitimiert wird, da nur so gemeinsame Handlungs- und Strategiefähigkeit in Bezug auf ein inklusives Vorgehen entstehen kann. „Da bin ich schon öfter mal irgendwie an Grenzen gestoßen und musste das dann auch erstmal so ein bisschen definieren und klarmachen. Nein wir arbeiten so [...]" (I5, 37). Diese Aushandlungs- und Verständigungsprozesse sind innerhalb der eigenen Organisation ebenso notwendig wie in interorganisationalen Netzwerken oder zwischen verschiedenen Akteur*innen eines multiprofessionellen Teams, wie sie unter anderem in den Kemptener Schulprojekten existieren. Ein gemeinsames Verständnis von Inklusion, zumindest aber die Kenntnis der Auslegung des Begriffs durch das Gegenüber, wird oftmals als Voraussetzung für eine gelingende Zusammenarbeit angesehen. Von einem Großteil der Akteur*innen wird die Auseinandersetzung mit dem Begriff der „Inklusion", mit den jeweils zugrundeliegenden Modellen und Konzepten sowie die Reflexion über die eigene inklusive Haltung an den Beginn des Einstiegs in den Inklusionsprozess der jeweiligen Organisation gestellt. Im Zusammenhang mit der Etablierung inklusiver Kooperationen wird diese Auseinandersetzung allerdings nicht in gleichem Maße als notwendiger erster Schritt angesehen. Die Wahrnehmung und Deutung von „Inklusion als schrittweiser Prozess" wird hingegen fast durchgehend und vermehrt in Verbindung mit den als immer noch „defizitär" wahrgenommenen inklusiven Strukturen in der Gesellschaft, in bestehenden Netzwerken oder auch in der eigenen Organisation ersichtlich. „Und klar kann man nicht alles auf einmal schaffen, aber, ja, muss halt eines nach dem anderen machen" (I15, 91). Inklusion braucht Zeit – so das Fazit aus diesen Überlegungen. Gleichzeitig plädiert ein Großteil der befragten Akteur*innen dafür, wertzuschätzen, was im Vergleich zu früheren Zeitpunkten schon alles in Sachen Inklusion erreicht worden sei. Dass der Inklusionsprozess nie zu Ende geführt werden kann, bringt ein Drittel der Interviewpartner*innen zum Ausdruck. Diese Annahme entspricht der These, dass vollständige Inklusion (vgl. *Plankensteiner & Greißl* 2017, S. 33) nicht zu erreichen ist und es daher beständiger Produktion und Reproduktion von Inklusion bedarf, um sich diesem Idealzustand anzunähern. Für eine Vielzahl von Akteur*innen stellt sich demnach im Arbeitsalltag vielfach die Frage, welche der unterschiedlichen Handlungsoptionen im Einzelfall als „am inklusivsten" zu bewerten ist. Dabei werden oftmals die individuellen Bedarfe sowie die spezifische Situation der Adressat*innen als Maßstab herangezogen. Unter anderem in Artikel 24 der UN-Behindertenrechtskonvention (UN-BRK) wird auf die Verpflichtung der Vertragsstaaten, „wirksame individuell angepasste Unterstützungsmaßnahmen" (Art. 24 Abs. 2 Nr. e) UN-BRK; *Beauftragte der Bundesregierung für die Belange von Menschen mit Behinderungen* 2017, S. 21) für Menschen mit Behinderungen zur Verwirklichung des Rechts auf Bildung anzubieten, verwiesen (vgl. ebd.). Insofern entspricht das Vorgehen, Einzelfallentscheidungen zu treffen oder Maßnahmen unter Einbezug der individuellen Lebenslage durchzuführen den Grundsätzen der UN-BRK. Diese Maßnahmen sollen jedoch „in einem Umfeld, das die bestmögliche schulische und soziale Entwicklung gestattet" (vgl. ebd.) erfolgen. Ein solches Umfeld ist nach Erfahrung der Fachkräfte häufig aufgrund der Strukturen vor Ort (noch) nicht vorhanden oder nicht ohne Weiteres zu identifizieren beziehungsweise zu schaffen. Übereinstimmend wird dennoch die vorrangige Berücksichtigung der individuellen Situation angeraten, gerade, falls kein als ideal bewertetes Umfeld vorhanden ist. Im Zuge dessen muss, so die Mehrheit der Fachkräfte, auch in Kauf genommen werden, dass zugunsten der Wünsche und Bedarfe des betroffenen Individuums unter Umständen nicht auf innovative Modellprojekte oder Angebote zurückgegriffen wird.

Die Praxis der individuellen Einzelförderung im inklusiven Setting wird hingegen unter den beteiligten Akteur*innen bisweilen kontrovers diskutiert: „Das ist ein Kind, es ist auf dem Integrationsplatz, es muss umfassend, also, müssen wir umfassend Teilhabe ermöglichen. Das geht nicht, dass das dreimal in der Woche irgendwie für irgendeine Förderung rausgeholt wird" (I13, 41). Mit solchen Aussagen sah sich die interviewte Person in der Zusammenarbeit mit der kooperierenden Organisation konfrontiert. Die Frage nach dem inklusiven Charakter der Fördermaßnahmen für einzelne Kinder außerhalb der Gruppe taucht häufig in Diskursen über die Gestaltung der Abläufe in integrativen Kindertageseinrichtungen auf. Hier scheinen gelegentlich unterschiedliche Inklusionsverständnisse aufeinanderzutreffen, die es zum Wohle des Kindes – darin sind sich die Akteur*innen wieder einig – kompromisshaft miteinander zu vereinbaren gilt. Weitere Diskursinhalte beziehen sich auf das „Ressourcen-Etikettierungs-Dilemma" (*Bundesjugendkuratorium* 2012, S. 14) sowie auf die Frage, ob Inklusion, die ein regulärer Bestandteil des alltäglichen Lebens sein sollte, überhaupt hervorgehoben und damit explizit gemacht werden sollte – eine Frage, die vor allem im Bereich der Jugendarbeit besonders relevant zu sein scheint. Der Grundsatz der (offenen) Jugendarbeit „Offen für alle" sowie das Prinzip der Freiwilligkeit implizieren einerseits, dass Jugendarbeit ohnehin schon inklusiv ausgerichtet ist, andererseits, dass Inklusion nicht von oben verordnet werden kann. Zusammen mit dem zum Teil vorhandenen Anspruch, „dass Inklusion stattfindet, aber es [...] so stattfinden [muss], dass es nicht spürbar ist" (I2, 187), ist der Wunsch, Inklusion solle so selbstverständlich sein, „dass man nicht mehr über Inklusion reden muss" (I2, 201) nachvollziehbar. Da diese Selbstverständlichkeit jedoch in der Gesellschaft noch nicht vorhanden ist, entsteht ein Widerspruch zwischen Soll- und Ist-Zustand, der auch von den Akteur*innen der Jugendarbeit wahrgenommen wird und die Frage nach der Notwendigkeit zielgruppenspezifischer inklusiver Arbeit aufkommen lässt. Im Unterschied dazu machen die Kindertageseinrichtungen ihre inklusive Ausrichtung schon allein dadurch explizit, indem sie den Titel der „integrativen Kindertageseinrichtung" führen und die Inhalte ihrer inklusiven Pädagogik in den entsprechenden Einrichtungskonzeptionen erläutern. Sie sehen es zum Teil auch als ihre Aufgabe an, sensibilisierend und aufklärend tätig zu werden und zum Beispiel gegenüber Eltern die inklusive Haltung zu erörtern und gegebenenfalls zu verteidigen. Dabei unterscheiden sich die verschiedenen Kita-Konzepte insofern, als dass in den schriftlichen Konzeptionen und im Gespräch mit den Akteur*innen deutlich wird, dass sowohl integrative, als auch inklusive Ansätze und Elemente unter dem Begriff der „Inklusion" gefasst werden, was *Theo Frühauf* (2010) als Merkmal der Übergangsphase von „Integration" zur „Inklusion" ansieht (vgl. *Frühauf* 2010, S. 11ff.).

Die Akteur*innen der Jugendarbeit, ebenso wie die Kindertageseinrichtungen verfügen tendenziell über ein erweitertes Inklusionsverständnis. Während die UN-BRK sich explizit auf die Rechte von Menschen mit Behinderung bezieht und das *Bundesjugendkuratorium* (2012) eine differenzierte Betrachtungsweise des Inklusionsbegriffs fordert (vgl. *Bundesjugendkuratorium* 2012, S. 9), schließen die für M!K befragten Akteur*innen vor allem Menschen mit Migrationshintergrund als zusätzliche Zielgruppe von Inklusionsbemühungen ein. Im Fall der Kindertageseinrichtungen könnte dies auf die gemeinsame Sprachförderung der Kinder mit Migrationshintergrund und der Kinder mit Behinderung beziehungsweise dem Förderbedarf Sprache zurückzuführen sein. Bei den Akteur*innen aus dem Bereich der Jugendarbeit zeichnet sich gar ein umfassendes Inklusionsverständnis, das sich auf die Gesamtgesellschaft bezieht, ab. Es wird deutlich, dass – zumindest bei den befragten Akteur*innen – kein enges und in hohem Maße differenziertes begriffliches Verständnis vorliegt wie es in der UN-BRK vertreten und durch das *Bundesjugendkuratorium* (2012) gefordert wird und welches gezielt nur Menschen mit Behinderungen umfasst.

Inklusive Bestrebungen sollten in jedem Fall nicht auf die Schule beschränkt sein, auch den Sozialraum einbeziehen und das Engagement jeder*jedes Einzelnen fordern. Diese Aussagen lassen sich ebenfalls bei allen Arten von Akteur*innen wiederfinden. Inklusion wird darüber hinaus nahezu durchgängig (auch) als Haltung definiert (vgl. 2.1.4), die als Grundlage jeglichen inklusiven Arbeitens gesehen wird: „Mei, Inklusion ist nichts Abgesondertes, das ist das, das ist eine Haltung" (I4, 168). In der Konzeption einer Kindertageseinrichtung wird dementsprechend deren „inklusive Haltung" erläutert. Inklusion wird über die Verknüpfung mit der „Haltung" zum „Wertebündel", zur verinnerlichten und zur verinnerlichenden allgemeingültigen Norm: „Hey, erst wenn wir das wirklich geschafft haben, dass das in allen Köpfen drinnen, dass es in allen Gebäuden auch drinnen ist, dann ist es tatsächlich inklusiv" (I4, 174). Durch die schriftliche Fixierung eines Teils des organisationalen Inklusionsverständnisses in den Konzeptionen der Kindertageseinrichtungen werden diese Werte und Normen öffentlich zugänglich gemacht und tragen zudem zur institutionellen Rahmung für die Mitarbeitenden bei. Bei der Zusammenarbeit mit externen Kooperationspartner*innen kann auf die entsprechenden Textstellen verwiesen werden, durch die Verschriftlichung erhalten sie mehr Gewicht im Aushandlungsprozess um das gemeinsame Inklusionsverständnis. Die Umsetzung von Inklusion wird immer wieder als herausfordernde, komplexe, aber gesamtgesellschaftliche Aufgabe gesehen, die auch politischen Engagements und Änderungswillens bedarf.

Mit dem Ziel, die (inklusiven) Handlungsorientierungen der individuellen/personalen Akteur*innen im Vergleich zu denen der kollektiven Akteur*innen in Form ihrer Organisationen zu erschließen, wurden die Expert*innen danach gefragt, was Inklusion für sie persönlich bedeutete. Dabei ergaben sich keine großen Unterschiede zu den Aussagen, die sie als Vertreter*innen ihrer Organisation getätigt hatten. Sie bezogen biografische Erfahrungen oder historische Fixpunkte zur Erläuterung ihres Inklusionsverständnisses ein und wiesen etwas häufiger auf gesellschaftliche und politische Dimensionen hin. Vermutlich bestehen also, zumindest bei den Interviewpartner*innen, keine großen Diskrepanzen zwischen dem Inklusionsverständnis, das als Privatperson, und dem, das als Mitglied der Einrichtung vertreten wird. Da institutionelle Rahmungen nur einen begrenzten Spielraum für persönliche Elemente der Handlungsorientierung zulassen, die denen der kollektiven Akteur*innen der Einrichtungen entgegenstehen, ist weiterhin anzunehmen, dass sich das Inklusionsverständnis der Interviewpartner*innen auch nicht in hohem Maße vom dem Verständnis unterscheidet, das von der Einrichtung nach innen und außen hin vertreten wird. Es ist also von einem relativ hohen Grad an Integriertheit in Bezug auf das explizite und nach außen hin vertretene Inklusionsverständnis innerhalb der eigenen Organisation auszugehen, was die Handlungsfähigkeit der Organisation positiv beeinflusst. Diese These wird von den Ergebnissen der Online-Befragung gestützt, die besagen, dass nur sechs Prozent der Befragten davon ausgehen, dass in ihrer Einrichtung (gar) kein gemeinsames Inklusionsverständnis unter den Mitarbeitenden herrscht. Daraus kann geschlossen werden, dass ein verstärkter Austausch über und die Verständigung auf weiterhin ein (gemeinsames) Inklusionsverständnis in Zukunft vor allem zwischen den Organisationen von Bedeutung ist und gefördert werden sollte.

Inwiefern inklusive Haltungen und die diversen Inklusionsverständnisse für die tägliche Arbeitspraxis der Befragten tatsächlich relevant sind und damit eine handlungsleitende Funktion erfüllen, kann hier nicht umfassend beurteilt werden. Inwiefern die Organisationen das inklusive Paradigma für ihre Identität als bedeutsam ansehen, indem sie sich nach außen hin als „inklusiv" beschreiben – darauf geben unter anderem die Konzeptionen und Leitbilder der Einrichtungen sowie die geführten Interviews Hinweise. Da nur die Leitbilder und Konzeptionen der Organisationen, denen die Interviewpartner*innen angehören und die online verfügbar waren, berücksichtigt wurden, ist es wahrscheinlich, dass Dokumente, die sich gezielt mit Inklusion befassen, zwar existieren, jedoch nicht in die Auswertung einbezogen wurden. Gleichzeitig ist anzunehmen, dass die Dokumente, die sich im Internet auffinden lassen, auch diejenigen sind, welche die größte Öffentlichkeitswirksamkeit besitzen und demnach auch die Inhalte, die von Organisationsseite aus weithin wahrgenommen werden sollen. „Inklusion" besitzt in jedem Fall unterschiedliche Funktionen in Bezug auf die Selbstwahrnehmung und -darstellung der Einrichtungen. Grob lassen sich drei Kategorien unterscheiden, die jeweils die Extremausprägungen innerhalb des Feldes des „Inklusionsbezugs" bilden: 1. „Inklusion als Label", 2. „Inklusive Bezugspunkte", 3. „Inklusion als Selbstverständlichkeit". Einrichtungen der ersten Kategorie setzen sich innerhalb ihrer Konzeption intensiv mit „Inklusion" auseinander. Inklusion ist Konzept und Strategie gleichermaßen und dient (auch) dazu, sich von anderen Einrichtungen abzuheben. Oftmals werden Aspekte im Zusammenhang mit „Inklusion" bereits bei der Benennung der Einrichtungen verwendet. Dies ist unter anderem bei integrativen Kindertageseinrichtungen der Fall. Wie bedeutsam der Inklusionsbezug für die Identität dieser kollektiven Akteur*innen ist, wird in der Diskussion um die Benennung der integrativen Kindertageseinrichtung im Vergleich zur inklusiven Kindertageseinrichtung deutlich: „[...] integrativ ist ja sowieso das falsche Wort. Wir arbeiten ja sowieso schon längst inklusiv" (I11, 228). Inklusion wird positiv attribuiert und gelegentlich zudem mit Hoffnungen auf eine Steigerung des Marktwerts bei der Zielgruppe und dem zu gewinnenden und bereits beschäftigten Personal verbunden: „Aber, wenn wir jetzt als inklusive Einrichtung offiziell geführt werden nach außen, dann kann das schon sein, dass sich dann auch Eltern gezielt dann da auch anmelden. Oder auch das Personal sich speziell für eine solche Arbeit interessiert" (I6, 98). Auch Erfahrung und Erfolg mit inklusivem Arbeiten sollen in Fachkreisen und nach außen hin sichtbar werden: „Schaut mal her, wir sind in diesen inklusiven Projekten drin, die erfolgreich laufen" (I1, 145). Dazu ist eine konkrete Benennung des inklusiven Arbeitens als solches erforderlich, insbesondere, wenn das betreffende Tätigkeitsfeld nicht direkt auf potentiell inklusive Elemente verweist.

Andere Einrichtungen, zu deren Zielgruppe durchaus Kinder und Jugendliche mit Behinderung beziehungsweise Förderbedarf zählen, tragen zwar durch ihre Arbeit zur Umsetzung von Inklusion bei, verweisen jedoch in ihren frei zugänglichen Dokumenten nicht dezidiert auf den inklusiven Charakter ihrer Angebote. Sie sind der zweiten Kategorie „Inklusive Bezugspunkte" zuzuordnen. Beschriebene Begriffe und Konzepte wie „Teilhabe" oder „Selbstbestimmung" weisen Nähe zum Inklusionsbegriff auf, ohne dass dieser selbst verwendet wird. Auf welche Ursachen dies zurückzuführen ist, lässt sich auch anhand der Interviews nicht nachvollziehen. Für die Selbstdarstellung und -verortung der betreffenden Einrichtungen in der Bildungs- beziehungsweise Hilfelandschaft scheint eine „inklusive" oder „integrative" Bezeichnung, anders als bei den „integrativen Kindertageseinrichtungen", bei denen der Name schon auf ein bestimmtes Modell schließen lässt, nicht als notwendig oder gewinnbringend empfunden zu werden.

Der dritten Kategorie „Inklusion als Selbstverständlichkeit" sind Akteur*innen zuzuordnen, die sich eher gegen eine explizite Benennung ihrer Angebote oder Konzepte als „inklusiv" aussprechen. Dies wird zum einen mit der Befürchtung verbunden, durch die Beschreibung eines Angebotes, einer Einrichtung oder eines Dienstes als „inklusiv" zu diskriminieren, da die Annahme geweckt werden könnte, es könne Angebote geben, die nicht ohnehin allen offenstehen. Zweitens wird die Vorstellung des Idealzustands, Inklusion solle Alltag und damit selbstverständlich sein, als Begründung für eine Nicht-Thematisierung herangezogen. Drittens steht der Wunsch, jedes Kind und jede*n Jugendliche*n als Individuum mit ihrem*seinem ganz eigenen Anliegen zu sehen, unabhängig von einer eventuell existierenden Beeinträchtigung, im Vordergrund. Daher verwundert auch nicht, dass die entsprechenden Dokumente nicht näher auf „Inklusion" im engeren oder weiteren Sinn eingehen, sondern sich dem Abbau von Benachteiligungen im Allgemeinen verpflichten.

Die unterschiedlichen Ausprägungen der identitätsstiftenden Funktion, die „Inklusion" unter Umständen erfüllen kann, sind eng verbunden mit dem professions- und organisationseigenen Inklusionsverständnis, was sich nicht nur auf die interorganisationale Kommunikation und Zusammenarbeit auswirkt, sondern auch auf die Voraussetzungen, die für ein inklusives Arbeiten als notwendig erachtet werden.

2.4.2 Voraussetzungen für inklusives Arbeiten

Gemäß der großen Bedeutung, die „Haltung" für das Inklusionsverständnis der Befragten hat (vgl. 2.1.4; 2.4.1), wird diese als notwendige Voraussetzung und damit als Gelingensfaktor für Inklusion angesehen. Mit einer inklusiven Haltung werden unter anderem Offenheit, Wertschätzung von Vielfalt, Bereitschaft zur Auseinandersetzung mit dem Thema „Inklusion" und Engagement für Teilhabe verbunden. Ein durchaus bedeutender Teil des Konzepts „inklusive Haltung" scheint sich jedoch der konkreten Beschreibung zu entziehen – das „gewisse Etwas", das zwar beim Gegenüber erkannt wird, jedoch aus Sicht einiger Akteur*innen von den Mitarbeitenden nur in begrenztem Umfang neu erworben werden kann: „Inklusive Haltung kann man nicht erst beim Betreten der [... Einrichtung] sich anziehen, wie die Hausschuhe, sondern, das hat man oder man hat es nicht" (I4, 168). Auf der Mikroebene ist inklusive Haltung als Element der Inklusionsarbeit zu sehen, die Fachkräfte täglich leisten. Als nicht näher bestimmtes Konglomerat aus Normen, Werten und Ideen motiviert sie die Mitarbeitenden zu Handlungen, die zunächst organisationsintern, dann aber auch von außen als inklusionsfördernd wahrgenommen werden. Da sich meistens keine auffälligen Diskrepanzen zwischen dem persönlichen Inklusionsverständnis der Befragten und dem ihrer Organisationen ergeben haben, ist anzunehmen, dass die Handlungen, die die Mitarbeitenden im Rahmen ihrer Arbeit selbst als inklusionsfördernd empfinden, auch von Organisationsseite als solche wahrgenommen werden.

Von Seiten der Einrichtungen wird eine „inklusive Haltung" zwar durchgehend als wichtiger Bestandteil der Umsetzung von Inklusion betrachtet, was jedoch jeweils als adäquate inklusive Haltung definiert wird, weicht voneinander ab und kommt zum Teil erst im Handeln der Akteur*innen in spezifischen Handlungssituationen zum Ausdruck.

Haltung erwarten die Befragten nicht nur von den einzelnen Mitarbeitenden und von Organisationen, sondern auch von der Gesamtgesellschaft und der Politik. Inklusive Haltung ist – aus Sicht der Akteur*innen – für die Entwicklung einer inklusiven Gesellschaft, eines inklusiven Gemeinwesens, einer inklusiven Organisation und eines inklusiven Settings – auf allen Ebenen unbedingt notwendig, wenn auch nicht ausreichend. *Dannenbeck* (2013) warnt vor einer Reduktion inklusiver Entwicklungen auf bottom-up-Prozesse mit Fokus auf die Inklusionshaltung und stellt die Notwendigkeit der Einbettung in strukturelle Veränderungen bei anhaltender Reflexion und Analyse dieser Änderungsprozesse heraus (vgl. *Dannenbeck* 2013, S. 52ff.). Auch die Interviewpartner*innen sprechen strukturellen Wandel, politische Initiative und Gesetzesänderungen als Voraussetzungen für eine inklusive Gesellschaft an. In direktem Bezug zu ihrer täglichen Inklusionsarbeit erhoffen sie sich dadurch vor allem weniger bürokratische Hürden, eindeutige Zuständigkeiten der Kostenträger und mehr Ressourcen. Dass inklusive Bildung mehr Zeit und Personal benötigt, wird im Fall der Kindertageseinrichtungen durch Maßnahmen wie die Anpassung des Personalschlüssels, die Möglichkeit der Individualbegleitung und die Unterstützung des einzelnen Kindes durch Therapeut*innen und Heilpädagog*innen gewürdigt. Jedoch wird Zeit für Inklusion fördernde Aktivitäten, die nicht mit der Arbeit direkt am Kind verbunden sind, nur selten zugestanden. Zusammen mit dem ohnehin existierenden Fachkräftemangel fühlen die Expert*innen sich in ihrer Inklusionsarbeit zeitlich und personell eingeschränkt. Insbesondere der Wissens- und Kompetenzerwerb sowie Vernetzungs- und Koordinationsarbeit mit dem Ziel einer inklusiven Zusammenarbeit werden als zusätzliche Belastung wahrgenommen. Der oftmals noch unbefriedigte Mehrbedarf an Personal, Wissen, Kompetenzen und Zeit spiegelt sich auch in den Befragungsergebnissen wider.

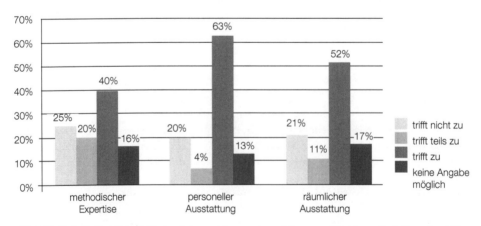

Abb. 2.10: Bedarfe: Um stärker inklusiv arbeiten zu können, sehen wir in unserer Einrichtung Bedarf an ... (n = 55)

Entsprechend dem konstatierten Ressourcenmangel ist der Bedarf an personeller Ausstattung mit dem Ziel der Förderung der inklusiven Arbeit mit 63 Prozent der dringlichste angegebene Bedarf. Dies ist zum Teil mit einem Bedarf an „Expertise" und interprofessionellem Austausch verbunden.

In den Interviews wird vor allem von den Kindertageseinrichtungen der Wunsch nach Fachpersonal, wie Heilpädagog*innen oder Therapeut*innen, die in der Einrichtung selbst angestellt sind, geäußert. Somit verwundert es nicht, dass 79 Prozent aller Kindertages- und Tagespflegeeinrichtungen Personalbedarf angeben, um stärker inklusiv arbeiten zu können. Gegenseitige Hospitationen sowie arbeitsfeldübergreifende, multiprofessionelle Fortbildungen werden als vorteilhaft, jedoch aus zeitlichen Gründen als kaum durchführbar angesehen. Wenn nur einzelne Mitarbeitende Weiterbildungen besuchen, sich Wissen aneignen oder in Kontakt zu bestimmten Kooperationspartnern stehen, ist dies zwar ressourcenschonender, für die gesamte Einrichtung allerdings vor allem dann hilfreich, wenn zeiteffiziente und wirksame Methoden gefunden werden, Informationen und Wissen auch an Kolleg*innen weiterzugeben.

Die Fachkräfte der offenen Jugendarbeit sehen ihren Expertisebedarf derzeit eher in niederschwelligen Austauschmöglichkeiten mit unterschiedlichen Akteur*innen der Eingliederungshilfe sowie der Schulen und Förderzentren mit dem Ziel des Kennenlernens, der Identifikation gemeinsamer Schnittmengen und des Klärens grundlegender Rahmenbedingungen für eine potentielle Zusammenarbeit.

Was sich hinter dem angegebenen Bedarf an verbesserter räumlicher Ausstattung verbirgt, kann nur vermutet werden. Räumliche Barrierefreiheit wird nur von einer Kindertageseinrichtung explizit im Interview genannt. Auch in den Konzeptionen sind zu diesem Punkt kaum Informationen vorhanden. Ob die Organisationen bereits größtenteils räumlich barrierefrei sind, kann anhand des vorliegenden Datenmaterials nicht erschlossen werden. In Bezug auf räumliche Ausstattung geben die Kindertageseinrichtungen teilweise einen Mehrbedarf an Räumlichkeiten für Einzeltherapien, die von Therapeut*innen, die zur Einzelförderung in die Einrichtungen kommen, genutzt werden können, an. Dies könnte sich in der vergleichsweise höheren Prozentzahl mit 79 Prozent aller Kindertages- und Tagespflegeeinrichtungen widerspiegeln, die laut Fragebogen einer besseren räumlichen Ausstattung bedürfen, um inklusive Bildung und Erziehung verstärkt umzusetzen.

Dass zumindest ein Teil der Einrichtungen nicht baulich barrierefrei gestaltet ist und sich der Bedarf an räumlicher Ausstattung auch darauf beziehen könnte, lässt die Angabe von 49 Prozent der per Fragebogen befragten Akteur*innen vermuten, die räumliche Barrieren innerhalb ihrer Einrichtungen sehen.

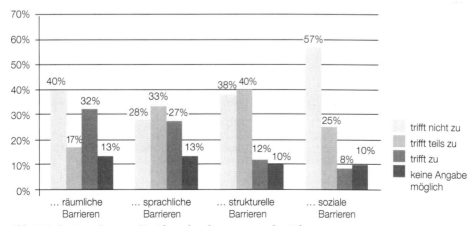

Abb. 2.11: Barrieren: In unserer Einrichtung bestehen ... – gesamt (n = 55)

Auffällig ist, dass 60 Prozent äußern, in ihren Einrichtungen bestünden in irgendeiner Form sprachliche Barrieren. Auf sprachliche Barrieren in Bezug auf Kinder und Jugendliche mit Behinderung wird jedoch nur in einem Interview im Zusammenhang mit der Verwendung der Leichten Sprache hingewiesen, auch wenn „Sprachförderung" beispielsweise Bestandteil der Angebote in Kindertageseinrichtungen ist. Dies legt nahe, dass auch hier von einem weiten Inklusionsbegriff ausgegangen wird, der Kinder und Jugendliche mit Migrationshintergrund und ihre Familien einschließt, zumal die Form der Sprachbarriere, die aus geringer Kenntnis der deutschen Sprache entstehen kann, häufiger erwähnt wird.

Des Weiteren wurde danach gefragt, inwiefern die Einrichtungen an der Beseitigung der Barrieren arbeiten. Hier geben 63 Prozent der beteiligten Einrichtungen (n = 55) an, dass sie an der Beseitigung sprachlicher Barrieren arbeiten, jeweils die Hälfte der Einrichtungen gibt an, räumliche, strukturelle und soziale Barrieren abbauen zu wollen. Dabei fällt eine Diskrepanz zwischen der Angabe der Existenz und der Bearbeitung der sozialen Barrieren auf. Nur 33 Prozent sehen soziale Barrieren in ihren Einrichtungen als gegeben an, etwa 50 Prozent arbeiten jedoch an deren Beseitigung. Ob die Maßnahmen zum Abbau von Barrieren bereits großen Erfolg zeigen oder vielmehr von sozialer Erwünschtheit bei der Beantwortung der Frage nach sozialen Barrieren auszugehen ist, bleibt offen. Es könnte jedoch ein Zusammenhang zwischen der vielfach geforderten „inklusiven Haltung" und den „sozialen Barrieren" bestehen. Letztere lassen sich unter Umständen eher als bauliche Gegebenheiten oder sprachliche Barrieren auf die Inklusionsarbeit der Mitarbeitenden zurückführen, die sich ja selbst der Norm unterworfen fühlen, eine „inklusive Haltung" zu vertreten und demnach eventuell größere Hemmungen haben, soziale Barrieren zu konstatieren.

Betrachtet man nun ausschließlich die an der Befragung beteiligten Kindertages- und Tagespflegeeinrichtungen (n = 19) im Detail, zeigt sich ein abweichendes Bild im Vergleich zu den Angaben zu bestehenden Barrieren aller Einrichtungen. Abgesehen von den sozialen Barrieren werden für alle Barrierearten höhere Zustimmungswerte angegeben. Vor allem räumliche Barrieren scheinen vermehrt vorhanden zu sein, was sich unter anderem mit der Aussage, es gäbe oftmals zu wenig Räume für Einzeltherapien innerhalb der Einrichtung, erklären lässt.

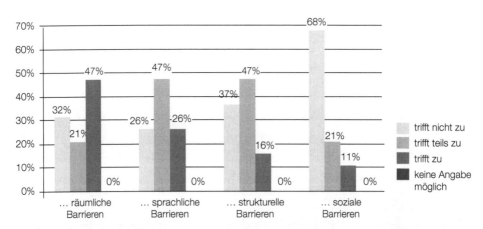

Abb. 2.12: Barrieren: In unserer Einrichtung bestehen ... – Kitas und Einrichtungen der Tagespflege (n = 19)

Dennoch müssen die Werte kritisch betrachtet werden, denn die Kindertages- und Tagespflegeeinrichtungen weisen einige Besonderheiten auf, die Barrieren unter Umständen relevanter machen, als in anderen Organisationen. Zum einen befinden sich unter den anderen befragten Einrichtungen auch Organisationen, die verstärkt aufsuchend arbeiten, weswegen die bauliche Barrierefreiheit innerhalb ihrer eigenen Räumlichkeiten womöglich eine untergeordnete Rolle spielt. Dann treffen in den Kindertageseinrichtungen, insbesondere in den integrativen, Kinder mit verschiedenen Hintergründen, Bedarfen und anderen diversen Merkmalen aufeinander, wohingegen andere Einrichtungen zielgruppenspezifischer arbeiten, was einige Barrierearten unter Umständen weniger relevant erscheinen lässt. Die Erhebung von Förderbedarfen, Schulfähigkeit sowie Übergangsmanagement sind zudem institutionalisiert, Inklusion beziehungsweise Integration in integrativen Kindertageseinrichtungen Teil der Konzeption, was zu einer hohen Sensibilität für potentielle Barrieren führen kann. Dies mindert keineswegs die Aussagekraft der Bedarfe in Kindertages- und Tagespflegeeinrichtungen, legt aber die Vermutung nahe, dass sich, bei entsprechender Sensibilisierung und kritischer Überprüfung, auch in anderen Einrichtungsarten mehr Barrieren auftun könnten.

2.4.3 Dimensionen der Inklusionsarbeit

Dass die befragten Organisationen in unterschiedlicher Weise Inklusionsarbeit verrichten, lässt sich oftmals bereits an der Benennung der Einrichtungen, am (gesetzlichen) Auftrag, an der Zielsetzung und anhand der Zielgruppe festmachen. Dementsprechend wird eine Vielzahl von verschiedenen Aktivitäten genannt, die mit Inklusion in Verbindung gebracht werden, darunter Wissensaneignung und Kompetenzerwerb, Konzeption, Informations-, Aufklärungs- und Sensibilisierungsarbeit sowie Diagnostik und Hilfe- beziehungsweise Förderplanung. Ein Kernelement in vielen Arbeitsfeldern stellen die Einzelfallarbeit und die Einzelförderung dar. In Kindertageseinrichtungen erfolgen zum Beispiel viele der genannten Aktivitäten ausgehend vom Bedarf einzelner Kinder, deren Förderung geplant, organisiert und abgestimmt und deren Übergang in die Schule besondere Aufmerksamkeit gewidmet wird. Inklusion fördernde Gruppenarbeit ist in geringerem Ausmaß vorhanden, umfasst jedoch ebenfalls oftmals die Förderung von Kindern mit spezifischen Bedarfen, zum Beispiel in Form des sprachfördernden Vorkurses vor dem Übergang an die Grundschule. Hinzu kommen unterschiedliche Projekte innerhalb der Einrichtungen oder aber zusammen mit verschiedenen Kooperationspartnern, an denen sich ein Großteil der Organisationen immer wieder beteiligt. Projektarbeit ist in der offenen Jugendarbeit gar der Modus, der am häufigsten im Kontext von „Inklusion" genannt wird. Hier wird Inklusion eher als Querschnittsaufgabe wahrgenommen, die weniger zielgruppenspezifisch umgesetzt, sondern auf das bereits existierende Angebot angewandt werden soll. Eine Sonderform der „Inklusionsarbeit" stellt das gemeinsame Gestalten des Unterrichts beziehungsweise der Lernumgebung in den diversen Schulprojekten der Stadt Kempten dar, in denen multiprofessionelle Teams gemeinsam agieren. In allen Fällen wird Netzwerk- beziehungsweise Vernetzungsarbeit geleistet und Austausch betrieben, was in Abschnitt 2.5 näher betrachtet wird.

2.4.4 Fazit I: Inklusion in den Einrichtungen

„Inklusion" ist ein Thema, das in den außerschulischen Kemptener Einrichtungen der Kinder- und Jugendhilfe und -arbeit präsent ist – auch wenn es bei den Beschäftigten als eines unter vielen relevanten Themen im Einrichtungs- und Arbeitsalltag gilt. Dies bestätigen die Angaben der befragten Akteur*innen im Rahmen der durchgeführten Online-Erhebung: In 80 Prozent der Einrichtungen findet „Inklusion" Eingang in Konzeptionen oder Leitbilder, spezifische Fortbildungen können Mitarbeitende in mindestens 74 Prozent der Einrichtungen in Anspruch nehmen. Die Inklusionsarbeit in den Einrichtungen vollzieht sich in vielfältiger Weise, auch abhängig von

Auftrag, Zielgruppe, Organisations- und Angebotsstruktur der jeweiligen Akteur*innen. Deutlich wird, dass Inklusionsarbeit keineswegs nur die direkte Arbeit mit den Kindern und Jugendlichen umfasst, sondern auch zahlreiche indirekte Aufgaben, wie die Konzeption spezifischer Projekte, Fallbesprechungen, Wissenserwerb, Ideenaustausch oder Netzwerkarbeit, beinhaltet. Detaillierte Beschreibungen der inklusiven Angebote und Maßnahmen finden sich vor allem in den Konzeptionen der integrativen beziehungsweise inklusiven Kindertageseinrichtungen – hier nehmen Aktivitäten rund um die Förderung der Kinder mit Förderbedarf innerhalb der Einrichtung sowie entsprechende Maßnahmen im Kontext des Übergangsmanagements viel Raum ein. Auffällig ist über alle Einrichtungsarten hinweg, dass der Fokus inklusionsspezifischer Angebote meist auf der Zielgruppe der Kinder und Jugendlichen mit Förderbedarf liegt. Inwiefern Kinder und Jugendliche ohne Förderbedarf in die Inklusionsbemühungen eingebunden sind, wird kaum thematisiert. Zumindest aus den analysierten Dokumenten der Kitas wird jedoch ersichtlich, dass die Umsetzung außerschulischer inklusiver Bildung und Erziehung eng mit der Bereitstellung ausreichender Ressourcen verbunden ist. Diese sollen nach Meinung der Fachkräfte auch für die beschriebenen indirekten Bestandteile der Inklusionsarbeit aufgewendet werden dürfen. Der größte Bedarf besteht dabei laut der Umfrage an personeller Ausstattung, was unter anderem auch mit Verweis auf das Phänomen des Fachkräftemangels im sozialen Bereich erklärt werden kann. Welche konkreten Bedarfe mit dem Mehr an Ressourcen gedeckt werden würden, unterscheidet sich nach Einrichtungsart und weiteren Merkmalen, vor allem aber auch nach der Phase, in der sich die betreffende Einrichtung im Inklusionsentwicklungs- und -umsetzungsprozess befindet. Einige Interviewpartner*innen aus Kindertageseinrichtungen sähen einen Gewinn in der direkten Anstellung von Expert*innen, die bisher von extern in die Einrichtungen kommen, während Personal aus der offenen Jugendarbeit gern den initialen Austausch zur Etablierung gemeinsamer Projekte mit Akteur*innen der Eingliederungshilfe durch zusätzliches Personal vorantreiben würde. Es handelt sich also um individuelle Ausdifferenzierungen eines allgemein wahrgenommenen Bedarfs, was angesichts der Forderung der UN-BRK nach der Berücksichtigung der individuellen Unterstützungsbedarfe doppelt – für professionelle Akteur*innen und Menschen mit Behinderungen – nachvollziehbar erscheint.

Als hinderlich auf dem Weg zu einer inklusiven Einrichtung beziehungsweise Kommune empfinden die befragten Akteur*innen die räumlichen, strukturellen und sozialen Barrieren, die laut ihrer Einschätzung in einem Großteil der Einrichtungen (noch) vorhanden sind. Dabei werden am häufigsten sprachliche Barrieren verzeichnet, die allerdings im Rahmen der Interviews meist im Kontext eines weiten Inklusionsverständnisses angegeben werden, das auch Kinder und Jugendliche mit Migrationshintergrund einschließt. Bis auf die sozialen Barrieren (32 Prozent/33 Prozent) scheinen alle Barrieretypen in Kindertageseinrichtungen und Einrichtungen der Tagespflege in größerem Umfang aufzutreten als in anderen Einrichtungen. Dieser deutliche Befund könnte in weiterer Forschung näher untersucht werden und bietet Anlass zur Vermutung, dass die höheren Werte einerseits in der spezifischen Beschaffenheit (Komm-Struktur, breite Zielgruppe etc.) dieser Einrichtungen und andererseits in der größeren Sensibilität für potentielle Barrieren begründet liegen. Auffällig ist weiterhin, dass vorhandene soziale Barrieren in der Hälfte der Einrichtungen aktiv beseitigt werden, aber nach Angabe der Befragten nur in gut 30 Prozent der Einrichtungen vorhanden sind. Auch wenn schlicht angenommen werden könnte, dass die durchgeführten Maßnahmen bereits Erfolg zeigen und daher auch beibehalten werden, könnte diese Diskrepanz auch durch die große Bedeutung des Inklusionsverständnisses für alle Prozesse rund um die inklusiven Aktivitäten der Akteur*innen sowie – in Teilen – für das Selbst- und Fremdbild einiger Einrichtungen erklärt werden.

Als eine der bedeutendsten Voraussetzungen für die Beseitigung von Barrieren sowie für erfolgreiche Inklusionsarbeit sehen die befragten Akteur*innen auf Seiten der personalen und kollektiven Akteur*innen, also bei Mitarbeitenden, Einrichtungen und Netzwerken, eine inklusive Haltung an, die als Handlungs- und Interaktionsorientierung dienen soll. Als nicht näher definiertes Produkt aus inklusionsförderlichen Werten und Normen kommt diese Haltung im konkreten Handeln zum Ausdruck, welches erst in der konkreten Situation durch die anwesenden Akteur*innen als „inklusiv" gedeutet werden muss, um als „inklusiv" zu gelten. Anhand der Darstellung dieses Zuschreibungsprozesses wird deutlich, dass die für hochrelevant befundene inklusive Haltung ein soziales Konstrukt ist und sich daher von Einrichtung zu Einrichtung sowie von Situation zu Situation unterscheiden kann, was im Rahmen der Interviews nicht reflektiert wird. Hingegen sind sich die interviewten Fachkräfte einig, dass sich auch die Gesamtgesellschaft und insbesondere politische Entscheidungsträger*innen an inklusiven Werten und Normen orientieren sollen, um diese ihrem Verhalten und ihren Beschlüssen zugrunde zu legen. Erst wenn sich strukturelle Veränderungen vollzogen haben, Gesetze angepasst und umfassende Ressourcen bereitgestellt werden, ist auch inklusive Bildung umfassend möglich und die Inklusionsarbeit der Fachkräfte kann effektiv und nachhaltig wirken. Zudem werden auch erst, wenn diese Basis sichergestellt ist, weitere Faktoren, die die inklusive Bildung in der jeweiligen Einrichtung sowie die Vernetzung mit anderen Organisationen im Sozialraum positiv beeinflussen können, relevant. Denn, so einige Interviewpartner*innen, Ideen, Interesse und Innovationsfreude sind in den meisten Einrichtungen vorhanden – jedoch verhindert die Ressourcenknappheit, zu der auch fehlende Expertise gezählt werden kann, oftmals die Umsetzung von neuen Ideen und Innovationen, wenn nicht sogar grundlegende Inklusionsarbeit. Angesichts des Befragungsergebnisses, dass „Inklusion" in 80 Prozent der einrichtungs- oder trägerinternen Leitbilder aufgeführt wird und bei 65 Prozent der Organisationen eine große Rolle spielen soll, ist zu vermuten, dass diese Situation der mangelnden Umsetzungsmöglichkeit als frustrierend empfunden werden könnte. Dies gilt umso mehr für die Einrichtungen, die ihr Selbstverständnis nach innen und außen mit dem Thema „Inklusion" verknüpfen wie beispielsweise integrative oder inklusive Kindertageseinrichtungen. Ihnen ist im Gegensatz zu anderen befragten Organisationen nicht nur wichtig, inklusiv zu arbeiten, sondern dies auch nach außen hin sichtbar zu machen. Für sie dürfte die Einschätzung der Befragten, laut der es immer wieder zur irrtümlichen Fremdwahrnehmung der Einrichtungen als „nicht inklusiv arbeitend" kommt, besonders verheerend sein. Diese Fehldeutung versuchen sie unter anderem durch die Aufnahme der „Inklusion" oder „Integration" in den Namen ihrer Einrichtung zu begegnen. Dahingegen vertreten andere Einrichtungen, vorrangig solche der offenen Jugendarbeit, die Meinung, dass Inklusion als spezifisches Thema nach außen hin nicht gesondert thematisiert werden sollte, um die grundlegende Offenheit der Angebote für alle Zielgruppen nicht rückwirkend infrage zu stellen. Diesen unterschiedlichen Ansätzen liegen neben gesetzlichen Regelungen und professions- beziehungsweise tätigkeitsspezifischen Aufträgen unterschiedliche Inklusionsverständnisse zugrunde.

Eng verbunden mit dem Gelingensfaktor der „inklusiven Haltung", der von allen Einrichtungsarten in den Interviews aufgegriffen wird, prägt das Inklusionsverständnis der Mitarbeitenden und der Einrichtungen die interne Inklusionsarbeit, aber auch die inklusionsbezogene Vernetzung mit potentiellen Kooperationspartner*innen maßgeblich. Die These, dass der vielschichtige Inklusionsbegriff häufig definitorisch unscharf gebraucht, teils mir integrativen Merkmalen versehen wird und insgesamt als Platzhalter für diverse Vorstellungen und Konzepte dient (vgl. *Bundesjugendkuratorium* 2012, S. 7; *Frühauf* 2010, S. 11ff.), wird durch die Untersuchungsergebnisse bestätigt. Schon innerhalb derselben Einrichtung verfügen, laut Angabe der Befragten, nicht alle Mitglieder über ein gemeinsames Inklusionsverständnis, wenn hier auch mit 64 Prozent gemeinsamem oder teils gemeinsamem Verständnis die größte Übereinstimmung und damit ein hoher Grad an Integriertheit herrscht, während es zwischen unterschiedlichen Einrichtungen oder Systemen mit größerer Wahrscheinlichkeit zu Abweichungen kommt. Je höher jedoch die Übereinstimmung in Bezug auf handlungsorientierende Variablen, wie etwa das Inklusionsverständnis ist, desto handlungs- und strategiefähiger ist ein*e kollektiver*kollektive Akteur*in – Einrichtung oder Netzwerk – in Bezug auf das betreffende Thema. Insofern ist die Bedeutung der Verständigung über die vorhandenen Inklusionsverständnisse und die damit verbundenen Maßnahmen und Zielsetzungen für das Gelingen von inklusionsbezogenen Netzwerkbeziehungen und -projekten kaum zu überschätzen. Als Ausgangspunkte für derartige Kommunikationsprozesse bieten sich Elemente an, die von vielen Interviewpartner*innen mit „Inklusion" verknüpft werden: Inklusion als schrittweiser Prozess und als gesamtgesellschaftliche Verantwortung sowie das Bestreben, die Bedarfe und Wünsche des betreffenden Kindes beziehungsweise der*des Jugendlichen in den Mittelpunkt zu stellen (vgl. *Hinte* 2007) sind häufig genannte Assoziationen zu „Inklusion", die als Einstieg in weiterführende Diskussionen zum Inklusionsverständnis genutzt werden können.

Falls eine Klärung der diversen Auffassungen vorab nicht ausreichend oder abschließend erfolgt ist, können auch die offensichtlich existierenden Diskurse oder daraus resultierende Konfliktsituationen zum Anlass genommen werden, sich über die zugrundeliegenden Inklusionsverständnisse auszutauschen. Die Einzelförderung von Kindern mit Förderbedarf in einer inklusiven Einrichtung, Folgen des Ressourcen-Etikettierungs-Dilemmas oder die Frage, ob Inklusion überhaupt explizit gemacht werden soll und darf, um Bildung(sangebote) inklusiv(er) zu gestalten, sind Beispiele für Diskussionspunkte, die wertvolle Impulse geben, unbearbeitet oder unversöhnlich nebeneinanderstehend jedoch auch zum Scheitern von Kooperationsbeziehungen führen können. Einige Interviewpartner*innen plädieren dafür, die Ergebnisse solcher Aushandlungen in der eigenen Einrichtung oder im Netzwerk schriftlich zu fixieren, um sich im Folgenden auf die erstellten Dokumente beziehen zu können und keine weiteren zeitlichen Ressourcen aufwenden zu müssen. Weithin bekannte Best-Practice-Beispiele, wie das Schultheaterfestival oder die bereits erwähnten Schulprojekte in Kempten, zeigen nicht nur, dass inklusive Zusammenarbeit in der Modellregion bereits in vielen Bereichen möglich ist, sondern auch, dass inter- und gegebenenfalls multiorganisationale, -professionelle und -systemische Vernetzung unerlässlich ist, um inklusive Bildung erfolgreich umzusetzen – auch wenn dies zunächst eines erhöhten Ressourcen- und Kommunikationsaufwands bedarf.

2.4.5 Vernetzung, Zusammenarbeit und Kooperation

Um Inklusion für Kinder- und Jugendliche mit spezifischen Förderbedarfen beziehungsweise mit Behinderungen zu ermöglichen, ist interorganisationale Kooperation ein Schlüsselelement. Daher wurde im dritten Teil des Fragebogens nach der Vernetzung der jeweiligen Einrichtung mit verschiedenen Akteur*innen – Schulen (alle Formen), außerschulischen Einrichtungen und übergreifenden Zusammenschlüssen wie Gremien oder Arbeitskreisen – in Kempten gefragt. Anzumerken ist hierzu, dass die folgenden Darstellungen keine Gesamtnetzwerke abbilden. Es handelt sich vielmehr um Ausschnitte von Netzwerken verschiedener Einrichtungen zu einem Zeitpunkt x. Um die Dynamik und Funktionen der Netzwerke sowie den Inhalt ihrer Zusammenarbeit zu erfassen, ist die Anwendung qualitativer Forschungsmethoden erforderlich, welche in Form der Expert*inneninterviews, unterstützt durch die Dokumentenanalyse erfolgte (vgl. 2.3.2; 2.3.3). Diese Form der Erhebung und Abbildung von Netzwerken gibt jedoch Hinweise auf zentrale Akteur*innen in der Bildungslandschaft Kempten und lässt erste Rückschlüsse auf deren Vernetzungsaktivitäten zu.

- **Vernetzung und Zusammenarbeit mit Schulen**

Im Folgenden ist das Netzwerk zwischen den befragten außerschulischen Einrichtungen und Schulen in Kempten dargestellt. Berücksichtigt werden hier die Einrichtungen, welche den Fragebogen vollständig beantwortet und angegeben haben, mit den betreffenden Schulen zusammenzuarbeiten (n = 46).

Mittig des Netzwerkes sind die Kemptener Schulen angeordnet. Die Größe der Knoten spiegelt die Häufigkeit ihrer Nennung durch die Befragungsteilnehmenden wider. In einem Außenkreis sind die befragten außerschulischen Einrichtungen positioniert. Jeder Punkt (Koten) stellt jeweils eine Einrichtung dar. Die erste Kennzahl oberhalb des Kreises aller Punkte steht als eine Art Code für je eine außerschulische Einrichtung oder Schule. Nach der Kennung folgt an zweiter Stelle bei den Schulen im Innenkreis die Anzahl der Nennungen, das heißt, wie oft die betreffenden Schulen von den außerschulischen Einrichtungen als Kooperations- oder Netzwerkpartner*innen benannt wurden. Die letzte Zahl der Knoten im Außenkreis zeigt hingegen an, mit wie vielen Schulen die betreffende außerschulische Einrichtung nach eigener Angabe zusammenarbeitet. So handelt es sich beispielsweise bei Nummer 66 im Innenkreis der Darstellung um eine Schule, die von 31 außerschulischen Einrichtungen als Kooperationspartnerin benannt wurde. Nachdem Schulen in diesem Teilprojekt nicht befragt wurden, nannte die Schule mit der Nummer 66 selbst keine Kooperationspartner*innen. Zwei der außerschulischen Einrichtungen arbeiteten nicht mit Schulen zusammen und tauchen daher in der Darstellung nicht auf.

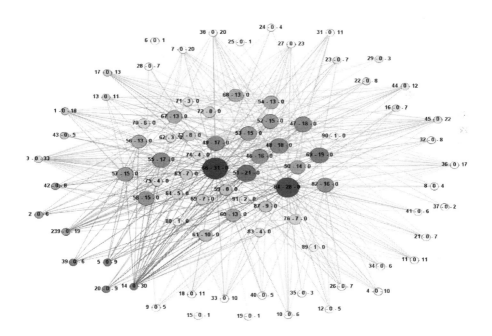

Abb. 2.13: Netzwerkdarstellung der Vernetzung außerschulischer Einrichtungen (n = 52) mit Schulen – Anzahl der Nennungen (In-Degree)

Anhand der Netzwerkdarstellung wird ersichtlich, dass die befragten außerschulischen Einrichtungen in vielfältiger Weise mit Schulen innerhalb der Stadt Kempten vernetzt sind. Dabei zeigen sich deutliche Unterschiede zwischen den Schulformen. Nahezu jede Grundschule wurde von jeder Einrichtungskategorie mindestens einmal benannt, ebenso die Mittelschulen und Förderzentren, bei den Realschulen und Gymnasien sind die Verbindungen deutlich geringer.

Tab. 2.2: Anzahl der Benennungen der Zusammenarbeit mit Schulen (n = 52)

Schultyp	min.	max.	Kita (min./max.)
Grundschulen	13	21	2/7
Mittelschulen	13	17	2/4
Realschulen	4	13	2/5
Gymnasien	5	9	2/3
Förderzentren	13	31	0/11
Berufsbildende Schulen	0	28	1/15

Die umfassende Zusammenarbeit von Grundschulen mit außerschulischen Akteur*innen lässt sich vor allem auf die (auch) institutionell verankerte Forderung nach Zusammenarbeit von Grundschulen und Kindertageseinrichtungen, zum Beispiel durch die verpflichtenden „Vorkurse Deutsch", erklären. So arbeiten 13 Kitas mit Grundschulen aus ihrem unmittelbaren Schulsprengel zusammen. Elf Kitas liegen in angrenzenden Schulsprengeln und eine befindet sich weiter weg als ein Sprengel. Innerhalb der Zusammenarbeit der Kindertageseinrichtungen und der Grundschulen erfolgt somit vorrangig die Zusammenarbeit im geografisch-planerisch betrachteten Sozialraum, wobei auch Kooperationen über die Sprengelgrenzen hinweg nicht ausgeschlossen sind. Große Entfernungen zu kooperierenden Schulen sind jedoch nur selten zu verzeichnen.

Das Phänomen, dass Akteur*innen der Kinder- und Jugendhilfe oder -arbeit häufiger mit Grund- und Mittelschulen, als mit Realschulen und Gymnasien zusammenarbeiten, wird durch die Interviewpartner*innen bestätigt: „Gymnasien ist tatsächlich oft noch ein Thema, wo wir nicht so gut hinkommen. [...] Tatsächlich ist, umso höher es geht vom Bildungsstand her, wird es für uns schwieriger (.) in guten Kontakt zu kommen" (I2, 77ff.).

Allerdings – und das zeigen die Interviews –, auch wenn die Quantitäten der Zusammenarbeit mit bestimmten Schul- oder Einrichtungsarten Aufschluss über den Grad der Vernetzung geben, sagt die bloße Anzahl der bestehenden Kontakte noch nichts über deren Intensität, Form oder Gestaltung aus.

Es lassen sich unterschiedliche Formen der Zusammenarbeit zwischen Akteur*innen der Kinder- und Jugendhilfe und den Kemptener Schulen feststellen. Die jeweiligen Kooperationen lassen sich dahingehend differenzieren, ob sie sich an den Adressat*innen (Kinder, Jugendliche, Eltern) oder den Fachkräften orientieren. Dabei lassen sich auf der Ebene des Austauschs der Fachkräfte institutionalisierte wie individuell geprägte Formen der Kooperation erkennen.

- **Adressat*innenorientierte institutionelle Zusammenarbeit**
Es existiert eine Reihe von Angeboten für Kinder und Jugendliche, die als gemeinsame Veranstaltungen verschiedener Einrichtungen durchgeführt werden. Dabei werden die Projekte teils zusammen von Einrichtungsakteur*innen mit Lehrer*innen und/oder Schulsozialarbeiter*innen entwickelt und durchgeführt, meist jedoch ist eine der beiden Seiten als Hauptinitiatorin auszu-

machen, die in Abstimmung mit dem*der Kooperationspartner*in Ressourcen – Räume, Zielgruppe, Zeit – der anderen Akteur*innen in Anspruch nimmt. Vor allem Akteur*innen der Jugendarbeit gehen dabei sozialräumlich orientiert vor – Kooperationen mit Schulen im näheren Umfeld der Einrichtungen werden forciert. Die vielfältigen Angebote sind unterschiedlich stark institutionalisiert und zum Teil auf Inklusion ausgerichtet. Allerdings werden in jüngerer Zeit neue Formen der heilpädagogischen Unterstützung im Pilotverfahren erprobt. Hinzuweisen ist in diesem Zusammenhang auf die in der Stadt Kempten formal angelegte Zusammenarbeit zwischen außerschulischen und schulischen Akteur*innen durch die gemeinsame Gestaltung der Schulprojekte des Programms „zukunft bringt's". In multiprofessionellen Teams betreuen (Sonder-)Pädagog*innen, Fachkräfte aus dem Bereich der Sozialen Arbeit und Erzieher*innen Flex- sowie Stütz- und Förderklassen, die der Re-Integration der Kinder und Jugendlichen in ihre Herkunftsklassen beziehungsweise Herkunftsschule dienen. Begleitet wird das Programm durch einen Unterausschuss des Kinder- und Jugendhilfeausschusses der Stadt Kempten (vgl. 1.2.4).

Im Bereich der Kindergärten steht ein großer Teil der Angebote mit der Gestaltung des Übergangs der Kinder in die Schule in Verbindung. Vorschulaktivitäten wie Schnuppertage in der Schule, das Kennenlernen der Lehrer*innen im Kindergarten oder auch die Vorkurse Deutsch für Kinder mit erhöhtem (sprachlichen) Förderbedarf zählen dazu.

Vereinzelt sind auch Angebote vorhanden, die für die Zielgruppe Eltern von schulischen und außerschulischen Akteur*innen gemeinsam gestaltet werden, wie zum Beispiel Elternabende für Eltern von Vorschulkindern, die Kindertageseinrichtungen und Grundschulen zum Teil gemeinsam umsetzen. Hier ist kein spezifisch inklusiver Ansatz vorhanden.

- **Fachkräftezentrierte Zusammenarbeit**

Von Fortbildungen oder Informationsveranstaltungen über Austausch der Erzieher*innen von Kitas mit den Erstklasslehrer*innen bis hin zur Einladung von Lehrkräften in ein Jugendhaus existieren vielfältige Angebote, die teils den gesetzlichen Vorgaben entspringen, teils durch eigene Initiativen entstanden sind. Im Rahmen von (gemeinsamen) Fortbildungen, gegenseitigen Hospitationen oder auch durch die Praxis der Zusammenarbeit erwerben die schulischen und außerschulischen Akteur*innen Kenntnisse der anderen Arbeitsweisen und Strukturen, was von den Interviewpartner*innen in hohem Maß wertgeschätzt wird. Als Beispiel für einen gezielten Kenntniserwerb innerhalb der Einrichtung des Kooperationspartners ist beispielsweise die Hospitation von Lehrkräften in einer integrativen Kindergartengruppe zu nennen. Darüber hinaus finden gelegentlich Kooperationen zur gemeinsamen Konzeption spezifischer Programme oder Maßnahmen über die ohnehin erfolgende Projektarbeit hinaus statt. In den Interviews wurde beispielsweise geschildert, wie die zunächst unabhängig voneinander und parallel durchgeführten Entwicklungsbemühungen von offener Jugendarbeit und Schule zusammengeführt wurden.

- **Fachkräftezentrierte institutionalisierte Zusammenarbeit**

Eine stärker formalisierte Form des Austauschs erfolgt in dafür vorgesehenen Zusammenschlüssen und Gremien wie dem Jugendhilfeausschuss und anderen themen- oder zielgruppenspezifischen Arbeitskreisen, an denen ausgewählte Mitarbeitende der Einrichtungen, oftmals die Fachbereichs-, Einrichtungs- oder Schulleitungen, teilnehmen (vgl. 2.4.7).

- **Fachkräftezentrierte adressat*innenorientierte Zusammenarbeit**

Verschiedene außerschulische Akteur*innen, die Einzelfallarbeit leisten, wie zum Beispiel heilpädagogische Einrichtungen oder Familienberatungsstellen, arbeiten mit Lehrer*innen, der Jugendsozialarbeit an Schulen oder dem Mobilen Sonderpädagogischen Dienst (MSD) zusammen, wobei dabei der Austausch von Informationen und die Hilfeplanung unter Einbezug der Eltern im Vordergrund stehen. Der fallbezogene Austausch zur Förderung oder Unterstützung einzelner Kinder oder Jugendlicher erfolgt in unterschiedlichen Formaten und Konstellationen wie „runden Tische" oder Fall-, Team- oder Dienstbesprechungen.[11]

- **Fachkräftezentrierte informelle Zusammenarbeit**

Auch der informelle Austausch nimmt einen hohen Stellenwert bei den befragten Fachkräften ein. Insbesondere wenn Akteur*innen schon über einen langen Zeitraum erfolgreich zusammenarbeiten, wenn sich günstige Gelegenheiten bieten oder die Einrichtungen räumlich nah beieinanderliegen, findet ein Austausch „auf dem kurzen Dienstweg" (I4, 68) statt. Auch im Fragebogen wird die große Wertschätzung dieses informellen Austauschs, der dann oft zeitnah und situationsspezifisch erfolgen kann, betont.

- **Fachkräftezentrierte unspezifische Netzwerkarbeit**

Mit Schulen in Kontakt zu bleiben, auch wenn aktuell kein Vorschulkind für die betreffende Schule die eigene Kindertageseinrichtung besucht, ist ein Beispiel für „unspezifische Netzwerkarbeit", die unter anderem aus Kontaktpflege, dem gegenseitigen Besuch von Veranstaltungen oder themenspezifischem Austausch ohne konkreten Anlass besteht. Entsprechend den unterschiedlichen Formen und Ausgestaltungen der Zusammenarbeit wird die Intensität, Häufigkeit und Qualität dieser Aktivitäten von den außerschulischen Akteur*innen sehr unterschiedlich wahrgenommen und bewertet.

Insgesamt geben die Interviewpartner*innen eine positive Entwicklung der Zusammenarbeit mit den Kemptener Schulen über die letzten Jahre hinweg an, die unter anderem in gewachsenen Strukturen und einer verstärkten Öffnung der Schulen zum Sozialraum und zu anderen Akteur*innen hin begründet liegt.

„Schule" mit ihren institutionellen Gegebenheiten ist für die außerschulischen Fachkräfte häufig Anlass für Frustration, ruft aber auch Verständnis für die antizipierten Herausforderungen, mit denen Lehrer*innen im Hinblick auf Inklusion zu kämpfen haben, hervor. „Das ist einfach notwendig, [...] dass man das Kind gescheit fördern kann [...]. Und ich denke mir einfach, also wie soll eine Lehrerin da eine Chance haben, wenn sie mit 28 alleine ist? Klar kommt dann das Argument, ja, zwei Stunden in der Woche kommt ja diese Förderlehrerin, das ist besser als nichts, aber das ist halt ein Tropfen auf den heißen Stein [...], das kann gar nicht funktionieren" (I15, 57).

Diese System- oder auch Professionsdiskrepanz führt aber nicht zwangsläufig zum Unterlassen oder zu einer Reduktion der Vernetzung. Sie ist hingegen oftmals Anlass für Aushandlungsprozesse und Kooperationsbemühungen, die einerseits die Entwicklung einer gemeinsamen Arbeitsgrundlage sowie andererseits den Versuch, die verschiedenen Systeme und Professionslogiken zu verstehen und gegebenenfalls voneinander zu lernen, zur Folge haben. Eine vermittelnde Position können dabei unter anderem die JaS-Kräfte (Jugendsozialarbeit an Schulen) einnehmen, die zwar an Schulen tätig sind, jedoch formal in den Zuständigkeitsbereich der Jugendhilfe fallen. Auch Jugendarbeiter*innen, die einen Teil ihrer Arbeitszeit für Angebote an Schulen aufwenden oder Kooperationen, bei denen zum Beispiel die Mittagsbetreuung an einer Schule in die Hände eines Trägers der Jugendhilfe oder -arbeit gegeben wird, sind geeignet, beide Systeme miteinander zu verbinden. In besonderer Form geschieht dies bei den Kemptener Schul-

---

11 Sollten sensible Daten besprochen werden, muss dafür die Einwilligung der Eltern der betreffenden Kinder, Jugendlichen oder Familien vorliegen.

projekten, da System- und Professionsgrenzen durch die dauerhafte Zusammenarbeit in einem multiprofessionellen Team überwunden werden sollen „und deswegen braucht man da eben Mitarbeiter in diesen Projekten, die wirklich gewillt sind, diese Grenzen zu sprengen" (I1, 57). Neben den Schulprojekten werden diverse andere Formen der Zusammenarbeit in einen inklusiven Kontext gesetzt, darunter alle Aktivitäten, die mit der Förderung von Kindern und Jugendlichen mit Förderbedarf in Verbindung mit Schule stehen, Vernetzung zur Vermeidung einer drohenden Behinderung sowie Angebote, die einen inklusiven Charakter oder das Thema „Inklusion" zum Inhalt haben. Als herausragendes Best-Practice-Beispiel für ein solch inklusives Projekt in der Stadt Kempten nennen die Interviewpartner*innen die Schultheatertage, die im Jahr 2020 zum neunten Mal, mittlerweile unter dem Namen „fantasT:K – Junges Theaterfestival" in Kooperation des Amts für Jugendarbeit der Stadt Kempten und des „T:K" (Theater in Kempten) durchgeführt werden sollten. Welche Faktoren aus Sicht der Fachkräfte zum Gelingen der Vernetzung und Zusammenarbeit mit dem Ziel inklusiver Gestaltung und Bildung beitragen können, wird in Abschnitt 2.5.3 dargestellt.

- **Vernetzung zwischen außerschulischen Einrichtungen**

Neben den Mitgliedern ihres schulischen Netzwerks gaben die teilnehmenden Einrichtungen im Fragebogen ihre Kontakte zu anderen außerschulischen Einrichtungen an (n = 46). Auch hier ergibt sich ein weit verzweigtes Netzwerk, in dem einige Einrichtungen zentrale Positionen einnehmen.

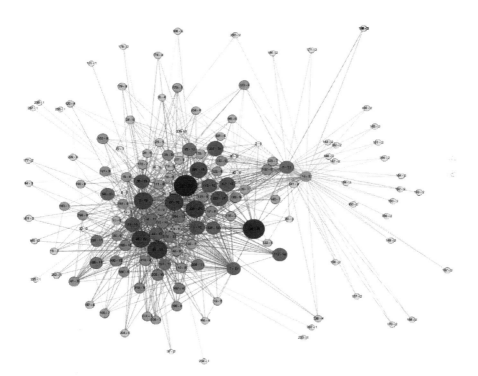

Abb. 2.14: Netzwerkdarstellung der Vernetzung mit außerschulischen Einrichtungen, Anzahl der Nennungen (In-Degree)

Die Anzahl der Kontakte, mit denen die abgebildeten Akteur*innen benannt wurden, variiert mit einer Spannbreite von 1 bis 27 stark, der Mittelwert liegt bei 8,5 Kontakten zu außerschulischen Akteur*innen je Einrichtung. Die Jugendverbände verfügen vorwiegend über Kontakte zu anderen Akteur*innen der Jugendarbeit, während stationäre Wohngruppen kaum mit Kitas und Akteur*innen der Jugendarbeit, sondern primär mit der Jugend- und Eingliederungshilfe vernetzt sind. Unter den Einrichtungen, die am häufigsten angegeben wurden, befinden sich kommunale Stellen, Ämter und Behörden, Erziehungsberatungsstellen, aufsuchende heilpädagogische Fachdienste sowie eine zentrale Einrichtung der gesundheitlichen Versorgung. Sie scheinen auch unabhängig vom Thema der Inklusion Knotenpunkte im Kontakt der verschiedenen Akteur*innen der Kinder- und Jugendhilfe zu sein.

Die quantitative Vernetzungsaktivität der befragten Einrichtungen ist zudem abhängig vom Tätigkeitsbereich, dem die jeweilige Einrichtung zugeordnet werden kann:

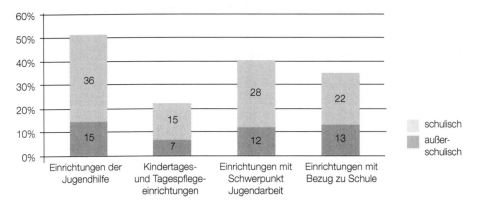

Abb. 2.15: Mittlere Anzahl der Netzwerkpartner*innen nach Einrichtungsart (Out-Degree)

Für den Zusammenhang zwischen der Anzahl der Netzwerkpartner*innen (Knoten) und der Einrichtungsart (Tätigkeitsbereich) ergeben sich die in Abbildung 2.15 dargestellten mittleren Werte. Diese Befunde sind in allen Fällen, also für die außerschulische ($F_{(3,41)} = 3.16$, p = .036), die schulische Vernetzung ($F_{(3,41)} = 3.61$, p = .022) und die mittlere Anzahl der Vernetzungsknoten insgesamt ($F_{(3,41)} = 3.72$, p = .019) statistisch signifikant. Demnach sind Einrichtungen der Kinder- und Jugendhilfe im Durchschnitt mit den meisten Schulen und außerschulischen Einrichtungen vernetzt, während Kindertageseinrichtungen und Einrichtungen der Tagespflege das Schlusslicht der Vernetzungsaktivitäten bilden. Dieser Befund könnte sich aus der Angebotsgestaltung und den Aufträgen der Einrichtungen ergeben, denn dass beispielsweise aufsuchende und mobile Dienste der Kinder- und Jugendhilfe mit zahlreichen anderen Einrichtungen der Bildung, Erziehung und Beratung in Kontakt stehen, ist naheliegend. Da auch die Diversität innerhalb der Gruppen selbst sehr groß ist, können kausale Zusammenhänge, die den Befund erklären, nicht hergestellt werden. Eine interessante Frage, die sich aus der Zusammenschau dieser statistischen Berechnung und den Interviewdaten ergibt, ist die nach der Art der Vernetzung(spartner*innen) der Einrichtungen mit dem Schwerpunkt Jugendarbeit. Denn aus den geführten Interviews geht hervor, dass viele der Einrichtungen dieser Kategorie noch am Anfang ihres Vernetzungsprozesses mit dem Ziel der inklusiven Gestaltung von Angeboten zu stehen scheinen. Da sie jedoch im Vergleich vielfältig, oder zumindest zahlreich, vernetzt sind, wäre eine der anstehenden Herausforderungen darin zu sehen, diese bereits bestehenden Kontakte im Sinne der Schaffung eines inklusiven Settings zu nutzen. Auch auf die wohl vorhandene grundlegende Expertise in Vernetzungs- und Netzwerkarbeit (vgl. *Fischer & Kosellek* 2019, S. 12) kann zurückgegriffen werden, um „inklusive Vernetzung" voranzutreiben oder diese Expertise als Ressource in interprofessionelle Zusammenschlüsse zur Schaffung eines inklusiven Gemeinwesens einzubringen.

Im Gegensatz zur Einrichtungsart ist die Anzahl der unterschiedlichen Förderbedarfe, die in einer Einrichtung auftreten, unerheblich für die Vernetzungsaktivität (r = -.11). Die Art des Förderbedarfs spielt für die Anzahl der Netzwerkpartner*innen nur bei den Bedarfen „Hören" und „Sehen" eine signifikante Rolle.

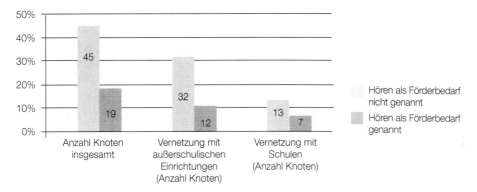

Abb. 2.16: Mittlere Anzahl der Knoten nach Förderbedarf am Beispiel Hören

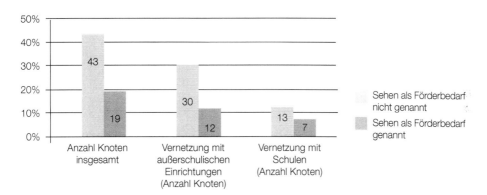

Abb. 2.17: Mittlere Anzahl der Knoten nach Förderbedarf am Beispiel Sehen

Einrichtungen, von denen die Förderbedarfe „Sehen" oder „Hören" als relevante Förderbedarfe genannt werden, vernetzen sich insgesamt mit signifikant weniger Akteur*innen, als Einrichtungen, in denen diese Förderbedarfe nicht auftreten (Hören: $F_{(1,16)} = 6.15$, p = .026; Sehen: $F_{(1,16)} = 3.86$, p = .068). Mögliche Ursachen hierfür lassen sich anhand des vorliegenden Datenmaterials nicht erschließen.

Ähnlich wie auch in der Zusammenarbeit von Schulen und außerschulischen Akteur*innen lassen sich auch bei der Gestaltung der Zusammenarbeit zwischen außerschulischen Akteur*innen unterschiedliche Formen der Kooperation feststellen.

- **Adressat*innenorientierte institutionelle Zusammenarbeit**

Diese Form der Zusammenarbeit lässt sich unterscheiden in Einzelfallarbeit und in eine gemeinsam getragene Angebotsstruktur.

Im Vordergrund der Einzelfallarbeit stehen bei den Kitas Aktivitäten zur Förderung der Kinder mit Förderbedarf sowie Beratung und Unterstützung mit Bezug zum Schuleintritt. Oftmals kommen Therapeut*innen sowie Heilpädagog*innen der Frühförderstellen oder auch der Mobilen Sonderpädagogischen Hilfen (MSH) zur Einzelförderung in die Kindertageseinrichtungen. In jedem Fall erfolgt die regelmäßige Abstimmung zwischen Kita, Eltern und dem entsprechenden Fachdienst. Auch im Rahmen von Familienhilfe, der Vermittlung durch JaS-Kräfte, themenspezifischer Beratung oder von Elternangeboten erfolgen einzelfallbezogene Vernetzungen wie zum Beispiel mit Ärzt*innen, Suchtberatungsstellen oder dem sozialpsychiatrischen Dienst – sofern die Eltern dem zustimmen.

Um gruppenbezogene Angebote durchzuführen, kooperieren die außerschulischen Akteur*innen in manchen Fällen miteinander. Häufig sind die Kooperationen dabei an konkreten Bedarfen oder Anlässen orientiert, gelegentlich etablieren sich aber auch Projekte, die, sofern sie finanziert werden können, in dauerhafte Angebote münden.

Elternabende, -cafés oder -gruppen finden ebenfalls mitunter in Kooperation verschiedener Einrichtungen, zum Teil auch verschiedener Träger, statt. Fachkräfte einer Profession oder Einrichtung bündeln ihre Expertise zudem in Vorträgen, Weiterbildungsformaten oder Gesprächsrunden, um sie an Mitarbeitende anderer Einrichtungen weiterzugeben oder ein gegenseitiges Kennenlernen der Perspektiven, Methoden und Strukturen voranzutreiben.

- **Fachkräftezentrierte institutionalisierte Zusammenarbeit**

Runde Tische, Fall-, Team- und Dienstbesprechungen stehen auch im Kontakt der außerschulischen Akteur*innen im Vordergrund. In Arbeitskreisen, Zusammenschlüssen und Gremien wird der Austausch zu bestimmten Themen oder Entwicklungen forciert. Dazu zählen Leiter*innenkonferenzen der Kitas ebenso wie der Qualitätszirkel der Kinderärzt*innen, der von einem*einer Akteur*in zur Förderung der Zusammenarbeit mit den Kemptener Mediziner*innen ins Leben gerufen wurde. Die Kommunikation mit Vertreter*innen des Gesundheitswesens stellt, ebenso wie die Verständigung mit Kostenträgern, oftmals eine Herausforderung für die Akteur*innen dar, ist aber, gerade in Bezug auf Diagnosestellung, Rückstellung vom Schuleintritt und Therapieverordnung, für Kinder mit Förderbedarf essentiell. Der „Austausch zwischen Tür und Angel" (I15, 13), wird, vor allem auf Ebene der Fachkräfte, wie Erzieher*innen und Therapeut*innen oder Heilpädagog*innen, als wertvolle Ergänzung der formalisierten Zusammenkünfte geschätzt.

In einem Fall wurde die Zusammenarbeit zweier Träger zur Erfüllung eines Versorgungsauftrags geschildert. Gegenseitiges Einspringen bei personellen Engpässen, gemeinsame Weiterentwicklung und Abstimmung der Fallzuweisung bestimmen diese Form der Zusammenarbeit.

- **Wissensarbeit als fachkräftezentrierte Zusammenarbeit**

Durch gemeinsame Fortbildungen, Vorträge von Expert*innen einer Einrichtung oder Veranstaltungen, die explizit zum gegenseitigen Wissensaustausch gedacht sind, werden neue Themen und Entwicklungen erschlossen, aber auch Wissen über andere Professionen und Arbeitsfelder vermittelt. „Dann haben wir hier versucht, hier im Haus so Formate zu machen, dass sie so kleinere Fortbildungsveranstaltungen machen zu ganz unterschiedlichen Themen. Und da auf einer anderen Ebene nochmal mit Erzieherinnen in Kontakt treten" (I13, 25). Da es sich bei „Inklusion" um ein verhältnismäßig junges Thema handelt, existieren auch hierzu einige Formate, die dem Erwerb „inklusionsspezifischen" Wissens dienen. Aufgrund von Ressourcenmangel werden einzelne Mitarbeitende bestimmten Themen zugeordnet und eignen sich hierzu Wissen an, das sie im Arbeitsalltag oder bei Besprechungen an ihre Kolleg*innen weitergeben oder für das sie als Spezialist*innen fortan zuständig sind. Ein Beispiel sind die „Fachkräfte für Inklusion", die von den Kindertageseinrichtungen benannt werden.

- **Fachkräftezentrierte unspezifische Netzwerkarbeit**

Auch zwischen den Akteur*innen außerschulischer Einrichtungen finden Netzwerkarbeit und Kontaktpflege statt, die nicht näher definiert werden. Im Falle der offenen Jugendarbeit zählt dazu die sozialräumlich orientierte Arbeit in Form der Kontaktpflege zu Gesprächskreisen und Anlaufstellen im Stadtteil, wie ein*e Interviewpartner*in sie schildert.

Auch unter den außerschulischen Akteur*innen variieren die Einschätzungen der Qualität der Zusammenarbeit, auch wenn sie insgesamt meist positiv ausfallen. Es werden jedoch nicht nur die schulischen und außerschulischen Akteur*innen der Kinder- und Jugendhilfe angesprochen, sondern auch weitere relevante Kooperationspartner*innen.

Als anspruchsvoll wird die Kooperation mit Akteur*innen des Gesundheitssystems angesehen. Während sich der Informationsaustausch mit Kinderärzt*innen auch dank austauschfördernder Maßnahmen tendenziell verbessert habe und Abläufe allmählich optimiert würden, wird die Zusammenarbeit mit stationären Einrichtungen für erwachsene Patient*innen als optimierbar empfunden. Dies bezieht sich vor allem auf die Wahrnehmung von Kindern und Jugendlichen als Mitbetroffene von der Krankheit ihrer Eltern.

Auch der Kontakt zu Kostenträgern wird teilweise als mühsam empfunden, da sich nicht alle in der Praxis auftretenden Fälle in die vorgesehenen Kategorien an Unterstützung einordnen lassen und Prozesse daher zum Teil als unflexibel und langwierig, Entscheidungen als realitätsfern beurteilt werden. Insbesondere im Bereich Inklusion in Bezug auf eine adäquate Unterstützung von Kindern und Jugendlichen mit Behinderungen kommen Streitigkeiten um Zuständigkeiten zwischen den Kostenträgern hinzu, die einige Interviewpartner*innen, vor allem mit Blick auf irritierte Eltern, kritisieren.

2.4.6 Konkurrenzerfahrungen und Synergieeffekte

Trotz des notwendigen Ressourcenaufwands werden die Vorteile einer engen Vernetzung als positiv für die Zielgruppe der Kinder und Jugendlichen, aber auch für die eigene Organisation und mitunter für die eigene Person, angesehen. So verwundert es nicht, dass sich alle Interviewpartner*innen von Konkurrenzgedanken gegenüber anderen Trägern oder Einrichtungen distanzieren – nicht nur, weil sie vernetzte (Zusammen-)Arbeit schätzen, sondern auch, weil sie sich als Mitarbeitende des sozialen Dienstleistungssektors von als „unsozial" bewertetem Konkurrenzdenken lossagen: „Konkurrenz. Diesen Gedanken darf man glaube ich gar nicht im Sozialen haben. [...] Weil im Grunde haben wir ja alle ein gemeinsames Interesse. Und Kinder oder Familien auch zu fördern, zu unterstützen. Und da darf man glaube ich nicht in Konkurrenz treten. Also da muss man dann schon miteinander tun" (I7, 74). Innerhalb der Interviews kommt es zu zwei Abwehrtendenzen in Bezug auf Konkurrenz zwischen verschiedenen Trägern und Akteur*innen. Entweder existiert laut Interviewpartner*innen innerhalb des sozialen Bereichs in der Region in und um Kempten insgesamt kein Konkurrenzverhalten zwischen verschiedenen Einrichtungen oder Trägern oder die Interviewpartner*innen schreiben ein solches

Verhalten ausschließlich anderen Einrichtungen oder Trägern zu. Genannt werden in diesem Zusammenhang die Konkurrenz integrativer Kitas und Förderzentren um Kinder mit (sonderpädagogischem) Förderbedarf, die als pflegeleicht gelten oder aufgrund der Zielerreichung einer bestimmten Quote gehalten werden sollen, sowie die Konkurrenz um Nicht-Zuständigkeit von Seiten der Kostenträger oder bei komplexen Fällen auch von Seiten einiger Einrichtungen.

Das inklusive Engagement der integrativen Kindertageseinrichtungen wird als unterschiedlich ausgeprägt beschrieben: „Die Tendenz geht stark wieder dahin: ‚Dieses Kind können wir hier überhaupt nicht betreuen [...]. Organisiert dieses Kind weg'. [...] Also es gibt da eben sehr gelingende Beispiele der Zusammenarbeit und welche, ja, wo man auch denkt: ‚Naja gut, die haben jetzt diesen Integrationsplatz, aber was hat sich dadurch für dieses Kind verändert? Nicht viel'" (I13, 17ff.). Inwiefern dies auf die Wahrnehmung anderer Akteur*innen übertragen werden kann, kann nicht festgestellt werden. Auch, ob die vermutete Konkurrenz um Integrativkinder zwischen den Einrichtungen tatsächlich besteht und von den betreffenden Einrichtungen auch als solche wahrgenommen wird, bleibt offen. Die wohl bisweilen aufkommende Debatte zwischen externen Fachkräften und Erzieher*innen darüber, ob die Einzelförderung von Kindern in integrativen oder inklusiven Kitas dem Inklusionsparadigma entspricht, verweist in erster Linie auf unterschiedliche Perspektiven, die es auszuhandeln gilt.

Aushandlungsprozesse sind somit nicht nur zwischen Akteur*innen des schulischen und außerschulischen Bildungssystems Teil der Kooperationsarbeit, sondern können in jeder einzelnen Handlungssituation notwendig werden, auch wenn sie mit zunehmender Häufigkeit ähnlicher Handlungssituationen bei gleicher Konstellation der Akteur*innen weniger oft auftreten (vgl. *Stegbauer* 2010, S. 7f.).

Ansonsten werden weniger Konkurrenzsituationen, als vielmehr der Kampf um Deutungshoheiten zwischen den Systemen oder Professionen geschildert. Insgesamt entsteht der Eindruck, dass die Zuschreibung einer kompetitiven Interaktionsorientierung von außen oder durch andere Akteur*innen im Feld vermieden werden soll. Darauf lassen auch die analysierten Dokumente schließen. Lediglich in einem Leitbild wird auf die gute Marktposition als Akteur*in verwiesen, was auf eine Wettbewerbsorientierung hindeutet. Es scheint Vorteile mit sich zu bringen, selbst als kooperationsfähig, jedoch nicht als wettbewerbsorientiert wahrgenommen zu werden. Ob Konkurrenzdenken und -verhalten dennoch innerhalb der „eigenen Reihen" existieren und inwiefern sich beides womöglich auf die Zusammenarbeit zwischen den verschiedenen Akteur*innen auswirkt, bleibt offen.

Zu Vorteilen und Synergieeffekten hingegen, die aus der Zusammenarbeit mit anderen Akteur*innen, nicht nur, aber vor allem auch im Hinblick auf Inklusion, entstehen, äußern sich die Interviewpartner*innen ausführlich. Eine optimierte Versorgung, Förderung und Unterstützung der Kinder und Jugendlichen, Vorteile für die eigene Organisation, Wissenszuwachs, sowie eine Verbesserung der Arbeitsbedingungen und -qualität werden am häufigsten als positive Merkmale beschrieben. Die Mehrung von Wissen und Kompetenzen, ebenso die verbesserte Förderung der Kinder und Jugendlichen, sind einerseits miteinander und andererseits mit der als konstruktiv empfundenen Multiperspektivität verbunden, die durch die Zusammenarbeit interprofessioneller Kooperationspartner*innen entsteht. „Es gibt einfach Experten ja auch für Vieles und das ist schon gewinnbringend, dass man sich dann da in Austausch kommt. Und auch erweiternd ja auch vom Blickfeld her. Also wenn man sich dann immer für sich selber das erarbeiten würde, das wäre nicht gut. Einfach auch, weil man da einfach auch breitgefächert Experten mit im Boot hat. Und auch so verschiedene Blicke auch hat" (I6, 68).

Austausch und auch Kontroversen der beteiligten Akteur*innen führen zu einer intensiven Auseinandersetzung mit Fall oder Thema. Bei der Einzelfallarbeit ermöglicht dies unter Einbezug der verschiedenen spezifischen Kenntnisse und Kompetenzen die differenzierte und ganzheitlichere Förderung oder Unterstützung, da Ressourcen und Wissen gebündelt und Entscheidungen eingehend reflektiert werden. Als Voraussetzung dafür werden Fachlichkeit, Professionalität, vor allem aber die Haltung, das Kind oder die*den Jugendlichen in den Mittelpunkt der gemeinsamen Bemühungen zu stellen, gesehen. Die verschiedenen Wissensvorräte werden entweder im Austausch – unter anderem durch Fallbesprechungen – zusammengeführt oder parallel beziehungsweise nacheinander, im Sinne einer Versorgungskette, eingesetzt. Letzteres ist zum Beispiel der Fall, wenn zur Diagnostik externe Akteur*innen hinzugezogen werden, während die Hilfeplanung wieder in der eigenen Einrichtung erfolgt, wobei die konkrete Ausgestaltung der Therapien externen Förderstellen überlassen wird. Zudem wird auch das organisationseigene Wissen in jeder gemeinsamen Handlungssituation durch den Austausch „nebenbei" vermehrt.

Auch der gezielte Wissenserwerb kann Teil der Zusammenarbeit sein, wenn ein*e Akteur*in Fortbildungen für andere Akteur*innen anbietet oder ihr*sein Fachwissen in Form von Vorträgen an Mitarbeitende anderer Organisationen weitergibt. Auch das Wissen darüber, in welchem Fall welche Expert*innen konsultiert werden können, wird von den Interviewpartner*innen als gewinnbringend und entlastend eingeschätzt. Durch das Aufteilen von Arbeit, Verantwortung und Ressourcen werden die eigene Organisation sowie die eigene Person entlastet. Feedback sowie fachliche Beratung und Begleitung sind weitere Faktoren, die die Mitarbeitenden als förderlich für die berufliche und persönliche Entwicklung und damit als Gewinn für die Organisation ansehen. Diese profitiert darüber hinaus aus Sicht der Interviewpartner*innen von einer Imageaufwertung, falls kooperatives inklusives Arbeiten gelingt. Durch bestehende Zusammenarbeit können sich Kontakte zu weiteren Akteur*innen ergeben, mit denen unter Umständen künftige Projekte realisiert werden. Eine gute Zusammenarbeit führt zudem jenseits des konkreten Anlasses zu willkommenen Nebeneffekten, zum Beispiel zu einer schnelleren Terminvergabe.

Vor allem im Bereich der offenen Jugendarbeit stellen der Austausch von Ideen, der Kontakt zur Zielgruppe der Jugendlichen mit und ohne Behinderungen sowie die Konzeption und Realisierung gemeinsamer Projekte Synergieeffekte dar, die bislang zwar als sehr positiv bewertet werden, jedoch eher selten auftreten. Daher konzentrieren sich aktuelle Bemühungen der befragten Akteur*innen der offenen Jugendarbeit auch darauf, Räume für einen solchen Austausch, zur Identifikation von Schnittstellen und zur Anbahnung von Projekten mit inklusivem Charakter zu schaffen oder ehemals bestehende Kooperationen wieder aufleben zu lassen: „Wir müssen jetzt erstmal wieder gucken, dass der Dialog stattfindet, [...] einfach erstmal Austauschmomente schafft, weil wir (.) ähm auch schon ganz gut funktionierende Projekte hatten [...]" (I2, 29). Denn, wie auch *Stegbauer* (2016) beschreibt, steigert eine einmal als positiv empfundene Kooperation die Wahrscheinlichkeit, dass auch eine künftige Zusammenarbeit gut gelingt (vgl. *Stegbauer* 2010, S. 7f.).

2.4.7 Zusammenarbeit in Gremien und Zusammenschlüssen

Die Befragung nach der Zusammenarbeit der Akteur*innen in Gremien und Zusammenschlüssen zeigt, dass die Zusammenschlüsse, die sich explizit mit „Inklusion" befassen, mehr als der Hälfe der Befragten nicht bekannt sind. Auch sind nur wenige Einrichtungen in den entsprechenden Gremien vertreten.

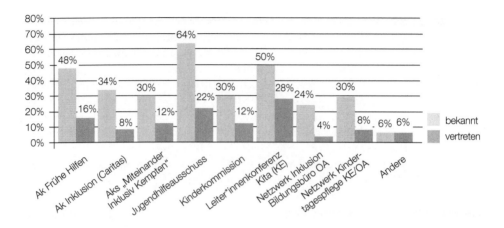

Abb. 2.18: Bekanntheit und Mitgliedschaft in Gremien und Zusammenschlüssen

Was festgehalten werden kann, ist, dass die entsprechenden Zusammenschlüsse auch in Fachkreisen nicht unbedingt bekannt sind. Nach dem Wunsch befragt, in weiteren Gremien vertreten zu sein, geben rund zwei Drittel der Befragten an, sie hätten Interesse an einer Ausweitung ihrer Mitgliedschaften, ein Viertel kann keine Angabe machen. Nachdem insgesamt wenige Einrichtungen in den jeweiligen Zusammenschlüssen vertreten sind, auch wenn diese bekannt sind, erscheint der Wunsch, sich in dieser Hinsicht aktiver einzubringen, nachvollziehbar. Woran eine Mitgliedschaft der Einrichtungen, die gern in einem bestimmten Gremium vertreten wären, bislang gescheitert ist, bleibt unklar. Denkbar sind beispielsweise Ressourcenmangel, spezifische Zugangsbeschränkungen, fehlende Initiative oder Terminschwierigkeiten. In diesem Zusammenhang erstaunlich ist zudem die Tatsache, dass viele Akteur*innen auch den Arbeitskreis „Miteinander inklusiv Kempten" trotz öffentlichkeitswirksamer Veranstaltungen nicht zu kennen scheinen. Das Inklusionskonzept, das durch die verschiedenen Untergruppen erarbeitet wurde, gilt jedoch von Seiten der Stadt als kommunaler Fahrplan für die Umsetzung eines inklusiven Gemeinwesens. Die Daten lassen vermuten, dass die Akteur*innen das Konzept sowie die enthaltenden Zielsetzungen aufgrund von Unkenntnis nicht in ihrem Arbeitsalltag bei der Umsetzung von Inklusion berücksichtigen und es damit auch nicht die Funktion einer handlungsorientierenden Institution übernimmt.

2.4.8 Stellenwert der Netzwerkarbeit im Hinblick auf Inklusion

In den untersuchten Leitbildern und Konzeptionen werden interne Vernetzung und Zusammenarbeit mit externen Akteur*innen als essentielle Bestandteile der einrichtungseigenen Arbeit dargestellt. Einige Organisationen gehen ausführlich auf ihr Verständnis von Netzwerkarbeit ein oder listen ihre Kooperationspartner*innen detailliert auf, andere verweisen vage auf „alle relevanten Akteur*innen", mit denen sie in Kontakt stehen. Dies ist zu konstatieren, lässt aber keine valide Aussage über die Formen, Intensität und Qualität der Umsetzung der Vernetzungsarbeit in der Praxis zu.

Die große Bedeutung sozialräumlicher Vernetzung wird vor allem in den Leitbildern der Organisationen der Jugendarbeit hervorgehoben. Dies verwundert nicht, da es sich bei der Sozialraumorientierung um eines der grundlegenden Arbeitsprinzipien der Jugendarbeit handelt.

Elemente der Sozialraum- sowie der Lebensweltorientierung tauchen zwar auch in den anderen Dokumenten an einigen Stellen auf, werden jedoch nicht entsprechend benannt oder konzeptualisiert. Begriffe wie „Infrastruktur" oder „Öffnung nach außen" stellen jedoch mittelbare Bezüge her. „Sozialraum" und „Inklusion" werden in keinem der Dokumente miteinander in Verbindung gebracht.

Der Zusammenhang zwischen Vernetzungsarbeit und Inklusion wird insbesondere in den Konzeptionen der untersuchten Kitas deutlich, oftmals festgemacht an einer optimalen Förderung der Integrativkinder, die nur durch Zusammenarbeit mit anderen Stellen zu erreichen sei. An zwei Stellen wird diese Form der Zusammenarbeit in Verbindung mit anderen Faktoren als „Gelingensfaktor" inklusiver Gestaltung bezeichnet. Den Dokumenten von Einrichtungen anderer Tätigkeitsbereiche ist kein solcher Bezug zu entnehmen, unabhängig davon, ob „Inklusion" begrifflich oder konzeptuell im Dokument aufgegriffen wird.

Der Umfang der Vernetzungsaktivität ist abhängig vom Tätigkeitsbereich, dem die Einrichtung zugeordnet werden kann. Die statistische Auswertung ergibt dabei keinen Zusammenhang zwischen der Anzahl von Netzwerkpartner*innen und dem eingeschätzten Grad der Relevanz von Inklusion für die eigene Einrichtung, weder bei Berechnung mit dem Index (r = -.04), noch mit dem Einzelitem (r = .04). Dies deutet abermals darauf hin, dass die Quantität der Netzwerkpartner*innen von den Akteur*innen vermutlich nicht als entscheidend für die Umsetzung von Inklusion angesehen wird. Da in allen Konzepten Vernetzung befürwortet wird und die Kitas Netzwerkarbeit auch explizit im Kontext von Inklusion betrachten, ist jedoch anzunehmen, dass Vernetzung und Zusammenarbeit als grundlegende Bestandteile der allgemeinen Tätigkeit auch für die Umsetzung inklusiver Angebote für nahezu alle Akteur*innen bedeutsam sind. Diese Annahme wird durch die qualitative Befragung gestützt, hier geben die Interviewpartner*innen an, Netzwerkarbeit für die allgemeine Arbeit und zur Umsetzung von Inklusion als wichtig oder sogar unabdingbar anzusehen: „Aber ich denke, [...] dass sich die Gesellschaft verändert hat, dass die Anforderungen, sich die gesetzlichen Rahmenbedingungen [zu Inklusion] verändert haben und damit natürlich auch sowieso das gesamte Arbeitsfeld schwieriger geworden ist. Und da ist es natürlich auch super wichtig diese Vernetzung zu haben, weil sonst, ich glaube, wenn jeder vor sich hin wursteln würde, wäre das alles nicht mehr leistbar" (I5, 125).

Anhand der qualitativen Analyse wird zudem ersichtlich, wie die Akteur*innen Vernetzung interpretieren: Sie nehmen den Vernetzungsgedanken als gesetzliche Verpflichtung, als Leitgedanken ihres Tätigkeitsbereichs oder ihrer Einrichtung wahr oder sie erfahren Netzwerkarbeit als festen Bestandteil ihrer beruflichen (Leitungs-)Position. Die Bedeutung vernetzten Arbeitens wird somit nicht in Frage gestellt, sondern eher als selbstverständlich angesehen. Dass sich diese Grundannahme womöglich nicht ohne Weiteres auf das Feld des inklusiven Arbeitens übertragen lässt, zeigen einige Anmerkungen, die auf das Entwicklungspotential der inklusiven Vernetzung anspielen, das schon entdeckt worden, aber noch weiter auszuschöpfen sei.

Neben der gegenseitigen Unterstützung und den oben genannten Synergieeffekten und Vorteilen wird an mehreren Stellen die Relevanz inklusiver Zusammenarbeit mit dem Ziel der Kontinuität, Nachhaltigkeit und Begleitung von Übergängen betont. Insbesondere die institutionell geprägten Übergänge, die Kinder und Jugendliche bewältigen müssen, rücken die Befragten in den Fokus. Dabei wird in den Interviews sowohl auf Übergänge zwischen verschiedenen Teilbereichen der Lebenswelten einzelner Kinder und Jugendlicher wie auch auf Übergänge beim Wechsel von Einrichtungen oder Kostenträgern Bezug genommen. Die Lebenswelt sollte demnach als Ganzes in den Blick genommen und Verbindungen zu Akteur*innen, die nur in einem Teilbereich aktiv sind, hergestellt werden. Bei Übergängen, die den Wegfall involvierter Akteur*innen aus dem Unterstützungsnetz mit sich bringen, können die daraus resultierenden negativen Folgen für Klient*innen durch andere Akteur*innen, welche über den Übergang hinweg erhalten bleiben, vermindert werden.

2.4.9 Interne Kooperationen und Vernetzung

Eine spezifische Form der Zusammenarbeit, die für die befragten Einrichtungen laut Dokumenten, Interviews und Fragebogen einen hohen Stellenwert zu besitzen scheint, ist „interne Kooperation", das heißt Kooperationen und Zusammenarbeit innerhalb der eigenen Einrichtung, mit Einrichtungen desselben Trägers oder Arbeitgebers oder innerhalb eines größeren Verbundes mehrerer Träger.

- **Kooperationen innerhalb der eigenen Einrichtung**

In der eigenen Einrichtung werden vor allem die Zusammenarbeit in kleinen Teams sowie im gesamten Team genannt. In Kindertageseinrichtungen oder Einrichtungen der Tagespflege entspricht dies der Arbeit in der eigenen Gruppe gegenüber der gruppenübergreifenden Zusammenarbeit mit Mitarbeitenden anderer Gruppen, der Einrichtungsleitung und gegebenenfalls weiterer Mitarbeitenden, die in der Einrichtung angestellt sind, jedoch gruppenübergreifend arbeiten. Da es oftmals innerhalb der Einrichtung Expert*innen für einzelne Themen – zum Beispiel für Inklusion – gibt und bisweilen auch nur bestimmte Personen für die Kontaktpflege zu bestimmten externen Akteur*innen zuständig sind, wird der gelingende Wissenstransfer innerhalb des gesamten Teams als bedeutsam angesehen. In multiprofessionellen Teams werden darüber hinaus Multiperspektivität, kollegiale Beratung und der fallbezogene Erfahrungsaustausch geschätzt und genutzt.

- **Trägerinterne Kooperationen**

Die Vernetzung mit anderen Einrichtungen desselben Typs, die dem gleichen Träger angehören und im näheren Umkreis liegen, wird als gewinnbringend für den Austausch über spezifische Phänomene und Entwicklungen, mit denen alle Akteur*innen aufgrund regionaler Bedingungen, des Tätigkeitsbereichs oder des Einrichtungstyps konfrontiert sind, empfunden. „Und vom Träger her, also da kann ich jetzt bloß sagen, ich habe bis jetzt immer die Zusammenarbeit sehr positiv erlebt [...], da findet auch sehr viel Kommunikation einfach statt, man hat regelmäßige Treffen [...], da finden auch gemeinsame Fortbildungen statt. [...]. Das-, also da ist sehr viel Unterstützung einfach auch da, auch, dass wir uns weiterentwickeln, das ist sehr positiv" (I15, 91). Je nach Größe des Trägers lassen sich Synergieeffekte herstellen, indem eigene Arbeitsgruppen gebildet und große Dienstbesprechungen, Leitungskonferenzen oder gemeinsame Fortbildungen abgehalten werden. Auch Einzel- und Gruppensupervision findet oft auf dieser Ebene statt. In Bezug auf die Kooperation mit anderen Stellen und Einrichtungen desselben Trägers in derselben Region profitieren die Akteur*innen vor allem aufgrund interner Kooperationsvereinbarungen, die zum Teil flexibles Arbeiten bei geringem Aufwand ermöglichen. Expert*innen können zum Beispiel unkompliziert zur Beratung hinzugezogen, Vereinbarungen über stundenweise Anwesenheit von bestimmten Mitarbeitenden in der Einrichtung vereinbart oder Mitarbeitende zwischen den Stellen vorübergehend getauscht werden. Regionale oder überregionale trägerinterne Konferenzen, Fachtage oder Fortbildungen begünstigen die Vernetzung über das unmittelbare geografische Umfeld hinaus und führen dadurch zu einer Perspektiverweiterung.

- **Trägerübergreifende Verbundkooperationen**

Zwischen den Trägern variiert der Umfang der Formalisierung, Kontinuität und Häufigkeit derartiger trägerinterner Vernetzungsmaßnahmen, was unter anderem durch Struktur und Größe der Träger bedingt ist. Die Mitarbeitenden der Einrichtungen großer Träger finden oftmals eine große Bandbreite an Angeboten bereits trägerintern vor, sodass ein Rückgriff auf externe Akteur*innen und ihre Angebote nicht zwingend notwendig ist, während Einrichtungen kleinerer Träger eher auf externe Kooperationen oder die Unterstützung durch Trägerverbünde angewiesen sind, um ähnliche Angebote zum Austausch, zur Supervision und zur Fortbildung nutzen zu können. In multiprofessionellen Teams, die dauerhaft zusammenarbeiten, oder auch in einer Umgebung, in der mehrere Professionen unter einem Dach tätig sind, werden Vernetzungsaktivitäten und Austauschformate zum Teil schon nicht mehr bewusst als solche wahrgenommen, sondern sind zum regulären Bestandteil des Arbeitsalltags geworden: „Das fällt, wenn man hier arbeitet, gar nicht so auf als Netzwerk, weil das so selbstverständlich ist" (I8, 18). In allen Fällen besitzt interner Austausch in Hinblick auf inklusives Arbeiten große Bedeutung.

2.4.10 Fazit II: Vernetzung, Zusammenarbeit und Kooperation

Die befragten außerschulischen Bildungs- und Erziehungsakteur*innen in der Stadt Kempten sind insgesamt betrachtet sowohl untereinander, als auch mit den Kemptener Schulen bereits umfangreich vernetzt und nehmen Netzwerkarbeit als regulären Bestandteil ihrer Aufgaben wahr. Die Vernetzung mit schulischen Akteur*innen erfolgt häufiger mit Grund- und Mittelschulen und Förderzentren als mit Realschulen und Gymnasien. Dabei ist die Zusammenarbeit jeweils durch verschiedene Formen und Intensitäten gekennzeichnet. Während in manchen Kooperationen der Beitrag der*des einen Partnerin*Partners beispielsweise lediglich in der Bereitstellung von Räumen besteht, erfolgt bei anderen eine enge und abgestimmte Planung und Umsetzung gemeinsamer Projekte. Zielgruppen der diversen kooperierenden Maßnahmen sind dabei nicht nur Kinder und Jugendliche, sondern gegebenenfalls auch deren Eltern und Familien, Fachkräfte anderer Einrichtungen, bestimmte Systeme oder Berufszweige sowie gelegentlich auch die gesamte Stadtgesellschaft.

Bei den befragten Kindertageseinrichtungen dominieren einzelfallbezogene Kooperationen sowie vernetzte Aktivitäten im Zusammenhang mit dem Übergang an die Grundschule. Als Ergebnis der intensiven Bemühungen um inklusionsfördernde, ganzheitliche schulische Bildung in der Region stellen die Schulprojekte, die im Rahmen des Kemptener Entwicklungsprogramms „zukunft bringt's" geschaffen und implementiert wurden, eine Besonderheit der multiprofessionellen Zusammenarbeit dar (vgl. 1.2.4). Als Best-Practice-Beispiel für eine systemübergreifende Kooperation mit dem Ziel der Förderung von inklusiver Bildung gelten darüber hinaus die Schultheatertage, die von hohem Engagement der Beteiligten geprägt sind.

Die Zusammenarbeit der außerschulischen Einrichtungen und Organisationen untereinander ist ebenfalls von großer Vielfalt geprägt, wobei sich bestimmte Akteur*innen herauskristallisieren, mit denen besonders viele Befragte vernetzt sind. Dies lässt sich mit den zentralen Funktionen, die diese Einrichtungen, oftmals für das ganze Stadtgebiet oder sogar darüber hinaus, übernehmen oder durch ihren aufsuchenden, beratenden Charakter erklären. Mitarbeitende dieser Einrichtungen werden somit entweder von vielen anderen Einrichtungen der Stadt Kempten konsultiert oder besuchen ihre Klient*innen in vielen verschiedenen Einrichtungen, in denen diese betreut werden. Lediglich die Jugendverbände scheinen fast ausschließlich mit Akteur*innen der Jugendarbeit zu kooperieren und sich darüber hinaus wenig zu vernetzen.

Neben bestimmten einrichtungsbezogenen Merkmalen, die Vernetzungen begünstigen, tragen auch diejenigen personalen Akteur*innen, die von einer Vielzahl von befragten Einrichtungen als sehr engagiert wahrgenommen werden, entscheidend zur sozialräumlichen Vernetzung bei. Sie scheinen mit ihrem Namen und Gesicht bereits für die Einrichtung, der sie angehören, zu stehen, was sich vor allem auf die Beziehungen innerhalb interorganisationaler Netzwerke positiv auswirken kann (vgl. *Bommes & Tacke* 2006).

Ebenso wie bei der Kooperation mit Schulen existieren auch zwischen den außerschulischen Akteur*innen unterschiedliche Formen der Zusammenarbeit, die von kontinuierlicher gemeinsamer Einzelfallbearbeitung bis hin zu einmaligen themenbezogenen Projekten und unspezifischer Netzwerkarbeit reichen oder auch dem eigenen Wissenserwerb oder dem Austausch von Expertise dienen. Als wichtigen Bestandteil der gemeinsamen Arbeit bezeichnen die Interviewpartner*innen den informellen Austausch auf Ebene der Fachkräfte, der neben den formalisierten Formaten wie Besprechungen, Zusammenschlüssen und Gremien eine unkomplizierte und schnelle Verständigung sowie die Weitergabe aktueller Informationen ermöglicht und darüber hinaus eine beziehungsfestigende Funktion besitzt.

Nachdem viele Beeinträchtigungen auch mit medizinischen Bedarfen einhergehen, ist die Zusammenarbeit mit Akteur*innen des Gesundheitswesens für viele befragte Einrichtungen unerlässlich, wird jedoch oftmals als potentiell herausfordernd empfunden. Um die gegenseitige Wertschätzung und die Kenntnis über die verschiedenen Systeme und ihre Merkmale zu fördern, wurden von einigen außerschulischen Akteur*innen Maßnahmen ergriffen, um die Angehörigen des Gesundheitssystems mit Mitarbeitenden aus der Kinder- und Jugendhilfe zusammenzubringen. Infolge dieser Bemühungen lässt sich eine Verbesserung der Beziehungen trotz unterschiedlicher Systemlogiken verzeichnen. Die Zusammenarbeit mit Kostenträgern hingegen wird vor allem dann als schwierig wahrgenommen, wenn behördliche Entscheidungen oder rechtliche Vorgaben aus Sicht der Fachkräfte reale Bedarfe und Bedürfnisse nicht berücksichtigen und eine als angemessen empfundene Förderung dadurch verwehrt bleibt. Sollten sich Kostenträger nicht über die Zuständigkeit der Kostenübernahme einigen können, so wirkt sich dies negativ auf die Arbeit der außerschulischen Akteur*innen aus, da sie ohne Kostenübernahmeerklärung nicht aktiv werden können. Während einige personale Akteur*innen bei anderen Einrichtungen wettbewerbsfokussierte und konkurrierende Interaktionsorientierungen beobachten, distanzieren sie sich und ihre Einrichtungen von einem solchen Verhalten. Da das Erfüllen von „Inklusionsquoten" einerseits Vorteile mit sich bringen kann, sich andererseits inklusive Bemühungen auch komplex und herausfordernd gestalten können, werden in diesem Zusammenhang vorrangig Verhaltensweisen anderer Akteur*innen genannt, die dazu dienen, als „unkompliziert" wahrgenommene Kinder und Jugendliche in der eigenen Einrichtung beziehungsweise im Zuständigkeitsbereich zu halten, während die Zuständigkeit in komplexen oder aufwändigen Fällen abgegeben werden soll. Neben diesen Einzelfällen – denn nur als solche wurden diese Situationen geschildert – treten wohl eher Diskussionen und Streitigkeiten um Deutungshoheiten und die Angemessenheit von Maßnahmen zwischen verschiedenen Systemen oder Professionen auf. Diese Machtaushandlungsprozesse werden von den Interviewpartner*innen jedoch weniger als Konkurrenzverhalten, sondern als Konfliktsituationen wahrgenommen, die aus einem Mangel an Kompetenzen, die zur Zusammenarbeit erforderlich sind oder aufgrund system- beziehungsweise professionsbedingt stark voneinander abweichender Perspektiven entstehen.

Während die befragten Fachkräfte somit nur selten klassische Konkurrenzsituationen beobachten, nehmen sie eine Vielzahl von Synergieeffekten wahr, die durch die vernetzte Zusammenarbeit entsteht. Neben einem Zuwachs an Expertise und Wissen werden unter anderem Ressourcen gebündelt und eingespart, Entlastungseffekte geschaffen und weitere relevante Akteur*innen und Projekte über bereits bestehende Netzwerkpartner*innen kennengelernt. Diese positiven Auswirkungen netzwerkorientierten Arbeitens sind einem Großteil der Akteur*innen bewusst, zumal „Vernetzung" in vielen Einrichtungen selbstverständlicher, essentieller und teils gesetzlich vorgegebener Bestandteil der täglichen Arbeit ist. Dennoch werden diese und weitere Vorteile der vernetzten Zusammenarbeit oftmals nicht ausdrücklich in Bezug zur Erfüllung von Inklusionsaufgaben gesetzt.

Vor allem die hier untersuchte Triade „Vernetzung – Inklusion – Sozialraum" lässt sich zwar in den meisten Einrichtungen in der ein oder anderen Form ausmachen, explizit zusammengeführt werden diese drei Prinzipien mit ihren zugehörigen Konzepten aber nur selten. Kommt es von Seiten der Akteur*innen zu einer solchen Verknüpfung, wird diese als „Gelingensfaktor" für inklusive Bildung und Erziehung betrachtet.

Vernetzung wird zwar auch im Bereich der Inklusion als relevant angesehen, allerdings besteht hier auch noch ebenso viel Bedarf wie Potential – je nach Stadium und Schwerpunktsetzung der Umsetzung von Inklusion in der Organisation: von dem Wunsch nach niederschwelligem Austausch zur ersten Vernetzung bis hin zu Vorschlägen der Prozessoptimierung im Übergangsmanagement für Kinder mit Förderbedarf. Dieser Vernetzungsbedarf besteht vor allem dann, wenn er nicht unmittelbar durch interne Kooperation gedeckt werden kann. Vor allem Einrichtungen, die großen Trägern oder Trägerverbünden angehören, heben neben externen Kooperationsmöglichkeiten Synergien und Formen der Zusammenarbeit hervor, die sich auf Ebene des Trägers vollziehen – auch, weil der Zugang zu Wissens- und Personalressourcen oft niedrigschwelliger als bei einer Zusammenarbeit mit externen Akteur*innen ist. Diese Form der Kooperation wird zum Beispiel bei der Organisation von Fortbildungen, bei dem Austausch in trägerinternen Arbeitskreisen auf Regional-, Bezirks- oder Landesebene, bei der Zusammenarbeit mit anderen Einrichtungen des Trägers oder bei flexiblem Personaltausch angewendet. Eigenständige Akteur*innen oder Einrichtungen kleinerer Träger müssen dazu auf externe Angebote und Kooperationen oder auch auf bestehende regionale Gremien und Zusammenschlüsse zurückgreifen. Auch wenn sich nur drei der zwölf erfassten Zusammenschlüsse im Stadtgebiet Kempten hauptsächlich oder ausschließlich mit „Inklusion" befassen, wird dieses Thema laut Interviewpartner*innen auch in anderen Zusammenschlüssen regelmäßig besprochen – tendenziell interessieren sich die Einrichtungen für die Teilnahme an mehr Zusammenschlüssen, als an denen, in denen sie bisher aktiv sind. Gleichzeitig fällt auf, dass die Kenntnis über Zusammenschlüsse oder Arbeitskreise in Kempten nicht umfassend gegeben ist.

Eine zentrale Rolle bei der Koordination und Vernetzung schulischer und außerschulischer Akteur*innen zur Umsetzung von Inklusion hat die Kommune. Hier stellt sich die Frage, ob deren Aktivitäten nicht flächendeckend wahrgenommen werden oder ob es andere Akteur*innen sind, die vermittelnde und koordinierende Funktionen übernehmen. Umso mehr rückt aber auch erneut die Frage nach den Gelingensfaktoren erfolgreicher Vernetzungsarbeit mit dem Ziel der Inklusion im Sozialraum aus Sicht von zentralen Akteur*innen im Stadtgebiet in den Fokus.

2.5 Gemeinsam inklusive: Kooperation im Wandel

Dass sich Inklusion als Querschnittsaufgabe nicht singulär bearbeiten und aus dem (Arbeits-) Alltag herauslösen lässt, zeigt sich auch im Zusammenhang mit den bestehenden Hürden, Bedarfen und Faktoren, die laut Interviewpartner*innen eine gelungene Zusammenarbeit ausmachen. Viele der genannten Aspekte betreffen Voraussetzungen und Schwierigkeiten der Kooperation mit anderen Akteur*innen im Allgemeinen, unabhängig vom inklusiven Charakter der Zusammenarbeit. So weit wie eine Interviewpartnerin, für die „beim Thema Inklusion eigentlich die Grundvoraussetzung genau die Gleiche wie bei anderen Projekten [ist]" (I2, 53), gehen die meisten Befragten jedoch nicht. Für sie kommen zu den Dimensionen, die für Kooperationen und Vernetzung übergreifend bedeutsam sind, Punkte hinzu, die entweder unter der Prämisse der Inklusion besonders gewichtig sind, oder die allein aufgrund der Zielsetzung „Inklusion" bestehen. Daher werden im Folgenden sowohl grundlegende als auch inklusionsspezifische Barrieren, Bedarfe und Erfolgskriterien für die Zusammenarbeit mit schulischen und außerschulischen Akteur*innen dargestellt.

2.5.1 Hürden der Vernetzung und Zusammenarbeit

Während in Abschnitt 2.4.2 bereits auf Barrieren bei der Umsetzung von Inklusion in der eigenen Einrichtung eingegangen wurde, richtet sich der Blick nun auf die Faktoren, die für die (inklusive) Vernetzung und Zusammenarbeit als hinderlich empfunden werden. Die institutionelle Prägung der Akteur*innen, die Gestaltung und Praxis der Zusammenarbeit wie auch die Rahmenbedingungen für Kooperationen stellen zentrale Hürden einer gelingenden Zusammenarbeit und Vernetzung dar. Hinzuweisen ist darauf, dass sich die einzelnen Faktoren häufig gegenseitig bedingen oder beeinflussen und daher in der Praxis nicht eindeutig voneinander getrennt werden können.

- **Divergierende Haltungen**

Die Interviewpartner*innen beschreiben als problematisch, wenn Kooperationen durch einzelne Personen blockiert werden. Der vermutete Grund dafür liegt in den unterschiedlichen Logiken und Regeln, denen die verschiedenen Einrichtungen oder Schulen unterworfen sind und die die Motivation Einzelner mitunter bremst. Die Interviewpartner*innen stellen die beschriebenen Merkmale meist bei einzelnen Lehrkräften fest, die trotz eines offenen Schulklimas ihre „Einzelkämpfermentalität" (I8, 104) beibehalten und es nur bedingt schaffen, andere Perspektiven als die eigene beziehungsweise eine als „typisch schulisch" wahrgenommene zuzulassen und anzuerkennen. Dabei schreiben die Interviewpartner*innen den Kemptener Schulen im Gegensatz zu anderen Schulen jedoch ausdrücklich Offenheit zu.

Im inklusiven Rahmen wird abwehrendes Verhalten einzelner Akteur*innen als besonders hinderlich empfunden, wenn es um die enge Zusammenarbeit in einem multiprofessionellen Team oder die Kooperation zur Förderung einzelner Schüler*innen geht. Die adäquate Unterstützung der betreffenden Kinder oder Jugendlichen ist maßgeblich von einem intensiven Austausch zwischen Schule und anderen beteiligten Akteur*innen abhängig. Nur so können die gesamte Lebenswelt der*des Betroffenen einbezogen und Übergänge sanft gestaltet werden.

Ein Austausch kann nicht nur an ungenügender oder verspäteter Kooperationsbereitschaft scheitern, sondern auch, wenn Eltern einem Informationstransfer zwischen den beteiligten Organisationen nicht zustimmen. Als Gründe für eine ablehnende Haltung der Eltern werden unter anderem Angst vor Etikettierung oder einem schlechten Ruf, der Wunsch nach „Normalität" oder Überforderung angegeben. „Wenn Eltern sagen, wir wollen nicht, dass ihr an die Schule irgendwas weitergebt [...] und dann hast du halt keine Chance, da weißt du von vornherein, dass es nicht funktioniert" (I15, 25). Dies geschieht laut Auskunft der Interviewpartner*innen nur selten, wird dann aber als massive Behinderung der optimalen Förderung empfunden. Meist schätzen Familien jedoch eine multiprofessionelle Unterstützung, die häufig auch die Kommunikation mit Vertreter*innen des Gesundheitswesens umfasst.

Einem Teil der in diesem Fall involvierten Ärzt*innen wird ebenfalls unzureichende Kooperationsbereitschaft bescheinigt, hier werden System- und Professionskonkurrenz und das Widerstreben, die Einschätzungen des nicht-medizinischen Fachpersonals aus Einrichtungen der

Kinder- und Jugendhilfe anzuerkennen, vermutet. Diverse Maßnahmen zur Verbesserung der Grundlagen der Zusammenarbeit mit Mediziner*innen verzeichnen mittlerweile Erfolge, sodass diese Haltungsbarrieren allmählich abgebaut werden.

- **Strukturelle Differenzen**

Der Wunsch nach Anerkennung der eigenen Fachlichkeit und professioneller Kompetenz bezieht sich bei zwei Interviewpartner*innen auch auf die Ebene der Kostenträger. Nachdem die Fachkräfte im Gegensatz zu den Mitarbeitenden der Kostenträger die Kinder und Jugendlichen im Alltag erleben und sich intensiv mit ihren Bedürfnissen, Ressourcen und Problemlagen auseinandersetzen, sehen sie sich als geeignet an, Bedarfe frühzeitig zu erkennen und angemessen einzuschätzen. Dieser präventiven Einstellung steht die oftmals als zu abwartend bewertete Haltung der Kostenträger gegenüber, die Hilfen (noch) nicht als notwendig erachten, auch wenn sie aus Sicht der Fachkräfte dringend erforderlich sind, um drohende Behinderungen abzuwenden. Wie Akteur*innen der Eingliederungshilfe und der Jugendarbeit sinnvoll zusammenzubringen sind, ist eine noch offene Frage. Die gegenseitige Öffnung der Einrichtungen bedarf zunächst wiederum der Bereitschaft, sich füreinander zu interessieren, das Prinzip der Zusammenarbeit grundsätzlich zu befürworten und bestehende Ängste, beispielsweise vor zu großem organisatorischem Aufwand oder vor nachteiligen Effekten für die originäre Zielgruppe der eigenen Aktivitäten, zu überwinden.

Wie bereits beschrieben, sehen Akteur*innen der Jugendhilfe und -arbeit untereinander insbesondere Konkurrenzdenken und -streben als Interaktionsorientierung an, die einer konstruktiven Zusammenarbeit entgegensteht. Nicht nur die direkte Konkurrenz zur Einrichtung wird kritisiert, sondern auch negative Auswirkungen auf die gleichzeitige Kooperation mit zwei miteinander konkurrierenden Stellen befürchtet. Dies ist insofern für inklusives Arbeiten nochmals relevanter, da „Inklusionskompetenz" sowie damit verbundene Dienstleistungen als spezifische Expertise gelten, die in manchen Fällen nur durch wenige Einrichtungen bereitgestellt werden kann. Dadurch können Konstellationen entstehen, bei denen zwei Anbieter in direkter Konkurrenz zueinander agieren.

- **Herausforderungen in der Arbeitspraxis**

Die verschiedenen Perspektiven auf Inklusion, institutionelle Rahmungen oder Zielsetzungen zu vereinbaren erfordert unter Umständen intensive Aushandlungsprozesse, für die Ressourcen aufgewendet und Kompromisse geschlossen werden müssen. „Aber, wenn es dogmatisch wird, und das ist halt so manchmal der Fall, dann wird es halt schwierig" (I13, 41). Das Ziel von Abstimmungen ist daher nicht immer, bestmöglich zusammenzuarbeiten, sondern kann sich auch darauf beschränken, sich nicht in die Quere zu kommen, so die Interviewpartner*innen.

Da mit der Forderung „Inklusion umzusetzen" auch diverse normative Setzungen einhergehen, kann vermutet werden, dass Inklusionsarbeit ein potentielles Spannungsfeld innerhalb der Zusammenarbeit verschiedener Akteur*innen ist – allein schon aufgrund divergierender Inklusionsverständnisse. Dies offenbart sich möglicherweise erst durch die konkreten Handlungen der Akteur*innen in den konkreten Handlungssituationen und beeinflusst daher die Arbeitspraxis anderer Akteur*innen in direkter Weise. Hinzu kommen allgemeine kommunikative Herausforderungen, die immer dann entstehen, wenn verschiedene Akteur*innen miteinander interagieren. Unterschiedliche Dienstzeiten, räumliche Trennung, Personalwechsel oder organisationale Umstrukturierungen sind nur einige der Faktoren, die sich negativ auf den Austausch der Netzwerkpartner*innen auswirken und damit Missverständnisse oder Informationsdefizite bedingen können. Die Interviewpartner*innen berichten unter anderem von gemeinsamen Aufträgen, die von Kooperationspartner*innen unterschiedlich interpretiert wurden, von Versäumnissen, essentielle Entwicklungen in der Familie eines betreuten Kindes mitzuteilen oder von versprochenen Rückrufen, die nie getätigt wurden. Diese Erlebnisse sehen sie jedoch nicht als spezifische Herausforderung inklusiven Arbeitens, sondern als ärgerliche, aber gewöhnliche Elemente vernetzter Arbeit an. Ein weiteres Kommunikationsdefizit steht hingegen in unmittelbarem Zusammenhang zu inklusiven Aktivitäten in der Region. Ohne dies an der Nachlässigkeit bestimmter Akteur*innen festzumachen, wird Uninformiertheit über inklusive Projekte und Maßnahmen anderer Einrichtungen und Systeme in der Region als eine Barriere für die Etablierung regionaler Zusammenarbeit benannt.

Auch der bisweilen fehlende Austausch über Gelingensfaktoren für inklusives Arbeiten wird von zwei Interviewpartner*innen kritisiert. Doch auch wenn passende Kooperationspartner*innen identifiziert und die künftige Zusammenarbeit beschlossen wurde, müssen eventuell weitere Hürden bewältigt werden. Denn dann gilt es, aktiv zu werden und die geplante Zusammenarbeit auch in die Tat umzusetzen. Daran scheitern momentan die Projektideen eines befragten Akteurs, da noch wenig Erfahrung mit der Umsetzung inklusiver Projekte gesammelt wurde und auch das kontinuierliche Engagement der schulischen Projektpartnerin vermisst wird. Was den nächsten Schritt in der Zusammenarbeit befördern könnte, ist dem betreffenden Akteur noch nicht bewusst.

Da die Kooperation in diesem geschilderten Fall auf Freiwilligkeit beruht, ist der Druck, in Aktion treten zu müssen, recht gering ausgeprägt. Mit organisatorischen Schwierigkeiten in bereits angelaufenen gemeinsamen inklusiven Maßnahmen setzen sich andere Akteur*innen immer wieder auseinander. Neben Koordinationsproblemen, wie zum Beispiel bei der Terminfindung, sind es vor allem Rollendiffusion, fehlende Strukturen und Unklarheiten über den eigenen Auftrag, die sich insbesondere bei neu angebahnten Kooperationen, innovativen inklusiven Projekten und enger Zusammenarbeit verschiedener Professionen in einem Team zeigen. Mit dem Aufbau von Strukturen, Maßnahmen zum Teambuilding und zunehmender Wiederholung der Handlungssituationen nehmen diese Hindernisse nach Erfahrung der Interviewpartner*innen stetig ab. Um diese unterstützenden Bearbeitungsformen anwenden zu können, ist vor allem eine Ressource nötig, deren Fehlen als eines der größten Hindernisse der vernetzten inklusiven Bildung angesehen wird: Zeit.

• **Ungünstige Rahmenbedingungen**

Zeitliche Einschränkungen, unterschiedliche rechtliche Grundlagen oder auch räumliche Distanzen tragen dazu bei, dass die Vernetzung und gemeinsames inklusives Arbeiten als schwierig empfunden werden. Wie schon die Gestaltung eines inklusiven Settings in der eigenen Einrichtung werden auch Vernetzungsaktivitäten und gemeinsame Projekte mit dem Ziel der Inklusion aufgrund von Ressourcenknappheit aus Sicht der Interviewpartner*innen nur unzureichend realisiert. Zum einen ist in vielen Einrichtungen nur wenig Zeit für Arbeit vorgesehen, die sich nicht „unmittelbar am Kind" (I11, 128) vollzieht, also zum Beispiel Projektplanung oder unspezifische Vernetzung. Hinzu kommt die ohnehin knappe personelle Ausstattung aufgrund von Fachkräftemangel, Krankheiten und anderen Ursachen. Dies macht eine Priorisierung der Aufgaben innerhalb der Einrichtung notwendig, die meist nicht zugunsten der als Zusatzarbeit empfundenen freiwilligen Zusammenarbeit mit anderen Akteur*innen oder der Kontaktpflege ausfällt: „Diese Dinge fallen als Erstes weg. Diese zusätzlichen, guten Ideen und Möglichkeiten, die man so hätte, die fallen oft aus, weil einfach die Zeiten und die Kapazitäten fehlen, Ausstattung, Personalausstattung" (I6, 165). Zeit- und Personalmangel verhindern nicht nur die Verwirklichung guter Ideen zur freiwilligen, zusätzlichen inklusiven

Zusammenarbeit, sondern wirken sich auch auf den Wissenserwerb zum Thema „Inklusion" und auf die Qualität der inklusiven Arbeit, die in den jeweiligen Einrichtungen bereits in Zusammenarbeit mit anderen Akteur*innen erfolgt, negativ aus – so der Eindruck des Großteils der befragten Akteur*innen.

Auch aufgrund rechtlicher Rahmenbedingungen verkompliziert sich aus Sicht vieler Akteur*innen eine kontinuierliche und effiziente fallbezogene inklusive (Zusammen-)Arbeit. Unterschiedliche Zuständigkeiten der Kostenträger, abhängig von der Art der (drohenden) Behinderung und dem Schulbesuch der Kinder, und daraus resultierend auch wechselnde Zuständigkeiten der Akteur*innen, führen zu einem Mehraufwand für die betroffenen Familien und die beteiligten Einrichtungen. Übergänge können oftmals nicht zufriedenstellend begleitet werden, da keine Doppelleistungen zur allmählichen Übergabe der Fälle an nachfolgend zuständige Akteur*innen vorgesehen sind. Ohne sich explizit für eine „große Lösung" (vgl. 2.1.4) auszusprechen, befürworten Interviewpartner*innen einheitliche Zuständigkeiten sowie transparente, vereinfachte Kostenübernahmeverfahren. Schwierigkeiten ergeben sich aufgrund der gesetzlichen Förderregularien auch bei der Projektarbeit, falls die bestehenden gesetzlichen Fördermöglichkeiten die Finanzierung eines bestimmten Projekts, das sich keinem der existierenden anerkannten Bedarfe zuordnen lässt, nicht vorsehen. In diesen Fällen ist die Aufrechterhaltung des betreffenden Angebots von der Eigenfinanzierung oder der Unterstützung durch Sponsor*innen abhängig. Ein Beispiel dafür ist in Kempten das Vernetzungsprojekt „Kiwi", das von der Kinderbrücke Allgäu gefördert wird und verschiedene Arbeitsbereiche der Diakonie Kempten miteinander vernetzt, um Kindern kranker Eltern und ihren Familien frühzeitige und ganzheitliche Unterstützung zukommen zu lassen.[12]
Ein weiteres Hindernis für die Vernetzung und die Umsetzung gemeinsamer Projekte ist eine große räumliche Distanz der Einrichtungen. Sollen Schüler*innen beispielsweise zur Mittagsbetreuung in ein Jugendhaus wechseln oder zeitweise dort an Projekten teilnehmen, ist das nur sinnvoll, falls sich das Jugendhaus in der näheren Umgebung der Schule befindet. Aber auch eine schwach ausgeprägte kommunale Infrastruktur mit insgesamt wenigen Einrichtungen und einem geringen Angebot an Fördermöglichkeiten beschränkt die Optionen zur sozialräumlichen Vernetzung für Akteur*innen vor Ort, was nach Aussagen in den Interviews in der Stadt Kempten selbst nicht der Fall ist, durchaus aber das umliegende Gebiet betrifft. Sollen gezielt Jugendliche mit Behinderungen, die Sonderinstitutionen besuchen, durch freiwillige außerschulische Bildungsangebote angesprochen werden, gestaltet sich auch dieses Unterfangen schwierig. Viele Schüler*innen der Förderzentren pendeln aus dem Umland in die Stadt ein und werden nach Schulschluss zeitnah wieder nachhause gebracht: „[...] in einem Ablauf von Menschen mit Beeinträchtigungen ist der Tag so geregelt, dass diese Freiräume gar nicht da sind" (I14, 35).

2.5.2 Bedarfe zur Verbesserung der inklusiven Zusammenarbeit

Obwohl Ressourcenmangel und andere Barrieren die inklusive Zusammenarbeit einschränken können, besteht Bedarf an Vernetzung mit weiteren Akteur*innen. 43 Prozent der Befragten wünschen sich die Vernetzung mit weiteren Schulen. Die Zusammenarbeit mit weiteren außerschulischen Einrichtungen streben 60 Prozent der teilnehmenden Einrichtungen an; genauso viele wären gern in mehr Gremien und weiteren Zusammenschlüssen vertreten. Manche der

---

12 Weitere Informationen zum Projekt befinden sich auf der Internetseite der Diakonie Kempten Allgäu: http://www.diakonie-kempten.de/index.php?id=129 – Letzter Zugriff: 21.04.2020.

identifizierten Bedarfe lassen sich bereits anhand der benannten Hürden erschließen, einige Ideen für konkrete Maßnahmen ergänzen diese Perspektive.

Als sinnvoll werden unter anderem mehr Möglichkeiten zum Austausch zwischen den verschiedenen Systemen und Professionen, mit dem Ziel, eine gemeinsame Haltung zu Inklusion zu entwickeln und zu verstetigen, erachtet. Offenheit, Kooperations- und Reflexionsbereitschaft gelten als grundlegende Voraussetzungen für die inklusive Zusammenarbeit, die, wo sie nur bedingt vorhanden sind, gefördert werden sollte.

Weiter wird der Bedarf an rechtlichen Änderungen mit dem Ziel der Vereinheitlichung von Zuständigkeiten auf Ebene der Ministerien, Kostenträger und Akteur*innen geäußert. Individuelle Bedarfe sollen dabei stärker als bisher bei der Bewilligung und Hilfeplanung berücksichtigt werden. Eine Interviewpartnerin spricht sich für die Einführung beziehungsweise Intensivierung der Qualitätskontrolle der tatsächlichen Umsetzung von Inklusion durch offizielle Prüfstellen aus: „[...] Manchmal [würde ich mir] wünschen, dass die dieses Selbstverständnis von Inklusion ähm (.) nichts Besonderes ist, sondern dass es vielleicht seitens einer Aufsichtsbehörde, seitens einer Kommune einfach auch erwartet wird" (I4, 146).

Wenig überraschend stellt ein Mehr an Ressourcen jedoch den dringlichsten Bedarf dar, um Kontakte zu pflegen und Netzwerke auszubauen. Zusätzliche finanzielle und personelle Ressourcen sowie die Berücksichtigung von Stellen und Zeiten für die Netzwerkarbeit bei der Personal- und Dienstplanung werden als notwendig angesehen. Dies könnte auch einen Austausch zwischen den Systemen und ein Kennenlernen der kooperierenden Akteur*innen und ihrer jeweiligen Arbeitsweise begünstigen. Der Bedarf an Wissen über Inklusion, andere Systeme und die Kooperationspartner*innen wird, vor allem in Bezug auf die inklusive Zusammenarbeit mit Schulen, als ausbaufähig angesehen: „[...] dass das Verständnis zwischen Lehrern und Sozialpädagogen, das ist aber egal welche Schule das ist, besser wird, ja. Nicht, dass es da jetzt schlecht wäre. [...] Aber ich glaube, das könnte insgesamt einfach schon noch besser werden, dass man sich noch besser versteht, wie funktioniert das, wie funktioniert das, ja" (I1, 205). Hospitationen, gemeinsame Treffen und Fortbildungen, Teambuilding und andere Aktivitäten, die zum Erreichen dieses Ziels beitragen, erfordern jedoch Zeit, die in allen Einrichtungen zu fehlen scheint.

Um einen Überblick über die Entwicklungen und Angebote im Bereich „Inklusion" in der Region zu erhalten, schlagen mehrere Interviewpartner*innen die Etablierung einer Koordinationsstelle vor, die die entsprechenden Informationen sammelt, aufbereitet und verfügbar macht. „Also erstmal bräuchte es da wirklich ein Wissen davon, was findet da alles so statt und wie kann man diese Akteure zusammenbringen und was brauchen die" (I13, 29). Eine systematische Bedarfserhebung unter den Akteur*innen in der Region könnte die Beantwortung dieser Fragen unterstützen und ein deutlicheres Bild von den tatsächlichen Bedarfen im Rahmen der inklusiven Zusammenarbeit zeichnen.

2.5.3 Gelingensfaktoren zur inklusionsfördernden Zusammenarbeit

Gelingensfaktoren einer inklusionsfördernden Zusammenarbeit lassen sich einerseits aus den Bedarfen und Barrieren ableiten, andererseits ist davon auszugehen, dass in einer Modellregion Inklusion bereits zahlreiche Beispiele dafür existieren, wie Netzwerkarbeit mit dem Ziel der Umsetzung inklusiver Bildung in einem inklusiven Gemeinwesen gelingen kann. Da der Inklusionsprozess ohnehin nie als beendet angesehen werden kann (vgl. *Plankensteiner & Greißl* 2017, S. 33), beziehen sich die genannten Aspekte auf Ausschnitte der Lebens- beziehungsweise Berufswirklichkeit der Akteur*innen, die zum Zeitpunkt der Erhebung relevant erscheinen. Es ist zu beachten, dass sowohl Faktoren identifiziert werden, die bereits zum Erfolg geführt haben, als auch Punkte angesprochen werden, die die Interviewpartner*innen als bedeutend ansehen, die jedoch noch nicht etabliert sind.

Welche Faktoren tragen nun aus Sicht der außerschulischen Bildungsakteur*innen zur erfolgreichen Gestaltung inklusiver Zusammenarbeit bei? Unter welchen Bedingungen gelingt die Vernetzung im (Sozial-)Raum Kempten besonders gut? Wie sollte ein derartiges Netzwerk beschaffen sein? Die Antworten auf diese Fragen lassen sich unter den folgenden Hauptkategorien subsumieren: Haltung/Einstellung, günstige Rahmenbedingungen, Zusammenarbeit in der Praxis, Wissen zu Kooperationspartner*innen, Wissen zur Infrastruktur im Sozialraum, Qualifikation, Zusammenwachsen über die Zeit. Weiterhin greifen einzelne Akteur*innen Ideen auf, die sich nicht als übergreifende Gedanken mehrerer Akteur*innen bestimmen lassen, aufgrund ihrer Relevanz für das Thema an geeigneter Stelle jedoch ebenfalls in die Ergebnisdarstellung einfließen sollen. Auffällige Unterschiede zwischen Akteur*innen verschiedener Tätigkeitsbereiche oder zwischen „inklusiver" und „allgemeiner" Vernetzung werden ebenfalls hervorgehoben.

- **Haltung/Einstellung**

Ebenso wie die Haltung von Akteur*innen zur Barriere für die Zusammenarbeit werden kann, so wird sie auch als Gelingensfaktor für die Netzwerkarbeit gesehen, falls sie bestimmte Kriterien erfüllt. Abermals wird deutlich, dass es nicht nur um die Befürwortung inklusiver Prinzipien und allgemeine Offenheit geht, sondern Anerkennung und Wertschätzung wichtige Bestandteile einer netzwerkförderlichen und einer inklusiven Haltung gleichermaßen sind. Wissen über die Arbeit, die professionellen Grundsätze sowie gegebenenfalls die systemeigenen Besonderheiten anderer Akteur*innen werden als Voraussetzung für diesen Anerkennungsprozess gesehen. Dieses Wissen kann im formellen oder informellen Austausch, über die Zeit hinweg im Rahmen der Zusammenarbeit oder durch das Hinzuziehen eigener oder externer Erfahrungen erworben werden. In einem nächsten Schritt geht es laut Interviewpartner*innen dann darum, die Unterschiedlichkeit, aber auch die spezifischen Kompetenzen und Fähigkeiten der Kooperationspartner*innen in ihren Tätigkeitsbereichen oder Systemen zu akzeptieren und anzuerkennen, ohne die eigenen Grundsätze und Fertigkeiten zu verleugnen. In einem Dialog „auf Augenhöhe" (I4, 126) können Differenzen wertfrei adressiert, Schnittmengen entdeckt und die optimale Kombination der vorhandenen Wissens- und Erfahrungsbestände geplant werden. „Ich denke, ganz wichtig ist: Wie begegnet man sich? Hat man das Gefühl, man muss dem anderen etwas beibringen? Oder begegnet man sich auf Augenhöhe und sagt: ‚Du, ich habe da ein Fachgebiet, da kann ich was, aber ich kann nicht alles. Und du hast ein Fachgebiet, da kannst du viel mehr wie ich und da kann ich von dir lernen und wir können voneinander lernen'. Ich denke, das ist eigentlich so das wichtigste" (I8, 100). Diese Haltung wird nicht ausschließlich, aber verstärkt gefordert, wenn die Zusammenarbeit zwischen Kinder- und Jugendhilfe oder -arbeit und Schulen beschrieben wird – unabhängig davon, ob Inklusion im Fokus der Zusammenarbeit steht. Dies gilt auch für die Kooperationen mit Vertreter*innen des Gesundheitssystems, die, ebenso wie beispielsweise schulische Akteur*innen, anderen Logiken folgen und zusätzlich für gewöhnlich auch keinen Bildungs- und Erziehungsauftrag erfüllen. Sich aktiv um den Dialog zu bemühen, kann dazu beitragen, Missverständnisse zu beseitigen, ihnen vorzubeugen und wertschätzende Kommunikation zu fördern. Diese Erfahrung machen einige Interviewpartner*innen, die Austauschformate mit Kinderärzt*innen initiierten. Weiterhin ist einigen Akteur*innen wichtig, dass ihr Bemühen um eine inklusive Gestaltung auch von relevanten Akteur*innen anerkannt wird, die keine direkten Kooperationspartner*innen sind. Dazu zählen vor allem übergeordnete Stellen bei der Stadt, beim eigenen Träger oder auch Akteur*innen, die im Bereich der Inklusion als bedeutsam erachtet werden.

Wertschätzung und Anerkennung von (potentiellen) Netzwerk- oder Kooperationspartner*innen lassen sich ohne Offenheit nicht generieren. Dennoch wird der Aspekt der „offenen Grundein- stellung" von den Interviewpartner*innen nochmals gesondert aufgegriffen: „Schulen sind dann super Kooperationspartner, wenn sie (.) offen Themen gegenüber sind, die außerhalb des Schul- lebens stattfinden" (I2, 173). Diese Haltung ist der Offenheit im Kommunikations- und Koope- rationsprozess vorgelagert und bedingt die Fähigkeit, sich auch jenseits des eigenen Systems und der eigenen Organisation zu informieren und zu bewegen, sowie sich selbst nach außen hin zu öffnen. Die vielfach geforderte sozialräumliche Verortung von Schulen entspricht diesem Vorge- hen. Einerseits sollen schulische Aktivitäten auch im Sozialraum stattfinden, die Pädagog*innen und Schüler*innen hinausdenken und -gehen, andererseits soll sich die Schule auch gegenüber dem Sozialraum öffnen und seine Elemente und Akteur*innen in das Schulleben einbeziehen. Ob Offenheit in konkrete Kooperationen mündet, ist auch davon abhängig, ob die Akteur*innen ei- nen Mehrwert in der Zusammenarbeit erkennen: „Ich glaube, die Schulen haben auch einfach für sich diesen Mehrwert erkannt, den sie einfach über uns oder [... unseren Tätigkeitsbereich] auch haben. Genau. Und wir natürlich auch" (I14, 63). Falls Vernetzungsaktivitäten nicht ohne- hin schon essentieller Bestandteil des eigenen Arbeitsbereichs sind, werden sie nach erster positi- ver Erfahrung häufig als sinnvoll erachtet und forciert. Als positive Effekte der Zusammenarbeit nennen die Interviewpartner*innen unter anderem Unterstützung, Entlastung, die Möglichkeit, das eigene Wissen zu vergrößern, eine Zunahme an Gestaltungskraft sowie insgesamt eine höhere Wahrscheinlichkeit der Verwirklichung des gesetzten (nun gemeinsamen) Ziels. Flexibilität und Reflexionsbereitschaft werden als Eigenschaften angesehen, die nach dem Erkennen des Mehr- werts einer Zusammenarbeit zu deren Gelingen beitragen können.

Als weiterer Gelingensfaktor definiert ein Teil der Interviewpartner*innen Mut zum Auspro- bieren: „Und dann spinnt man gemeinsam Ideen. ,Probieren wir es doch mal so.' [...] Und wenn es das Falsche war, dann hat man auch eine Lösung wieder. Dann weiß man nämlich, da braucht man nicht weiterdenken, lass uns weiterspinnen" (I8, 90). Einige Akteur*innen denken dabei vorrangig an die Fachkräfte, die mit dem Ziel, Angebote zu verbessern, mehr für Klient*innen zu erreichen oder innovative Projekte umzusetzen, auch das Risiko zu scheitern in Kauf nehmen. Andere weiten diesen Mut auf die Kinder, Jugendlichen und ihre Familien selbst aus. „Weg vom Behüten, hin zum Zutrauen" (I14, 81), bringt vor allem im inklusiven Setting zum Ausdruck, worauf auch *Plankensteiner* und *Greißl* (2017) verweisen: Zur Verwirklichung eines inklusiven Gemeinwesens muss eine Beteiligungskultur geschaffen werden, die auf einer reziproken Zu- mutungsverpflichtung basiert. Teilhabe und Teilgabe werden zusammengedacht, entscheidend ist der Gedanke, sich selbst im Handeln etwas zuzumuten und dadurch Vielfältigkeit anzuer- kennen (vgl. *Plankensteiner & Greißl* 2017, S. 36ff.). Der Mut, Dinge voranzutreiben und zu- zumuten, sich und anderen, wird in Bezug auf Inklusion allerdings ambivalent gesehen. Andere Akteur*innen schildern ihren Eindruck, dass in der Stadt Kempten schon vieles in Bewegung und daher eher Vorsicht und Zurückhaltung angebracht sei, um weder Fachpersonal, noch Kin- der, Jugendliche und Familien zu überfordern (vgl. I2, 189). Damit sind nicht nur die Kinder und Jugendlichen mit Behinderung, sondern auch deren Peers ohne Behinderung gemeint, de- nen ein Übermaß an „Schwere" (ebd.) durch die Konfrontation mit Beeinträchtigungen nicht permanent zugemutet werden könne. Diese unterschiedlichen Sichtweisen hängen stark mit verschiedenen Inklusionsverständnissen zusammen und sind Teil der Handlungsorientierung. Abermals wird deutlich, wie wichtig ein Austausch über eben jene Inklusionsverständnisse innerhalb eines Netzwerks vor der Etablierung einer Zusammenarbeit sein kann, um zu vermeiden, dass Diskrepanzen erst im Handlungsvollzug sichtbar werden.

Nachdem viele Kooperationen zwischen unterschiedlichen Einrichtungsarten, Fachbereichen und Professionen bestehen, ist eine solche gemeinsame Haltung oft nicht von Anfang an vorhanden und kann in Gänze häufig auch nicht erreicht werden. Insbesondere die unterschiedlichen Systemlogiken erfordern ein hohes Maß an Kooperationsbereitschaft, Offenheit und auch Interesse, um ein gemeinsames Ziel zu entwickeln oder zumindest das Kind und/oder dessen Familie in den Mittelpunkt des Handelns zu stellen und dafür auch Kompromisse mit Akteur*innen einzugehen, die unter Umständen abweichende Perspektiven besitzen: „Ja da muss man immer dranbleiben, immer schauen wie man Kompromisse findet und wie man das hinkriegt" (I1, 53). Dies muss auf die ein oder andere Weise gelingen, wenn eine gesetzliche, oder zumindest gesetzte, Verpflichtung zur Zusammenarbeit besteht. Schulen und Kindergärten sind beispielsweise angehalten, gemeinsam den Übergang in die Schule vorzubereiten und zu gestalten. Aus Sicht der Interviewpartner*innen bringt dieses verpflichtende Element durchaus Vorteile mit sich. Beruht eine aktive Kooperation jedoch auf Freiwilligkeit, und ist damit intrinsisch motiviert, ist es wahrscheinlicher, dass das Engagement der Beteiligten größer und die Zusammenarbeit innovativer ausfällt. Für beide Arten der Beziehungen gilt: Sind Schnittstellen identifiziert, ein gemeinsamer Nenner gefunden und Inklusionsverständnisse aufeinander abgestimmt, ist es zentral, nach innen und außen auch einheitlich zu agieren: „Also ich glaube das wirklich an einem Strang Ziehen ist das Allerallerwichtigste" (I1, 59). Dadurch werden die Handlungsfähigkeit des jeweiligen Netzwerks erhöht, Ressourcen gebündelt und Handlungen vorhersehbar. Dies steigert das Sicherheitsgefühl und das Vertrauen in die Zusammenarbeit, kann zur Kontinuität der Beziehung beitragen und kommt damit auch der Umsetzung von Inklusion zugute.

- **Wissen zu Netzwerk- und Kooperationspartner*innen**

Vertrauensvolle Beziehungen zwischen Netzwerkakteur*innen werden durch Wissen über das Gegenüber befördert. Laut den Interviewpartner*innen begünstigt dieses Wissen über die Partner*innen, über jeweilige Tätigkeitsbereiche, das professionelle Verständnis und das zugehörige System die Zusammenarbeit vor allem in zweierlei Hinsicht: Erstens wird die Praxis der Zusammenarbeit in allen Phasen verbessert. Handlungen können eher vorhergesehen, kontextualisiert und damit sinnhaft interpretiert werden. Stärken und Schwächen sind bekannt und können bewusst genutzt beziehungsweise ausgeglichen werden. Kommunikationsmodi werden angepasst, unterschiedliche Arbeitsabläufe können berücksichtigt werden. Zweitens lässt sich auch besser einschätzen, ob es sich um verlässliche und so bezeichnete „starke" Kooperationspartner*innen handelt. Da der Kontakt zu starken Kooperationspartner*innen als wichtig angesehen wird, ist diese Einschätzung von entscheidender Bedeutung für die Akteur*innen. Das dazu erforderliche Wissen lässt sich nicht ausschließlich durch Informiertheit und theoretische Systemkenntnis erlangen, sondern besteht auch aus Erfahrungswissen, das zumindest teilweise eigenständig erworben werden muss. Manche Interviewpartner*innen berichten zum Beispiel von persönlichen beruflichen Vorerfahrungen in anderen Arbeitsfeldern, manche ziehen ihre Kenntnisse auch aus einer bereits erfolgten Zusammenarbeit mit den betreffenden Akteur*innen in der Vergangenheit.

- **Wissen zur sozialräumlichen und kommunalen inklusiven Infrastruktur**

Um Wissen über Kooperationspartner*innen erwerben zu können, muss deren Existenz zunächst einmal bekannt sein. Nach einigen Aussagen aus den Interviews ist dies in einer Stadt von überschaubarer Größe wie Kempten im Allgemeinen wenig problematisch. Zu erfassen, welche Akteur*innen mit welchem Angebot in welchem Bereich inklusiv tätig sind, wird hingegen von einigen Organisationen als komplexe Herausforderung wahrgenommen. Je länger personale Akteur*innen am selben Ort tätig sind, desto umfangreicher ist für gewöhnlich auch ihr Wissen über die regionale Infrastruktur und die entsprechenden Ansprechpartner*innen. Dennoch kann insbesondere bei neuartigen Entwicklungen oder Phänomenen, die von großer Dynamik gekennzeichnet sind, ein Wissensdefizit entstehen, das als hinderlich für die inklusive Zusammenarbeit empfunden wird. „Uns ist wichtig, wie gesagt, hier in Kempten vor Ort zu wissen, wo es diese Schnittstellen gibt. Dass man da mit denen gut arbeitet, die uns kennen. Dass man sich kennt. Dass man auch am besten noch so einen Ansprechpartner hat" (I7, 183). Der Wunsch nach einer institutionalisierten Form der Vernetzung oder des Austauschs wird auch hier mehrmals geäußert.

Neben dem Austausch in Gremien oder bei Veranstaltungen wird unter anderem vorgeschlagen, einen regelmäßig erscheinenden Newsletter zu installieren, der die Abonnent*innen in der Kommune über alle inklusiv aktiven Einrichtungen und Angebote informiert. Die Recherchearbeit könnte von einem*einer zentralen Koordinator*in übernommen werden, der*die gleichzeitig als Ansprechpartner*in für alle inklusiv arbeitenden Akteur*innen fungiert. Wissen über sozialräumliche Prozesse kann darüber hinaus bereits jetzt durch die Teilnahme an stadtteilbezogenen Initiativen oder Vereinigungen erworben werden. Auf diese Möglichkeit des Austauschs zur Infrastruktur vor Ort weist vor allem eine Interviewpartnerin der Jugendarbeit hin, wobei „Inklusion" ihrem Bericht nach bisher eher als untergeordnetes Thema im Sozialraum behandelt und zumindest nicht ausdrücklich auf die Agenda der Initiativen gesetzt wurde.

- **Praxis inklusiver Zusammenarbeit**

Die bisher beschriebenen Gelingensfaktoren im Kontext von Haltung und Wissen der Kooperationspartner*innen wirken sich mehr oder weniger unmittelbar auf deren Arbeitspraxis aus. Auch ein gemeinsames Ziel trägt zum erfolgreichen Verlauf der Zusammenarbeit bei. Die Umsetzung von Inklusion macht diesen Aspekt, an der Häufigkeit der Nennung gemessen, noch bedeutsamer. Die befragten Akteur*innen beziehen sich dabei auf zwei unterschiedliche Arten von Zielen. Als eher abstrakte Idee, in Verbindung zur Haltung, helfen geteilte ideelle Ziele wie beispielsweise „das Kind bestmöglich zu fördern" dabei, sich im Hinblick auf die vorliegenden Handlungsorientierungen grundlegend zu verorten, sich zu verbünden und das Teamgefühl zu verstärken. Operationalisierte End- und Teilziele hingegen empfinden die Interviewpartner*innen größtenteils als hilfreich für den konkreten Prozess der Zusammenarbeit. Sie erleichtern die Erfassung und Ausführung des eigenen Arbeitsauftrags, optimieren Abläufe und scheinen die Verbindlichkeit der Partner*innen zu erhöhen. „Man muss sich immer wieder überlegen wo sind jetzt die Ziele und das ist genau die Vorgehensweise. [...] Wo sind die Ziele, wo sind die Rahmenbedingungen, wo wollen wir hin und hat es wirklich Sinn was wir gerade machen oder sollten wir da was ändern. Genau" (I5, 49). Dabei muss das abstrakte Ziel „Inklusion gemeinsam umsetzen" nicht zwangsläufig mit dem operationalisierten Ziel in direktem Bezug stehen. Eine Interviewpartnerin berichtet von den Schultheatertagen, die „ein Stück zum Zeitpunkt x auf die Bühne zu bringen" zum Ziel haben und dabei dennoch inklusiv vorgehen.

Nicht nur das gemeinsame Ziel, sondern auch Kooperationspartner*innen persönlich zu treffen, kann die Zusammenarbeit positiv beeinflussen. „Wenn man sich persönlich schon einmal kennt, und schon mal ein paar Sätze ausgetauscht hat, dann funktioniert es noch einfacher" (I2, 47). Selbst falls ein Großteil der Kommunikation telefonisch oder per E-Mail erfolgt, schätzen die Interviewpartner*innen die Bedeutung, sich bereits persönlich einmal getroffen zu haben, für die weitere Zusammenarbeit als groß ein. Ob dabei die Wertschätzung, sich persönlich für das Gegenüber Zeit zu nehmen, entscheidend ist, ob im direkten Kontakt schneller Vertrauen aufgebaut wird oder ob die Verbindlichkeit steigt – diese Hypothesen scheinen im Hinblick auf die Aussagen der Interviewpartner*innen alle stimmig, können aber an dieser Stelle nicht abschließend bestätigt werden. Falls persönliche Kontakte der Kooperation vorausgehen, machen diese häufig mögliche Synergien sichtbar und werden zum sozialen Kapital der Organisation, auf das zu einem passenden Zeitpunkt zurückgegriffen werden kann. Ressourcen, die zum Kennenlernen des Gegenübers, zur Etablierung funktionierender Kommunikation und zur Vertrauensbildung aufgewendet werden müssen, werden gespart oder können an anderer Stelle eingesetzt werden.

Eng verknüpft mit persönlichen Kontakten sind direkte und kurze Kommunikationswege, die ebenfalls als arbeitserleichternd bewertet werden. In Form der face-to-face-Kommunikation kann Missverständnissen frühzeitig vorgebeugt, akute Krisen können unmittelbar bearbeitet werden und aktuelle Anliegen geraten weniger schnell in Vergessenheit. Zudem werden im persönlichen Gespräch Ansprechpartner*innen direkt adressiert, was möglichweise zum zügigeren Handlungsvollzug führt. „Weil sonst hat man wieder, also dieses Thema direkte Kommunikation und kurze Wege, das ist wichtig [...], weil sonst geht halt wieder irgendwo, ist die Gefahr groß, dass irgendwo die halbe Info flöten geht oder es länger dauert, und gerade an Schulen ist das ja auch so, dann ist nicht jede Lehrkraft jeden Tag da, genau von dem her" (I2, 99ff.).

Räumliche Nähe wirkt sich förderlich auf die Entscheidung zu persönlichen Treffen aus. Innerhalb kleiner bis mittelgroßer Kommunen sind die Distanzen nach Einschätzung der Interviewpartner*innen gut zu bewältigen, auch wenn Kooperationspartner*innen, die sich im unmittelbaren Umkreis der eigenen Organisation befinden, am ehesten persönlich kontaktiert werden. In größeren Städten bietet es sich hingegen wohl an, sich innerhalb des Stadtteils zu orientieren. Kurze Wege begünstigen in jedem Fall den regelmäßigen Kontakt zu aktuellen, ehemaligen oder zukünftigen Netzwerkakteur*innen. Auch wenn kein konkreter Anlass gegeben ist, sehen einige Interviewpartner*innen es als sinnvoll an, die einmal geknüpften Beziehungen zu pflegen. So kann auch die vorhandene Beziehung im Sinne der Nutzung sozialen Kapitals schnell und unkompliziert aktiviert werden. Präsenz und Austausch über die fallbezogene Arbeit hinaus kann ebenfalls zur Verbesserung der Kommunikation und Beziehung zum*zur Kooperationspartner*in beitragen: „Und wir sind viel im Austausch und haben einfach gemerkt, das ist gut, wenn jemand einfach immer täglich vor Ort ist. Oder wöchentlich einfach fest vor Ort ist und nicht nur an ein Kind gebunden ist, sondern einfach auch so" (I11, 31).

Die Interviewpartner*innen nennen weitere Faktoren, die eine gelingende Kommunikation zwischen den Akteur*innen befördern und dadurch auch das Gelingen der Zusammenarbeit unterstützen. Zu ihnen zählen Transparenz, proaktives Verhalten bei Unklarheiten und das Befürworten einer Feedbackkultur: „Man kann auch wirklich auch mal sagen: ‚Finden wir nicht so gut, wie das gelaufen ist‘, ohne dass jetzt da einer beleidigt ist, sondern: ‚Wie ist es denn gelaufen?‘, und ‚Wie war es denn?‘ und geht da ohne einen Groll raus, das ist genial" (I1, 213). Während Kritikfähigkeit, Bereitschaft zur Rückmeldung und engagiertes Nachfragen vor allem für die Zusammenarbeit mit Schulen geäußert werden, besteht der Wunsch nach einer offenen Kommunikation insbesondere in Verbindung mit Inklusion.

Im Fall der Kitas spielen die Eltern, die ihre Einwilligung zum Austausch der beteiligten Organisationen, Kita, Schule und Therapeut*innen geben müssen und deren Transparenz und Aufgeschlossenheit als konstruktiv bezeichnet wird, eine maßgebliche Rolle. Der Einbezug der Eltern ist somit auch ein Erfolgskriterium, das ausschließlich von Interviewpartner*innen aus Kitas benannt wurde. Aus den Erzählungen der befragten Akteur*innen geht hervor, dass Eltern in eini-

gen Einrichtungen erst seit ein paar Jahren konsequent in alle Austausch- und Entscheidungsprozesse, die ihr Kind mit Förderbedarf betreffen, einbezogen werden, seitdem jedoch als wichtigste
Kooperationspartner*innen gelten: „Seit drei Jahren machen wir das jetzt, dass wir die Eltern einfach prinzipiell dazu einladen, beziehungsweise sagen wir, wenn sie nicht kommen, dann sind sie
einverstanden, wenn wir über das Kind sprechen. Und sie können auch sagen, nee wollen sie nicht
und dann machen wir das halt nicht" (I11, 75). Bei allen größeren Entscheidungen und Prozessen,
wie Bedarfserhebung, -planung, -anpassung oder dem Übergangsmanagement, ist es nach Ansicht
der Kita-Akteur*innen ideal und auch notwendig, dass alle Beteiligten an einem runden Tisch
zusammenkommen, um das weitere Vorgesehen multiperspektivisch abzustimmen: „[...] ohne
Eltern gerne irgendwie ein Gespräch mal haben, dann sage ich: ‚Nein, bitte insgesamt ein runder
Tisch, alle Beteiligten an einem Tisch.' Dass wir erst einmal offen reden, was jeder Beteiligte an
dem einzelnen Kind so zu tun hat" (I5, 36). Die Kita-Mitarbeitenden gehen davon aus, dass im
Falle eines Kindes mit Förderbedarf mehr Vernetzung nötig ist und sich daher auch eine größere
Anzahl von verschiedenen Stellen mit einem Kind befasst.

In diesem Kontext ist auf die unterschiedlichen Handlungsmaximen der Arbeitsfelder hinzuweisen. So wird die Beteiligung der Eltern in der Eingliederungshilfe weitgehend als selbstverständlich angesehen (vgl. *Voigts* 2019), während diese in der Jugendarbeit gemäß den Prinzipien
und Charakteristika des Tätigkeitsbereichs zunächst keinen Raum findet. Durch den verstärkten Austausch zwischen den Akteur*innen der beiden Bereiche wurde die „Zielgruppe Eltern"
im Bielefelder Projekt „Freiräume" durch die Jugendarbeit jedoch nach und nach als relevant erkannt, wenn Jugendliche mit Behinderungen angesprochen werden sollen (vgl. a.a.O., S. 40f.).
Allein aus praktischen Gründen, wie die Übernahme von Fahrdiensten oder die Überwindung
von Kommunikationsbarrieren, kann es sich als hilfreich erweisen, die Eltern als Unterstützung
zur Teilhabe an Angeboten der Jugendarbeit zu adressieren.

- **Günstige Rahmenbedingungen**

An erster Stelle der wichtigen Punkte für die erfolgreiche Umsetzung inklusiver Zusammenarbeit steht für die befragten Akteur*innen ein ausreichendes Maß an Ressourcen.

Nahezu alle Interviewpartner*innen sehen beispielsweise keine personellen und zeitlichen Ressourcen in ihren Organisationen, um zusätzliche inklusive Projekte, so vielversprechend sie auch
wären, neben der regulären Arbeit umzusetzen. Bei der täglichen Inklusionsarbeit variieren die
Beurteilungen über die sinnvolle Nutzung der vorhandenen Ressourcen. Die Kindertageseinrichtungen profitieren der eigenen Wahrnehmung nach von dem besseren Personalschlüssel, der
durch die Reduzierung der Kinderzahl in der Gruppe entsteht, sobald ein Platz als Integrativ-
platz belegt wird. Abhängig vom tatsächlichen Förderbedarf des Kindes führt dies entweder
zur Entspannung der Personalsituation oder aber zu einem Mehraufwand, der nicht vollständig
durch die mit einem Integrativstatus einhergehenden Maßnahmen gedeckt werden kann. Die
zeitweilige Beschäftigung von Heilpädagog*innen direkt in der Kindertageseinrichtung selbst
ist zum Beispiel eine der Maßnahmen, die als Arbeitserleichterung und inklusionsfördernd
bewertet werden. Diese und ähnliche Aktivitäten lassen die Ressourcenknappheit nicht ver-
schwinden, verweisen aber auf Rahmenbedingungen, die trotz der Ressourcenproblematik die
Gestaltung der inklusiven Settings positiv beeinflussen können.

Auf der Mikroebene, eng an die Arbeitspraxis gekoppelt, machen die Interviewpartner*innen
überwiegend Faktoren geltend, die die Kommunikation oder die konkrete Gestaltung der Zusammenarbeit zwischen zwei oder mehreren Netzwerkakteur*innen fördern oder erleichtern.
Ein Großteil der Interviewpartner*innen sieht einen Vorteil darin, feste und möglichst gleich-
bleibende Ansprechpartner*innen zu haben, da dies, insbesondere bei dauerhafter oder wieder-

holter Zusammenarbeit, zu geringen Transaktionskosten führt und zutreffende Einschätzungen über den Verlauf der Kooperation zulässt. „Und die Lehrerkraft, wäre schön, wenn es länger, über einen längeren Zeitraum die gleiche Lehrkraft bleibt. Und jetzt haben wir gerade ein paar Jahre immer schon die Gleiche, das ist echt super" (I6, 138).

Insbesondere bei der Zusammenarbeit zwischen Schule und Kinder- und Jugendhilfe werden Bindeglieder zwischen den beiden Systemen als hilfreich wahrgenommen. Ein Beispiel für eine solche Funktion sind die JaS-Kräfte (vgl. 2.4.5). Sie können zwischen den verschiedenen Systemen vermitteln, institutionelle Besonderheiten erklären und dafür sorgen, dass unterschiedliche Teilbereiche der Lebenswelten der Kinder und Jugendlichen berücksichtigt werden. Auch Mitarbeitende, die in einer Art Doppelrolle in verschiedenen Tätigkeitsorten beschäftigt sind – zum Beispiel vormittags in der Schule und nachmittags in einem Jugendzentrum – oder, die bereits über berufliche Erfahrungen in einem anderen System oder Bereich verfügen, gelten als Gewinn für die Anbahnung und Aufrechterhaltung von systemübergreifenden Projekten und Maßnahmen. Sind strukturelle Gegebenheiten einmal bekannt, bereits implementiert oder zumindest verständlich und transparent geplant, fällt die Umsetzung neuer Projekte oder Maßnahmen am leichtesten. Entweder kann auf vorhandene Strukturen zurückgegriffen werden oder die neue Aufgabe kann bei vorab festgelegten Strukturen und Rahmungen gemeinsam angegangen werden.

Die Kenntnis des eigenen Auftrags und der systembezogenen, fachlichen oder persönlichen Grenzen wird für jegliche Zusammenarbeit als wichtig vorausgesetzt: „Und das ist oft so, dass man sich dann am Anfang noch ein bisschen austauscht und verbindet und dann einfach sagt ‚gut' und dann ist eigentlich mein Auftrag erledigt. Ich schleiche da raus" (I8, 61). Aushandlungsprozesse zur Festlegung der Grenzen finden meist dann statt, wenn eine Zusammenarbeit zum ersten Mal erfolgt, neue Mitarbeitende zum bestehenden Netzwerk oder Kooperationsteam hinzukommen oder sich äußere Bedingungen ändern. Gelegentlich warnen die Interviewpartner*innen vor einem Übermaß an Engagement, das in eine Selbstüberforderung münden oder von Kooperationspartner*innen als übergriffig ausgelegt werden könnte: „Ich glaube, dass das ganz viel mit Haltungen, mit wie geht man mit einem Auftrag um, wie bringt man sich ein? Drängt man sich auf, oder bietet man sich an, sage ich jetzt mal. Also, ich denke, dass das ganz viel macht" (I8, 100). Dass Kommunikationsfähigkeit und Transparenz entscheidend für die beschriebenen Aushandlungsprozesse sind, wird deutlich. Denn obwohl einerseits Grenzen gewahrt werden sollen und Rücksicht auf die jeweiligen Zuständigkeiten genommen werden soll, sollen andererseits durch eine offene Haltung und das Interesse an den anderen Akteur*innen und deren Fachlichkeit, hinderliche professionelle Grenzen überschritten werden, um ein gemeinsames Ziel zu erreichen. Welche Grenzen in welchen Fällen gesetzt oder überschritten werden sollten, muss, auch wenn institutionell vorgegeben, für jeden Einzelfall gesondert festgelegt werden. Denn die konkrete Ausgestaltung und Berücksichtigung der vorhandenen Rahmenbedingungen wird immer noch als in hohem Maße als abhängig von den involvierten Akteur*innen und Mitarbeitenden betrachtet.

Während gesetzliche oder andere institutionelle Vorgaben in vielen Fällen bereits mehr oder weniger detaillierte Strukturen, Rollen und Kommunikationsprozesse festlegen, müssen freiwillige oder einmalige Projekte von den betreffenden Akteur*innen eigenständig in einen organisatorischen Rahmen eingebettet und Strukturen eventuell erst geschaffen werden – idealerweise in Form einer Koordinierungsstelle.

Wem in Sachen Koordination und Motivation stets eine entscheidende Rolle zugesprochen wird, sind die Einrichtungs- und Schulleitungen: „Natürlich hängt es auch immer von den Schulleitungen ab. Ist schon auch immer so ein, so ein Thema, weil man natürlich auch das

Engagement zeigen muss" (I2, 91). Deren Haltung und Engagement wirkt in die eigene Einrichtung hinein, aber auch in den Sozialraum und die ganze Kommune hinaus. In den Interviews lassen sich die als besonders engagiert angesehenen Leitungen dadurch erkennen, dass sie nicht in ihrer Funktion als Leitung der Einrichtung oder als die Einrichtung selbst – „Dann ruft der Kindergarten an" – wahrgenommen werden, sondern andersherum, als pars pro toto, mit ihrem eigenen Namen für die gesamte Einrichtung/Schule stehen (vgl. 2.4.10).

Wie bereits bei der Arbeitspraxis als vorteilhafte Bedingung beschrieben, wird aus (sozial-) räumlicher Perspektive die räumliche Nähe der Kooperationspartner*innen zueinander geschätzt. Sozialräumliche Besonderheiten sind den Beteiligten mit hoher Wahrscheinlichkeit bekannt und müssen nicht erst erläutert werden. Falls die gesamte Kommune nicht zu groß ist, bleiben darüber hinaus relevante Akteur*innen sichtbar, Doppelstrukturen können vermieden werden. „Also vor allem in so einer, in der Größe von Kempten ist das natürlich auch noch ideal, weil das dann echt auch einfach, einfach und konstruktiv laufen kann. Also ich meine, Großstädte haben bestimmt dann noch einmal andere Strukturen, wo sie vielleicht hin und wieder Schwierigkeiten haben. Bei uns ist es alles doch sehr nah" (I2, 41).

- **„Starke Partner*innen"**

Im Zusammenhang mit „Inklusion" fielen vor allem der Wunsch nach „starken Partner*innen" sowie die Wertschätzung von „Erfahrung" auf. Starke Partner*innen besitzen aus Sicht der befragten Akteur*innen hohe Fachkompetenz, eine offene Haltung gegenüber anderen Akteur*innen, Inklusion und neuen Ideen. „[...] dass man einfach weiß, es ist Manpower da, es ist eine Fachlichkeit da und eine Offenheit für ‚Wir wollen gemeinsam was Neues mal ausprobieren'. Das sind so, genau, das wäre jetzt für mich Definition starke Partner, ja" (I2, 69). Darüber hinaus sind starke Partner*innen im Sozialraum deutlich sichtbar, gelten als durchsetzungsfähig und gut vernetzt. Sie nehmen häufig eine prominente Position im Netzwerk ein. Ihr Erfolg lässt sich aufgrund eigener positiver Erfahrungen in der Zusammenarbeit oder anhand der positiven öffentlichen Wahrnehmung beziehungsweise Selbstpräsentation belegen.

Die zugeschriebene Fachlichkeit resultiert auch aus beruflichen oder anderweitig als förderlich angesehenen Erfahrungen der betreffenden Akteur*innen – wobei diese unterschiedlich gelagert sein können. Berufliche Erfahrungen, zum Beispiel durch eine Ausbildung in Heil- oder Inklusionspädagogik, einen vertrauten Umgang mit der Infrastruktur vor Ort oder auch Erfahrungen im Umgang mit bestimmten Kooperationspartner*innen oder Systemen werden ebenfalls dem Qualifikationsprofil des Gegenübers zugerechnet. Im Zusammenhang mit Inklusion fordern einige Interviewpartner*innen die Aufnahme des Themas in die Curricula der pädagogischen Ausbildungs- und Studienberufe, um eine annähernd einheitliche Grundlage zu schaffen, auf der die inklusive Zusammenarbeit dann im späteren beruflichen Kontext aufgebaut werden kann. Fort- und Weiterbildungen führen zu einem ähnlichen Ergebnis und werden demnach ebenfalls als förderlich für die inklusive Zusammenarbeit betrachtet. Finden die Bildungsformate gemeinsam für Angehörige verschiedener kooperierender Einrichtungen statt, profitieren die Teilnehmenden nicht nur vom Wissenserwerb, sondern gleichzeitig von der Möglichkeit, einen einheitlichen Wissensstand auszubilden und sich näher kennenzulernen, was die spätere Zusammenarbeit vereinfacht.

- **Zusammenwachsen und Institutionalisierung**

Alle Bestrebungen zur Qualifizierung, Vertrauensbildung, Strukturierung und zum Informationsaustausch können einen Faktor nicht aufwiegen, den nahezu alle Interviewpartner*innen als entscheidend für die Qualität einer Zusammenarbeit ansehen: Zeit. In diesem Fall ist nicht die Ressource „Zeit", die für die Kooperation aufgewendet wird, gemeint, sondern die Dauer der Zusammenarbeit sowie die Erfahrungen, die daraus resultieren. Mit dem Begriff „Zusammenwachsen" bezeichnen die befragten Akteur*innen den Prozess, der zur Optimierung der Prozesse, zur Verbesserung des Outputs der Zusammenarbeit sowie zur Stabilisierung der vorhandenen Beziehung beziehungsweise des Netzwerks beiträgt. Damit einher geht die Institutionalisierung gewisser Handlungspraktiken der Zusammenarbeit sowie die Bereitschaft, bestehende und bewährte Beziehungen auch für weitere Projekte zu nutzen. „Dass man mit einem Träger so eng und verlässlich zusammenarbeitet, dann macht man halt relativ viele Sachen schon routiniert. Und ist aufeinander eingespielt, man hat nicht viele Reibungsverluste, man kennt sich. Man weiß auch, nicht nur die Stärken, sondern man weiß auch schon, da muss ich dem vielleicht ein bisschen in die Schuhe helfen, und andersherum genauso. Das ist eigentlich ganz gut so" (I1, 15). Daher werden einmal geknüpfte Kontakte auch über die eigentliche Laufzeit des Angebots hinaus aufrechterhalten. Teilweise wird die Zusammenarbeit bei Erfolg und längerer Dauer als fester Bestandteil der eigenen Arbeitspraxis wahrgenommen, auch wenn sich auf Nachfrage hin herausstellt, dass die beteiligten Akteur*innen erst seit einem gewissen, abgrenzbaren Zeitraum interagieren: „Also mein Beispiel, wo es wunderbar funktioniert [...], weil wir da schon immer Kooperationen haben von verschiedenen Schulen" (I2, 201). Die Dauer der Zusammenarbeit bestärkt nicht nur die Verbindung, sondern wird selbst zum Beweis für den Erfolg der Kooperation. „Andersherum ist es aber so, wenn dann so ein Team so lange besteht, sagt mir das auch, die haben es geschafft, ja" (I1, 87). Die zeitliche Variable wird bei der Umsetzung von Inklusion in doppelter Hinsicht als relevant angesehen. Nicht nur die Vernetzung an sich, auch Inklusion, und damit auch Vernetzung mit dem Ziel der Umsetzung von Inklusion, werden als Prozesse gesehen, deren Potentiale immer mehr erkannt werden, die aber noch am Anfang stehen.

Eine Sonderform der Kooperation verschiedener Systeme, deren Erfolg sich ebenfalls über die Zeit hinweg zeigt, ist die Zusammenarbeit unterschiedlicher Akteur*innen in multiprofessionellen Teams im Rahmen der Schulprojekte in Kempten. Hier werden nicht nur Maßnahmen zur Anbahnung einer erfolgreichen Kooperation zwischen verschiedenen Akteur*innen, sondern auch aktive Bemühungen des Teambuilding des täglich zusammenarbeitenden multiprofessionellen Kernteams als notwendig dargestellt. Die Handlungsfähigkeit des Teams wird in direkten Bezug zum Erfolg der Projekte gesetzt. Auch in anderen Settings werden die Vorteile, die aus Teamgefühl und der Investition in das Miteinander entstehen können, immer wieder angebracht, jedoch aufgrund der Ressourcenknappheit als nur begrenzt umsetzbar angesehen. Falls einzelne Mitarbeitende von Akteur*innen in Einrichtungen eines anderen Systems beschäftigt sind, wird deren Zugehörigkeitsgefühl zu dieser Einrichtung auch als Gradmesser für die Beschaffenheit der Kooperationsbeziehung herangezogen. Dieses Zugehörigkeitsgefühl kann laut Aussage einer Interviewpartnerin jedoch nur entstehen, wenn in der betreffenden Einrichtung selbst bereits ein „Wir" existiert, wie es für den Fall eines Mitarbeiters, der an einer Schule beschäftigt ist, zutrifft: „Er ist dann ein Teil des Ganzen und betont das immer wieder, dass das sehr angenehm ist. Der würde an gar keine andere Schule wollen. Aber das liegt auch, wie gesagt, sicherlich an der Schulleitung, die da sehr offen ist und sehr innovativ ist" (I7, 143).

2.6 Gemeinsam inklusive: erfolgreiche Vernetzung und Zusammenarbeit

Basierend auf der Darstellung des Umgangs außerschulischer Bildungs- und Erziehungsakteur*innen mit Inklusion in ihren Einrichtungen sowie der Vernetzung dieser Einrichtungen untereinander und mit Schulen wurden die Hürden und Bedarfe der Akteur*innen nochmals in den Blick genommen, um abschließend Antworten auf die leitende Forschungsfrage zu geben:

„Welche Faktoren können aus akteurzentrierter Perspektive zum Gelingen von Kooperationen, Vernetzung und Zusammenarbeit innerhalb der Modellregion Inklusion Kempten zur Umsetzung inklusiver Bildung beitragen?" Die Annäherung an mögliche Antworten erfolgte aus einer akteurzentrierten Perspektive, um vor allem anhand des Datenmaterials, das aus den Interviews und den untersuchten Online-Dokumenten gewonnen wurde, die Variablen herauszuarbeiten, die aus der professionellen Sicht der Mitarbeitenden in Kinder- und Jugendhilfe beziehungsweise -arbeit entscheidend zum Erfolg einer inklusionsorientierten Vernetzung beitragen. Da sich die Hürden und Bedarfe, die von diesen befragten Expert*innen benannt wurden, positiv formuliert in den Gelingensbedingungen wiederfinden lassen, kann geschlossen werden, dass bereits die Beseitigung oder Reduktion inklusionshemmender Barrieren die Gestaltung inklusiver Bildungs- und Erziehungssettings in der eigenen Organisation, aber auch im Netzwerkverbund, begünstigt.

Die darüber hinaus gehenden Erfolgsvariablen lassen sich größtenteils den beschriebenen sieben Kategorien zuordnen: Haltung/Einstellung, geeignete Rahmenbedingungen, Zusammenarbeit in der Praxis, Wissen zu Kooperationspartner*innen, Wissen zur Infrastruktur im Sozialraum, starke Partner*innen und Zusammenwachsen über die Zeit (vgl. 2.5). Diese Aspekte können zwar isoliert betrachtet oder bearbeitet werden, jedoch trägt erst ein, je nach Netzwerk oder Kooperation unterschiedlich beschaffenes, „Gesamtpaket" zum Erfolg vernetzter inklusiver Aktivitäten bei.

Neben der Identifikation von Gelingensfaktoren sollte im Rahmen des Teilprojekts B auch erschlossen werden, inwiefern die relevanten Akteur*innen der Kinder- und Jugendhilfe und -arbeit in der Modellregion die drei Prinzipien Vernetzung, Sozialraum und Inklusion miteinander in Verbindung bringen und diese in der Praxis gemeinsam oder aufeinander bezogen umsetzen (vgl. *Aberle* 2014; *Becker* et al. 2013; *Lüttringhaus & Donath* 2019a; *Schulz-Nieswandt* 2013; vgl. 2.2.4).

Zur Klärung beider Fragen kristallisierte sich im Untersuchungsverlauf rasch die Beschäftigung mit den Inklusionsverständnissen der betreffenden Akteur*innen sowie deren Relevanzsetzung des Themas „Inklusion" als zielführend heraus (vgl. 2.4.1). Diese werden von den befragten Akteur*innen durchwegs sowohl auf der Mikro-, als auch auf der Meso- und Makroebene verortet: Hochrelevant ist der Einschätzung der Akteur*innen nach eine (gemeinsame) inklusive Haltung der Fachkräfte, die unter anderem durch den Austausch über das jeweils vorliegende Inklusionsverständnis geschaffen wird (Mikroebene). Als notwendiger, aber nicht hinreichender Faktor muss eine solche Haltung jedoch auch von Entscheidungsträger*innen auf Meso- und Makroebene eingenommen werden und durch strukturelle Änderungen, wie zum Beispiel eine verstärkte, gesetzliche verankerte Orientierung der Förder-, Vergabe- und Kostenübernahmekriterien, an den Lebensrealitäten und Bedürfnissen der Betroffenen, der Einrichtungen und der Kommunen, ergänzt und unterstützt werden. Von solchen strukturellen Maßnahmen versprechen sich die Akteur*innen auch einen Zuwachs an Ressourcen, die zum Barriereabbau, vor allem aber zur verstärkten Umsetzung von Inklusionsarbeit vor Ort dringend benötigt werden. Zusätzlich könnten unter anderem Maßnahmen zur konkreten Regelung von Zuständigkeiten seitens der Kostenträger, die Anpassung von Förderregularien an reale Gegebenheiten oder Umstrukturierungen von Behörden positive Effekte auf die Umsetzung von Inklusion im Gemeinwesen besitzen.

Ebenso wie *Dannenbeck* (vgl. 2013, S. 52ff.) betrachten demnach auch die Interviewpartner*innen den Fokus auf bottom-up-Prozesse zur Umsetzung inklusiver Bildung kritisch und sehen den nachhaltigen und umfassenden Erfolg solcher Prozesse ohne die Anpassung politischer, administrativer und finanzieller Strukturen, die geeignete Rahmenbedingungen schaffen, als unwahrscheinlich an. Dabei erkennt ein Großteil der befragten Akteur*innen die bereits erfolgten

Maßnahmen mit dem Ziel, mehr Ressourcen für inklusive Erziehung und Bildung bereitzustellen, durchaus an. So wird in integrativen Kindertageseinrichtungen beispielsweise der Personalschlüssel angepasst oder die Gruppengröße reduziert, es gibt zahlreiche Fördermaßnahmen und auch Pilotprojekte werden immer wieder von staatlicher Seite aus unterstützt. Aus Sicht der Fachkräfte sind diese Zugeständnisse jedoch zum einen nicht ausreichend und zum anderen immer noch einer Kostenlogik unterworfen, die nicht nur das Ressourcen-Etikettierungs-Dilemma bestärkt, sondern darüber hinaus Tätigkeiten, die der Inklusion dienen, jedoch nicht direkt an oder mit den betroffenen Kindern oder Jugendlichen vollzogen werden, von der Förderung beziehungsweise Kostenübernahme tendenziell ausschließt. Dies macht „Inklusionsarbeit" zum Mehraufwand für die Fachkräfte, sodass indirekte beziehungsweise zusätzliche Aktivitäten wie aktive Netzwerkarbeit von persönlichem Engagement Einzelner abhängig sind und oftmals nicht durchgeführt werden, auch wenn ihr Nutzen erkannt wird. Einige dieser Defizite werden laut der Befragten in manchen Einrichtungen durch die Träger (Mesoebene) aufgefangen. Interne Kooperation auf Trägerebene ist unter anderem aus diesem Grund eine beliebte und in der Stadt Kempten sehr gebräuchliche Form der Zusammenarbeit, die allerdings nur eine begrenzte Wirkkraft besitzt und auch nur einem Teil der befragten Akteur*innen möglich ist.

Als bedeutendsten Gelingensfaktor identifizieren die Interviewpartner*innen eine inklusive Haltung, die auf Werten und Normen basiert und von Akteur*innen auf allen Ebenen gefordert wird, ohne eindeutig definiert werden zu können. Sie ist eng verknüpft mit dem jeweils vertretenen Inklusionsverständnis. Dieses offenbart sich oftmals erst im Laufe der Zusammenarbeit und kann bei Abweichungen zum eigenen Inklusionsverständnis Konflikte befördern. Hier wird deutlich, dass sich Umsetzungspraxis und Haltung kaum voneinander trennen lassen und in der Praxis zusammentreffen, zumal „Haltung" oft erst im konkreten Handeln in konkreten Situationen sichtbar wird. Da Inklusion als vielschichtiger Begriff gebraucht wird, der mit unterschiedlichen, teils divergierenden Inhalten gefüllt werden kann (vgl. *Frühauf* 2010, S. 11ff.), erscheint es sinnvoll, bereits zu Beginn einer Kooperation Zeit und Raum für einen Austausch über die jeweiligen Inklusionsverständnisse der beteiligten Akteur*innen zu schaffen.

In diesem Kontext soll nochmals auf ein zentrales Moment inklusiven Arbeitens hingewiesen werden. Das Inklusionsverständnis der eigenen Einrichtung muss bekannt sein – und idealerweise von allen Mitarbeitenden gemeinsam geteilt oder ausgehandelt werden. So gaben rund 80 Prozent der Befragten der Onlinebefragung an, „Inklusion" sei in einem entsprechenden Dokument aus ihrer Einrichtung enthalten. Diese Orientierung bietenden Dokumente unterscheiden sich jedoch hinsichtlich der Ausführlichkeit, mit der „Inklusion" behandelt wird, sowie hinsichtlich der inhaltlichen Aspekte zum Teil beträchtlich. Beides scheint unter anderem abhängig davon zu sein, in welchem Ausmaß sich die betreffende Einrichtung mit Thema und Begriff der „Inklusion" identifiziert und inklusives Arbeiten als charakteristisches Merkmal der Einrichtung wahrnimmt. Die Spannbreite reicht dabei von Einrichtungen, die Inklusion als zentrales Element ihres Angebots sehen und kommunizieren, bis hin zu Akteur*innen, die der konkreten Benennung inklusiver Angebote aus Angst, der Selbstverständlichkeit und Alltäglichkeit von Inklusion dadurch entgegenzuwirken, kritisch gegenüberstehen. Auch wenn übergeordnete Dokumente wie die UN-BRK oder der kommunale Aktionsplan „Miteinander inklusiv Kempten" Orientierung bei der Verständigung auf gemeinsame inklusive Schnittmengen bieten könnten, beziehen sich nur wenige Interviewpartner*innen auf die UN-BRK, der Kemptener Aktionsplan wird gar nicht erwähnt. Derartige institutionelle Rahmungen scheinen somit nicht als solche wahrgenommen oder zumindest in der Praxis nur selten herangezogen zu werden. Auch gesetzliche Grundlagen wie das Bayerische Behindertengleichstellungsgesetz

(BayBGG) oder das sogenannte „Bundesteilhabegesetz" (BTHG) thematisieren die befragten Akteur*innen nicht. Lediglich Bestimmungen des SGB VIII werden aufgegriffen. Ein gemeinsamer überorganisationaler Orientierungsrahmen scheint also nicht zu existieren, was den frühzeitigen Austausch über Inklusionsverständnisse umso bedeutsamer macht. Die Ergebnisse dieser Austauschprozesse schriftlich zu fixieren kann sinnvoll sein, da in manchen Tätigkeitsbereichen Ansprechpersonen häufig wechseln, was von den Fachkräften ohnehin als ungünstig für die Zusammenarbeit, besonders mit dem Ziel der Inklusion, empfunden wird.

Neben einem gemeinsamen oder zumindest jeweils bekannten Inklusionsverständnis wird vor allem eine wertschätzende und offene Haltung als förderlich für eine inklusionsbezogene Zusammenarbeit angesehen. Beide Eigenschaften werden auch innerhalb der Netzwerktheorie (vgl. 2.2) sowie im Zusammenhang mit dem Inklusionsparadigma hervorgehoben. Für die Interviewpartner*innen werden sie besonders bedeutsam, wenn Systemgrenzen überschritten werden und die Zusammenarbeit mit Angehörigen anderer Professionen oder Tätigkeitsbereiche erfolgen soll. Sich für Kooperationspartner*innen zu interessieren, Wissen über andere Systeme, Tätigkeitsbereiche und die zugehörigen Prozesse, Normen und Perspektiven zu erwerben sowie andere Meinungen zu akzeptieren begünstigt nicht nur die Kommunikationskultur und die Abläufe der konkreten Zusammenarbeit. Auch die Anerkennung der eigenen Profession und Leistung, gerade in Bezug auf die häufig als Mehrarbeit bewertete Inklusionsarbeit, scheint in diesem Kontext eine wichtige Rolle zu spielen. Zum einen, um Wertschätzung und dadurch auch weitere Motivation zu erfahren, zum anderen, um die bereits erfolgten Handlungen und Maßnahmen wie auch eventuelle Mängel und Defizite zu legitimieren. Inklusionsarbeit ist häufig (noch) mit vielen Unsicherheiten behaftet und vollzieht sich zudem im Bewusstsein, dass der Idealzustand der inklusiven Gesellschaft nie erreicht werden kann. Daher wird ein Gegenüber, das die eigenen Bemühungen und deren inklusiven Charakter anerkennt und bestätigt, als hilfreich empfunden.

Dieser Effekt kann auch durch öffentliche Aufmerksamkeit außerhalb der Kooperationen erfolgen – beispielsweise durch entsprechende Stellen der Stadt oder durch mediales Interesse.

Im Zuge der Entwicklung tragfähiger, „inklusiver" Netzwerkbeziehungen ermöglichen die Akzeptanz von Multiperspektivität, wertschätzende und offene Kommunikation in Kombination mit der Haltung, die Kinder oder Jugendlichen in den Mittelpunkt der Zusammenarbeit zu stellen, das Durchlaufen eines als „idealtypisch" anzusehenden Prozesses, dessen Anfangsphase grob in drei Schritten skizziert werden kann. Nach dem Kennenlernen der Kooperations- oder Netzwerkpartner*innen, was eng mit dem Wissenserwerb über Tätigkeiten beziehungsweise zugehörige Systeme verknüpft ist (Schritt 1) folgen Prozesse der gegenseitigen Akzeptanz und Anerkennung sowie das Aushandeln gemeinsamer Handlungsorientierungen, zu denen auch das Inklusionsverständnis zählt (Schritt 2). Nach einem solchen erfolgreichen Wertedialog, kann dann zur Abstimmung organisatorischer Angelegenheiten übergegangen und konkrete Zielsetzungen können formuliert werden (Schritt 3). Denn auch operationalisierte Ziele und ein strukturiertes, systematisch und transparent geplantes gemeinsames Vorgehen erleichtern laut der Mehrheit der befragten Akteur*innen die Zusammenarbeit. Obwohl viele Akteur*innen mit der Netzwerkarbeit in hohem Maße vertraut sind, stellt Inklusion für einige ein Thema dar, dessen Bearbeitung zum einen spezifischer Expertise bedarf, die nicht in allen Einrichtungen selbst vorhanden ist. Zum anderen erfordert dies auch das Eingehen neuer Kooperationen mit weniger bekannten Akteur*innen. Beides führt dazu, dass klare Strukturen und Absprachen mitunter als dringlicher als bei anderen Kooperationen beurteilt werden.

Das Anerkennen des Reziprozitätscharakters von Netzwerkbeziehungen, die Entwicklung geeigneter Kooperationsmodi sowie Verlässlichkeit und eine aktive, kontinuierliche Teilnahme am Netzwerkgeschehen sind dabei netzwerkförderliche Grundvoraussetzungen (vgl. *Reis* 2013, S. 6), die auch hier konstitutiv sind. So nennen die Interviewpartner*innen weitere Rahmenbedingungen auf Mikroebene, die der Vertrauensbildung und Ressourcenminimierung dienen und die Zusammenarbeit positiv befördern. Zu diesen zählt zum Beispiel der Wunsch nach einer gleichbleibenden Ansprechperson bei Kooperationspartner*innen. Insbesondere bei neuen Kooperationen oder bei der Zusammenarbeit zwischen verschiedenen Systemen und Tätigkeitsbereichen können „Türöffner*innen" oder Vermittler*innen den oben dargestellten Prozess anbahnen, begünstigen oder beschleunigen. JaS-Kräfte oder Mitarbeitende der Jugendhilfe, die an zwei verschiedenen Orten beschäftigt sind, besetzen beispielsweise solche Schnittstellenpositionen, die von ihnen selbst sowie von anderen Akteur*innen in Kempten als wertvoll in Bezug auf Vernetzung und Zusammenarbeit wahrgenommen werden. Eine ähnliche beziehungsfördernde Funktion erfüllt die face-to-face-Interaktion – darin sind sich die Interviewpartner*innen einig. Ob der persönliche, direkte Kontakt Wertschätzung vermittelt, notwendige Absprachen unkompliziert ermöglicht, das Erinnern an potentielle Kooperationspartner*innen fördert – sich in persona zu zeigen, vergrößert das soziale Kapital. Auch informeller Austausch erfolgt eher im direkten Kontakt, oft im Rahmen zufälliger Begegnungen. Nachdem die Gelegenheiten, sich mit Fachkräften auszutauschen, die nicht in der eigenen Einrichtung tätig sind, selten sind, könnten gemeinsame Fortbildungen von Kooperationspartner*innen dazu dienen, Wissen über den Fortbildungsgegenstand und über die anderen Netzwerkpartner*innen zu erwerben und sich gleichzeitig auf informellerer Ebene auszutauschen, zumal Fachkräfte im Gegensatz zu Leitungspersonen häufig nicht an überinstitutionellen Zusammenschlüssen oder Gremien teilnehmen, wo ein solcher Austausch ermöglicht wird.
Zuletzt sind es aus Sicht der Akteur*innen gerade bei begrenzten Ressourcen und Möglichkeiten einzelne engagierte Akteur*innen im Stadtgebiet, die sich in besonderem Maße für die Umsetzung inklusiver Bildung einsetzen und daher auch eine zentrale Position im Netzwerkgefüge übernehmen. Als – oftmals leitende – Vertreter*innen ihrer Einrichtungen sind sie, dank Position, Bekanntheit und Präsenz in vielen Gremien – in der Lage, Entwicklungen anzustoßen, andere Akteur*innen zu motivieren und Netzwerke aktiv mitzugestalten. Sie besitzen das Vertrauen vieler Akteur*innen in Kempten und ihre Einrichtungen werden als „starke" Partner*innen wahrgenommen. Dies trifft unter anderem auch auf die Fokusschulen zu, die im Rahmen der Untersuchung identifiziert wurden und daher exemplarisch zur Beschreibung von Netzwerkbeziehungen im Rahmen der Interviews herangezogen wurden. Sie können verbindende Elemente in Netzwerken darstellen und den Grad der Integriertheit des Netzwerks erhöhen. Denn die bisher genannten Gelingensfaktoren wirken sich einerseits innerhalb eines Netzwerks oder einer Kooperation erfolgsgenerierend aus, sind aber andererseits auch entscheidend dafür, wie das Netzwerk in seiner Gesamtheit, von außen wahrgenommen wird. Je einheitlicher es ist und scheint, als desto handlungs- und strategiefähiger wird es eingeschätzt. Nachdem im Bereich der Inklusion aus Sicht der Interviewpartner*innen, basierend auf den bisherigen Maßnahmen und Erfolgen, noch viele Prozesse angestoßen und strukturelle Änderungen forciert werden müssen, sind Strategie- und Handlungsfähigkeit und daher die Kooperation mit „starken Partner*innen" relevante Kriterien für das Gelingen inklusionsbezogener Netzwerkarbeit.
Ob die befragten Akteur*innen sich dadurch auch einen Wettbewerbsvorteil versprechen, bleibt offen. Obwohl sie teils darauf verweisen, dass sich ein Expert*innenstatus in Bezug auf Inklusion günstig auf Auftragsvergaben auswirken kann, wird jegliches eigenes Konkurrenzverhalten – allgemein im sozialen Bereich und insbesondere, wenn es um Inklusion geht – verneint. Ande-

ren Akteur*innen aus dem „Inklusions-Feld" werden wettbewerbs- und konkurrenzorientierte Handlungen hingegen gelegentlich zugeschrieben. Die Interaktionsorientierung „Wettbewerb" scheint also im Kemptener Inklusionsgesamtnetzwerk zwar vorhanden zu sein oder antizipiert zu werden, offiziell akzeptiert wird sie jedoch nicht. Da sich die befragten Akteur*innen selbst auch alle von einer solchen konkurrierenden Haltung distanzieren, wird sie vermutlich auch nicht offen diskutiert oder thematisiert. Um einer notwendigen oder sinnvollen Kooperation dennoch nicht im Wege zu stehen, scheinen die oben genannten Maßnahmen des Abgleichs der Inklusionsverständnisse sowie der konkreten Projekt- und Zielplanung sinnvoll, um den Einfluss der Variable „wettbewerbsorientierte Interaktionsorientierung" zu minimieren, ebenso wie der Rückgriff auf überorganisationale Institutionen, beispielsweise in Form eines Aktionsplans, bereits entsprechende Rahmenbedingungen vorgibt, die eine konstruktive Zusammenarbeit auch bei divergierenden Interaktionsorientierungen möglich machen.

Sind die Akteur*innen sich gegenseitig bekannt, Netzwerke geknüpft und gepflegt, Kooperationen geschlossen und wurden vor allem gemeinsame Maßnahmen bereits erfolgreich durchgeführt, reduziert sich auch die Wahrscheinlichkeit des Auftretens von Diskrepanzen und Konflikten, denn „institutionalisierte, auf Wiederholung angelegte Interaktionen zwischen politischen Akteuren [... bewirken,] dass die Wahrnehmungen und Situationsdeutungen der Akteure sehr ähnlich sind" (*Treib* 2015, S. 282). Dies bestätigen auch die befragten Akteur*innen, die den Prozess des „Zusammenwachsens über die Zeit" als wichtiges Element der positiven Zusammenarbeit betrachten. Deutlich wird dieses Phänomen bei der Beschreibung und Bewertung des Schultheaterfestivals in Kempten als Best-Practice-Beispiel der schul- und systemübergreifenden inklusionsbezogenen Zusammenarbeit, deren erfolgreicher Verlauf, typisch für institutionalisierte Interaktionen, kaum noch auf einzelne Gelingensbedingungen zurückgeführt werden kann (vgl. I2, 207ff.).

Die Offenheit aller Beteiligten, die in vielen Zusammenhängen als notwendige Eigenschaft der Akteur*innen beschrieben wird, lässt sich nicht nur in Bezug auf die Umsetzung von Inklusion und Netzwerkarbeit im Allgemeinen, sondern auch im Kontext der Forderung an Schulen und Akteur*innen der Eingliederungshilfe, sich zum Sozialraum hin zu öffnen, verzeichnen. Elemente sozialraumorientierten Arbeitens lassen sich in allen Einrichtungsdokumenten und Interviews finden. Als explizit handlungsleitendes und ausformuliertes Konzept, das nicht nur geografisch-räumliche Aspekte des Sozialraums, sondern auch die Dimension der Aneignung und Konstruktion eines relationalen Sozialraums, in diesem Fall durch Jugendliche, berücksichtigt, tritt die Sozialraumorientierung im Rahmen dieser Untersuchung nur bei den Akteur*innen der Jugendarbeit (öffentlich zugänglich) in Erscheinung. Es ist wahrscheinlich, dass die Prinzipien der Sozialraumorientierung, die in der Sozialen Arbeit weithin bekannt und anerkannt sind, auch im Arbeitsalltag anderer Akteur*innen Anwendung finden, in jedem Fall aber stellen sie eine entscheidende Grundlage für die Handlungsorientierung im Feld der Jugendarbeit – auch in Kempten – dar. Dieses definiert hingegen, zumindest im Bereich der offenen Jugendarbeit, Inklusion von Kindern und Jugendlichen mit Behinderungen nicht als eigenes Handlungsfeld, das explizit gemacht und systematisch im eigenen Leitbild verankert wird. Dahingegen greifen integrative Kindertageseinrichtungen im Stadtgebiet Kempten das Inklusionsparadigma in ihren Konzeptionen gezielt und teils sehr ausführlich auf, während „Sozialraum" nur im Rahmen der Berücksichtigung der näheren Umgebung der Kindertageseinrichtung oder beim Kennenlernen der Stadt Kempten Berücksichtigung findet. Als vereinendes Element der hier untersuchten Trias „Inklusion – Sozialraum – Netzwerk" lässt sich die Netzwerkarbeit identifizieren, die für alle Akteur*innen große Bedeutung besitzt. Die drei Dimensionen werden im praktischen Handlungsvollzug durchaus miteinander verschränkt und es ist in Teilen auch genau diese Verschränkung, die den Erfolg schulischer, aber auch außerschulischer Inklusionsbemühungen aus- und Kempten zur Modellregion Inklusion macht.

Auch die überschaubare Größe der Stadt bei gleichzeitig gut ausgebauter inklusionsförderlicher Infrastruktur trägt dazu bei, dass eine solche Verknüpfung recht unkompliziert erfolgen kann. Sie vollzieht sich vermutlich jedoch meist implizit, was bei anderen Rahmenbedingungen vermutlich nicht ausreichend wäre, um Inklusion erfolgreich sozialräumlich vernetzt umzusetzen und zudem das Potential, das sich aus der explizierten Verbindung der drei Elemente ergeben könnte, verschenkt. Dieses Potential könnte sich auf Grundlage der gewonnenen und bereits erläuterten Erkenntnisse vor allem auf folgende drei Aspekte positiv auswirken: 1. Im Rahmen der Verbesserung der Versorgung von Kindern und Jugendlichen mit Förderbedarf bei Übergängen ermöglicht das Zusammendenken von Inklusion und Prinzipien der Sozialraumorientierung eine verstärkt lebensweltorientierte Perspektive, die möglicherweise dazu beitragen könnte, Versorgungslücken frühzeitig zu identifizieren und durch sozialraumorientiertes Vorgehen zu vermeiden oder zu verringern. 2. Es wird deutlich, dass einige Akteur*innen über umfassende Sozialraum-Expertise, andere über weitreichendes „Inklusionswissen" verfügen. Durch die Anerkennung beider Expert*innenstatus als gleichwertig und notwendig, können sich Beziehungen zwischen Akteur*innen zu symmetrischen entwickeln, in denen das Wissen aller beteiligten Akteur*innen gleich relevant ist. 3. Zuletzt ergeben sich auch inhaltlich Überschneidungen der beiden Paradigmen. Diese Schnittstellen und gemeinsame Aspekte können als Ausgangspunkt einer Verständigung über gemeinsame Haltungen, Einstellungen oder Zielsetzungen dienen und gleichzeitig den Zugang zu einem anderen Tätigkeitsbereich oder System vereinfachen.

Die praktische Umsetzung sozialraumbezogener und inklusiver Zusammenarbeit lässt sich auch über das Bewusstwerden und -machen der geschilderten Zusammenhänge hinaus fördern. Als ein konkretes Beispiel sei an dieser Stelle der mehrfach geäußerte Vorschlag einer regionalen Koordinationsstelle, die einerseits alle Akteur*innen, die inklusiv (zusammen)arbeiten oder dies in Zukunft tun möchten, sowie bereits existierende Angebote verzeichnet, zu nennen (vgl. *Kobelt Neuhaus & Refle* 2013, S. 7). Dadurch wäre ein Faktor, der für eine sozialräumlich inklusive Zusammenarbeit als hinderlich genannt wird – die Uninformiertheit über bestehende Strukturen und Angebote – vermeidbar. Nachdem der Kommune bei der Schaffung eines inklusiven Gemeinwesens eine entscheidende (vermittelnde) Rolle zukommen kann, wäre eine solche Stelle sinnigerweise auch bei der Kommune anzusiedeln und vor allem kontinuierlich zu kommunizieren.

Auch Bedarfserhebungen unter den relevanten Akteur*innen oder aber ein systematischer Austausch über die Gelingensfaktoren, die inklusiv arbeitende Akteur*innen immer wieder für sich erkennen, könnten von hier aus initiiert und damit einige der Vorschläge der Interviewpartner*innen umgesetzt werden. Aufbauend auf den zahlreichen bereits bestehenden Erfolgen innerhalb der Stadt Kempten kann eine bewusste Verknüpfung von Inklusion, Sozialraum und Vernetzungsarbeit dazu beitragen, noch bestehende Barrieren abzubauen sowie Inklusion eben nicht an der Schultür enden und inklusive ganzheitliche Bildung und Erziehung gelingen zu lassen.

2.7 „Inklusive Vernetzung" – Perspektiven außerschulischer Akteur*innen in Kempten (Diskussion)

Die Erkenntnisse, die im Rahmen des Teilprojekts B gewonnen wurden, ermöglichen erste Antworten auf Forschungsfragen nach den Gelingensfaktoren zur Vernetzung mit dem Ziel der Umsetzung inklusiver Bildung und Erziehung in der Stadt und Modellregion Kempten auf der einen Seite und nach dem Zusammenhang zwischen Inklusion, Sozialraum und Netzwerkarbeit andererseits. Dennoch sind sie nur als einer der ersten Schritte auf dem Weg zur Umsetzung von Bildung im Sinne des Artikels 24 der UN-BRK in inklusiven Gemeinwesen zu betrachten. Um die dort angeführten Forderungen flächendeckend umzusetzen, reichen weder Modellprojekte, noch deren Analyse oder der Transfer der Ergebnisse aus. So wertvoll die Erkenntnisse auch sind, die aus solchen Maßnahmen, Best-Practice-Beispielen und entsprechender Begleitforschung resultieren – gerade im Hinblick auf konkrete Handlungsvollzüge, die Erschließung bestimmter Sozialräume oder Tätigkeitsbereiche unter Berücksichtigung regionaler Charakteristika kommen Wissenschaft und Berufspraxis dennoch überein, dass Wandlungsprozesse vor Ort nur auf der Grundlage von und im Zusammenspiel mit strukturellen Änderungen und einem gesamtgesellschaftlichen Umdenken und Handeln nachhaltig und umfassend gelingen können (vgl. *Dannenbeck* 2013, S. 52ff.).

Nichtsdestotrotz bedarf es der Analyse von Leuchtturmprojekten sowie der alltäglichen Handlungspraxis derjenigen, die sich um Inklusion in der Kommune bemühen. Einerseits können dadurch wertvolle Erkenntnisse darüber gewonnen werden, welche Faktoren auch vor dem Hintergrund von Ressourcenknappheit und strukturellen Barrieren zur Entwicklung eines inklusiven Gemeinwesens und zur Etablierung und Umsetzung inklusiver Bildung und Erziehung beitragen können. Nachdem die Stadt Kempten, insbesondere im schulischen Bereich, bereits als bayerische Vorreiterin bei der Förderung inklusiver Bildung gilt, müssten hier besonders viele derartiger Erfolgsvariablen vorhanden sein und sichtbar werden. Zudem offenbaren sich viele Einflussvariablen, Bedarfe und Barrieren erst durch die konkreten Handlungen in konkreten Situationen sowie die nachfolgende Reflexion, die durch gezielte Erhebungen und Befragungen angeregt und befördert werden kann. Somit können sich nicht nur für die beforschte Kommune interessante Entwicklungsperspektiven ergeben, sondern auch andere Kommunen durch einen Abgleich mit dem eigenen Status Quo Anknüpfungspunkte identifizieren und einige der hier ermittelten Gelingensfaktoren gegebenenfalls in die Gestaltung eigener Maßnahmen einfließen lassen – ohne die Ortsgebundenheit der ‚behindernden‘ Situationen (vgl. *Rohrmann* 2014, S. 28) zu vernachlässigen.

Um das in Kempten bisher weniger umfangreich beforschte Feld der Umsetzung von Inklusion der außerschulischen Bildung und Erziehung verstehen und in Bezug zur Umsetzung schulischer Inklusion setzen zu können, war zunächst dessen Exploration notwendig und sinnvoll. Bewusst wurde hier der Fokus zunächst auf die Netzwerke der professionellen Akteur*innen, auf Einrichtungen und Fachkräfte, die in diesem Bereich tätig sind, gelegt. Denn sie sind es, die inklusive Bildung und Erziehung täglich umsetzen und die Inklusions- wie Bildungslandschaft vor Ort daher durch ihre Zusammenarbeit maßgeblich mitgestalten. Um diese Gestaltungs- und Vernetzungspraktiken mit ihren zugrundeliegenden Institutionen, Regeln, Werten und Normen zu erschließen, wurde ein Mixed-Methods-Forschungsdesign gewählt, das aus einer Onlinebefragung, inhaltsanalytisch ausgewerteten Expert*inneninterviews und einer ergänzenden Dokumentenanalyse bestand (vgl. 2.3). Dadurch sollten qualitative Anteile der Netzwerkbeziehungen und -gestaltung sichtbar gemacht und Gelingensfaktoren herausgearbeitet werden. Die Entscheidung zum multimethodischen Ansatz erwies sich im Laufe des Forschungsprozesses als zielführend. Auch der Einbezug des Ansatzes des Akteurzentrierten Institutionalismus und die Berücksichtigung von Elementen der Netzwerktheorie im Sinne einer Forschungsheuristik unterstützten das Erfassen, Strukturieren und damit das Durchdringen des noch weitgehend unbekannten Forschungsfeldes, auch wenn beispielsweise die Kategorie der „Interaktionsformen" des Akteurzentrierten Institutionalismus eher im Hinblick auf Governance-basierte Entscheidungen, also zum Beispiel für eine Beobachtung der Entscheidungsfindung und zugehöriger Prozesse in Gremien oder im Kontext kommunalpolitischer Aktivitäten, geeignet sein könnte. Im Hinblick auf weitere und weiterführende Studien ergeben sich aus den Erfahrungen, die im Projekt M!K gesammelt wurden, diverse Ansatzpunkte. Hier wurde mit dem Ziel, mit einer großen theoretischen Offenheit ins Feld zu gehen, um den Sinnstrukturen der Akteur*innen Vorrang vor deduktiven Kategoriesetzungen zu geben, nicht explizit oder eindeutig zwischen Formen der „Zusammenarbeit", „Kooperation", „Vernetzung" oder „Netzwerk" unterschieden. Um die Beschaffenheit und Funktionen von Netzwerken auf netzwerktheoretischer Basis fundierter und detaillierter zu beleuchten, bietet sich eine solche Differenzierung jedoch an. Auch der Einbezug weiterer relevanter Akteursgruppen wie die der Kinder und Jugendlichen oder ihrer Eltern in künftige Forschungsaktivitäten sind nicht nur sinnvoll, sondern auch dringend notwendig, um einen umfassenden und ganzheitlichen Ein- und Überblick zu gewinnen und um nicht bereits im Rahmen der Forschung selbst zentrale Prinzipien der Teilhabe und Inklusion zu unterlaufen (vgl. auch *Spatscheck* 2009). Auch dezidiert sozialräumliche Methoden sind anzuraten, sollen weitere Ansätze zum Zusammenhang zwischen Inklusion und Sozialraum sowie zur inklusiven Gestaltung des Sozialraums generiert werden. Diese können im Sinne eines partizipativen und lebensweltorientierten Vorgehens auch „bottom-up", in Form von Sozialraumerkundungen oder -analysen von Fachkräften der Kinder- und Jugendhilfe oder -arbeit selbst zusammen mit den Kindern und Jugendlichen durchgeführt werden (vgl. *Reutlinger 2009;* vgl. *Spatscheck 2009).*

Einzelne Befunde, die sich aus den durchgeführten Analysen ergeben und sich im Rahmen der Studie nicht abschließend erklären lassen, können darüber hinaus zum Anlass genommen werden, sich diesen offenen Fragen näher zu widmen. Welche Netzwerktypen setzen Inklusion in welcher Weise um? Welche Gelingensfaktoren sind für welche Typen besonders relevant? Weshalb sind die Vernetzungsaktivitäten von Einrichtungen, die primär Kinder und Jugendliche mit den Förderbedarfen „Hören" und „Sehen" begleiten, weniger ausgeprägt als die anderer Einrichtungen und welche Konsequenzen besitzt dies für die Gestaltung eines inklusiven Gemeinwesens? Dies sind offene Fragen, die, aufbauend auf den bisher gewonnenen Erkenntnissen erörtert werden könnten und zum Teil unabhängig von der konkreten Situation in Kempten von Interesse für das Feld der inklusiven Bildung und Erziehung sind. Auch die Einbeziehung der Kooperationen zwischen Kinder- und Jugendhilfe oder -arbeit und Akteur*innen der Eingliederungshilfe, die im Rahmen von M!K nicht gesondert berücksichtigt wurden, stellt ein bislang unterbeleuchtetes Forschungs- und Handlungsfeld dar, das nur in wenigen Modellprojekten gezielt gefördert und untersucht wurde (vgl. u.a. *Voigts* 2019).

Zunächst lässt sich festhalten, dass zahlreiche Phänomene und Zusammenhänge, die in der einschlägigen Forschungsliteratur beschrieben werden, sich auch in den vorliegenden Daten zeigen: Wie bereits unter anderem von *Frühauf* (2010) angemerkt, verwenden auch die befragten Akteur*innen den Terminus der „Inklusion" in uneinheitlicher Weise und verknüpfen verschiedene Konzepte, Ansätze und Modelle mit ihm. Teilweise erfolgt auch eine Re-Etikettierung bereits existierender integrativer Bestandteile durch den Inklusionsbegriff, ohne dass sich inhaltliche Änderungen vollzogen haben *(vgl. Frühauf* 2010, S. 11ff.). Die visionäre Kraft, die von einem solchen Begriffswechsel erhofft wird (vgl. *Reiser* 2003, S. 305), dürfte in Kempten vor allem für diejenigen Akteur*innen von Bedeutung sein, die ihre Einrichtungsidentität mit dem Merkmal der Inklusion verknüpfen und sich für eine Umbenennung ihrer „integrativen" in eine „inklusive" Einrichtung aussprechen. Dies betrifft vor allem Kindertageseinrichtungen, die dem allgemein wahrgenommenen Trend entsprechend (vgl. *Lange* 2017, S. 7f.; *Lütje-Klose* 2013,

S. 14f.; *Vock/Gronostaj* 2017, S. 34), auch in Kempten eine Art Vorreiter*innenstellung bei der Integration inklusiver Elemente ihren Einrichtungsalltag einnehmen oder sich zumindest intensiv mit Thema und Konzept der „Inklusion" auseinandersetzen und in ihren Konzeptionen öffentlich Stellung beziehen. Auch einige Elemente aus Fachdiskursen werden in den Interviews von den Fachkräften aufgegriffen – unter ihnen zum Beispiel Diskussionen rund um das Ressourcen-Etikettierungs-Dilemma *(vgl. Bundesjugendkuratorium* 2012, S. 14) oder die Frage, wie das SGB VIII in Bezug auf Eingliederungs-, Sozial- und Kinder- und Jugendhilfe sinnvoll gestaltet werden kann, sodass Zuständigkeiten klar geregelt, Verfahren vereinfacht und individuelle Unterstützungsleistungen bedürfnis- und bedarfsorientiert beantragt, bewilligt und organsiert werden können. Erstaunlich ist dabei, dass, obwohl das Inkrafttreten der dritten Reformstufe des BTHG zum Zeitpunkt der Erhebung bereits absehbar war, diese Neuregelung in keinem Fall angesprochen oder Bezug zur langwährenden Debatte um die Erneuerung des SGB VIII genommen wurde. Inwiefern sich vorhandene Bedarfe in diesem Zusammenhang nach dem 1. Januar 2020 aus Sicht der Interviewpartner*innen verändert haben, konnte im Rahmen des Projekts M!K nicht mehr berücksichtigt werden, sollte aber bei der Interpretation der Ergebnisse bedacht werden.

Ein anscheinend weit verbreitetes Defizit, das für Kempten nicht bestätigt wurde, ist ein angespanntes oder mindestens kompliziertes Verhältnis zwischen Schulen und Einrichtungen der Kinder- und Jugendhilfe. Hier konnten in den letzten Jahren diverse Maßnahmen erfolgreich umgesetzt werden und zu einer gegenseitigen Verständigung und Wertschätzung der beiden Systeme und ihrer Akteur*innen beitragen. Lediglich die Förderzentren bilden aus Sicht der befragten Akteur*innen der Jugendarbeit noch insofern ein schwieriges Feld, da der Zugang zur Zielgruppe der Jugendlichen in diesen Einrichtungen erschwert ist. Dies liegt nach Meinung der Interviewpartner*innen einerseits in den umfangreichen Kompetenzen der Mitarbeitenden in den Fördereinrichtungen, die einen Großteil der Bedarfe der Jugendlichen bereits abdecken, sowie in eng getakteten Stundenplänen, die auch die Nachmittagsgestaltung umfassen, begründet. Zum anderen resultieren Zugangsbarrieren daraus, dass viele der Schüler*innen der Förderzentren von außerhalb nach Kempten einpendeln und ihre Freizeit daher nicht in der Stadt Kempten und damit auch nicht in und mit den Angeboten der Kemptener Jugendarbeit verbringen (vgl. *Voigts* 2019, S. 39f.).

Inwiefern das Einpendeln aus einem (Sozial-)Raum in einen anderen mit dem Ziel der exklusiven Beschulung überhaupt mit einem inklusiven Bildungsansatz vereinbar ist, sollte an anderer Stelle diskutiert werden. Für die Akteur*innen der Jugendarbeit ergibt sich in jedem Fall die Notwendigkeit, inklusive Kooperationsprojekte mit dieser Zielgruppe während der Schulzeiten oder in gesonderten Projekten in den Ferien durchzuführen und daher eng mit den betreffenden Förderzentren zu kooperieren, um die Zielgruppe selbst sowie deren Eltern für solche Aktivitäten zu gewinnen. Diese Erkenntnis verweist wiederum auf die große Bedeutung, die Eltern als Kooperationspartner*innen einnehmen. Dies wurde von den Kemptener Kindertageseinrichtungen seit einigen Jahren erkannt und unter anderem durch die Bemühungen, sämtliche Förderplanungen nur unter Zustimmung und vor allem in Absprache mit den Eltern durchzuführen, gewürdigt. Für die offene Jugendarbeit aufgrund ihrer Grundsätze zunächst ungewohnt, wird auch in Kempten noch zögerlich, in anderen Regionen schon gezielter, dieser „Erweiterung der Zielgruppe" Rechnung getragen. Der Ergebnisbericht des Bielefelder Projekts „Freiräume", das sich unter anderem mit der Kooperation von Akteur*innen der Eingliederungshilfe mit Akteur*innen der Jugendarbeit befasst, schlägt den Jugendarbeiter*innen in diesem Zusammenhang den Austausch mit Einrichtungen der Eingliederungshilfe vor, die in der Ansprache von und im Umgang mit Eltern bereits umfassende Erfahrungswerte besitzen und diese weitergeben könnten (vgl. *Voigts* 2019, S. 60f.). Ein solcher Austausch, vor allem aber die erfolgreiche Umsetzung konkreter Kooperationsprojekte setzt jedoch die Kenntnis der potentiellen Partnereinrichtungen und ihrer Angebote voraus.

Kempten als Modellregion mit zusätzlich vorhandenem Aktionsplan „Miteinander inklusiv Kempten", der in einzelnen Arbeitskreisen erarbeitet wurde, hat nun in Bezug auf die Implementierung inklusiver Gemeinwesen (vgl. 2.1.1) bereits essentielle Punkte des Entwicklungsprozesses angeregt und umgesetzt. Dennoch scheint es, berücksichtigt man die Aussagen aus den Interviews, dass die Ergebnisse dieses Prozesses unter den Fachkräften einerseits noch nicht als ausreichend empfunden werden und andererseits, nach Ergebnissen der Onlinebefragung, noch nicht überall bekannt sind. Die Forderung dreier befragter Akteur*innen nach einer koordinierenden Stelle, die inklusive Akteur*innen und Angebote sammelt, bündelt und kommuniziert, macht dieses Informations- oder Kommunikationsdefizit deutlich. An welcher Stelle die Kommunikation konkret stockt, kann im Rahmen des Projekts zwar nicht erschlossen werden, anzuraten ist den zuständigen Stellen jedoch, die Maßnahmen, die im Zuge des Aktionsplans durchgeführt wurden und werden, auch weiterhin kontinuierlich und öffentlichkeitswirksam zu kommunizieren und gegebenenfalls, basierend auf den Bedarfen der beteiligten und betroffenen Akteur*innen, diesen Entwicklungsprozess künftig voranzutreiben um die großen Potentiale, die in der Stadt existieren und teils bereits zum Tragen kommen, nicht ungenutzt zu lassen. Dazu könnten auch die bereits bekannten und sehr engagierten personalen Akteur*innen der Stadt beitragen. Die überschaubare Größe der Schulstadt Kempten, die aufgrund ihrer zentralen Lage in der Region Oberallgäu dennoch viele Einrichtungen und Dienste der Eingliederungs- sowie der Kinder- und Jugendhilfe versammelt, unterstützt ein solches Unterfangen, anders als es möglicherweise in Großstädten oder in infrastrukturell schwächeren Regionen der Fall ist.

Nachdem auch der Wunsch nach institutionalisierten Möglichkeiten zum Austausch über Gelingensfaktoren der inklusiven Gestaltung im Raum Kempten im Rahmen der Interviews geäußert wurde, könnte auch über die Einrichtung derartiger Formate nachgedacht werden. Als erster Anknüpfungs- und Bezugspunkt könnten weithin anerkannte Best-Practice-Beispiele, wie zum Beispiel das Kemptener Schultheaterfestival in den Blick genommen und spezifische Gelingensfaktoren erschlossen werden, auf deren Grundlage ein kontinuierlich fortgeführter Diskussionsprozess starten könnte.

Auch die Verbreitung und Aufwertung des Aktionsplans selbst, der auch Hinweise für ein allgemein anzulegendes Inklusionsverständnis enthält, könnte zur Ressourcenoptimierung und Beziehungsförderung in einzelnen Netzwerken und Kooperationen beitragen. Wie aus den Interviews ersichtlich wird, greifen die Akteur*innen hauptsächlich auf die Leitbilder der je eigenen Einrichtung sowie auf Bestimmungen des SGB VIII zurück, wenn sie institutionelle Dokumente als (Aus-)Handlungsorientierung für die Bestimmung des Inklusionsverständnisses heranziehen. Könnten sie sich auf ein übergreifendes Dokument, das im Gegensatz zu internationalen, nationalen oder Landesgesetzen und -empfehlungen auch regionale Spezifika berücksichtigt, beziehen, entfiele ein Teil des unter Umständen aufwändigen Aushandlungs- und Analyseprozesses im Rahmen konkreter Kooperationen, auch wenn diese in Kempten – auch dank des Einsatzes vermittelnder Stellen wie der der JaS-Kräfte – offensichtlich größtenteils erfolgreich verlaufen.

Die Frage nach vorhandenen und orientierenden Institutionen jeglicher Art stellt sich auch beim Versuch, die hier gewonnenen Erkenntnisse mit denen des Teilprojekts A zu verknüpfen und sie auf andere Regionen zu übertragen (vgl. 3). Unterstützung bei der Einordnung und

Relevanzsetzung der Resultate können neben den Empfehlungen in Kapitel 3 Inklusionsindizes und Arbeitshilfen zur Umsetzung inklusiver Gemeinwesen bieten, die allgemeine Grundsätze darlegen und dennoch ermutigen, regionale und situative Besonderheiten in die Planung einzubeziehen (vgl. *Booth* et al. 2017; *Montag Stiftung Jugend und Gesellschaft o.J.*; *Rohrmann* et al. 2014). Ebenso gilt es, sowohl in der Stadt Kempten, als auch bei der Generierung von Maßnahmen im Allgemeinen, stets zu berücksichtigen, in welcher Phase der Organisationsentwicklung sich Akteur*innen in Bezug auf „Inklusion" befinden. Nur wenn die tatsächlichen und aktuellen Bedarfe der jeweiligen Einrichtungen Berücksichtigung finden und damit auch nicht von einem homogenen Prozess über alle Organisationen einer Region hinweg ausgegangen wird, sind Maßnahmen der Zusammenarbeit, ob auf kommunaler oder interorganisationaler Ebene, erfolgsversprechend. Dies bestätigen auch Berichte der Interviewpartner*innen vom Scheitern von (geplanten) Kooperationen oder sich ungünstig auswirkenden Machtverhältnissen in Netzwerkbeziehungen aufgrund von (vermeintlicher) Expertise und damit einhergehender Deutungs- und Planungshoheit von Netzwerkpartner*innen. Eine Möglichkeit der vergleichsweise niedrigschwelligen Annäherung an inklusive Kooperationen könnte die Teilnahme an interprofessionellen regionalen Gremien und Zusammenschlüssen sein, in denen Akteur*innen in ganz unterschiedlichen Entwicklungsstadien zusammenkommen und voneinander profitieren können. Das Potential solcher Zusammenschlüsse sehen auch die befragten Akteur*innen in Kempten, wenn sie ein großes Interesse äußern, sich in mehr als den bisher besuchten Zusammenschlüssen einzubringen. Die konkrete Zusammensetzung und Gestaltung solcher „Netzwerke im Netzwerk" sollten im Sinne der Erhaltung der Handlungs- und Strategiefähigkeit des Zusammenschlusses im Auge behalten werden (vgl. *Treib* 2015, S. 288f.).

Auch hier gilt jedoch, das Thema der „Inklusion" stets zu kontextualisieren und auch in seinen vielfältigen Bezügen zu bearbeiten. Ein Großteil der befragten Akteur*innen beschäftigt sich zwar auf diversen Ebenen mit Inklusion, sieht dieses Thema aber als eines von vielen an – eine Priorisierung ist aus verschiedenen Gründen nicht gewollt oder möglich. Ressourcenknappheit, die Notwendigkeit, andere – akute – Herausforderungen umgehend zu bearbeiten oder die Ablehnung einer zu expliziten Benennung des Inklusionscharakters von Einrichtungen oder Angeboten sind einige der Gründe, die zu einer solchen Haltung führen. Vor dem Hintergrund der Prozesshaftigkeit der Implementierung inklusiver Gemeinwesen, der Annahme, dass sich Inklusion als Querschnittsthema durch alle Lebens- und Tätigkeitsbereiche zieht und dem damit einhergehenden „tiefgreifenden kulturellen Wandel in unserer Gesellschaft und bei den beteiligten Fachkräften" (*Bundesjugendkuratorium* 2012, S. 42), ist eine isolierte oder zwar intensive, aber zeitlich begrenzte Betrachtung des Themas auch nicht als sinnvoll zu erachten. In diesem Punkt sind sich nicht nur alle Interviewpartner*innen, sondern auch Wissenschaft, Politik und Gesetzgebung einig. Dass dies die Fachkräfte der Kinder- und Jugendhilfe oder -arbeit in die spannungsreiche Position bringt, zwischen Forderungen und Institutionen auf Mikro-, Meso- und Makroebene zu agieren, um Inklusion im Zusammenspiel verschiedener Professionen, Institutionen und Systeme unter Berücksichtigung der Bedarfe vor Ort umzusetzen und die Umsetzungspraktiken auch noch fortwährend zu kommunizieren und zu reflektieren, bleibt festzuhalten. Umso relevanter sind Möglichkeiten zum Austausch unter den Fachkräften, die koordinierte Gestaltung und Kommunikation eines gemeinsamen Entwicklungs- und Umsetzungsprozesses eines inklusiven Gemeinwesens sowie die bestmögliche Nutzung vorhandener Ressourcen auf Mikro- und Mesoebene – bei steter Forderung der Sicherstellung des Ressourcenbedarfs durch eine Anpassung von Gesetzen und Förderregularien (vgl. u.a. a.a.O., S. 16).

Diese und weitere Aspekte können – teils ausschließlich – in und durch Netzwerke(n) befördert werden. Wie diese Netzwerke beschaffen sind, wie sie funktionieren und welche Potentiale sie in Bezug auf Barriereabbau und Inklusionsförderung besitzen, bleibt ein hochrelevanter Untersuchungsgegenstand der Inklusionsforschung. Während im Rahmen von M!K vorrangig professionelle Netzwerke beforscht wurden, geben die Ergebnisse sowie grundlegende Prinzipien der Partizipation und der Umsetzung inklusiver Gemeinwesen Anlass, künftig auch andere Netzwerke in den Blick zu nehmen, um alle relevanten Akteur*innen und ihre Vernetzungen im Gemeinwesen und Sozialraum zu berücksichtigen. Für die Stadt Kempten gilt: Es gibt schon viel „Miteinander" im Bereich der Bildung und Erziehung, auch „inklusiv" wird vielerorts bereits gearbeitet. Um auch in Zukunft erfolgreich „Miteinander inklusiv" sein zu können, sind die vorhandenen vielversprechenden Maßnahmen weiterzuführen und umfassend zu kommunizieren, der Faktor „Sozialraum" zu fokussieren sowie die Bedarfe aller relevanten Akteur*innen auch weiterhin einzubeziehen (vgl. 3).

Ulrich Heimlich, Ursula Müller, Patricia Pfeil, Marion Einsiedler,
Regina Roland und Michael Wittko

3 Empfehlungen zur Weiterentwicklung inklusiver Regionen

Basierend auf den bisherigen Erfahrungen aus der Wissenschaftlichen Begleitung der „Modellregion Inklusion Kempten (M!K)" in den beiden Teilprojekten, die im Schuljahr 2016/2017 gestartet ist, werden einige Eckpunkte für Gelingensbedingungen innerhalb der Entwicklung inklusiver Regionen in einem Überblick zusammengefasst. Im Sinne eines engen Inklusionsverständnisses stehen dabei zunächst Kinder und Jugendliche mit sonder- beziehungsweise sozialpädagogischem Förderbedarf im Fokus. Dazu wird im Folgenden jeweils die Entwicklung in der inklusiven Modellregion Kempten knapp skizziert, um die aus den Studien und deren Ergebnissen abgeleiteten Merkmale, Indikatoren und Hinweise in den Untersuchungskontext einzubetten.

In einem ersten Schritt beschreiben wir zunächst die wesentlichen Merkmale inklusiver Regionen und mögliche Indikatoren für deren Auswahl (3.1 und 3.2). Als zweites richten wir den Blick auf die Bedeutung des Sozialraums in inklusiven Regionen, insbesondere im Kontext einer sozialräumlichen Schulkonzeption (3.3), um abschließend auf ausgewählte und ergänzende Aspekte der Netzwerkarbeit in inklusiven Regionen einzugehen (3.4).

3.1 Merkmale inklusiver Regionen und Indikatoren zur Weiterentwicklung aus schulischer und außerschulischer Perspektive

Die Zusammenarbeit zwischen Schulen und Akteur*innen der Kinder- und Jugendhilfe im Sozialraum mit dem Ziel der inklusiven Bildung und Erziehung in Kempten wird von den beteiligten Kooperationspartner*innen als gut beurteilt. Sie unterstützt und ergänzt die vielfältigen inklusiven Aktivitäten und Angebote, die bereits schulintern durchgeführt werden. So sind die Kemptener Schulen zum Beispiel in vielfältiger Weise im Sozialraum vernetzt, und auch für die außerschulischen Einrichtungen und Dienste ist netzwerkorientiertes Arbeiten essentiell. Zudem zeichnet sich eine stete Verbesserung der Zusammenarbeit – auch im Sinne des Inklusionsgedankens – im Laufe der letzten Jahre ab. Diese positive Entwicklung ist unter anderem auf die intensiven Bemühungen um inklusive Schulen und inklusiven Unterricht zurückzuführen, was unter anderem durch eine hohe Anzahl von Schulen mit dem Schulprofil „Inklusion", durch Leuchtturmprojekte wie die „Schultheatertage" und durch innovative Modellprojekte zur Gestaltung inklusiven Unterrichts durch multiprofessionelle Teams zum Ausdruck kommt. Gleichzeitig sorgt die Auseinandersetzung mit dem „Querschnittsthema Inklusion" innerhalb der Kommune im Sinne der Entwicklung eines inklusiven, barrierearmen Gemeinwesens dafür, dass auch weitere relevante Akteur*innen des Sozialraums im Rahmen partizipativer Entwicklungs- und Umsetzungsverfahren dieses inklusive Gemeinwesen mitgestalten können und das „inklusive Netzwerk" ausgebaut und verstärkt wird, wovon auch Schulen und andere Bildungsakteur*innen direkt und indirekt profitieren.

Die Erfolge dieser Aktivitäten wirken sich in einer heterogenen Akteurslandschaft jedoch nicht auf alle Akteur*innen in gleichem Umfang und in gleicher Weise aus, was unter anderem in den bereichs- und professionsspezifischen Strukturen, Grundsätzen und Zielsetzungen begründet liegt. Bei der Kooperation zwischen Schule und offener Jugendarbeit erweisen sich beispielsweise spezifische infrastrukturelle Rahmenbedingungen, wie, dass Jugendliche, die eine FZ besuchen, oftmals nur innerhalb der Unterrichtszeiten erreicht werden können, oder auch unterschiedliche Systemlogiken, als Kooperationshindernisse. Dies könnte vor dem Hintergrund, dass Akteur*innen der Jugendarbeit über einschlägige „sozialräumliche Expertise", FZ hingegen in der Regel über umfassendes „Inklusionswissen" verfügen, zum Anlass genommen werden, entsprechende Austauschformate und gemeinsame Projekte anzubahnen. Gelegenheiten zum niedrigschwelligen Austausch könnten dazu beitragen, nach einer ersten Sondierungsphase Schnittmengen sowie konkrete Ansprechpersonen zu identifizieren und eine Zusammenarbeit in der inklusiven Region einzuleiten.

Als weiterer Schritt erscheint der Auf- und Ausbau einer zentralen, übergreifenden Steuerung der – erweiterten – inklusiven Region sinnvoll. Diese kann, je nach Schwerpunkt, Bedarf und Ressourcen, unter anderem Aufgaben in vier Bereichen übernehmen, die im Rahmen der Untersuchungen immer wieder thematisiert wurden: Planung und Organisation (1), Wissensmanagement (2), Kommunikation (3) und systemische Ressourcenverteilung (4). Durch diese Koordinationsleistungen können zwar keine fehlenden – und aus Sicht der Akteur*innen dringend erforderlichen – Ressourcen ausgeglichen, aber die vorhandenen Ressourcen geschont und effizienter eingesetzt werden – sowohl in der betreffenden Region, als auch in den einzelnen Schulen und Einrichtungen, in denen beispielsweise ein Teil der Recherche- und Informationsarbeit entfällt. Dies kann die Zusammenarbeit der Akteur*innen in vielfältiger Weise befördern und zudem die Planungs- und Handlungssicherheit der einzelnen Akteur*innen sichern, indem die Verantwortlichen Verbindlichkeiten schaffen.

Inklusive Regionen weisen somit nach den vorliegenden Ergebnissen des „Modellprojektes Inklusion Kempten (M!K)" folgende Eckpunkte im Sinne von Merkmalen auf:

1. **Inklusive Regionen zeichnen sich dadurch aus, dass die Verantwortung für die *Inklusionsentwicklung* im Gemeinwesen übernommen wird.**

   Über die Schulen und andere Bildungseinrichtungen hinaus beteiligen sich inklusive Regionen aktiv an der Gestaltung des Gemeinwesens unter dem Leitbild „Inklusion". Insofern kommt dem Konzept der Sozialraumorientierung innerhalb inklusiver Regionen sowohl in Bildungseinrichtungen als auch im öffentlichen Raum eine hohe Bedeutung zu.

2. **Inklusive Regionen streben eine enge *regionale Vernetzung* der Bildungs- und Unterstützungsangebote in einem Landkreis oder einer kreisfreien Stadt an.**

   Aufbauend auf den bereits vorhandenen Kontakten zwischen den Bildungs- und Unterstützungsangeboten in einer Region werden alle relevanten Akteur*innen in den Entwicklungsprozess mit einbezogen. Dazu haben sich zum Beispiel Veranstaltungsformate wie die „Open-Space-Methode" bewährt. Außerdem sollte in der jeweiligen Region eine Steuergruppe gebildet werden, die aus Vertreter*innen aller relevanten Organisationen in der Region zusammengesetzt wird, so dass die Vernetzung sichtbar wird.

3. **Inklusive Regionen basieren auf einer *engen Kooperation* zwischen Kommune, Schulen und Kinder- und Jugendhilfe.**

   Nicht nur die Schulen einer inklusiven Region sind an der Inklusionsentwicklung beteiligt. Auch die Kinder- und Jugendhilfe sowie die Kommune sind wichtige und entscheidende Partnerinnen im regionalen Entwicklungsprozess, um Synergieeffekte nutzen und die Mittelverwendung möglichst optimal gestalten zu können. Schulpädagogische und sozialpädagogische Fachkompetenzen sollen deshalb zusammenwirken.

4. **Inklusive Regionen zeichnen sich durch eine hohe Bereitschaft zum inklusiven Arbeiten *in den Einrichtungen der Kinder- und Jugendhilfe* aus.**
   Die Kinder- und Jugendhilfe als außerschulische Akteurin ist nicht nur enge Kooperationspartnerin für Schulen, sondern benötigt ein eigenes Verständnis über Inklusion und die Bereitschaft, inklusiv zu arbeiten. Austausch und Vernetzung zwischen den Einrichtungen stellen die Basis für kooperative Formen in Bildung und Begleitung dar.

5. **Schulen in inklusiven Regionen arbeiten mit einer *systemischen Ressourcenzuweisung*.**
   Die Ressourcen für die Bildungs- und Unterstützungsangebote werden der jeweiligen inklusiven Region als Budget pauschal zugewiesen, damit diese in Eigenverantwortung und in Abstimmung mit der für das Personal verantwortlichen Schulaufsicht verwaltet werden können. Dadurch soll vor Ort eine möglichst hohe Flexibilität in der Verwendung der Mittel entstehen, um sicherzustellen, dass die Mittel dorthin fließen, wo sie tatsächlich benötigt werden.

6. **Inklusive Regionen zielen auf eine Qualitätsentwicklung der Bildungs- und Unterstützungsangebote durch *neue Modelle der Ressourcensteuerung*.**
   Um die Qualität der Bildungs- und Unterstützungsangebote in der jeweiligen Region weiterzuentwickeln, ist es erforderlich, intelligente Steuerungsmodelle für die Verwendung von Ressourcen zu entwickeln. Dazu kann es auch notwendig sein, zum Beispiel über Sozialindices Mittel konzentriert in bestimmte Gebiete einer Region zu geben. Hier ist gegebenenfalls die Einbeziehung spezifischer Entwicklungskonzepte (zum Beispiel Response-to-Intervention/RTI, Qualitätsskala zur inklusiven Schulentwicklung/QU!S*) erforderlich.

7. **Inklusive Regionen wissen um ihre *inklusionsfördernden Potentiale und ihre inklusionshemmenden Barrieren*.**
   Jede Region verfügt über spezifische Strukturen, Merkmale, Stärken und Schwächen, die die Umsetzung von Inklusion beeinflussen. Daher machen sich inklusive Regionen diesen IST-Stand bewusst und berücksichtigen ihn als Ausgangspunkt ihrer inklusiven Arbeit.

8. **Inklusive Regionen bemühen sich um eine *transparente Infrastruktur*, die den Austausch, die Zusammenarbeit und die Koordination der verschiedenen Maßnahmen und Akteur*innen unterstützt.**
   Um auch zwischen unterschiedlichen Systemen einen transparenten und effektiven Austausch über inklusionsfördernde Aktivitäten zu gewährleisten, stellen inklusive Regionen eine entsprechende Infrastruktur – zum Beispiel in Form einer regionalen Koordinationsstelle –, zu der alle relevanten Akteur*innen Zugang haben, zur Verfügung oder fördern deren Implementierung. Relevante Akteur*innen des Inklusionsprozesses wie zum Beispiel Eltern, Akteur*innen der Eingliederungshilfe oder Vertreter*innen des Gesundheitswesens, werden aktiv in die Gestaltung der inklusiven Region einbezogen, der Austausch wird angeregt.

9. **Inklusive Regionen sind sich der *vielfältigen Dimensionen des Inklusionsbegriffs* bewusst. Sie fördern daher Austausch und Reflexion zwischen den Akteur*innen.**
   „Inklusion" ist ein vielschichtiger Begriff, der auch je nach fachlicher Ausrichtung und Auftrag unterschiedlich ausgelegt werden kann. Um eine möglichst ressourcenschonende und konfliktarme Zusammenarbeit unterschiedlicher Akteur*innen innerhalb der inklusiven Region zu ermöglichen, fördern inklusive Regionen die gemeinsame Reflektion des Inklusionsverständnisses ihrer Mitglieder.

10. **Inklusive Regionen bemühen sich um eine *aktive interne und externe Kommunikation* ihrer Leitbilder, Veranstaltungen, Angebote und Akteur*innen.**
    Gelingende Zusammenarbeit und Austausch, gerade im Sozialraum, sind essentiell für eine inklusive Gemeinwesenentwicklung. Daher stellen inklusive Regionen sicher, dass alle rele-

vanten schulischen und außerschulischen Akteur*innen Zugang zu den einschlägigen Aktivitäten, Dokumenten, Veranstaltungen und Zusammenschlüssen besitzen.

11. **Inklusive Regionen legen besonderen Wert auf** *Barrierefreiheit* **und arbeiten an der Beseitigung bestehender Barrieren.**
    Nach der Identifizierung bestehender Barrieren arbeiten die inklusiven Regionen aktiv an der Beseitigung von räumlichen, sozialen, sprachlichen und strukturellen Barrieren im öffentlichen Raum sowie innerhalb bestehender schulischer und außerschulischer Einrichtungen und Dienste.

12. **Inklusive Regionen unterstützen die Durchführung von** *innovativen Modellprojekten und Veranstaltungen.*
    Inklusive Regionen zeigen sich gegenüber der Durchführung von innovativen Modellprojekten und Veranstaltungen, die im Sinne des inklusiven Gedankens initiiert werden, offen und unterstützen die beteiligten Akteur*innen mit den ihnen verfügbaren Mitteln und Ressourcen.

3.2 Empfehlungen für die Auswahl inklusiver Regionen

Auf der Grundlage dieser Kriterien wird für die weitere Vorgehensweise zur Auswahl inklusiver Regionen empfohlen, in Anlehnung an das Bewerbungsverfahren für Schulen mit dem Schulprofil Inklusion einen Auswahlprozess für die Anerkennung inklusiver Regionen durch das Bayerische Staatsministerium für Unterricht und Kultus zu initiieren, in dem interessierte Landkreise und kreisfreie Städte in Bayern ein Konzept für eine inklusive Region vorlegen, auf dessen Basis eine Entscheidung über die Anerkennung als „inklusive Region" herbeigeführt wird. Dazu sollte ein Auswahlgremium unter Einbeziehung des Wissenschaftlichen Beirats „Inklusion" gebildet werden.

Als konkrete Indikatoren für die Auswahl inklusiver Regionen könnten die folgenden Leitfragen fungieren:

Indikatoren für die Auswahl und den Entwicklungsstand inklusiver Regionen:

▶ Wie weit ist die quantitative Entwicklung der inklusiven Förderung von Schüler*innen mit sonderpädagogischem Förderbedarf im jeweiligen Landkreis beziehungsweise in der Kommune fortgeschritten (Förderquote, Inklusionsanteil, Separationsanteil)?

▶ Was kann über die Arbeit der Mobilen Sonderpädagogischen Dienste (MSD) und der Mobilen Sonderpädagogischen Hilfen (MSH) gesagt werden?

▶ Wie viele Kooperationsklassen, Partnerklassen, Tandemklassen sind im Landkreis/in der Kommune gebildet worden?

▶ Wie viele Schulen mit dem Profil Inklusion hat der Landkreis/die Kommune?

▶ Welche Arbeit leistet die Beratungsstelle „Inklusion" des Landkreises/der Kommune?

▶ Können weitere Inklusionsprojekte außerhalb von Schulen zum Beispiel in Kindertageseinrichtungen, in der Jugendhilfe, in der Erwachsenenbildung, in der beruflichen Inklusion benannt werden?

▶ Welche Kooperationsprojekte sind zwischen den Schulen des Landkreises/der Kommune bereits auf dem Weg?

▶ Welche Formen der Vernetzung zwischen den Schulen auf der einen Seite und der Kinder- und Jugendhilfe (und den Sozialen Fachdiensten, der Kinder- und Jugendpsychiatrie, den Sonderpädagogischen Förderzentren etc.) auf der anderen Seite gibt es?

▶ Inwiefern werden Inklusion, Sozialraum und systemübergreifende Zusammenarbeit in der Region zusammengedacht? Welche Bemühungen lassen sich in dieser Hinsicht verzeichnen, auch unabhängig von Schulen mit dem Profil Inklusion?

▶ Liegen bereits Erfahrungen mit einer regionalen Steuergruppe „Inklusion" auf der Ebene des Landkreises beziehungsweise der Kommune vor?

▶ Kann ein Konzept für die Entwicklung eines regionalen Inklusionsnetzwerkes vorgelegt werden?

▶ Gibt es bereits Konzepte, wie Inklusion insbesondere bei Übergängen (Kita-Schule beziehungsweise Grundschule-weiterführende Schule, Schule-Ausbildung/Erwerbstätigkeit), bedacht werden kann?

▶ Werden inklusionsfördernde/-hemmende Faktoren in der Region erhoben und in die weiteren Planungen hin zu einer inklusiven Region einbezogen?

▶ Welche Möglichkeiten der Partizipation am inklusiven Gestaltungsprozess bestehen für die verschiedenen Akteur*innen, eingeschlossen Kinder und Jugendliche?

▶ Welche Maßnahmen zum Abbau von Barrieren und Ausbau der Barrierefreiheit wurden vorgenommen/sind angedacht?

▶ Welche Best-Practice-Beispiele zur Umsetzung oder innovativen Förderung von Inklusion existieren innerhalb der Region?

3.3 Zur Bedeutung des „Sozialraums" in inklusiven Regionen

Sozialraumorientierung ist ein hochrelevantes Thema – für schulische und außerschulische Akteur*innen gleichermaßen. Dies lässt sich aus den Ergebnissen des Begleitforschungsprojekts zur inklusiven Modellregion Kempten ableiten. Während die Kinder- und Jugendarbeit seit langem sozialraumorientiert vorgeht, wenden Schulen sich vor allem in den letzten beiden Jahrzenten – auch in Zusammenhang mit Konzepten wie „Bildungsregionen" – dem Sozialraum verstärkt zu und beginnen, die Potentiale sozialraumorientierten Unterrichts zu erschließen. Neben den vielfältigen positiven Effekten, die eine solche Orientierung für Lehrende wie Schüler*innen, für Kinder, Jugendliche und Familien im Kontext von Bildung, Erziehung und Lernen mit sich bringt, ist „Sozialraum" auch im Zusammenhang mit der Implementierung eines inklusiven Gemeinwesens bedeutsam.

Begriffe und Konzepte des „Sozialraums" treten in verschiedenen Zusammenhängen und mit unterschiedlichen Schwerpunktsetzungen in Bezug auf „Erziehung" und „Bildung" auf. Als geografische Bestimmungsgröße dient der Sozialraum zunächst unter anderem der Analyse der standortbezogenen Verteilung von Schulen und FZ. Indem „sozialräumliche Erkundungen" in Schulen und Kitas geplant und umgesetzt werden, ist zusätzlich eine potentiell beziehungsstiftende und verbindende Funktion des Sozialraums angesprochen, geht es doch nicht nur darum, sich zu einem bestimmten – geografisch definierten – Ort zu begeben, sondern mit den vor Ort befindlichen Akteur*innen oder der Umwelt in Beziehung zu treten, sie zu erschließen. Von einem Aneignungs- und Konstruktionsprozess des Sozialraums geht auch die Kinder- und Jugendarbeit aus: Sozialraum ist nicht „einfach da", sondern wird erst relational hergestellt – in enger Verbindung zur „Lebenswelt" der Kinder und Jugendlichen. Diese unterschiedlichen Verständnisse des „Sozialraums" bilden sich im konkreten „sozialraumorientierten" Handeln von Lehrkräften, Erzieher*innen, Sozialarbeiter*innen oder auch Politiker*innen ab.

3.3.1 Konturen einer sozialraumorientierten Schule

Nach Abschluss des Projekts „Modellregion Inklusion Kempten (M!K)" zeichnet sich ab, dass die Grund- und Mittelschulen in Kempten über ein gut entwickeltes *Netzwerk von Kontakten in die Kommune* verfügen. Dieses Netzwerk ist zwischen den Schulen noch unterschiedlich entwickelt. Insgesamt kann jedoch festgehalten werden, dass an den untersuchten Grund- und Mittelschulen viele Projekte existieren, die ohne eine Vernetzung mit dem Sozialraum nicht denkbar wären. Vielfach ist in den abschließenden Gesprächen in den beteiligten Schulen im Rahmen der Kemptener QU!S®-Studie erst bewusst geworden, wie viele sozialräumliche Projekte bereits in den Schulen laufen. Hier zeigt sich erneut, dass eine gute Schule stets auch über gute Kontakte zum schulischen Umfeld verfügt und die externe Vernetzung einer Schule ein hoch bedeutsames Merkmal der Schulqualität darstellt. Zugleich begeben sich Schulen damit auf den Weg, einen „Lebens- und Erfahrungsraum" für Schüler*innen und alle anderen Beteiligten anzubieten (vgl. *von Hentig* 1993, S. 184f.).

Durch den Besuch der Grund- und Mittelschulen im Rahmen der Kemptener QU!S®-Studie und die intensiven Auswertungsgespräche mit den Schulleitungen und den beteiligten Lehrkräften lassen sich, unter Berücksichtigung der Ergebnisse des Teilprojekts B, erste Konturen eines sozialraumorientierten Konzeptes von Schulen umreißen. Im Anschluss an die vorhandene sozialwissenschaftliche Literatur zur Sozialraumorientierung (vgl. den Überblick bei *Hinte* 2019), die besonders in Zusammenhang mit Praxisprojekten aus den Bereichen Sozialpädagogik und Soziale Arbeit heraus entstanden sind, bietet es sich somit an, das Konzept von inklusiven Schulen um sozialraumorientierte Aspekte zur erweitern. Die folgenden Eckpunkte sollen erste Überlegungen dazu zusammenfassen, die als Zukunftsperspektiven in inklusiven Regionen angesehen werden können.

1. **Als Schule den Sozialraum nutzen!**

   Inklusive Schulen sind dabei, Ressourcen in der unmittelbaren Umgebung der Schule und im weiteren kommunalen Umfeld aktiv zu erschließen. Dabei sollte der Blick nicht nur von der Schule in den Sozialraum, sondern – als kommunale Aufgabe – auch aus dem Sozialraum in die Schulen gerichtet werden. Dies sollte als eine kontinuierliche Aufgabe wahrgenommen werden und v.a. mit Blick auf vorhandene Ressourcen im Stadtteil oder Quartier geschehen. Hilfreich ist hier ebenfalls, wenn die dabei entstehenden Kontakte mit dem Sozialraum visualisiert und damit bewusstgemacht werden. Zu empfehlen sind hier die sozialräumlichen Methoden und Herangehensweisen, wie sie im Bereich der Sozialen Arbeit eingesetzt werden, wobei eigene schulpädagogische Adaptionen erforderlich werden können.

2. **Vorhandene Netze aufspüren!**

   Inklusive Schulen nutzen schon jetzt die vorhandenen Netzwerkstrukturen in einem Stadtteil und nehmen Kontakt zueinander, aber auch zu weiteren Beratungsstellen, Vereinen, kulturellen Projekten und sozialen Diensten auf. Hier sollten im Sinne eines partizipativen Vorgehens auch die Eltern und Schüler*innen einbezogen werden, da sie häufig in solchen Projekten mit engagiert sind und über die Eltern möglicherweise ein vereinfachter Zugang zu externen Partner*innen im Gemeinwesen erreicht wird.

3. **Organisationale Verantwortungsstrukturen für den Sozialraum ausbilden!**

   Neben den vorhandenen persönlichen Kontakten zum Sozialraum, die viele Lehrkräfte und Fachkräfte der Sozialen Arbeit in inklusiven Schulen bereits jetzt unterhalten, gilt es die externen Kontakte und Kooperationen institutionell noch stärker abzusichern. Dazu ist es nach vorliegenden Erfahrungen hilfreich, wenn Ansprechpartner*innen innerhalb der Schule sowie bei den außerschulischen Kooperationspartner*innen benannt werden, die für externe Kontakte, bezogen auf bestimmte Partner*innen im Umfeld, zuständig sind und diese Kontakte pflegen.

4. **Sozialraum in das standortbezogene Schulcurriculum einbeziehen!**

   Auf Lehrplanebene macht sich eine deutliche Tendenz zu Rahmencurricula breit, die vor Ort in den Schulen weiter ausgefüllt werden können. Exemplarische Ereignisse im Sozialraum (zum Beispiel traditionelle Feste) oder auch bedeutsame Einrichtungen (wie Betriebe, Freizeitangebote) können durchaus in das Bildungsangebot einer Schule einbezogen werden, um dadurch auch die Alltagsnähe des Unterrichts zu erhöhen und Schüler*innen bei ihren Alltagserfahrungen abzuholen – ähnlich dem Vorgehen, wie es bereits in vielen Kindertageseinrichtungen regelhaft praktiziert wird.

5. **Sozialraum mit den Schüler*innen erkunden!**

   Erkundungen im Sozialraum können beispielsweise auch mit Kindern und Eltern angegangen werden, da sie zum Beispiel im Fall von Kitas, Grund- und Mittelschulen in der Regel in der unmittelbaren Schulumgebung leben und insofern über dezidierte Sozialraumkenntnisse verfügen. Diese Ressource gilt es kompetenzorientiert zu erschließen und in die Schule einzubeziehen. Somit kann auch die Lebenswelt der Kinder und Jugendlichen berücksichtigt werden. Hier können sozialräumliche Methoden wie Spaziergänge, Fotoprojekte und Ähnliches Chancen und Barrieren der Inklusion aufzeigen und Kooperationen mit Akteur*innen im Sozialraum einschließen.

6. **Sozialraum in die Schule und die Klassenräume holen!**

   Nicht nur interessante Persönlichkeiten aus dem sozialräumlichen Umfeld (zum Beispiel Imker*innen, Taubenzüchter*innen, Förster*innen) können in die Schule eingeladen werden, auch die Ergebnisse von Exkursionen in den Sozialraum sowie die Entdeckungen und Geschichten der Schüler*innen aus ihrem Alltag im Sozialraum können Thema im Unterricht werden und damit auch aktiv Akteur*innen der Kinder- und Jugendarbeit eingebunden und mit der Schule vernetzt werden. Letzteres ist insbesondere auch dann bedeutsam, wenn die Schüler*innen, wie es in FZ oft der Fall ist, nicht im unmittelbaren Sozialraum der Schule wohnen, sondern einpendeln. Vergleiche der verschiedenen Sozialraumerfahrungen können sinnvoll genutzt werden.

7. **Selbstgestaltungskräfte von Menschen im Sozialraum wahrnehmen und stärken!**

   Inklusive Schulen sollten den Sozialraum nicht nur unter dem Aspekt der institutionellen Betreuung von Schüler*innen und Familien betrachten, sondern insbesondere darauf achten, welche Initiativen sich im Stadtteil und im Quartier herausbilden, die zeigen, dass Nachbar*innen der Schule die Verantwortung für ihren Sozialraum selbst in die Hand nehmen und gestalten (zum Beispiel Stadtteilfeste oder kulturelle Veranstaltungen).

8. **Ressourcen regional organisieren (zum Beispiel Sozialraumbudgets)!**

   Zur Unterstützung einer sozialraumorientierten Schule ist es notwendig, dass Ressourcen der Kommune stärker sozialräumlich verteilt werden. So können zum Beispiel besonders belastete Stadtteile mit Hilfe eines Sozialraumbudgets Impulse für die Weiterentwicklung erhalten. Inklusive Schulen und die lokalen Akteur*innen der Kinder- und Jugendhilfe (Kitas, Jugendzentren usw.) können hier wichtige Partner*innen sein.

9. **Sozialraumorientierung in (inklusive) Schulkonzepte aufnehmen!**

   Letztlich sollten Schulen sich ihre sozialraumorientierte Arbeit noch stärker bewusstmachen und diese auch nach außen signalisieren. Eine Möglichkeit dabei ist die Präsentation dieses konzeptionellen Schwerpunkts – in Verknüpfung mit dem „Inklusionsprinzip" – über die Homepages.

10. Gemeinsame Weiterentwicklung als Ziel!

Inklusive Schulen und kinder- und jugendspezifische Einrichtungen können sich nicht angemessen entwickeln, wenn sie nicht die vielfältigen Kontakt- und Kooperationsmöglichkeiten im Sozialraum nutzen. Insofern bleibt inklusive Schul- und Organisationsentwicklung nicht auf die eigene Einrichtung beschränkt, sondern erfordert vielmehr eine gemeinsame Weiterentwicklung mit wichtigen Akteur*innen und Institutionen im Gemeinwesen. Vor allem in der Zusammenarbeit von Schulen und außerschulischem Akteur*innen sollte reflektiert werden, was die Beteiligten unter „Sozialraum" verstehen. Dafür sind geeignete Austauschformate, Konzepte und Kooperationen zu etablieren.

3.3.2 Inklusion und Sozialraum zusammen denken

Diese skizzierte Zukunftsperspektive deutet sich in der inklusiven Modellregion Kempten zwar bereits zum gegenwärtigen Zeitpunkt in vielfältigen schulischen und außerschulischen Initiativen an. Ebenso deutlich ist jedoch, dass hier noch ein Bedarf an regionaler Weiterentwicklung besteht. Das Konzept der Sozialraumorientierung vermag in dieser Situation hilfreiche Anregungen für die weitere gemeinsame Arbeit zu liefern. Fast alle befragten Lehrkräfte stufen das Prinzip der Sozialraumorientierung als relevant ein, welches unter Fachkräften der Kinder- und Jugendarbeit ohnehin schon seit Langem als eines der grundlegenden Arbeitsprinzipien gilt. „Sozialraumorientierung" ist somit ein gemeinsam für wichtig erachtetes Prinzip, das Anknüpfungspunkte für eine weitere Vernetzung und Zusammenarbeit zur Umsetzung von Inklusion bieten kann.

Auch wenn beide Prinzipien – das der Sozialraumorientierung und das der Inklusion – in Kempten aktiv befördert und gelebt werden, so wird anhand der Begleitforschung deutlich, dass dies noch häufig nebeneinander und nicht miteinander geschieht. Eine Verknüpfung beider Prinzipien findet am ehesten in Schulen mit dem Schulprofil Inklusion oder in Kindertageseinrichtungen statt – aber auch hier bisher insgesamt betrachtet nur in geringem Umfang. Meist wird eines der beiden Prinzipien als prominent im Leitbild oder in der Schul- oder Einrichtungskonzeption hervorgehoben: Während Schulen mit dem Schulprofil „Inklusion" eher ihre inklusive Ausrichtung stark machen, betont die kommunale Jugendarbeit die Bedeutung sozialraumorientierten Arbeitens. Ein bewusstes Zusammendenken und eine explizite Bezugnahme zur Verknüpfung von „Sozialraum" und „Inklusion" unterstützt jedoch sowohl inklusives (Zusammen-)Arbeiten im Sozialraum, als auch ein sozialräumlich orientiertes Vorgehen bei inklusionsfördernden Aktivitäten. Erst in einer konkreten Situation im konkreten Handeln wird Inklusion erfahr- und im Alltag umsetzbar. Dieses Handeln vollzieht sich im Sozialraum. Ob mit dem Ziel des Abbaus von Barrieren, der bedarfsorientierten Ressourcenverteilung, der Schaffung von Synergieeffekten durch Vernetzung, mit der Prämisse, ganzheitliche inklusive Bildung umzusetzen oder auch auf der Suche nach Kooperationspartner*innen zur Durchführung eines Inklusionsprojekts – Inklusion ohne Sozialraum ist nicht möglich. Um beides gleichzeitig und gemeinsam zu berücksichtigen und umzusetzen, ist theoretisches und praktisches Wissen notwendig, über welches die Akteur*innen der inklusiven Modellregion bereits verfügen. Einmal mehr bestätigt diese Bestandsaufnahme die Sinnhaftigkeit, den Austausch zwischen Schulen und Akteur*innen der Kinder- und Jugendhilfe beziehungsweise -arbeit zu fördern und damit Netzwerke in inklusiven Regionen sozialraumorientiert zu gestalten.

3.4 Netzwerk- und Zusammenarbeit von Akteur*innen in inklusiven Regionen

Für den Schritt aus der Netzwerkanalyse in die zukünftige Netzwerkarbeit in der inklusiven Modellregion erscheint uns im Sinne einer Zukunftsperspektive ein erneuter Blick auf die heterogene Akteurslandschaft in inklusiven Regionen von besonderer Bedeutung.

3.4.1 Netzwerkarbeit mit allen relevanten Akteur*innen

Nachdem die Akteurslandschaft in Kommunen beziehungsweise Regionen vielfältig ist, soll im Folgenden noch einmal auf die Notwendigkeit, Akteur*innen zu adressieren, die bisher nicht oder nur in geringem Umfang in die Gestaltung inklusiver Regionen einbezogen wurden, hingewiesen werden. Dadurch können bestehende Netzwerke erweitert und um zusätzliche Perspektiven ergänzt werden. Auch die Zusammenarbeit bereits im Netzwerk aktiver Akteur*innen kann von der Perspektiverweiterung profitieren. Entsprechend den Leitlinien für inklusive Bildung der UNESCO geht „inklusive Bildung auf die verschiedenen Bedürfnisse von Kindern, Jugendlichen und Erwachsenen ein. Erreicht wird dies durch verstärkte Partizipation an Lernprozessen, Kultur und Gemeinwesen, ...“ (*Deutsche UNESCO-Kommission e.V.* 2014, S. 9). Dies wird am Beispiel der Vernetzung zur sozialraum- und lebensweltorientierten Bildung, Erziehung und Betreuung von Kindern und Jugendlichen mit SPF besonders deutlich:

Neben der Teilnahme und -habe gehört zu Partizipation auch die Möglichkeit selbst etwas beizutragen (Teilgabe) und somit umfänglich einbezogen zu sein (Teilsein) (vgl. *Heimlich* 2014). Um diese Partizipation von Schüler*innen mit SPF in Regelschulen oder außerschulischen Angeboten der Bildung und Erziehung zu fördern, ist die gelingende Vernetzung und Zusammenarbeit mit verschiedenen Partner*innen – von Eltern, über Beratungsstellen bis hin zu Heilpädagogischen Diensten – unerlässlich. Dieses Netzwerk sozialraumorientiert aufzubauen, erweist sich als kosten- und ressourcensparend, bedarforientiert und nachhaltig. Diese Nachhaltigkeit wird jedoch durch zwei Faktoren begrenzt, die insbesondere in der Schulstadt Kempten deutlich werden. Da viele Schüler*innen mit SPF in die Stadt einpendeln, beispielsweise, um dort ansässige FZ zu besuchen, unterscheidet sich der Sozialraum der besuchten Schule von dem des Wohnorts der Kinder und Jugendlichen, was ein ganzheitliches und lebensweltorientiertes Vorgehen bei der Bildungs- und Versorgungsplanung erschwert. Auch im Übergang in die und aus der Schule oder bei einem Wechsel der Schularten – vor allem, wenn gleichzeitig ein Wechsel von einer Regel- in eine Fördereinrichtung – oder andersherum – erfolgt, kommt es zu häufig zu einer räumlichen Veränderung. Da sich dabei häufig auch die Zuständigkeiten der betreffenden Dienste unmittelbar ändern, kommt es zu Brüchen, den Sozialraum und die Lebenswelt betreffend, deren Auswirkungen – zumindest teilweise – durch frühzeitige – auch sozialraumübergreifende – Kooperationen und gemeinsames Übergangsmanagement abgemildert werden können.

Eine eigenständige Problematik bilden in diesem Kontext, aber auch in Bezug auf die Sozialraumorientierung der Schulen im Allgemeinen, sicher die *Elternkontakte*. Viele Schulen beklagen hier mangelnde Bereitschaft von Eltern, sich innerhalb der Schule zu engagieren und am Schulleben oder gar an der Schulentwicklung aktiv teilzunehmen. Hier gilt es zukünftig sicher kreative Lösungen zu finden, um das Interesse der Eltern noch nachhaltiger zu wecken, das schulische Bildungsangebot mitzugestalten. Mit dem Projekt FiSch (vgl. Kap. 1) ist ein solcher Schritt in Kempten bereits getan. Es zeigt sich hier, dass gerade problembelastete Familien auf eine solche Unterstützung von außen angewiesen sind und auf diesem Weg die Akzeptanz der Schulen als Partnerinnen für Familien von Seiten den Eltern eher erreicht werden kann.

Während die Akteur*innen der Schulen und der Kinder- und Jugendhilfe beziehungsweise -arbeit im eben geschilderten Fall auch selbst aktiv werden können, um die Zusammenarbeit untereinander und mit Eltern zu verbessern, ist die teils als schwierig empfundene Kooperation mit *Kostenträgern* eher auf strukturelle Bedingungen zurückzuführen, die sich allein durch die Initiative der Akteur*innen vor Ort nicht unmittelbar verändern lassen. Auch die Zusammenarbeit mit *Vertreter*innen des Gesundheitswesens* wird immer wieder als potentiell problembehaftet wahrgenommen, was ebenfalls an unterschiedlichen Perspektiven und Aufträgen, die nicht in jedem Fall miteinander in Einklang zu bringen sind, liegen kann. Dass sich hier aber bereits Maßnahmen zur Verbesserung der Kommunikation positiv auswirken, zeigen die Ergebnisse der Bemühungen engagierter Akteur*innen, regelmäßig runde Tische mit Kinderärzt*innen zu initiieren, was die systemübergreifende Zusammenarbeit – aus Sicht der initiierenden Akteur*innen – nachhaltig verbessert hat.

Ob in diesem oder in anderen Fällen – die vielen Best-Practice-Beispiele innerhalb der Kommune machen deutlich, dass Vernetzung und Zusammenarbeit mit dem Ziel der inklusiven Bildung bereits an vielen Stellen erfolgreich umgesetzt wird und auch dringend erforderlich ist. Im Sinne einer *Ermöglichungskultur* sind innovative Angebote für die Umsetzung von Inklusion gefragt. In Projekten werden kreative Wege aufgegriffen, um Optimierungsprozesse zu initiieren. Die spezifischen Gelingensfaktoren für eine dynamische und bedarfsorientierte Gestaltung der Netzwerkarbeit gilt es auch weiterhin zu eruieren, zu kommunizieren und auf Bereiche zu übertragen, in denen noch mehr Raum für die Umsetzung inklusiver Bildung besteht. Hier könnte die Zusammenarbeit mit *Akteur*innen der Eingliederungshilfe* unterstützend wirken. Zum einen wurde diese bisher tendenziell vernachlässigt, zum anderen verfügen gerade Mitarbeitende von Diensten und Einrichtungen der Eingliederungshilfe über Erfahrungen, was die Kommunikation und den Einbezug der Eltern als wichtige Kooperationspartner*innen betrifft.

Auch die als *„starke Partner*innen"* wahrgenommenen Schlüsselpersonen und -organisationen – wie engagierte Schulleitungen oder Einrichtungen mit einschlägiger Erfahrung in der inklusiven Arbeit – können den Netzwerkaus- und -aufbau entschieden vorantreiben – vor allem, falls dieser sich noch am Anfang befindet. Gleichwohl darf die Aufgabe die bestehenden Netzwerke aufrechtzuerhalten und zu pflegen auch bezogen auf die vorhandenen Ressourcen nicht unterschätzt werden.

3.4.2 Inklusion im Netzwerk organisieren und kommunizieren

Der strategische Netzwerkaufbau wird ergänzt durch ein *Schnittstellenmanagement*, welches bisher häufig im Zuge von professionellen Verortungen in unterschiedlichen Bereichen beziehungsweise Systemen übernommen wird. Die Beschäftigten der „Jugendsozialarbeit an Schulen" sind solche Türöffner*innen und Brückenbauer*innen, die im Zuge ihrer Arbeit nicht nur relevante Akteur*innen miteinander vernetzen, sondern auch ihre Kenntnisse der jeweiligen Systeme weitergeben und damit Wege für die erfolgreiche inklusive, sozialraumorientierte Zusammenarbeit ebnen.

Inklusion heißt folglich auch, in Netzen denken, lernen und zusammenarbeiten zu können. Erst über vernetztes Denken kommen die neuen Kooperationsanforderungen der Beteiligten in der Entwicklung von inklusiven Regionen in den Blick. Allerdings bedarf nach unseren Erfahrungen aus der vorliegenden Studie auch die Netzwerkarbeit selbst der Absicherung durch entsprechende Ressourcen und eine fachliche Begleitung im Sinne von *network coaching*. Besonders an den Nahtstellen zwischen den institutionellen Knotenpunkten des Netzwerkes einer inklusiven Region entsteht ein Personalbedarf für eine (kommunale) Netzwerkkoordination. Insofern sollten sich die, in allen Schulamtsbezirken in Bayern eingesetzten, Beauftragten für inklusive Schul- und Unterrichtsentwicklung, ausdrücklich als Netzwerkkoordinator*innen verstehen, die Beziehungen zwischen zentralen Akteur*innen knüpfen und die Entwicklung eines regionalen Inklusionsnetzwerkes unterstützen. Eine große Chance dazu könnte auch in den Konzepten der „inklusiven Regionen" bestehen, wenn es gelingt, eine Zusammenarbeit zwischen den Schulen und den Kommunen zu entwickeln.

Ist eine Kooperation beschlossen oder die Zusammenarbeit angebahnt, werden zunächst vor allem kommunikations- und beziehungsfördernde sowie strukturierende Aspekte der Zusammenarbeit relevant, die selbstverständlich auch für Kooperationen im Bereich „Inklusion" von Bedeutung sind (zum Beispiel Feedbackkultur, Offenheit, regelmäßiger Austausch, Vertrauensbildung etc.). Zu diesen allgemeinen Erfolgskriterien der professionellen Zusammenarbeit treten jedoch einige Faktoren hinzu, die im Kontext „Inklusion" besonders wichtig sind – wie etwa die Auftragsklärung innerhalb der jeweiligen Professionsverständnisse, institutionellen Logiken und Rahmenbedingungen sowie der frühzeitige Austausch über die zugrundeliegenden Inklusionsverständnisse der beteiligten Akteur*innen. Das Entstehen eines gemeinsamen Inklusionsverständnisses ausgehend vom Arbeitsfeld ermöglicht es, im spezifischen Sozialraum interdisziplinär, zielgerichtet und effektiv zu handeln. Durch die Reflexion des Bewusstseins erfolgt Professionalisierung.

Zuletzt gilt es, erreichte Ziele und „inklusive Erfolge" wertzuschätzen und zu kommunizieren. Dies dient nicht nur der Motivation zur weiteren inklusiven (Zusammen-)Arbeit, sondern auch dazu, Best-Practice-Beispiele bekannt und nutzbar zu machen. Zudem werden Akteur*innen, die sich bereits bemühen, Inklusion vernetzt und sozialraumorientiert umzusetzen, verstärkt als solche wahrgenommen und damit auch im Netzwerk sichtbar, was die Anbahnung weiterer Kooperationen und damit die Umsetzung eines inklusiven Schul-, Bildungs- und Gemeinwesens fördert.

Verzeichnisse

Literaturverzeichnis

Aberle, Lisa: Sozialraumorientierung als Voraussetzung für Inklusion. Auswirkungen der UN-Behindertenrechtskonvention in der Arbeit mit Menschen mit Behinderung. Hamburg: Diplomica, 2014

Aichele, Valentin: Behinderung und Menschenrechte: Die UN-Konvention über die Rechte von Menschen mit Behinderungen. In: Aus Politik und Zeitgeschichte (2010) 23, S. 13–19

Alisch, Monika & May, Michael (Hrsg.): „Das ist doch nicht normal …!" Sozialraumentwicklung, Inklusion und Konstruktionen von Normalität. Leverkusen: Opladen, 2016

Basendowski, Sven & Schroeder, joachim: Sozialraumanalysen. In: Koch, Katja & Ellinger, Stephan (Hrsg.): Empirische Forschungsmethoden in der Heil- und Sonderpädagogik. Göttingen u.a.: Hogrefe, 2015, S. 319–327

Bayerisches Landesamt für Statistik (Hrsg.): Förderzentren und Schulen für Kranke in Bayern. Stand: 1. Oktober 2016. Fürth: Bayerisches Landesamt für Statistik (Hrsg.), 2017

Bayerisches Staatsministerium für Arbeit und Soziales Familie und Integration (Hrsg.): Schwerpunkte der bayerischen Politik für Menschen mit Behinderung im Lichte der UN-Behindertenrechtskonvention. Aktionsplan. München, 2. Auflage 2014. https://www.stmas.bayern.de/imperia/md/content/stmas/stmas_inet/inklusion/3.8.1.2.1_aktionsplan.pdf – Letzter Zugriff: 18.02.2021

Bayrisches Staatsministerium für Bildung und Kultus, Wissenschaft und Kunst: Kultusministerielles Schreiben zur Förderung der Lehrergesundheit: Supervision, Coaching, kollegiale Fallberatung, Fortbildungen. München, 31.01.2017. https://www.km.bayern.de/download/17593_kms_376_frderung_der_lehrergesundheit_staatliche_schulberatung_a.pdf – Letzter Zugriff: 18.02.2021

Beauftragte der Bundesregierung für die Belange von Menschen mit Behinderungen: Die UN-Behindertenrechtskonvention. Übereinkommen über die Rechte von Menschen mit Behinderungen. UN-BRK. Schattenübersetzung. 2017. https://www.behindertenbeauftragte.de/SharedDocs/Publikationen/UN_Konvention_deutsch.pdf?_blob= publicationFile&v=2 – Letzter Zugriff: 27.1.2020

Beck, Iris (Hrsg.): Inklusion im Gemeinwesen. Stuttgart: Kohlhammer, 2016

Becker, Ulrich, Wacker, Elisabeth & Banafsche, Minou (Hrsg.): Inklusion und Sozialraum. Behindertenrecht und Behindertenpolitik in der Kommune. Baden-Baden: Nomos, 2013

Berkemeyer, Nils & Bos, Wilfried: Netzwerke als Gegenstand erziehungswissenschaftlicher Forschung. In: Stegbauer, Christian/Häußling, Roger (Hrsg.): Handbuch Netzwerkforschung. Wiesbaden: Springer, 2010

Bernfeld, Siegfried: Sisyphos oder die Grenzen der Erziehung. Frankfurt a.M.: Suhrkamp, 7. Auflage 1994

Bommes, Michael & Tacke, Veronika: Das Allgemeine und das Besondere des Netzwerkes. In: Hollstein, Betina/Straus, Florian (Hrsg.): Qualitative Netzwerkanalyse. Konzepte, Methoden, Anwendungen. Wiesbaden: VS Verlag für Sozialwissenschaften/GWV Fachverlage, 2006, S. 37–62

Booth, Toni, Aiscow, Mel & Kingston, Denise: Index für Inklusion in Kindertageseinrichtungen. Deutschsprachige Ausgabe. Frankfurt a.M.: Gewerkschaft Erziehung und Wissenschaft, 5. Auflage 2017

Bortz, Jürgen & Döring, Nicola: Forschungsmethoden und Evaluation für Human- und Sozialwissenschaftler. Heidelberg: Springer, 4. Auflage 2006

Bronfenbrenner, Urie: Die Ökologie der menschlichen Entwicklung. Natürliche und geplante Experimente. Frankfurt a.M.: Fischer, 1989

Bundesjugendkuratorium (Hrsg.): Inklusion: Eine Herausforderung auch für die Kinder- und Jugendhilfe. Stellungnahme des Bundesjugendkuratoriums, 2012. https://jugendsozialarbeit.de/media/raw/Stellungnahme_Inklusion_61212.pdf – Letzter Zugriff: 19.02.2021

Burmeister, Jürgen: Organisation. In: Deutscher Verein für öffentliche und private Fürsorge e.V. (Hrsg.): Fachlexikon der Sozialen Arbeit. Baden-Baden: Nomos, 8. Auflage 2017, S. 615

Burns, Methew K., Appleton, James J. & Stehouwer, Jonathan D.: Meta-Analytic Review of Responsiveness-To-Intervention Research: Examining Field-Based and Research-Implemented Models. In: Journal of Psychoeducational Assessment, 23 (2005), S. 381–394

Cohen, Jacob: Statistical power analysis for the behavioral sciences. Hilsdale: Taylor & Francis Ltd., 1988

Cohen, Jacob: A power primer. In: Psychological Bulletin 112 (1992) 1, S. 155–159

Dannenbeck, Clemens: Inklusionsorientierung im Sozialraum. Verpflichtung und Herausforderung. In: Becker, Ulrich/Wacker, Elisabeth/Banafsche, Minou (Hrsg.): Inklusion und Sozialraum. Behindertenrecht und Behindertenpolitik in der Kommune. Baden-Baden: Nomos, 2013, S. 47–57

Dederich, Markus: Inklusionsbarrieren im Sozialraum. In: Becker, Ulrich/Wacker, Elisabeth/Banafsche, Minou (Hrsg.): Inklusion und Sozialraum. Behindertenrecht und Behindertenpolitik in der Kommune. Baden-Baden: Nomos, 2013, S. 61–68

Deinet, Ulrich: Einleitung. In: Ders. (Hrsg.): Methodenbuch Sozialraum. Wiesbaden: VS Verlag für Sozialwissenschaften/GWV Fachverlage, 2009, S. 7–13

Deutscher Verein für öffentliche und private Fürsorge e.V. (Hrsg.): Erstes Diskussionspapier des Deutschen Vereins zu inklusiver Bildung. Berlin, 23.3.2011. https://www.deutscher-verein.de/de/uploads/empfehlungen-stellungnahmen/2011/dv-05-11.pdf – Letzter Zugriff: 19.02.2021

Deutscher Verein für öffentliche und private Fürsorge e.V.: Empfehlungen zur örtlichen Teilhabeplanung für ein inklusives Gemeinwesen. Berlin, 14.3.2012. https://www.deutscher-verein.de/de/uploads/empfehlungen-stellungnahmen/2011/dv-25-11.pdf – Letzter Zugriff: 19.02.2021

Deutscher Verein für öffentliche und private Fürsorge e.V./Berufs- und Fachverband Heilpädagogik e.V. (Hrsg.): Inklusion und Heilpädagogik. Kompetenz für ein teilhabeorientiertes Gemeinwesen. Berlin: Verlag des Deutschen Vereins für öffentliche und private Fürsorge e.V., 2015

Deutsche UNESCO-Kommission e.V.: Inklusion: Leitfaden für die Bildungspolitik. Bonn, 2014. https://www.unesco.de/sites/default/files/2018-05/2014_Leitlinien_inklusive_Bildung.pdf – Letzter Zugriff: 26.01.2021

Die Fachverbände für Menschen mit Behinderung: Diskussionspapier. Vorstellungen der Fachverbände für Menschen mit Behinderung zu einer Inklusiven Lösung innerhalb der Reform des SGB VIII (Stand 15.05.2017). Düsseldorf, 2017. https://www.diefachverbaende.de/files/stellungnahmen/2017-05-18-VorstellungenFV-Inklusive-Loesung-final.pdf – Letzter Zugriff: 22.02.2021

Dlugosch, Andrea: Vernetzung, Kooperation, Sozialer Raum – Zur Modellierung des Sozialen und des Räumlichen im Kontext Inklusion. In: Ricken, Gabi & Degenhardt, Sven (Hrsg.): Vernetzung, Kooperation, Sozialer Raum. Inklusion als Querschnittaufgabe. Bad Heilbrunn: Klinkhardt, 2019, S. 21–30

Dummer-Smoch, Lisa & Hackethal, Renate: Kieler Leseaufbau. Kiel: Veris-Verlag, 2016

Dorrance, Carmen & Dannenbeck, Clemens: Schule und die Frage der Inklusion in Bayern. Kritische Bestandsaufnahme und Perspektiven. Policy Paper im Auftrag des BayernForums der Friedrich-Ebert-Stiftung. München und Bonn: Friedrich-Ebert-Stiftung – BayernForum, 2015. http://library.fes.de/pdf-files/akademie/bayern/12082.pdf – Letzter Zugriff: 22.02.2021

Duveneck, Anika & Volkholz, Sybille: Kommunale Bildungslandschaften. Berlin: Heinrich-Böll-Stiftung (Hrsg.), 2011. https://www.boell.de/sites/default/files/2012-02-Kommunale_Bildungslandschaften.pdf – Letzter Zugriff: 22.02.2021

El_Mafaalani, Aladin: Mythos Bildung. Die ungerechte Gesellschaft, ihr Bildungssystem und seine Zukunft. Köln: Kiepenheuer & Witsch, 2020

Emmerich, Marcus & Maag Merki, Katharina: Netzwerke als Koordinationsform Regionaler Bildungslandschaften. Empirische Befunde und governancetheoretische Implikationen. In: Berkemeyer, Nils/Kuper, Harm/Manitius, Veronika/Müthing, Kathrin (Hrsg.): Schulische Vernetzung. Eine Übersicht zu aktuellen Netzwerkprojekten. Münster, New York, München und Berlin: Waxmann, 2009, S. 13–30

Fasser, Johann & Dossenbach, Bernhard: Modellregion Inklusion Stadt Kempten. Präsentation zur Auftaktveranstaltung am 09.11.2015. Unveröffentlichtes Manuskript

Feyerer, Ewald: Inklusive Regionen in Österreich. Bildungspolitische Rahmenbedingungen zur Umsetzung der UN-Konvention. In: behinderte menschen (2013) 2, S. 34–45

Fischer, Erhard, Heimlich, Ulrich, Kahlert, Joachim & Lelgemann, Reinhard (Hrsg.): Leitfaden Profilbildung inklusive Schule. München: Bayerisches Staatsministerium für Unterricht und Kultus, 2. Auflage 2013. https://www.km.bayern.de/download/5597_ganzer_leitfaden _neue_schrift_online_a468seiterds_onl_rz3_210213.pdf – Letzter Zugriff: 22.02.2021

Fischer, Jörg & Kosellek, Tobias: Netzwerke in der Sozialen Arbeit von der quantitativen zur qualitativen Herausforderung. Eine Einleitung zur zweiten Auflage. In: Dies. (Hrsg.): Netzwerke und Soziale Arbeit. Theorien, Methoden, Anwendungen. Weinheim und Basel: Beltz Juventa, 2. Auflage 2019, S. 11–16

Franke, Karola & Wald, Andreas: Möglichkeiten der Triangulation quantitativer und qualitativer Methoden in der Netzwerkanalyse. In: Hollstein, Betina/Straus, Florian (Hrsg.): Qualitative Netzwerkanalyse. Konzepte, Methoden, Anwendungen. Wiesbaden: VS Verlag für Sozialwissenschaften/GWV Fachverlage, 1. Auflage 2006, S. 153–175

Frühauf, Theo: Von der Integration zur Inklusion – ein Überblick. In: Hinz, Andreas, Niehoff, Ulrich, Körner, Ingrid (Hrsg.): Von der Integration zur Inklusion. Grundlagen, Perspektiven, Praxis. Marburg: Lebenshilfe-Verlag, 2. Auflage 2010, S. 11–32

Gajo, Michael, Schönfeld, Annika & Sülzer, Rolf: Netzwerkevaluierung – Ein Leitfaden zur Bewertung von Kooperation in Netzwerken. Eschborn, 2013. https://fdokument.com/document/netzwerkevaluierung-netzwerk-deutsche-gesellschaft-fr-internationale-zusammenarbeit.html – Letzter Zugriff: 10.08.2020

Gasteiger Klicpera, Barbara & Wohlhart, David: Inklusive Regionen. In: Vierteljahresschrift für Heilpädagogik und ihre Nachbargebiete 84 (2015) 3, S. 185–191

Graser, Nina: Kooperation in der Benachteiligtenförderung. Eine Untersuchung zu den Auswirkungen von Kooperationsbeziehungen innerhalb eines Bildungsnetzwerkes zur beruflichen Integration benachteiligter Jugendlicher. Hamburg: Kovac, 2009

Gresham, Frank, VanDerHeyden, Amanda & Witt, Joseph.: Response to Intervention in the Identification of Learning Disabilities: Empirical Support and Future Challenges. Riverside, 2005. www.joewitt.org/Downloads/Response%20to%20Intervention%20MS%20Gresham%20%20Vanderheyden%20Witt.pdf – Letzter Zugriff: 13.08.2019

Gruber, Hans, Hirschmann, Markus & Rehrl, Monika: Bildungsbezogene Netzwerkforschung. In: Tippelt, Rudolf & Schmidt-Hertha, Bernd (Hrsg.): Handbuch Bildungsforschung, Bd. 2. Wiesbaden: Springer, 4. Auflage 2018, S. 1339–1356

Hackbarth, Anja, Huth, Radoslaw, Stosic, Patricia & Thönnes, Lea: Inklusion und Exklusion in lokalen Schullandschaften. In: Ricken, Gabi/Degenhardt, Sven (Hrsg.): Vernetzung, Kooperation, Sozialer Raum. Inklusion als Querschnittaufgabe. Bad Heilbrunn: Klinkhardt, 2019, S. 207–213

Hartwig, Jürgen & Kroneberg, Dirk Willem (Hrsg.): Inklusion – Chance und Herausforderung für Kommunen. Berlin: Verlag des Deutschen Vereins für öffentliche und private Fürsorge e.V., 2014

Heimlich, Ulrich: Inklusive Pädagogik. Eine Einführung. Stuttgart: Kohlhammer, 2019

Heimlich, Ulrich: Teilhabe, Teilgabe oder Teilsein? Auf der Suche nach den Grundlagen inklusiver Bildung. In: VHN 83 (2014) S. 1-5

Heimlich, Ulrich & Jacobs, Sven (Hrsg.): Integrative Schulentwicklung. Das Beispiel der Integrierten Gesamtschule Halle/Saale. Bad Heilbrunn: Klinkhardt, 2001

Heimlich, Ulrich, Kahlert, Joachim, Lelgemann, Reinhard & Fischer, Erhard (Hrsg.): Inklusives Schulsystem. Analysen, Befunde, Empfehlungen zum bayerischen Weg. Bad Heilbrunn: Klinkhardt, 2016

Heimlich, Ulrich & Ueffing, Claudia: Leitfaden für inklusive Kindertageseinrichtungen. Bestandsaufnahme und Entwicklung. München, 2018. https://www.nifbe.de/images/nifbe/Fachbeitr%C3%A4ge/2018/WEB_Exp_51_Heimlich_Ueffing.pdf – Letzter Zugriff: 18.12.2020

Heimlich, Ulrich, Wilfert, Kathrin, Ostertag, Christina & Gebhardt, Markus: Qualitätsskala zur inklusiven Schulentwicklung (QU!S). Bad Heilbrunn: Klinkhardt, 2018a

Heimlich, Ulrich, Wilfert, Kathrin, Ostertag, Christina & Gebhardt, Markus: Konstruktion einer Skala zur Abbildung inklusiver Qualität von Schulen. In: Empirische Sonderpädagogik 10 (2018b) 3, S. 211–231

Heimlich, Ulrich & Wittko, Michael: Inklusive Regionen – Zukunftsperspektive sonderpädagogischer Förderung? In: Zeitschrift für Heilpädagogik 69 (2018) 11, S. 504–516

Heimlich, Ulrich & Wittko, Michael: Sozialräumliche Betrachtung der inklusiven Schullandschaft in Kempten – ein Zwischenbericht. Forschungsbericht Nr. 11. München: Forschungsstelle Inklusionsforschung, 2018. https://www.edu.lmu.de/lbp/forschung/forsch_integr_foerd/forschungsberichte/index.html – Letzter Zugriff: 18.12.2020

Heimlich, Ulrich & Wittko, Michael: Qualität inklusiver Schulentwicklung in der inklusiven Modellregion Kempten – ein Zwischenbericht. Forschungsbericht Nr. 12. München: Forschungsstelle Inklusionsforschung, 2019. http://www.edu.lmu.de/lbp/forschung/forsch_integr_foerd/forschungsberichte/index.html – Letzter Zugriff: 18.12.2020

Heinrich-Böll-Stiftung (Hrsg.): Bildungspolitik als kommunale Aufgabe. In: Heinrich-Böll-Stiftung (Hrsg.): KommunalWiki. Berlin, 2011. http://kommunalwiki.boell.de/index.php/Bildungspolitik_als_kommunale_Aufgabe – Letzter Zugriff: 30.01.2020

Heinrich-Böll-Stiftung (Hrsg.): Kommunale Bildungslandschaft. In: Heinrich-Böll-Stiftung (Hrsg.): KommunalWiki. Berlin, 2018. http://kommunalwiki.boell.deindex.php/Kommunale_Bildungslandschaft – Letzter Zugriff: 30.01.2020

Helfferich, Cornelia: Die Qualität qualitativer Daten. Manual für die Durchführung qualitativer Interviews. Wiesbaden: VS, Verlag für Sozialwissenschaften, 4. Auflage 2011

Hellwig, Uwe: Inklusion – Gewinn oder Gefahr für Kommunen? In: Hartwig, Jürgen/Kroneberg, Dirk Willem (Hrsg.): Inklusion – Chance und Herausforderung für Kommunen. Berlin: Lambertus, 2014, S. 15–19

Hensen, Gregor, Maykus, Stephan, Küstermann, Burkhard, Riecken, Andrea, Schinnenburg, Heike & Wiedebusch, Silvia: Inklusive Bildung – Teilhabe als Handlungs- und Organisationsprinzip. Eine Matrix zur Analyse von Implementierungsprozessen inklusiver Praxis. In: Dies. (Hrsg.): Inklusive Bildung. Organisations- und professionsbezogene Aspekte eines sozialen Programms. Weinheim: Beltz Juventa, 2014, S. 9–45

Hentig, Hartmut von: Die Schule neu denken. Eine Übung in praktischer Vernunft. München: Hanser, 1993

Heyer, Peter, Preuss-Lausitz, Ulf & Schöler, Jutta: „Behinderte sind doch Kinder wie wir!" Gemeinsame Erziehung in einem neuen Bundesland. Berlin: Wissenschaft & Technik-Verlag, 1997

Hinte, Wolfgang: Sozialraumorientierung – ein Fachkonzept für die Behindertenhilfe. In: behinderte menschen 42 (2019) 1, S. 29–35

Hinte, Wolfgang & Treeß, Helga: Sozialraumorientierung in der Jugendhilfe. Theoretische Grundlagen, Handlungsprinzipien und Praxisbeispiele einer kooperativ-integrativen Pädagogik. Weinheim und München: Beltz Juventa, 2007

Hinz, Andreas: Inklusive Pädagogik in der Schule – veränderter Orientierungsrahmen für die schulische Sonderpädagogik!? Oder doch deren Ende??. In: Zeitschrift für Heilpädagogik 60 (2009) 5, S. 171–179

Hinz, Andreas: Response-to-Intervention – eine (Schein-)Lösung für die Herausforderung inklusionsorientierter Diagnostik?! Amrhein, Bettina (Hrsg.): Diagnostik im Kontext inklusiver Bildung. Theorien, Ambivalenzen, Akteure, Konzepte. Bad Heilbrunn: Klinkhardt, 2016, S. 243–257

Hollstein, Betina: Qualitative Methoden und Netzwerkanalyse – ein Widerspruch? Konzepte, Methoden, Anwendungen. In: Hollstein, Betina/Straus, Florian (Hrsg.): Qualitative Netzwerkanalyse. Konzepte, Methoden, Anwendungen. Wiesbaden: VS Verlag für Sozialwissenschaften/GWV Fachverlage, 1. Auflage 2006, S. 11–35

Huber, Christian & Grosche, Michael: Das Response-to-Intervention-Modell als Grundlage für einen inklusiven Paradigmenwechsel in der Sonderpädagogik. In: Zeitschrift für Heilpädagogik. 63 (2012) 8, S. 312–322

Hughes, Charles A. & Dexter, Douglas D.: Field Studies of RTI Programs, Revised. National Center for Learning Disabilities: Ohne Jahr – http://rtinetwork.org/component/content/article/10/19-field-studies-of-rti-programs

Jahnukainen, Markku T. & Itkonen, Tiina: Tiered intervention: history and trends in Finland and the United States. In: European Journal of Special Needs Education, 2016. https://www.researchgate.net/publication/283655070_Tiered_intervention_history_and_trends_in_Finland_and_the_United_States – Letzter Zugriff: 02.03.2021

Jakobi, Tobias: Akteurzentrierter Institutionalismus und Arenen-Konzept in der Mitbestimmungsforschung. Zum theoretischen Rahmen eines Forschungsprojekts. 2007. https://nbi.sankt-georgen.de/assets/typo3/redakteure/Dokumente/FAgsFs/FAgsF_47_Institutionalismus.PDF – Letzter Zugriff: 26.02.2019

Jungermann, Anja, Pfänder, Hanna & Berkemeyer, Nils: Schulische Vernetzung in der Praxis. Münster: Waxmann, 2018

Junker, Robin: Beziehungsstrukturen und -prozesse in schulischen Netzwerken: zur Interdependenz prozessualer und struktureller Dimensionen einer prominenten Reformstrategie. Phil. Diss. Friedrich-Schiller-Universität Jena, 2015. https://www.db-thueringen.de/receive/dbt_mods_00027036 – Letzter Zugriff: 10.08.2020

Kessl, Fabian & Reutlinger, Christian: Sozialraum. Eine Einführung. Wiesbaden: VS Verlag für Sozialwissenschaften/GWV Fachverlage, 2007

Keupp, Heiner, Ahbe, Thomas, Gmür, Wolfgang, Höfer, Renate, Mitzscherlich, Beate, Kraus, Wolfgang & Sraus Florian: Identitätskonstruktionen. Das Patchwork der Identitäten in der Spätmoderne. Reinbek b. Hamburg: Rowohlt, Orig.-Ausgabe 1999

Klemm, Klaus: Inklusion in Deutschland. Daten und Fakten. Gütersloh: Bertelsmann Stiftung, 2015. https://www.bertelsmannstiftung.de/fileadmin/files/BSt/Publikationen/GrauePublikationen/Studie_IB_Klemm-Studie_Inklusion_2015.pdf – Letzter Zugriff: 27.11.2017

Kobelt Neuhaus, Daniela & Refle, Günter: Inklusive Vernetzung von Kindertageseinrichtung und Sozialraum. Eine Expertise der Weiterbildungsinitiative Frühpädagogische Fachkräfte. WiFF Expertisen, Bd. 37. München, 2013. https://www.weiterbildungsinitiative.de/publikationen/detail/inklusive-vernetzung-von-kindertageseinrichtung-und-sozialraum – Letzter Zugriff: 22.02.2021

Kracke, Barbara, Sasse, Ada, Czempiel, Stefanie & Sommer, Sabine: Die Qualität schulischer Inklusion – exemplarisch erläutert. In Kracke, Barbara, Sasse, Ada, Czempiel, Stefanie & Sommer, Sabine: Schulische Inklusion in der Kommune. Münster: Waxmann, 2019

Krajewski, Kristin, Nieding, Gerhild & Schneider, Wolfgang: Förderboxen für KiTa und Anfangsunterricht. Mengen, zählen, Zahlen (MZZ). Die Welt der Mathematik verstehen. Berlin: Cornelsen, 2007

Kramp, Marie & Rosenow, Roland: „Keine Konkurrenzveranstaltung" – Schnittstellen des BTHG und SGB VIII. contec – Gesellschaft für Organisationsentwicklung mbH (Hrsg.): Blogeintrag vom 18.12.2018. https://www.contec.de/blog/beitrag/keine-konkurrenzveranstaltung-schnittstellen-des-bthg-und-sgb-viii/ – Letzter Zugriff: 04.02.2020

Kubus e.V. (Hrsg.): Inklumat. https://www.inklumat.de/ – Letzter Zugriff: 23.03.2021

Kuckartz, Udo: Mixed Methods. Methodologie, Forschungsdesigns und Analyseverfahren. Wiesbaden: Springer Fachmedien, 2014

Kuckartz, Udo: Qualitative Inhaltsanalyse. Methoden, Praxis, Computerunterstützung. Weinheim und Basel: Beltz Juventa, 4. Auflage 2018

Lampke, Dorothea, Rohrmann, Albrecht & Schädler, Johannes: Kommunale Teilhabeplanung – Einleitung. In: Dies. (Hrsg.): Örtliche Teilhabeplanung mit und für Menschen mit Behinderungen. Theorie und Praxis. Wiesbaden: VS Verlag für Sozialwissenschaften/Springer Fachmedien, 1. Auflage 2011a, S. 9–24

Lampke, Dorothea, Rohrmann, Albrecht & Schädler, Johannes (Hrsg.): Örtliche Teilhabeplanung mit und für Menschen mit Behinderungen. Theorie und Praxis. Wiesbaden: VS Verlag für Sozialwissenschaften/Springer Fachmedien, 1. Auflage 2011b

Lange, Valerie: Inklusive Bildung in Deutschland. Ländervergleich. Berlin: Friedrich-Ebert-Stiftung (Hrsg.), 1. Auflage 2017. https://docplayer.org/52686271-Laendervergleich-inklusive-bildung-in-deutschland-valerie-lange.html – Letzter Zugriff: 22.02.2021

Lingenauber, Sabine: Reggio-Pädagogik. In: Dies. (Hrsg.): Handlexikon der Integrationspädagogik. Bochum und Freiburg: Projektverlag, 2. Auflage 2013, S. 186–189

Löw, Martina: Raumsoziologie. Frankfurt a.M.: Suhrkamp, 10. Auflage 2019

Lütje-Klose, Birgit: Inklusion in der Kinder- und Jugendhilfe. Materialien zum 14. Kinder- und Jugendbericht. München: Sachverständigenkommission 14. Kinder- und Jugendbericht (Hrsg.), 2013. https://www.dji.de/fileadmin/user_upload/bibs/14-KJB-Expertise-Luetje-14-05.pdf – Letzter Zugriff: 22.02.2021

Lüttringhaus, Maria & Donath, Lisa: Das Fachkonzept „Sozialraumorientierung Inklusive": Gesamtplanung und ICF als Impulsgeber für Sozialplanung und Raumentwicklung. Bundesteilhabegesetz (BTHG) ohne Sozialraumorientierung – geht gar nicht! In: Case Management 16 (2019a) 3, S. 101–108. https://luettringhaus.info/wp-content/uploads/2020/02/Case-Management_MedHocZwei_3.2019_S.101-110_LuettringHaus.pdf – Letzter Zugriff: 13.10.2020

Lüttringhaus, Maria & Donath, Lisa: Sozialraumorientierung – Konzept für Teilhabe und Selbstbestimmung. In: Miteinander Leben, Zeitschrift der Lebenshilfe Vorarlberg (2019b) 1, S. 19. https://luettringhaus.info/wp-content/uploads/2019/09/Lebenshilfe_2019_Artikel_SRO_Teilhabe_Luettringhaus.pdf – Letzter Zugriff: 13.10.2020

Maykus, Stephan, Eikötter, Mirko, Beck, Anneka & Martin Sanabria, Antonia: Inklusive Bildung in der Kommune. Empirische Befunde zu Planungs- und Beteiligungsmodellen zwischen Schule und Kinder- und Jugendhilfe. Weinheim: Beltz Juventa, 2017

Mayntz, Renate & Scharpf, Fritz W.: Gesellschaftliche Selbstregelung und politische Steuerung. Frankfurt a.M.: Campus Verlag, 1995

Mayring, Philipp: Qualitative Inhaltsanalyse. Grundlagen und Techniken. Weinheim: Deutscher Studienverlag, 7. Auflage 2000

Merkens, Hans: Netzwerke und Neo-Institutionalismus. In: Fischer, Jörg & Kosellek, Tobias (Hrsg.): Netzwerke und Soziale Arbeit. Theorien, Methoden, Anwendungen. Weinheim und Basel: Beltz Juventa, 2. Auflage 2019, S. 84–97

Mitchell, Clyde J.: The concept and use of social networks. In: Ders. (Hrsg.): Social networks in urban situations. Analyses of personal relationships in central African towns. Manchester: Manchester University Press, 1969, S. 1–50

Montag Stiftung Jugend und Gesellschaft (Hrsg.): Inklusion vor Ort. Der kommunale Index für Inklusion – ein Praxishandbuch. Bonn und Berlin: Eigenverlag des Deutschen Vereins für öffentliche und private Fürsorge e.V., 2011

Montag Stiftung Jugend und Gesellschaft (Hrsg.): Inklusion ist machbar. Das Erfahrungshandbuch aus der kommunalen Praxis. Freiburg: Lambertus, 2018

National Center on Response to Intervention (NCRTI): Essential Components of RTI A Closer Look at Response to Intervention. Washington, DC: U.S. Department of Education, Office of Special Education Programs, National Center on Response to Intervention, 2010

Neugebauer, Uwe & Beywl, Wolfgang: Methoden zur Netzwerkanalyse. In: Zeitschrift für Evaluation 5 (2006) 2, S. 249–286

Omer, Haim & Schlippe, Arist von: Stärke statt Macht: Neue Autorität in Familie, Schule und Gemeinde. Vandenhoeck & Ruprecht, 2010

Pfeffer, Jürgen: Visualisierung sozialer Netzwerke. In: Stegbauer, Christian (Hrsg.): Netzwerkanalyse und Netzwerktheorie. Ein neues Paradigma in den Sozialwissenschaften. Wiesbaden: VS Verlag für Sozialwissenschaften/Springer Fachmedien, 2. Auflage 2010, S. 227–238

Plankensteiner, Annette & Greißl, Kristina: Auf dem Weg in eine inklusive Gemeinde. Perspektiven für die Praxis. Freiburg: Lambertus, 2017

Porst, Ralf: Fragebogen. Ein Arbeitsbuch. Studienskripten zur Soziologie. Wiesbaden: Springer Fachmedien, 4. Auflage 2014

Preuss-Lausitz, Ulf: Integrationsnetzwerke – Zukunftsperspektiven eines Bildungs- und Erziehungssystems ohne Selektion. In: Heimlich, Ulrich (Hrsg.): Sonderpädagogische Fördersysteme – Auf dem Weg zur Integration. Stuttgart, Berlin und Köln: Kohlhammer, 1999, S. 45–62

Raithelhuber, Eberhard: Netzwerk. In: Horn, Klaus-Peter, Kemnitz, Heidemarie/Marotzki, Winfried/Sandfuchs, Uwe (Hrsg.): Klinkhardt Lexikon Erziehungswissenschaft, Bd. 2, Gruppenpuzzle-Pflegewissenschaft. Bad Heilbrunn: Klinkhardt, 2012, S. 431–433

Reis, Claus: Netzwerke verstehen – theoretische und praktische Zugänge. 2013. https://www.dgcc.de/wp-content/uploads/2013/02/intern_2013_Reis.pdf – Letzter Zugriff: 18.12.2020

Reiser, Helmut: Vom Begriff Integration zum Begriff Inklusion – Was kann mit dem Begriffswechsel angestoßen werden? In: Sonderpädagogische Förderung 48 (2003) 4, S. 305–312

Reutlinger, Christian: Raumdeutungen. Rekonstruktion des Sozialraums „Schule" und mitagierende Erforschung „unsichtbarer Bewältigungskarten" als methodische Felder von Sozialraumforschung. In: Deinet, Ulrich (Hrsg.): Methodenbuch Sozialraum. Wiesbaden: VS Verlag für Sozialwissenschaften/GWV Fachverlage, 2009, S. 17–32

Rödler, Peter: RTI – ein Konzept der Entkulturierung von Lernen. In: Amrhein, Bettina (Hrsg.): Diagnostik im Kontext inklusiver Bildung. Theorien, Ambivalenzen, Akteure, Konzepte. Bad Heilbrunn: Klinkhardt, 2016, S. 232–242

Rohrmann, Albrecht: Die Entwicklung inklusiver Gemeinwesen als Chance für Kommunen. In: Hartwig, Jürgen/Kroneberg, Dirk Willem (Hrsg.): Inklusion – Chance und Herausforderung für Kommunen. Berlin: Lambertus, 2014, S. 26–40

Rohrmann, Albrecht, Windisch, Marcus, Schädler, Johannes, Kempf, Matthias & Konieczny, Eva: Inklusive Gemeinwesen Planen. Eine Arbeitshilfe, hrsg. vom Ministerium für Arbeit, Integration und Soziales des Landes Nordrhein-Westfalen. Düsseldorf, 2014. https://www.uni-siegen.de/zpe/aktuelles/inklusive_gemeinwesen_planen_final.pdf – Letzter Zugriff: 20.02.2021

Rost, Detlef H.: Interpretation und Bewertung pädagogisch-psychologischer Studien. Weinheim und Basel: Beltz Juventa, 2. Auflage 2007

Sacher, Wolfgang: Elternarbeit als Erziehungs- und Bildungspartnerschaft: interkulturelle Elternarbeit. In: Schule der Vielfalt, Modul 2: Salzburg, 2016. http://www.schule-der-vielfalt.at/wp-content/uploads/2016/05/Sacher.pdf – Letzter Zugriff: 25.11.2020

Sailor, Wayne: Making RTI work. How smart schools are reforming Education Through Schoolwide Response-To-Intervention. San Francisco: Jossey-Bass, 2009

Sander, Alfred: Etappen auf dem Weg zu integrativer Erziehung und Bildung. In: Eberwein, Hans/Mand, Johannes (Hrsg.): Integration konkret. Begründung, didaktische Konzepte, inklusive Praxis. Bad Heilbrunn: Klinikhardt, 2008, S. 27–39

Sander, Alfred: Ökosystemische Ebenen integrativer Schulentwicklung – ein organisatorisches Innovationsmodell. In: Heimlich, Ulrich (Hrsg.): Sonderpädagogische Fördersysteme – Auf dem Weg zur Integration. Stuttgart, Berlin und Köln: Kohlhammer, 1999, S. 33–44

Sandermann, Peter & Urban, Ulrike: Zur >Paradoxie< der sozialpädagogischen Diskussion um Sozialraumorientierung in der Jugendhilfe. In: Neue Praxis 37 (2007) 1, S. 42–58

Sandor, Stefan.: Das biopsychosoziale Modell von Behinderung. In: Das Gesundheitswesen 77 (2015) A245. https://www.thieme-connect.com/products/ejournals/abstract/10.1055/s-0035-1563201 – Letzter Zugriff: 18.12.2020

Schalkhaußer, Sofie & Thomas, Franziska: Lokale Bildungslandschaften in Kooperation von Jugendhilfe und Schule. München, 2011. https://www.dji.de/fileadmin/user_upload/bibs/2011_06_08_Lokale_Bildungslandschaften_in_Kooperation_von_Jugendhilfe_und_Schule.pdf – Letzter Zugriff: 20.02.2021

Scharpf, Fritz W.: Interaktionsformen. Akteurzentrierter Institutionalismus in der Politikforschung. Opladen: Leske/Budrich, 1. Auflage 2000

Schecker, Horst: Überprüfung der Konsistenz von Itemgruppen mit Cronbachs Alpha. In: Krüger, Dirk/Parchmann, Ilka/Schecker, Horst (Hrsg.): Methoden in der naturwissenschaftlichen Forschung Heidelberg: Springer 2014

Schildmann, Ulrike: Der soziale Raum der Theoriebildung am Beispiel Inklusiver Pädagogik und Intersektionalitätsforschung. In: Ricken, Gabi/Degenhardt, Sven (Hrsg.): Vernetzung, Kooperation, Sozialer Raum. Inklusion als Querschnittaufgabe. Bad Heilbrunn: Klinkhardt, 2019, S. 222–226

Schimank, Uwe: Der akteurzentrierte Institutionalismus. In: Gabriel, Manfred (Hrsg.): Paradigmen der akteurszentrierten Soziologie. Wiesbaden: VS Verlag für Sozialwissenschaften, 2004, S. 287–301

Schmidt, Christiane: Auswertungstechniken für Leitfadeninterviews. In: Friebertshäuser, Barbara/Seichter, Sabine (Hrsg.): Qualitative Forschungsmethoden in der Erziehungswissenschaft. Eine praxisorientierte Einführung. Weinheim und Basel: Beltz Juventa 2013, S. 473–486

Schönig, Wolfgang & Schmidtlein-Mauderer, Christina (Hrsg.): Inklusion sucht Raum. Porträtierte Schulentwicklung. Bern: hep Verlag, 2015

Schubert, Herbert: Netzwerkkooperation – Organisation und Koordination von professionellen Vernetzungen. In: Ders. (Hrsg.): Netzwerkmanagement. Koordination von professionellen Vernetzungen – Grundlagen und Beispiele. Wiesbaden: VS Verlag für Sozialwissenschaften/GWV Fachverlage, 2008, S. 7–105

Schulz-Nieswandt, Frank: Der inklusive Sozialraum. Psychodynamik und kulturelle Grammatik eines sozialen Lernprozesses. Baden-Baden: Nomos, 2013

Sekretariat der Ständigen Konferenz der Kultusminister (Hrsg.): Sonderpädagogische Förderung in Schulen 2005 bis 2014. Dokumentation Nr. 210 – Februar 2016. https://www.kmk.org/fileadmin/Dateien/pdf/Statistik/Dokumentationen/Dok_210_SoPae_2014.pdf – Letzter Zugriff: 27.11.2017

Sekretariat der Ständigen Konferenz der Kultusminister: Empfehlungen zur sonderpädagogischen Förderung in den Schulen in der Bundesrepublik Deutschland. Beschluß der Kultusministerkonferenz vom 06.05.1994. Bonn: KMK, 1994. https://www.kmk.org/fileadmin/veroeffentlichungen_beschluesse/1994/1994_05_06-Empfehlung-sonderpaed-Foerderung.pdf – Letzter Zugriff: 08.12.2020

Sekretariat der Ständigen Konferenz der Kultusminister: Inklusive Bildung von Kindern und Jugendlichen in Schulen. Beschluss der Kultusministerkonferenz vom 20.10.2011. https://www.kmk.org/fileadmin/veroeffentlichungen_beschluesse/2011/2011_10_20-Inklusive-Bildung.pdf – Letzter Zugriff: 08.12.2020

Shobo, Yetty, Meharie, Anduamlak, Hammer, Patricia. & Hixson, Nate.: West Virginia Alternate Identification and Reporting program: An exploratory analysis. Charleston, WV: West Virginia Department of Education, Division of Curriculum and Instructional Services, Office of Research, 2012

Simmel, Georg: Soziologie. Untersuchungen über die Formen der Vergesellschaftung. Gesamtausgabe, Bd. 11. Frankfurt a.M.: Suhrkamp, 1992

Sozialhelden e.V. (Hrsg.): Begriffe über Behinderung von A bis Z. Berlin (o.J.). https://leidmedien.de/begriffe/ – Letzter Zugriff: 25.02.2020

Spatschek, Christian: Theorie- und Methodendiskussion. In: Deinet, Ulrich (Hrsg.): Methodenbuch Sozialraum. Wiesbaden: VS Verlag für Sozialwissenschaften, 2009, S. 33–43

Staatliche Schulämter in den Landkreisen Oberallgäu und Lindau (B) und in der Stadt Kempten: Pressemitteilung Schuljahr 2020/21: Immenstadt 2020. https://oalike-schulamt.de/wp-content/uploads/2020/09/Pressemitteilung_2020_21_Staatliches-Schulamt-OALIKE.pdf – Letzter Zugriff:18.01.2021

Stadt Kempten (Hrsg.): Miteinander inklusiv in Kempten (MIK). Kommunaler Aktionsplan zur Umsetzung der UN-Behindertenrechtskonvention. Kempten: Stadt Kempten, April 2016

Stegbauer, Christian (Hrsg.): Netzwerkanalyse und Netzwerktheorie. Ein neues Paradigma in den Sozialwissenschaften. Wiesbaden: VS Verlag für Sozialwissenschaften/Springer Fachmedien, 2. Auflage 2010

Stegbauer, Christian: Grundlagen der Netzwerkforschung. Situation, Mikronetzwerke und Kultur. Wiesbaden: Springer VS/Springer Fachmedien, 2016

Stein, Anne-Dore: Die Bedeutung des Inklusionsgedankens – Dimensionen und Handlungsperspektiven. In: Hinz, Andreas/Niehoff, Ulrich/Körner, Ingrid (Hrsg.): Von der Integration zur Inklusion. Grundlagen, Perspektiven, Praxis. Marburg: Lebenshilfe-Verlag 2. Auflage 2010, S. 74–90

Stolz, Heinz-Jürgen: Die Kinder- und Jugendhilfe in lokalen Bildungslandschaften. Ergebnisse einer empirischen Studie. In: Fischer, Jörg/Kosellek, Tobias (Hrsg.): Netzwerke und Soziale Arbeit. Theorien, Methoden, Anwendungen. Weinheim und Basel: Beltz Juventa, 2. Auflage 2019, S. 517–535

Teubner, Gunther: Die vielköpfige Hydra: Netzwerke als kollektive Akteure höherer Ordnung. In: Krohn, Wolfgang/ Küppers, Günter (Hrsg.): Emergenz. Die Entstehung von Ordnung, Organisation und Bedeutung. Frankfurt am Main: Suhrkamp, 1. Auflage 1992, S. 189–216

Tippelt, Rudolf, Kasten, Christoph, Dobischat, Rolf, Federighi, Paolo & Feller, Andreas: Regionale Netzwerke zur Förderung lebenslangen Lernens – Lernende Regionen. In: Fatke, Reinhardt/Merkens, Hans (Hrsg.): Bildung über die Lebenszeit. Schriftenreihe der DGfE. Wiesbaden: VS Verlag für Sozialwissenschaften, 2006, S. 279–290

Treib, Oliver: Akteurzentrierter Institutionalismus. In: Wenzelburger, Georg/Zohlnhöfer, Reimut (Hrsg.): Handbuch Policy-Forschung. Wiesbaden: Springer VS/Springer Fachmedien, 2015, S. 277–303

Trescher, Hendrik & Hauck, Teresa: Inklusion im relationalen Raum. Ethnographische Sozialraumbegehungen zwischen Teilhabe und Ausschluss. In: Ricken, Gabi/Degenhardt, Sven (Hrsg.): Vernetzung, Kooperation, Sozialer Raum. Inklusion als Querschnittaufgabe. Bad Heilbrunn: Klinkhardt, 2019, S. 227–231

Vock, Miriam & Gronostaj, Anna: Umgang mit Heterogenität in Schule und Unterricht. Schriftenreihe des Netzwerk Bildung. Berlin: Friedrich-Ebert-Stiftung (Hrsg.) 2017. https://library.fes.de/pdf-files/studienfoerderung/13277.pdf – Letzter Zugriff: 22.02.2021

Voigts, Gunda: Evaluationsbericht. Projekt „Freiräume – Inklusion in der Bielefelder Offenen Kinder- und Jugendarbeit". Ergebnisse eines Praxisforschungsprojektes mit Studierenden der HAW Hamburg und der HAWK Hildesheim – Holzminden – Göttingen. Bielefeld, 2019. https://www.diefalken-bielefeld.de/images/seiteninhalte_fud/DieFalkenBielefeld_Projekt-Freiraeume_Inklusion-in-der-Bielefelder-Offenen-Kinder-und-Jugendarbeit_Forschungsbericht.pdf – Letzter Zugriff: 22.02.2021

Von der Leyen, Ursula: Vorwort der Ministerin. In: Bundesministerium für Arbeit und Soziales (Hrsg.): Unser Weg in eine inklusive Gesellschaft. Der Nationale Aktionsplan der Bundesregierung zur Umsetzung der UN-Behindertenrechtskonvention. Berlin, 2011, S. 3. https://www.bmas.de/SharedDocs/Downloads/DE/Publikationen/a740-nationaler-aktionsplan-barrierefrei.pdf?__blob=publicationFile&v=1 – Letzter Zugriff: 22.02.2021

Vorstand der Arbeitsgemeinschaft für Kinder- und Jugendhilfe – AGJ: Auf dem Weg zu einer inklusiven Kinder- und Jugendhilfe. Ein Zwischenruf der Arbeitsgemeinschaft für Kinder- und Jugendhilfe – AGJ. Berlin, 2012. https://www.agj.de/fileadmin/files/positionen/2012/Zwischenruf_Inklusion.pdf – Letzter Zugriff: 20.02.2021

Vorstand der Arbeitsgemeinschaft für Kinder- und Jugendhilfe – AGJ: Teilhabe: ein zentraler Begriff für die Kinder- und Jugendhilfe und für eine offene und freie Gesellschaft. Positionspapier der Arbeitsgemeinschaft für Kinder- und Jugendhilfe – AGJ. Berlin, 2018. https://www.agj.de/fileadmin/files/positionen/2018/Teilhabe_ein_zentraler_Begriff_f%C3%BCr_die_Kinder_und_Jugendhilfe.pdf – Letzter Zugriff: 20.02.2021

Vorstand der Arbeitsgemeinschaft für Kinder- und Jugendhilfe – AGJ: Übergang zwischen Kindertageseinrichtung und Grundschule. Diskussionspapier der Arbeitsgemeinschaft für Kinder- und Jugendhilfe – AGJ. Berlin, 2019. https://www.agj.de/fileadmin/files/positionen/2010/Uebergang%20_Kita_Grundschule%20%284%29.pdf – Letzter Zugriff: 22.02.2021

Voß, Stefan, Blumenthal, Yvonne, Mahlau, Kathrin, Marten, Katharina, Diehl, Kirsten, Sikora, Simon & Hartke, Bodo: Der Response-to-Intervention-Ansatz in der Praxis. Evaluationsergebnisse zum Rügener Inklusionsmodell. Münster und New York: Waxmann, 2016

Wacker, Elisabeth: Überall und nirgendwo – „Disability Mainstreaming" im kommunalen Lebensraum und Sozialraumorientierung als Transformationskonzept. In: Becker, Ulrich/Wacker, Elisabeth/Banafsche, Minou (Hrsg.): Inklusion und Sozialraum. Behindertenrecht und Behindertenpolitik in der Kommune. Baden-Baden: Nomos, 2013, S. 25–46

Walter-Klose, Christian: Interview. In: Koch, Katja/Ellinger, Stephan (Hrsg.): Empirische Forschungsmethoden in der Heil- und Sonderpädagogik. Göttingen: Hogrefe, 2015

Walter-Klose, Christian, Singer, Philipp & Lelgemann, Reinhard: Schulische und außerschulische Unterstützungssystem und ihre Bedeutung für die schulische Inklusion. In: Heimlich, Ulrich/Kahlert, Joachim/Lelgemann, Reinhard/Fischer, Erhard (Hrsg.): Inklusives Schulsystem. Analysen, Befunde, Empfehlungen zum bayerischen Weg. Bad Heilbrunn: Klinkhardt, 2016, S. 107–130

Weber, Erik, Lavorano, Stefano & Knöß, David Cyril: Entwicklung und Gestaltung inklusiver Gemeinwesen. Erfordernisse, Handlungsmöglichkeiten und Grenzen. Abschlussbericht zum Forschungsprojekt: Weiterentwicklung des inklusiven Gemeinwesens im Rhein-Sieg-Kreis. Köln und Darmstadt, 2015. https://www.lvr.de/media/wwwlvr-de/soziales/aktuelles_und_service/dokumente/studien_und_evaluationen/Abschlussbericht_-_RSK_130315.pdf – Letzter Zugriff: 20.02.2021

Werning, Rolf: Inklusion. Herausforderungen, Widersprüche und Perspektiven. In: Lernchancen 13 (2010) 78, S. 4–9

Wocken, Hans: Integration & Inklusion. Ein Versuch, die Integration vor der Abwertung und die Inklusion vor Träumereien zu bewahren. In: Stein, Anne D./Niediek, Imke/Krach, Stefanie (Hrsg.): Integration und Inklusion auf dem Weg ins Gemeinwesen. Bad Heilbrunn: Klinkhardt, 2010, S. 204–234

Zeiher, Hartmut & Zeiher, Helga: Orte und Zeiten der Kinder. Soziales Leben im Alltag von Großstadtkindern. Weinheim und München: Juventa, 1994

Ziemen, Kerstin: Inklusion und diagnostisches Handeln. In: Amrhein, Bettina (Hrsg.): Diagnostik im Kontext inklusiver Bildung. Theorien, Ambivalenzen, Akteure, Konzepte. Bad Heilbrunn: Klinkhardt, 2016, S. 39–48

Wichtige Links:
https://www.churermodell.ch – Letzter Zugriff: 06.08.2019
https://www.zukunftbringts.de – Letzter Zugriff: 06.08.2019
http://www.sozialwirksame-schule.de – Letzter Zugriff: 06.08.2019
http://www.fisch-online.de – Letzter Zugriff: 06.08.2019

Verzeichnis der Abbildungen

Verzeichnis der Tabellen

Steuergruppe der Modellregion Inklusion Kempten

Referat für Jugend, Schule und Soziales
Referatsleiter
Thomas Baier-Regnery
☎ 0831/2525–474
✉ thomas.baier-regnery@kempten.de

Stadtjugendamt
Amtsleiterin
Kerstin Engelhaupt
☎ 0831 2525–5111
✉ kerstin.engelhaupt@kempten.de

Amt für Jugendarbeit
Amtsleiter
Oliver Huber
☎ 0831/2525–5210
✉ oliver.huber@kempten.de

Agnes-Wyssach-Schule
Sonderpädagogisches Förderzentrum
Rektor
Bernhard Dossenbach
☎ 0831/57424–0
✉ bdossenbach@sfz-kempten.de

Beratungsstelle für Schulen
Studienrat im Förderschuldienst
Georg Trautmann
☎ 0831/960773–11
✉ g.trautmann@bfs-kempten.de

Schulamt in den Landkreisen Oberallgäu
und Lindau und in der Stadt Kempten
Schulrat
Johannes Breitfeld
☎ 08323/9667–05
✉ johannes.breitfeld@lra-oa.bayern.de

Schulrat
Tobias Schiele
☎ 08323/9667–09
✉ tobias.schiele@lra-oa.bayern.de

Hochschule für angewandte Wissenschaften
Kempten
Fakultät Soziales und Gesundheit
Prof.in Dr. Patricia Pfeil
☎ 0831/2523–9119
✉ patricia.pfeil@hs-kempten.de

Fakultät Soziales und Gesundheit
Prof.in Dr. Ursula Müller
☎ 0831/2523–624
✉ ursula.mueller@hs-kempten.de

Ludwig-Maximilians-Universität München
Lehrstuhl für Lernbehindertenpädagogik
Prof. Dr. Ulrich Heimlich
☎ 089/2180 – 5122
✉ ulrich.heimlich@edu.lmu.de

Grundschullehrer/wissenschaftlicher Mit-
arbeiter
Michael Wittko
☎ 089/2180 – 72019
✉ michael.wittko@edu.lmu.de

Ehemalige Mitglieder und Initiatoren:
Schulrat i.R.

Johann Fasser
Referatsleiter Referat Jugend, Bildung und
Schule i.R.

Benedikt Mayer

Autor*innenverzeichnis

Teilprojekt A:

Universitätsprof. Dr.paed. habil
Ulrich Heimlich
Ludwig-Maximilians-Universität München
Fakultät für Psychologie und Pädagogik
Department für Pädagogik und Rehabilitation
Lehrstuhl Lernbehindertenpädagogik
Leopoldstr. 13
D-80802 München

Wissenschaftliche Mitarbeiterin
Janina Minge
Ludwig-Maximilians-Universität München
Fakultät für Psychologie und Pädagogik
Department für Pädagogik und Rehabilitation
Lehrstuhl Lernbehindertenpädagogik
Leopoldstr. 13
D-80802 München

Wissenschaftlicher Mitarbeiter
Grundschullehrer
Michael Wittko
Ludwig-Maximilians-Universität München
Fakultät für Psychologie und Pädagogik
Department für Pädagogik und Rehabilitation
Lehrstuhl Lernbehindertenpädagogik
Leopoldstr. 13
D-80802 München

Teilprojekt B:

Prof.in Dr. phil.Ursula Müller
Hochschule für angewandte Wissenschaften
Kempten
Fakultät Soziales und Gesundheit
Lehrgebiet: Methoden der Sozialen Arbeit
Bahnhofstr. 61
D-87435 Kempten

Prof.in Dr. rer. Soc. Patricia Pfeil
Hochschule für angewandte Wissenschaften
Kempten
Fakultät Soziales und Gesundheit
Lehrgebiet: Organisation der Sozialwirtschaft
Bahnhofstr. 61
D-87435 Kempten

Wissenschaftliche Mitarbeiterin
M.A. Marion Einsiedler
Hochschule für angewandte Wissenschaften
Kempten
Forschungszentrum Allgäu
Bahnhofstr. 61
D-87435 Kempten

Wissenschaftliche Mitarbeiterin
Regina Roland
Hochschule für angewandte Wissenschaften
Kempten
Fakultät Soziales und Gesundheit
Bahnhofstr. 61
D-87435 Kempten